교육행정학 교재 시리즈 2

교직실무

Teaching Practice

| 신현석 · 이경호 외 공저 |

학지사

머리말

21세기 지식정보화사회의 도래와 함께 오늘날 교육현장은 많은 변화를 경험하고 있다. 개인차의 심화로 인한 수준별 교육과정의 도입, 융합인재교육(STEAM) 체제의 도입, 경쟁과 효율 그리고 수요자 중심의 교육정책 추진, 학교폭력 및 학교 밖에서 방황하는 학생의 증가로 인한 인성 · 진로진학 교육의 강화 등은 교육환경의 변화에 대응하는 학교교육의 대표적인 새로운 동향이다. 이러한 급격한 교육체제의 변화에 발맞춰 예비 교사 및 현장 교사에게는 그 어느 때보다 수업전문성과 생활지도 능력의 제고, 그리고 수요자 중심의 교육정책과 제도 변화에 대한 이해가 요구된다.

이 시대의 교사는 수업 전문성 제고를 위해 교과서 위주의 지식전달형 수업이 아닌 컴퓨터와 인터넷 등 첨단기자재를 이용해 동시다발적으로 산재해 있는 다양한 정보를 수합 · 재편성한 수업을 진행할 수 있어야 한다. 또한 학생 개개인의 눈높이에 맞춰 맞춤식 수업을 진행하는 능력을 갖춰야 한다. 특히 현대에는 인문학과 예술학 소양을 갖추고 창의적으로 문제를 해결하는 스티브 잡스 같은 융합형 인재의 필요성이 대두해 통합형 · 융합형 인재육성을 목적으로 하는 STEAM 체제의 강화가 요구되고 있다. 따라서 교사는 학생이 과학, 공학, 기술, 문화, 인문을 통합적으로 사고하도록 지도해야 한다. 즉, 창의적 문제해결 중심의 다양한 탐구활동을 제공해 수학적 체계성과 과학적 창의성 및 예술적 감성이 조화된 융합형 창의인재로 교육할 수 있는 자질과 능력을 갖춰야 한다.

또한 교사는 생활지도 및 진로지도 측면에서 학생이 당면한 문제를 상담을 통해 해결해 줄 수 있어야 한다. 학생의 개성과 소질, 적성을 발굴하여 진로진학 지도를 할 수 있어야 하며, 학교폭력 예방 및 사안 처리에 대한 깊은 이해를 바탕으로 지도해 학생이 바람직한 인성을 지닌 인재로 커 나갈 수 있도록 해야 한다.

학습지도와 생활지도 면에서의 전문적인 식견과 방법의 탁월성은 교사의 전문성을 함양하여 교직이 인정받는 전문직으로 발돋움하도록 돕는 도약대 역할을 할 것이다. 교직은 전문직으로 통용되긴 하지만 아직은 그 전문직성과 관련하여 의견이 분분하다. 전문직으로 인정받을 만한 내용의 실체가 밝혀지지 않고 있기 때문이다. 하지만 학습지도와 생활지도에서의 정교한 지식 및 효과적인 방법적 기술 그리고 합당한 능력을 명시하면 이를 교직의 전문성을 구성하는 실체로 삼을 수 있다는 가능성을 이 책을 통해 제안하고자 한다.

교원능력개발평가제, 교원성과급제, 교장공모제 등 경쟁과 효율 그리고 수요자 중심의 일련의 교육개혁 방안은 기존의 교육정책 및 제도에 근본적인 변화를 요구해 교육현장은 '혼란의 시기(time of disruption)'를 경험하고 있다. 이러한 교육정책의 변화에 대한 전반적이고 충실한 이해는 혼란의 시기에 학교행정 업무 처리의 효율성을 높이고 교원의 자기계발 및 전문성 제고에 많은 도움을 줄 것이다. 이 책의 저자들은 그러한 지식의 필요성을 공감하고 교직실무 교재를 집필함으로써 예비 교사에게 차후 교직 업무를 실제로 수행하는 데 필요한 이론적이며 실제적인 지식 및 간접적인 경험을 제공하고자 하였다.

교육부는 2006년 11월 17일 학교교육력 제고를 위한 '교원양성체제 개선 방안'을 발표하고, 교직실무 과목을 교직과목 이수 기준 중 교직소양에 관한 과목의 하나로 제안하였다. 이에 따라 교원 업무의 전문성 제고를 목적으로 2009년 입학자부터 교직실무 교과를 필수과목으로 이수하게 함으로써 교육학 분야의 이론과 실무 능력을 두루 함양하는 데 많은 기여를 해 오고 있다. 이러한 관점에서 이 책은 교직실무 과목의 도입 취지를 충실히 담아내기 위해 예비 교사와 현장 교사들이 교직실무에 대한 이론적·실천적 안목과 능력을 함양할 수 있도록 내용을 이해하기 쉽게, 그리고 체계적으로 제시하였다.

이 책은 먼저 각 장을 시작하기 전에 '이 장의 핵심 아이디어'를 둠으로써 해당 장에서 설명할 내용의 핵심을 간략하게 제시하고, 이어서 관련 이론과 실천적 내용을 본문에서 자세히 기술한다. 또한 각 장의 중간에 '뉴스 따라잡기'를 넣어 각 장에서 설명하는 내용과 관련된 최근의 교육 관련 쟁점을 접하게 함으로써 지식을 응용하여 생각해 보는 기회를 제공한다. 그리고 마지막에는 '정리하기'를 두어 앞에서 설명한 핵심 내용을 한 번 더 짚고 넘어가도록 하고, 학습한 내용을 실제적인 교육 사례에 적용해 볼 수 있는 '적용하기'로 마무리한다.

이 책은 총 4부 15개 장으로 구성하여 교원 업무의 전문성 제고라는 측면에서 예비 교사뿐만 아니라 현직 초·중등학교 교사가 교직실무에 대한 이해를 충분히 높이도록 돕는다. 1부 '교직과 교사'에서는 교직의 이해, 교직윤리, 교원의 권리와 의무, 교직단체, 교육 관련 법규를 다루고, 2부 '학교·학급 경영 실무'에서는 학교경영, 학급경영 그리고 학교운영위원회를 살펴본다. 또한 3부 '교수·학습 실무'에서는 학교 교육과정 편성 및 운영, 교수·학습과 ICT 활용교육, 생활지도와 상담, 수업 장학의 이해와 실제를 다루고, 마지막으로 4부 '학교 행정 실무'에서는 학사실무, 인사실무, 사무관리와 학교회계를 살펴본다.

이 책의 각 장은 학문적 실천가(scholarly practitioners)인 여러 저자가 책임 집필하였는데, 1장 '교직의 이해'는 신현석, 2장 '교직윤리'는 안선회, 3장 '교원의 권리와 의무'는 이강, 4장 '교직단체'는 박균열, 5장 '교육 관련 법규'는 김희규, 6장 '학교경영'은 박호근, 7장 '학급경영'은 전상훈, 8장 '학교운영위원회'는 이일권, 9장 '학교교육과정 편성 및 운영'은 김병모, 10장 '교수·학습과 ICT 활용교육'은 이경호, 11장 '생활지도와 상담'은 이준희, 12장 '수업 장학의 이해와 실제'는 박정주, 13장 '학사실무'는 김재덕, 14장 '인사실무'는 박종필, 15장 '사무관리와 학교회계'는 가신현이 집필하였다.

이 책이 성공적인 교직 수행을 위한 핸드북이 되도록 최선의 노력을 기울였지만 저자들의 역량 부족으로 미흡하고 아쉬운 부분도 있다. 향후 지속적인 수정·보완 작업으로 완성도를 높여 나가며 이 책이 사회 및 제도의 변화 추세에 맞는 훌륭한 교직실무 교재가 되도록 계속 노력할 것이다. 앞으로 이 책이 더 나은 교직실무 교재로 거듭날 수 있게 예비 교사 및 현직 교사를 포함한 독자의 많은 지도·편달을 기대한다.

연구와 교육으로 바쁜 일상에서 이 책이 출간되기까지 많은 시간과 열정을 쏟은 저자들의 수고에 깊이 감사드린다. 특히 이 책의 원고를 수합·정리하고 논리적 흐름의 중심을 잡는 데 기여해 준 이경호 박사의 노고에 감사를 표하고 싶다. 마지막으로 좋은 교직실무 교재를 발간할 수 있도록 물심양면으로 많은 지원과 격려를 아끼지 않은 학지사의 김진환 사장님과 직원들에게 저자들을 대표하여 감사의 마음을 전한다.

2014년 8월
저자를 대표하여
신현석

차 례

제2부 학교·학급 경영 실무

제6장 학교경영 … 199

제3부 교수·학습 실무

제9장   학교교육과정 편성 및 운영 … 265

제12장 수업 장학의 이해와 실제 … 357

제4부 학교 행정 실무

제13장 학사실무 … 379

제1부

교직과 교사

교직
실무 제1부 | 교직과 교사

제1장

교직의 이해

교직의 성격을 기술할 때는 직업의 보편적인 성격과 교직의 특수성을 모두 고려하면서 현상적으로 정확하게 기술해야 하며, 즉각 이해 가능하게 그려야 한다.

▶ 교직은 법규나 사회적 규범이 학교 운영의 원리로 작용하는 규범적인 조직(normative organization)에서의 교원의 헌신적인 참여와 봉사를 바탕으로 하기 때문에 타 직업과 구별되는 직업으로 이해해야 한다.

▶ 교직의 성격은 일반적인 직업의 공통 특징 및 교직 고유의 특수한 활동과 관계된 특징을 모두 반영한 것으로 설정해야 한다.

▶ 교직실무는 '교직에서 교원들이 학교교육 및 학교조직의 목적을 달성하기 위하여 실제로 행하고 있는 사실적인 업무'다.

▶ 교직관은 지극히 주관적인 개념이면서도 그 사회의 교직에 대한 공통적인 시각이 관점화되어 나타난 것이기 때문에 교사를 꿈꾸는 사람이나 현재 교직에 있는 사람 모두에게 바람직한 방향으로 형성되는 것이 좋다.

▶ 교직 발전이란 '교직이 인정받는 전문직으로 발돋움하기 위해 구태에 머무르지 않고 과거의 잘못된 면을 개선하여 새로운 환경 변화에 능동적으로 적응해 나가는 가운데 교직에 대한 교원의 사기가 진작되고 만족도가 높아지는 것'을 말한다.

▶ 교직 발전을 위한 과제는 정부가 주도하는 정책적 · 제도적 노력 및 교원이 능동적으로 담당해야 할 자기주도적인 노력 측면에서 살펴볼 수 있다. 전자가 교직 발전을 위한 필요조건이라고 한다면 후자는 충분조건에 해당한다.

1. 교직의 의의

1) 교직의 의미와 가치

교직(teaching profession)이란 '가르치는 것을 주로 하는 직업'이다. 그러나 우리가 가르치는 일에 종사하는 모든 사람의 직업을 교직이라고 부르지는 않는다. 오늘날 우리는 법적으로 공인된 자격을 갖추고 임용되어 국가가 인정하는 학교에서 학생들을 '가르치는' 교원의 직업에 한하여 교직이라고 부른다. 직업으로서의 교직은 조직의 목적을 달성하기 위해 개인이 부여받은 역할과 담당 직무를 수행하는 일이며 이를 통해 보상을 받는 공리조직(utilitarian organization)을 배경으로 하지 않기 때문에 단순히 일반 직업과 같은 의미로 이해하는 것은 곤란하다. 즉, 교직은 법규나 사회적 규범이 학교를 운영하는 원리로 작용하는 규범적인 조직(normative organization)에서의 교원의 헌신적인 참여와 봉사를 바탕으로 하기 때문에 타 직업과 구별되는 직업으로 이해해야 한다(Etzioni, 1961).

교직의 가치는 단순히 오늘날 세상 사람이 부러워하는 직장이기 때문에 얻어지는 것이 아니다. 교직에는 일반 직장에서의 이해타산적인 활동 이상의 숭고한 뜻이 담겨 있다. 이는 직업으로서의 교직이 경제적인 관점에서 직업의 의미를 논한 Max Weber의 직업관, 즉 "지속적인 생계와 생업의 기회를 마련하는 기초"를 넘어 또 다른 중요한 무언가를 내포하고 있다는 뜻이다. 구체적으로, 교직은 직업의 일반적인 특성과 더불어 다음과 같은 가치를 지닌다.

첫째, 직업은 경제적인 수단의 의미를 지닌다. 여기서 더 나아가 교원들은 교직에서 일정한 시간과 노력을 투자하는 것에 대한 금전적 대가를 바라기보다 '청출어람'과 같은 인간의 성장에 더 큰 보람을 느낀다.

둘째, 직업은 자아실현의 수단이다. 교직 또한 교원에게 있어서는 자신이 하고 싶었던 일을 하면서 꿈꿔 온 것을 성취할 수 있는 터전이다. 이에 더하여 교직에서는 자신의 성공보다 학생들에 대한 '헌신'과 '봉사'를 중시하는 이타적인 인간관이 무엇보다 중요하다.

셋째, 직업은 사회적 책임을 중시한다. 직업은 사회체제 내에서 존재하기 때문에 체제 유지에 필요한 일정한 사회적 역할과 기능을 수행해야 한다. 교원도 사회의 일원으로서 필요한 역할과 책임을 마땅히 져야 한다. 그뿐만 아니라 교원은 미성숙한 학생들을 교육하는 공인으로서, 교직이 여타의 직업에 비해 사회적 기대가 높기 때문에 높은 수준의 공적 책임의식과 도덕적 판단이 요구된다.

넷째, 직업은 계속성이 필요하다. 요즘 같은 취업난에 정규직 직업을 구하기란 쉽지 않지만 조직에서 구성원이 능력을 발휘하기 위해서는 계속성이 보장되어야 한다. 교직은 다른 어떤 직업보다 정년이 길고 계속성이 보장되는 안정된 직장이다. 이는 단순히 가르치는 일 이외에 가르치기 위해 훈련받고 연구하는 일까지 수행해야 하는 일종의 교육 연구직이어서 전문성이 중요하기 때문이며 이러한 전문성은 장기간 형성되고 만들어지는 것이기 때문이다.

이와 같이 교직은 다른 직업이 갖는 공통적인 속성을 지니면서 여기에 더해 교직만의 정신적인 가치와 도덕적인 기대를 내포해 복합적인 의미가 있는 직업이다. 교직이 일반 직업과 다른(혹은 높은) 특성을 띠는 것은 직업의 일반적인 구성요소를 보아도 알 수 있다. 즉, 교직은 다른 직업에 비해 고도의 창의성이 필요하고 비교적 장기간의 직업 준비교육을 받아야 하며, 직업에 종사하기 위한 자격의 취득 과정이 어렵고, 높은 윤리적 의무와 도덕적 책임이 수반되며 직업 기술의 연마를 위한 관련 전문 단체가 존재한다는 점에서 그러하다. 이를 바탕으로 우리는 통상 교직을 '전문직'이라 부른다.

2) 교직의 성격

직업은 '어떤 조직에서 특정의 직위에 있는 사람이 주로 하는 일의 총체'다. 그러나 직업은 단순히 하는 일의 범위를 넘어 종종 그 사람의 사회경제적 지위를 결정하고, 자신의 하루 시간 중 가장 소중한 시간을 투자한다는 측면에서 개인 생활에 미치는 영향이 지대하다. 그래서 많은 사람이 '좋은' 직업을 잡기 위해 필요한 자격을 취득하거나 필요한 스펙을 쌓기 위해 투자하는 등 노력을 기울인다. 여러 직업 가운데서도 교직은 우리 사회에서 많은 사람이 취직하고 싶어 하는 선망의 대상이다. 이는 종종 사회문제로 거론되는 과도한 교직 임용시험 경쟁과 이를 준비하기 위한 사교육비의 증가 그리고 청년실업의 증가 등을 야기하기도 한다. 직업적으로 교직이 지니는 매력은 시대의 변천에 따라 다르겠으나 대체로 정년이 보장되는 장기적인 안정성, 제자 양성의 보람, 교육의 효과에 따른 자아성취감 등으로 알려져 있다.

직업으로서의 교직은 타 직업에 비해 분명히 상대적인 장점이 있지만 장점 못지않게 어려움도 있다. 각종 개혁으로 인한 업무의 폭발적인 증가, 생활지도의 어려움, 학교폭력의 후유증, 과도한 직업윤리에의 기대로 인한 압박감 등으로 교직의 장점이 과거에 비해 퇴색되고 있다는 조사결과도 몇 차례 발표되었다. 한국교원단체총연합회(이하 '한국교총')의 교원대상 여론조사 결과에 따르면(2012. 5. 5.) 교원의 사기 및 만족도가 갈수록 저하되고 있으며, 교원 10명 중 6명이 성대결절 등 교사직업병을 앓은 경험이 있다고 한다. 이는 오늘날 교직이 많은 어려움에 처해 있으며 교직의 특성이 그만큼 변화하고 있다는 것을 말해 준다.

교직은 학생의 교육·지도를 본업으로 삼는 직업이다. 교직은 직업의 일반적인 성격에 더하여 미성숙한 학생을 교육하는 직업이라는 데서 기인하는 특수한 성격을 동시에 지닌다. 간혹 교직의 특수성을 너무 강조해 교직이 별다른 세계인 것처럼 비치기도 하고, 일반적인 성격의 직업과는 다른 숭고한 직종으로 오인되어 사람들에게 도덕적으로 높은 기대와 편견을 갖게 함으로써 똑같은 직업인임에도 생활의 불편을 겪는 경우도 종종 생긴다. 그러나 현실적으로 수많은 직업이 존재하는 오늘날의 사회에서 교직은 더 이상 특별한 직업이 아니다. 과거 직업의 종류가 많지 않던 때처럼 교원들이 일반으로부터 존경받지 못하고 있으며, 과거와 마찬가지로 비슷한 학력 배경의 타 직업에 비해 보수가 좋은 편도 아니다. 교직은 모든 직업이 그렇겠지만 타 직업과 비교해서 장점이 있는가 하면 단점 또한 많은 직업이다. 이제 교직은 직업의 일반적인 성격을 지니면서 미성숙한 학생을 교육하는 특수한 활동을 주업으로 하고, 그 활동상의 특성 때문에 타 직업에 비해 높은 윤리의식이 기대되는 직업 중 하나일 뿐이다. 교직의 성격은 바로 이러한 지점에서 설정되는 것이 더 현실적이며 바람직하다.

교직의 성격은 일반적인 직업의 공통 특징 및 교직 고유의 특수한 활동과 관계된 특징을 모두 반영한 것으로 설정되어야 한다. 이 말은 역으로 교직의 성격을 기술할 때 직업의 일반적인 성격을 답습하거나 교직의 특수성만 강조해서는 안 된다는 뜻이다.[1] 직업의 보편적인 성격과 교직의 특수성을 모두 고려하면서 교직을 현상적으로 정확하게 기술하고, 즉각 이해 가능하도록 그려야 한다. 이에 이 장에서는 교직의 성격을 사실적 기술 형태로서 다음 몇 가지로 정리하여 제시하고자 한다.

첫째, 교직은 인간을 바람직한 방향으로 변화시키기 위한 목적하에 구성된 내용을 매개로 하여, 가르치고 배우는 활동을 핵심으로 하는 공적기관인 학교에서 학생을 가르치고 지도하는 업무를 주업으로 하는 직업이다. 이 말은 어떤 의미에서는 교직의 정의에 해당하기도 한다. 여기에는 교직의 목적과 활동 그리고 교직의 조건 등이 분명하게 명시되어 있다.

둘째, 교직은 교원들이 학교조직에서 조직의 목적을 달성하기 위하여 맡은 역할에 따라 지속적으로 수행하는 노력의 결과로서 사회경제적 효과를 산출하는 삶의 중요한 원천이다. 물론, 이러한 성격은 단지 교직에 한정된 것만은 아니다. 교직은 다른 일반 직업과 마찬가지로 목적지향적인 활동을 하고, 맡은 역할의 수행에 따른 경제적 보상이 뒤따르며, 삶이 의미 있게 유지되도록 하기 위한 지속성을 지닌다. 지속적인 직업 활동은 인간이 한 생애를 살면서 생활의 원천인 동시에 삶의 중요한 시간을 많은 부분 할애하는 것이라는 데서 중요한 의미가 있다.

셋째, 교직은 학교에서 미성숙한 학생들을 가르치는 교육자들로 구성되기 때문에 일반 직업보다 특별한 직업윤리[2]가 요구된다. 즉, 교직의 직업윤리는 교육활동을 하는 교육자와 학생 간의 특수한 인간관계에서 파생된 것으로, 가르치는 사람과 배우는 사람 간의 지식 전수 관계뿐 아니라 스승과 제자 간의 사랑과 돌봄의 정의적 관계에서 빚어진 윤리를 내포한다는 의미다. 직업윤리를 직무윤리와 개인윤리로 나누어 보면, 지식 전수 관계에서의 활동은 직무윤리에 해당하고 정의적 관계에서의 활동은 개인윤리에 해당한다.

넷째, 교직은 학생 교육에 필요한 지식, 기술, 능력을 지속적으로 배양·유지해야

---

1) 특히 후자의 입장을 지나치게 강조하면 교직의 성격을 당위적으로 묘사하기 쉽기 때문에 '성격(nature)'의 개념적 의미와도 맞지 않는다.

2) 사람들의 직업적 활동에서 최적이라고 간주되는 일정 유형의 도덕적 관계를 규정하는 행동의 규약(김상봉, 1999, p. 31).

하는 직업으로 교원의 입직 과정 및 현직 유지 과정이 전문화되어 있고, 미성숙한 학생들이 전인적으로 성장하도록 도와주는 봉사적 성격이 강한 전문적 봉사직이다. 교직의 전문성만 강조하면 봉사적 성격이 약화되고, 봉사적 성격만 강조하면 전문성이 희석되기 때문에 교직은 이 두 가지를 모두 지녀야 하는 '전문성이 필요한 봉사직이면서, 봉사정신이 중요한 전문직'이다.

다섯째, 교직은 미래 국가의 주역이 될 인재를 양성하는 교육활동을 주업으로 하기 때문에 국가발전과 사회 진보 및 문화 발전에 중대한 영향을 미치는 직업이다(김상돈, 김현진, 2012, p. 18). 학교에서의 교육활동을 미시적으로 보면 교수 · 학습을 중심으로 한 지식의 전수 행위에 초점을 맞추기 쉬운데, 이를 좀 더 거시적으로 보면 정치 · 경제 분야에 인력을 공급하고 사회 및 문화 발전에 필요한 기초 소양 교육을 통해 총체적으로 국가 발전의 초석을 다지는 활동이라는 것을 알 수 있다.

3) 교직실무의 개념과 중요성

교직실무는 교직에서 교원이 실제로 행하는 업무를 말한다. 교직 종사자인 교원이 실제로 행하는 업무이기 때문에 '실무'인 것이다. 명칭은 교직실무지만 교직은 공간적인 개념일 뿐 실제 강조점은 교직에 종사하는 사람, 즉 교원에게 있다. 이에 비해 직무는 교원 중심의 개념이라기보다는 교직이라는 직업 중심의 개념이다. 즉, 직무는 교직 수행에 필요한 지식(knowledge), 기술(skill), 능력(ability)을 총체적으로 아우르는 말이다. 이런 점에서 실무는 개인 중심의 현장적 개념, 직무는 직업 중심의 설계적 개념이라는 것을 알 수 있다. 직무가 특정 직업 종사자가 수행해야 할 당위적 업무라면 실무는 그들이 현재 수행하는 실제 업무다.

교직실무 교과는 예비 교사들이 장차 교직을 수행하면서 순조롭게 적응하고 실제로 직면하게 될 많은 업무를 잘 수행해 나가도록 하기 위하여 2009학년도부터 교원양성과정에 필수과목으로 설치되었다. 교직실무는 교사의 직무 수행에 필요한 실제적인 내용을 다루는 것을 주요 목적으로 하며, 기존의 교직이론과 교육실습의 중간에 위치하면서 교육이론과 교육현장을 정합성 있게 연결하기 위하여 도입되었다(주철안 외, 2013, p. 3). 교직실무 교과가 교직 필수과목으로 운영된 이후 이에 대한 다수의 교재가 출간되었는데, 각 교재의 집필 방향은 저자들이 교직실무를 어떻게 이해하느냐와 깊은 관련이 있는 것으로 보인다. 어떤 교재는 교사의 직무분석을 토대로 하여 교사 업무 중심의 목차를 사실적으로 구성하며, 또 다른 교재는 교사론과 구별되지 않을 정도로 교사 중심으로 기술한 것도 있다. 간혹 완전히 현재 교원이 하고 있는 일 중심으로 구성하여 이론을 배제한 것도 있다. 그러나 정작 놀라운 점은 이렇게 다양한 접근으로 조망하는 교직실무 교재 가운데 '교직실무'의 개념을 명확하게 제시하고 이의 중요성을 설파한 교재는 없다는 것이다.

이 책에서는 교직실무를 "교직에서 교원들이 학교교육 및 학교조직의 목적을 달성하기 위하여 실제로 행하고 있는 사실적인 업무"라고 정의한다. 기본적으로 교직은 학교라는 교육조직에서 수행되는 직업이기 때문에 활동으로서의 교육의 목적과 그 공간을 제공하는 터전으로서의 조직의 목적을 모두 달성하는 데서 그 존재 의의를 부여받을 수 있고 직업으로서의 가치를 인정받을 수 있다. 따라서 교직실무는 중요한 이 두 가지 목적을 달성하는 데 진력하는 교원들의 실제 업무를 의미하며, 이 업무는 목적에 부합하는 것이어야 한다.

이러한 교직실무가 교원양성과정의 필수 이수교과로 도입되었다는 것은 그동안 교원양성단계에서 예비 교사들에게 이론 중심의 교육을 해 왔다는 반성적인 경고이면서, 향후 교원양성교육이 좀 더 현장친화적으로 현실화되어야 한다는 메시지라고 볼 수 있다. 물론, 이론은 실제에 대한 세심한 관찰을 토대로 과학적 탐구 과정을 거쳐 도출된 것이므로 실제는 이론의 원천이자 본향이라고 할 수 있다. 따라서 이론과 실제에 차이가 있어서는 안 된다. 그럼에도 실제는 실제고 이론은 이론일 뿐이라고 하면서 양성교육단계에서 지나치게 이론 중심의 교육을 하는 것은 학교 현장의 양성교육에 대한 불신을 조장하고 이론과 실제의 배타적 분리를 고착화하는 데 일조한 것이 사실이다. 이런 점에서 교직과목으로서의 교직실무는 다음과 같은 중요한 의미를 갖는다.

첫째, 교과로서 교직실무는 예비 교사가 교직 현장의 실제 업무를 간접적으로 체험하게 하고 지식적으로 이해하는 데 도움을 준다. 교과를 통해 얻은 이해와 체험은 그들이 가깝게는 교육실습을 하는 과정에서, 멀게는 교직에 입직한 후 현장적응력을 제고하는 데 도움이 될 것이다.

둘째, 업무의 관점에서 교직실무는 예비 교사가 단순히 사무적인 지식과 기술의 간접적인 습득뿐 아니라 실무가 무엇을 위해 존재하고 어떤 환경에서 행해지는 것인지 이해하는 데 도움을 준다. 이처럼 교직실무는 학생교육과 조직유지라는 교직의 공간적 상황에 대한 이해를 증진시킬 뿐 아니라 이를 위해 무엇을 어떻게 해야 하는지에 대한 답을 제공한다는 점에서 그 가치가 인정된다.

셋째, 파급효과 면에서 교직실무는 기존 교원양성교육의 성찰을 통해 양성교육의 변화와 혁신에 기여할 수 있다. 종래 교직과목에 대한 예비 교사들의 인식은 교육학 위주의 지나친 이론 중심 교육, 학교 현장의 변화와 유리되고 정체된 지식의 학습 등으로 표현되곤 한다. 많은 예비 교사의 요구가 있었음에도 교원양성교육은 현장적합적인 교사를 양성해 내지 못했고, 그들은 입직 후 변변한 오리엔테이션도 없이 자신의 시행착오 경험 혹은 선배 교사들의 조언을 통해 교사로서의 경력을 쌓아 갔다. 교원양성교육이 더 이상 현장과 유리되지 않고 긴밀하게 조응하기 위해서는 타율적인 제도 개선과 의도적 교육혁신이 이루어져야 할 것이다. 또한 교직실무 교과의 도입은 교직교육의 개선을 자발적으로 성찰하고 도모하는 데 시사점을 제기한다는 점에서 교원양성교육 혁신에 작은 파급효과를 기대할 수 있게 해 준다.

2. 교직관

1) 교직관의 의미와 중요성

교직에 대한 관점으로서 교직관은 교직이 어떠해야 하는지의 당위적 시각과 아울러 교직을 무엇으로 이해해야 하는지에 대한 사실적 판단을 함께 포함한다. 이윤식 등(2007, p. 20)은 후자를 강조하여 교직관을 "교직이라는 직업을 어떻게 파악하고 이해하느냐에 관한 교직을 이해하는 관점"이라고 하였다. 교직관은 우선 그 주체인 교원의 입장에서 보면 자신의 교육활동 전반의 방향을 나타내는 역할을 한다. 교직관에는 교직에 대한 관점 이전에 형성된 교육에 대한 개인의 가치관과 성향이 내재해 있기 때문이다. 한편, 학부모를 비롯한 외부의 입장에서 교직관은 교육의 전반적인 풍토를 이해할 수 있게 하는 척도이자 교육의 모든 것을 가늠하게 하는 바로미터 (barometer) 역할을 한다.

교직관은 시대의 변천에 따라 달라지고, 개인의 관심사에 따라 선호도가 달라진다. 따라서 교직관은 지극히 주관적인 개념이면서도 그 사회의 교직에 대한 공통적인 시각이 관점화되어 나타난 것이기 때문에 교사를 꿈꾸는 사람이나 현재 교직에 있는 사람 모두에게 바람직한 방향으로 형성되는 것이 좋다. 교직관은 바로 이러한 중요한 역할을 하기 때문에 모든 예비 교사와 현장 교사가 바람직한 교직관을 형성할 수 있도록 정책 당국이나 교육양성기관이 부단히 노력해야 한다. 구체적으로 교직관이 중요한 이유를 설명하면 다음과 같다.

첫째, 교사의 개인적 측면에서 교직관은 교직에 대한 기본적인 생각 혹은 시각이기 때문에 교직 업무를 수행하는 데 중대한 영향을 미친다. 각 교사가 정립한 교직관은 교육의 질, 더 나아가 교육의 성패를 가늠하는 중요한 예언적 지표가 된다.

둘째, 학생 교육의 측면에서 교직관은 교사의 교육하는 기본적 태도와 습성을 결정하기 때문에 미성숙한 학생에게 그대로 투영될 가능성이 크다. 바람직한 교직관은 교육활동을 넘어서 학생의 인격형성에 영향을 미침으로써 그들의 미래 삶을 좋은 방향으로 변화시킬 수 있지만, 그렇지 못한 교직관은 학생의 삶을 피폐해지게 할 수도 있다.

셋째, 교원양성교육의 측면에서 교직관은 개인의 인생관이나 사회관에 따라 교직에 대한 편견과 오해를 반영할 수 있으므로 교원양성교육을 통해 바람직한 교직관이 형성되도록 해야 한다. 적절히 교정되지 않은 왜곡된 교직관을 정립하고 그대로 교직에 입직한다면 교사는 정신적으로 큰 혼란을 겪을 수 있고, 인간관계 면에서 부적응 현상이 나타날 수도 있다. 따라서 교원양성단계에서 예비 교사가 교직실무 혹은 교사론 수업을 통해 적절한 교직관을 형성하도록 각별히 유의해야 한다.

넷째, 국가적 · 사회적 측면에서 교사의 교직관은 교직의 전반적인 풍토를 대변하기 때문에 교직, 나아가 학교교육이 사회의 신뢰를 확보하는 데 중요하다. 교육경쟁력을 강화하려는 국가는 물론 자녀가 바람직한 교육관을 지닌 교사에게서 좋은 교육을 받기를 원하는 학부모에게 교직관은 정책적으로도 중요하게 고려해야 할 관심사임이 틀림없다.

교직관은 하나의 직업으로서 교직을 바라보는 관점을 의미하며, 크게 성직관, 노동직관, 전문직관 등 세 가지로 나뉜다. 그러나 실제로 개인이나 학교의 교직관은 이 세 가지가 적절히 섞여 있는 형태가 대부분이다.

2) 교직관의 유형

(1) 성직관

교직에 대한 성직관은 우리나라의 전통적인 교직관으로, 교직을 성직과 유사한 관점에서 보는 것이다. 성직은 목사, 신부, 스님과 같이 특정 종교를 섬기는 사람들의 직분을 말하며 그들은 절대자를 섬기고 세속적인 욕구를 멀리한다. 성직적 교직관은 보수나 지위, 직업 조건이나 환경을 중시하기보다는 사랑과 봉사 그리고 헌신을 강조한다. 이러한 교직관을 지닌 교원은 교직을 천직으로 생각하며 자기 직업에 대한 높은 소명의식을 갖고 학생 교육과 지도에 임한다. 자기 이익을 구하기보다는 학생을 위해 희생하는 것을 가치있게 여기며, 교직에 종사한다는 사실에 대해 자부심과 사명감을 느낀다.

시대적으로 성직관은 과거 스승의 그림자도 밟지 않던 시절, 교사를 '군사부일체'의 시각으로 보던 시대의 전통적인 교직관이다. 현재도 미국의 종교계 사립학교나 우리나라의 경우 종교적 성향이 매우 강한 학교에서 우세한 교직관으로 존재한다. 오늘날 개인적으로 이러한 교직관을 바탕으로 교육활동에 임하는 교원들이 있을 수는 있지만 성직적 교직관은 보통의 학교 혹은 교원들에게서는 드물게 나타난다. 교직환경이 서구화 · 물질화하면서 교원들조차 그만큼 개인주의화하는 양상이 나타나고 있으며, 이에 따라 희생과 봉사정신으로 무장한 교원보다는 교직을 일반적인 직업의 하나로 여기며 교직의 상대적 장점을 보고 선택하는 예비 교사가 점점 많아지고 있기 때문이다.

교직의 현실이 이렇게 변화하고 있는데도 아직 많은 국민은 성직적 교직관이 익숙하여 교원들에게 학생 교육과 지도에 좀 더 헌신하기를 바라고 희생해 주기를 기대한다. 이에 따라 교원들에게 높은 윤리적 · 도덕적 기준을 적용하면서 전통적인 선비상 혹은 훈장상을 기대하는 것이 당연하다고 믿는 사람이 많다. 그러면서도 한편으로 자녀가 고의적이든 우발적이든 피해를 보는 상황에서 관계된 교원에게 폭력적 행동을 서슴지 않는 경우도 상존해 교직의 성직관이 여전히 유효한지 혼란스러운 상황이다. 따라서 오늘날 성직적 교직관은 현대적으로 재해석되고 새로운 의미로 재탄생될 필요가 있다. 물론, 그 방향은 성직관의 장점과 미덕을 살리면서 과도한 기대와 부작용은 덜어 주는 쪽이 되어야 할 것이다.

(2) 노동직관

교직에 대한 노동직관은 교직도 여타의 노동직과 다를 것이 없으며, 교원도 노동을 하는 주체라고 보는 관점이다. 노동직적 교직관은 교직도 일반의 다른 직업과 마찬가지로 일(노동)에 대한 대가로 임금을 받는다고 보며, 통상적으로 교원을 고용인과 피고용인의 관계에서 피고용인으로 간주한다. 이 관점에서는 교원의 고용 및 근무 조건에 일차적으로 관심을 갖는다. 즉, 교직에서 교원의 현실이 의사나 법률가 같은 전문직과는 다르다는 점에 초점을 두고, 교사 임용권자와 교원의 고용－피고용 관계의 측면에서 교원의 현실을 분석한다(이윤식 외, 2007, p. 20). 따라서 노동직적 교직관은 교원이 수행하는 업무의 특성, 즉 교직의 특수성보다는 고용관계라는 직업의 일반성에 더 강조점을 둔다. 이에 노동직관에 입각한 교원은 직업의 평등성과 보편성을 강조하면서 다른 노동자와의 유대 등을 통해 전체 노동자의 지위와 노동조건의 개선에도 관심을 갖는다(조흥순, 2012, p. 20). 이런 점에서 노동직관은 성직관혹은 전문직관과 반대의 입장에 서 있다고 볼 수 있다.

노동직관에 입각한 교사들은 일반 직장에서처럼 노동조합을 결성하여 자신의 고용 및 근무 조건에서 발생하는 불이익과 편견에 적극적으로 대처한다. 그들의 일차적인 관심은 조합원의 권익 옹호와 상호부조다. 교사 노동조합은 서구사회에서 오랜 전통이 있다. 미국의 경우 전문직 단체인 NEA(national education association)에 대응하여 교원노조인 AFT(american federation of teachers)가 오래전에 결성되어 활약하고 있으며, 일본의 경우도 교원노조가 일찍이 결성되어 단체행동을 통해 적극적으로 조합원들의 권익을 옹호하기 위한 투쟁을 벌여 온 바 있다. 우리나라에서도 1980년대 후반 초기 형태의 교원노동조합이 결성되었고 1998년 교원노조 합법화로 '전국교직원노동조합'

(이하 '전교조')이 공식적인 노동조합으로 인정받아 활동해 오고 있다.

노동직적 교직관은 우리나라에서 전교조가 걸어 온 길을 돌아보면 얼마나 우리 현실에서 받아들여지기 어려운지 그 갈등의 역사를 통해 잘 알 수 있다. 전교조 합법화 이전 전교협(전국교직원협의회) 시절에 여기에 소속된 교원들이 대거 해직되는 사태가 벌어진 적이 있다. 이처럼 전교조는 우리의 교직 풍토에 쉽게 받아들여지지 않았고, 질곡의 시간을 보낸 끝에 김대중 정부 때 합법화되어 정식으로 제도권에 진입했다. 이후 전교조가 공식적으로 활동하는 과정에서도 이들이 표방하는 이념과 노선에 따른 교육방안 및 내용은 정책 당국과 한국교총 그리고 학부모 사이에서 지속적으로 갈등을 초래했다. 이러한 갈등은 노동직적 교직관이 표방해 온 고용 및 근무 환경에서의 권익 옹호라는 노동자의 권리 표방 이상의 요구와 주장에서 비롯한 것이었다. 그러면서 학부모들이 과거보다 자주 학교를 걱정하고, 자녀를 가르치는 교사에 대해 더 관심을 기울이게 되었다.

(3) 전문직관

교직에 대한 전문직관은 교직을 다른 전문직과 같은 종류의 직업으로 이해하려는 관점이다. 여기서는 교직을 의사, 변호사, 교수와 같이 고도의 전문성을 토대로 자율성을 최대한 보장받는 직종으로 본다. 이 관점에서는 전문직의 조건과 기준을 정하고, 그에 따라 범속직과 전문직을 차별적으로 구별한다. 일반적으로 전문직의 조건과 기준으로는 정교한 지식과 기술체계, 장기간에 걸친 직업 준비 훈련, 엄격한 자격 표준, 공인기구에 의한 엄격한 자격 통제, 전문직 단체 운영을 통한 전문성 신장, 고도의 직업윤리와 봉사성 등을 들고 있다(이윤식 외, 2007, pp. 20-21). 전문직적 교직관은 교직의 형식적 측면보다는 본질적 가치와 내용적 측면을 강조하며, 이 점에서 미래지향적 직업관을 반영한다고 볼 수 있다. 전문직관은 교사를 노동자로 보는 노동직관과 대비된다.

전문직적 교직관은 오늘날 교직의 전문화를 표방하는 한국교총에 의해 강조되고 있다. 한국교총도 전교조와 마찬가지로 교원의 근무 여건 및 환경 개선에 관심을 갖고 회원들의 복리증진과 이용후생을 위하여 적극적으로 단체 활동을 하지만, 서로 지향하는 교직관이 다르다는 근본적인 차이점이 있다. 한국교총은 우리나라에서 가장 규모가 크고 역사가 오래된 전통적인 교직단체로서 교직이 전문직이라는 자긍심을 바탕으로 과거보다 교육정책에 대해 자신들의 의견을 적극적으로 표명하고, 실제 정책 수립 과정에 직접 참여하는 등 과거에 비해 정치적인 활동을 강화하고 있다. 이는 전교조와 비교해 볼 때 다소 수동적인 이미지를 개선하여 좀 더 교육정책 장면에서 교원들의 목소리가 반영되기를 바라는 회원들의 요구에 부응하는 동시에, 전교조와의 이념 및 노선 경쟁에 따른 것이다.

한편, 전문직적 교직관은 대다수 교원이 추구하는 교직관임에도 여전히 과연 교직이 전문직인가에 대해 회의적인 시각도 만만치 않게 존재하는 것이 현실이다. 변호사, 의사, 교수에 비해 고도의 직업적 전문성이 있는지 의심받고 있으며, 입직을 위한 준비 과정도 기간과 내용 그리고 자격 조건 면에서 부족한 것이 사실이다. 이러한 현실에 대해 Etzioni는 일찍이 교직을 '반전문직'이라고 표현하였다. 그럼에도 많은 사람이 교직을 전문직이라고 믿고 있으며, 교원들은 자신이 전문직에 종사한다는 자부심을 느낀다. 문제는 교직이 지금처럼 '인정을 요구하는 전문직'이 아니라 '인정받는 전문직'이 되도록 교원이 전문가로서의 자질과 자격을 두루 갖추기 위해 어떤 정책적 방안과 교원의 노력이 필요한지 생각해 볼 시점에 이르렀다는 것이다. 따라서 향후 교원정책의 방향은 교직 현안에 매몰되거나 표피적으로 교원의 근무환경을 개선할 것이 아니라 '교직 전문직화' 혹은 '교원 전문가화'를 위한 정책으로 바뀌어야 할 것이다. 이런 점에서 전문직적 교직관은 현재진행형이고, 미래에 완성될 교직관이라고 볼 수 있다.

3) 바람직한 교직관

교직에 대한 세 가지 관점은 각기 교직의 실체를 파악할 수 있게 해 주는 유용성을 지닌다. 누구나 마음속에 가장 바람직하다고 생각하는 교직관이 있다. 현직에 있는 교원은 자신이 하고 있는 일이 어떤 특징을 지니는지 알고, 오랜 경험을 통해 교직의 문제를 잘 알며, 앞으로 교직이 어떻게 변하는 것이 바람직한지 생각하고 있을 것이다. 교직을 바라보는 외부의 시선도 마찬가지로 현재 교직의 문제점을 바탕으로 향후 교직이 어떤 모습을 보여야 하는지에 대한 기대를 품고 있다. 교원양성과정에 있는 미래의 교원들은 당연히 교직의 단점보다는 장점을 보고 어렴풋하게나마 교직을 자신의 평생 직업으로 삼아 입직을 위한 어려운 경쟁에 뛰어든다. 이렇게 볼 때 바람직한 교직의 상은 현재보다는 미래형이며, 부단히 추구해야 할 대상이다.

현실적으로 존재하는 세 가지 교직관은 각기 장단점이 있기 때문에 규범적으로 어느 것이 가장 바람직한 교직관이라고 말하기는 어렵다. 물론, 개인적으로 현실의 교직관 중 자신에게 부합하는 것을 어느 한 가지 선택할 수는 있지만 교직 내·외부에서 모두 수긍할 수 있는 바람직한 교직관을 선뜻 내세우기는 힘든 면이 있다. 이런 점에서 현재의 교직관은 배타적인 관계 속에서 선택해야 할 대상이라기보다는 각각의 장단점을 상호 보완할 수 있는 것으로 봄이 타당하다. 성직관은 전통적인 교직관으로서 바람직하다고 볼 수 있으나 현실적이지 못하고 전문성을 간과할 수 있다. 전문직관은 오늘날 바람직한 교직 상으로 언급되고 있으나 교직 현실이 이에 못 미치고 정의적 측면을 간과할 수 있다. 또 노동직관은 현실적인 것처럼 보이지만 성직관 및 전문직관의 장점과 대척점에 있어 교직 내·외부에서 두루 공감을 얻기 어려운 측면이 있다. 그래서 일부에서는 이처럼 상이한 교직관이 공존하는 가운데 공생의 관계보다는 서로 갈등하는 현실에 바람직한 교직관으로 교육공동체관을 제기한다. 교육공동체관이 교직사회의 갈등과 문제를 풀어 나가는 데 도움이 된다는 것이다(이윤식 외, 2007, pp. 21-22). 그러나 교육공동체관은 직업으로서 교직을 보는 관점, 즉 교직관이라기보다는 교직 세계가 이상적으로 지향해야 할 방향이라고 할 수 있다. 이상의 세 가지 교직관을 비교하여 표로 제시하면 다음 〈표 1-1〉과 같다.

표 1-1 교직관의 내용 비교

교직관	핵심 가치	인간상	호칭	시제	장점	단점
성직관	소명, 헌신, 봉사	성직자	스승	과거형	교직에 대한 존경과 권위	비현실적
전문직관	전문성, 자율성, 윤리성	전문가	교육전문가	미래형	전문가적 기술과 능력	현실과 이상의 괴리
노동직관	노동중심, 계약관계, 보편성	노동자	교육노동자	현재형	직업 현실의 강조	공감대 부족

결론적으로, 바람직한 교직관은 교직관의 어느 한 가지 유형에서 찾기보다는 각 교직관의 장점을 취하는 것이다. 즉, 교원들이 교육전문가로 부르기에 합당한 기술과 열정을 가지고 학생 교육에 임하며, 그에 합당한 근무 조건과 대우를 받으면서 사회의 존경을 받는 직업 환경이 구축·유지될 때 교직은 가장 바람직한 상태에 이르게 될 것이다. 교직관은 교직을 바라보는 현실적인 시선이면서 이상적인 모습이다. 바람직한 교직관은 교직의 현실을 이상적인 미래의 모습으로 부단히 이끌어 올리고자 노력하게 하는 동력이다. 이를 위해서는 정책적으로 교직 현실의 문제점을 개선하려는 적극적인 의지와 실천도 중요하지만, 그에 못지않게 교원이 교육에 대한 남다른 열정과 실력을 갖추고 이것을 사회적으로 인정받아야 한다. 그때서야 교직은 바람직한 교직관을 가진 인정받는 직업으로 거듭날 수 있을 것이다.

NEWS 뉴스 따라잡기

"교사가 공부만 가르치면 되나요…"
대구교육청 초·중등 임용시험 상담과목 의무화로 교육혁신 3년째 시행

〈22일 실시된 대구교육청의 2014학년도 중등임용시험 2단계 심층면접 현장〉

면접관이 지원자에게 학교폭력 사건 하나를 예로 들며 "학생이 앞에 있다고 생각하고 상담을 진행해 보라"고 했다. 상담 이론, 학교 부적응 학생을 지도하는 방법, 학교폭력 사건을 처리하는 절차 등에 대한 질문도 쏟아졌다. 교사, 상담전문가, 교직 경력이 있는 학부모 등으로 구성된 면접 담당자 다섯 명은 지원자의 상담 실력을 꼼꼼히 평가했다. 다른 시·도의 교원임용 과정에서는 찾아볼 수 없는 대구만의 독특한 시스템이다.

대구교육청이 전국 17개 시·도교육청 가운데 유일하게 신규 교원 임용시험에서 상담 과목을 필수로 넣어 주목을 받고 있다. 대구는 지난해 초등임용시험에서 상담 과목을 필수로 넣은 데 이어 올해는 중등임용시험에서도 이를 필수로 바꿨다. 기존에 상담 과목은 교육대와 사범대의 교직이수 과정에서 선택과목이었고, 임용시험에도 포함되지 않았다. 내용은 어려운데 시험에는 반영되지 않으니 임용시험 준비생 가운데 상담을 공부하는 이는 드물다.

하지만 대구교육청은 공교육을 살리고 학교폭력을 줄이려면 모든 교사가 학생 생활지도 및 상담 능력을 갖추어야 한다고 판단했다. 고민 끝에 논술과 선답형으로 치르는 1차 전공평가는 다른 시·도처럼 한국교육과정평가원에 출제를 위탁하되, 2차 심층면접 단계에서 상담 평가를 강화하기로 했다.

대구교육청은 자체적으로 인성 및 상담 평가 문제를 만들어 심층면접 평가 중 절반을 여기에 할애하고 있다. 이를 위해 심층면접 점수를 기존 30점에서 40점으로 높이고, 면접 시간도 10분에서 20분으로 늘렸다. 이 과정에서 임용고시 수험생은 물론이고 인근 교육대와 사범대에서도 반발이 컸다. 수험 부담이 늘어난다며 교육대생들이 교육청 앞에서 시위까지 할 정도였다. 하지만 행정학자 출신인 우동기 교육감은 교사는 공부만 가르치는 것이 아니라 아이들을 전인적으로 돌보아야 한다며 상담 과목 필수화를 강행했다. 기존 교사들에게도 온라인 30시간, 오프라인 30시간에 걸쳐 상담 교육을 받도록 의무화했다. 강력하게 밀어붙이니 주위도 변하기 시작했다. 대구 지역 교육대와 사범대에서 상담 교육이 늘어났고, 대구가톨릭대는 아예 상담 전문 대학원을 개설했다.

우 교육감은 "요즘 선생님들은 늘 1등만 하던 모범생이 많다 보니 공부를 못하거나, 이른바 문제아라는 아이들을 이해하지 못하는 경우가 많더라. 아이들은 저마다 장점과 특성이 있는데 이걸 발견하려면 선생님들이 먼저 바뀌어야 한다"면서 "아이들이 행복한 학교를 만들기 위해 전 교사의 상담 교사화를 강화하겠다"고 말했다. (동아일보 기사, 2014년 1월 23일, 김희균 기자)

◎ 생각해 보기

1. 사례에서 교직의 성격을 유추해 보자.
2. 교육감은 어떠한 교직관을 갖고 있다고 볼 수 있는가?
3. 사례는 교직의 전문성을 무엇으로 보고 있는가?
4. 사례에서 교직 발전을 위한 시사점을 도출해 보자.

3. 교직의 현실과 발전 과제

1) 교직의 현실

과거에는 교직이 천직이라는 소명의식으로 좋지 않은 교육여건에서도 자신을 희생하며 직분을 성실하게 수행하는 교원이 많았다. 박봉에 시달리면서 제자를 키운다는 보람 하나로 지탱해 오던 우리의 스승들은 질곡의 세월을 보냈고, 이제는 대부분 은퇴하거나 명퇴하여 추억의 교직관을 간직하고 있는 교원이 그리 많지 않다. 그동안 사회경제적으로 많은 발전을 통해 세상이 변하고 사람도 변했다. 세상 속에 존재하는 우리의 학교도 사람이 변함에 따라 자연스럽게 많은 변화를 겪었다. 좀 더 현실적이고 사리분별이 분명한 사람들이 학교를 채우면서 전통적인 교직의 미덕이 점점 사라지고, 합리적인 시스템과 권위적인 행정 속에서 타협하고 자기 이익을 먼저 구하는 행태가 교직의 모습으로 굳어지기 시작하였다. 이는 이념적인 지향을 떠나 노동직적 교직관이 우리의 교직 한편에 자리 잡게 된 배경이기도 하다.

오늘날 교직의 현실은 녹록지 않다. 교원의 사기 및 만족도가 갈수록 저하되는 것으로 나타나고 있다. 그 하락폭이 교원을 대상으로 한 조사에서 55.3%(2009년) → 63.4%(2010년) → 79.5%(2011년) → 81%(2012년)로 커져 매우 심각한 것으로 나타났다(한국교원단체총연합회, 2012). 교원들의 만족도를 저하시키는 주요 원인은 학생생활지도의 어려움이었다. 이는 학교폭력 등 날로 대응하기가 어려워지는 학생들의 변화에 대한 대처 및 지도가 교원들에게 가장 큰 스트레스라는 조사 결과와 일치한다. 단적으로 이러한 교직 생활의 어려움은 교원들의 자녀 교직 선택 찬성 비율이 점차 하락하는 데서 찾아볼 수 있다. 그만큼 교직이 세간의 인식과 달리 자식에게 권할 만큼 좋은 직장이 아니라는 것이다. 또한 교직의 어려움은 교원 10명 중 6명이 교사 직업병을 경험하고 있다는 데서도 나타난다. 교사의 직업병으로는 성대결절이 가장 많았고, 스트레스성 탈모, 하지정맥류, 발가락 변형 등이 그 뒤를 이었다. 이는 모두 장시간 서서 말을 많이 해야 하는 교직의 특성과 깊은 관련이 있다.

물론, 교직에 이러한 어려움만 있는 것은 아니다. 여전히 교직은 우리 사회에서 몇

안 되는 정년이 62세까지 보장되는 안정적인 직장으로 많은 사람이 이 점을 부러워한다. 그동안 열악한 수준이던 보수와 복리후생도 꾸준히 개선되어 과거에 비해 많이 좋아졌다. 이러한 구조적 · 물리적 여건과 함께 정시에 출근하여 5시 이전에 퇴근하고 방학이 있는 것도 교직의 장점 중 하나다. 무엇보다도 교직은 스승이 제자를 양성하는 데서 보람을 느낄 수 있는 대표적인 직장이고, 생활지도를 통해 일탈 학생이 원래의 모습으로 돌아와 학교생활에 잘 적응하는 데서 희열을 느낄 수 있는 정감이 있는 직장이기도 하다. 이러한 점들을 통해 아직도 우리 교단에는 교사로서의 자긍심과 자부심을 함께 느끼면서 생활하는 교직 종사자가 많다는 것을 잊어서는 안 되겠다.

2) 교직 발전의 의미와 필요성

오랫동안 정시에 출근하여 일찍 퇴근하고 방학까지 있는 교원들의 생활은 타 직장인들의 부러움을 사 왔다. 그러나 오늘날 교직의 현실은 교원들이 과거처럼 여유 있는 직장인으로서의 삶을 살기 어렵게 하고 있다. 지속적인 교육개혁으로 인한 학교업무의 가중, 경쟁을 부추기는 성과 중심 학교 행정으로의 변화, 쉴 틈을 주지 않는 계속되는 연수와 평가, 학생 교육과 생활지도에 대한 과중한 부담, 빈번한 교권 추락 사례 발생 등은 정년이 보장된 교원들이 정년 전에 교직을 등지게 하는 복합적인 요인으로 작용하고 있다. 명퇴하는 교원의 상당수가 학생 생활지도의 어려움을 이유로 들 정도로 오늘날 학교의 상황은 교원들이 학교에 오래 남아 있기 어렵게 하고 있다. 물론 명퇴의 원인에는 개인적인 사유가 작용하기도 하지만 명퇴자 수가 계속 늘어나는 현실은 정년을 다 채우기 힘든 교직의 애환이 그만큼 크다는 것을 반증하기도 한다. 교원의 명퇴는 적체된 교직희망자의 직업순환이라는 순기능 측면도 있지만, 정작 그간의 경험을 바탕으로 교직에서 본격적으로 역량을 발휘해야 할 시점에 퇴직하는 교원의 수가 늘어나는 것은 인적자원의 활용 면에서 바람직한 일이 아니다.

교직 발전이란 "교직이 인정받는 전문직으로 발돋움하기 위해 구태에 머무르지 않고 과거의 잘못된 면을 개선하여 새로운 환경 변화에 능동적으로 적응해 나가는 가운데 교직에 대한 교원의 사기가 진작되고 만족도가 높아지는 것"을 말한다. 이를 좀 더 구체적으로 설명하면, 교직 발전은 더 이상 '인정을 요구하는 전문직'이 아닌 국가와 사회 전반에서 수긍하는 명실상부한 '인정받는 전문직'으로의 비상을 궁극적인 목표로 삼고 있다. 또한 교직 발전은 정책 당국에 의한 교직 환경의 개선뿐만 아니라 이를 위한 교원들의 자정적인 노력이 결부되어야 하고, 그 성과가 교원들의 사기와 만족도를 높인다고 본다. 이러한 교직 발전이 필요한 이유는 다음과 같다.

첫째, 교직은 다방면의 국가기관 인력 양성이라는 중차대한 임무를 수행하는 교원들의 직업이기 때문에 지속적으로 발전되어야 한다. 교원들은 인지적 · 정의적 측면에서 학생들에게 직접적인 영향을 미치며, 교원들의 직업적 조건과 상황은 교원들의 역량 형성에 중대한 영향을 끼친다. 이에 교직은 교원들이 근무하기에 적합한 환경과 조건을 국가로부터 당연히 보장받을 권리가 있다고 할 수 있다.

둘째, 교직은 기본적으로 교사가 학생에게 지식을 전달하는 지식 직업이기 때문에 교원의 전문성을 지속해서 갱신할 필요가 있다. "교육의 질은 교사의 질을 능가할 수 없다."라는 경구가 의미하는 바는 아무리 훌륭한 교육환경을 갖추더라도 교육수준은 교사의 수업능력과 기술 수준을 넘어서기 어렵다는 것이다. 이 때문에 교원전문성 제고를 위해 정부에서는 정기적인 연수를 제공해야 하고, 교원들은 현장 연구를 통해 학교교육 개선을 위한 노력을 게을리해서는 안 된다.

셋째, 교직은 교원들이 학생과 상시 접촉하는 감정 근로 직업이기 때문에 그들의 정서적 안정과 직무 사기를 제고하기 위한 실천적 방안이 적극적으로 마련되어야 한다. 교사의 정신건강은 지극히 개인적인 사안일 수 있지만 학교에서 교직업무를 수행하는 과정에서 후천적으로 영향을 받을 소지가 크며, 교사가 건강한 정신과 올바른 가치관으로 학생 교육에 임하는 것은 매우 중요하다. 오늘날 학교폭력에 대한 시급한 인식으로 인해 그것의 방지 및 발생 후 대책과 관련한 제도화가 단계적으로 진행되고 있지만, 과거에는 이것이 교사가 감당해야 할 교직이라는 직업의 업보였다. 이에 따라 많은 교사가 상심하고 좌절감을 느끼면서도 그저 인내하는 것이 최선이라는 사고가 팽배했다. 이러한 자기상실감의 누적은 교사를 병들게 하고, 더 나아가 교직을 위축시키며, 직업 병리현상으로 이어지게 하기도 한다. 지금, 이에 대한 제도적 대책이 시급하다.

3) 교직 발전을 위한 과제

이상과 같은 교직 발전이 필요한 이유는 발전의 방향을 제안하는 동시에 발전을 위한 과제에 무엇이 있는지를 암시한다. 교직 발전을 위한 과제는 정부가 주도하는 정책적 · 제도적 노력과 교원이 능동적으로 담당해야 할 자기주도적인 노력 측면에서 살펴볼 수 있다. 전자가 교직 발전을 위한 필요조건이라고 한다면 후자는 충분조건에 해당한다. 따라서 교직 발전은 이러한 필요조건 및 충분조건이 결부될 때 완성의 길로 들어설 수 있다. 현 시점에서 교직 발전을 위한 과제에는 어떤 것이 있는지 정책적 · 제도적 측면과 교원의 자발적 노력 측면으로 나누어 살펴보겠다. 먼저 교직 발전을 위한 정책적 · 제도적 측면의 과제는 다음과 같다.

첫째, 교원교육의 획기적인 개선이 필요하다. 교원교육을 양성교육과 현직교육으로 나누어 볼 때, 교원양성기관은 고도의 지식과 이론 그리고 실제적인 기술을 겸비한 교육전문가를 양성할 수 있어야 한다. 그리고 현직교육은 교원들이 다양한 발달단계에 따라 필요한 지식과 기술을 습득할 수 있도록 프로그램을 다양화하면서 현직에 도움이 될 수 있도록 재편되어야 한다. 이러한 필요성은 현재의 교원양성교육이 단순히 부족한 교원을 충원하는 기능에서 좀처럼 벗어나지 못하고 있다는 점과 현직교육이 지나치게 자격 획득을 위한 연수 그리고 교원의 개별적인 요구와 동떨어진 일반적인 내용의 형식적 연수로 일관하는 현실을 볼 때 더욱 절실하게 제기된다.

둘째, 교원의 사회경제적 지위 향상에 더 많은 관심을 기울여야 한다. 물론, 교원의 사회경제적 지위는 과거에 비해 나아졌지만 여전히 교원의 사회적 역할이나 직무 난이도에 비해서는 부족한 것이 사실이다. 현재 「교원지위향상을위한특별법」이 제정되어 있긴 하지만 명목적인 선언으로 그칠 게 아니라 그 내용을 현실화할 수 있도록 정부가 적극적으로 개입해야 할 것이다. 일부 국책연구기관에서는 한국 교원의 봉급 수준이 OECD 국가 중 최상위라고 주장하나, 이는 다른 모든 조건이 비교 국가와 동일하다는 전제에서 가능한 이야기일 뿐이다. 설령 절대 액수로 볼 때 최상위라 할지라도 우리나라의 교원이 근무하는 여건 및 업무의 질과 양 그리고 물가 대비 보수의 수준 등을 통해서 볼 때 상대적인 우위에 있다고는 말하기는 어렵다. 교원의 사회경제적 지위 향상은 전문직으로서 교직의 위상을 제고하는 데 빠져서는 안 될 절대적으로 필요한 요소다.

셋째, 교원의 근무환경 및 복지후생 여건 개선이 필요하다. 교직 발전을 위한 필요조건 가운데 교원의 근무환경 개선과 복지후생 여건의 개선은 필수요건에 해당한다. 교원들이 토로하는 교직의 어려움 가운데 가장 큰 것은 업무 부담이다. 물론, 이러한 업무 가운데는 교원의 본무에 해당하는 가르치고 지도하는 업무도 포함되어 있다. 문제는 이러한 본연의 업무 이외에도 소위 잡무라 일컫는 행정사무 부담이 너무 커 사무 부담이 본무를 방해할 정도로 과도하다는 데 있다. 지금까지 정부에서 교원의 업무 부담을 경감하기 위해 사무자동화 시스템 도입, 교무행정지원인력 투입, 학급당 학생 수 경감 등 다양한 노력을 기울였으나 업무량은 오히려 더 늘어났다는 것이 현장의 목소리다. 한편, 교원 복지후생 여건의 개선도 시급한 과제다. 비록 과거보다는 여건이 많이 개선되었으나 비슷한 수준의 타 업종에 비하면 아직도 세부적인 측면에서 취약한 것이 사실이다.

넷째, 교원의 교육 자율성 보장을 위한 교육행정 및 학교경영 시스템의 정비가 필요하다. 공공 봉사직으로서 교직에 임하는 교원은 교육법 체계에 따라 교육활동을 수행하고 「교육공무원법」 체계하에서 지휘ㆍ감독을 받는다. 우리나라의 법체계에 의해 교원은 자율적으로 할 수 있는 것이 아무것도 없을 수도 있고, 동시에 많은 것을 할 수도 있다. 우리는 대개 법규를 제한하고 규제하는 것으로 이해하여 일종의 피해의식을 지니기도 하지만, 어떤 면에서 법규는 법 테두리 안에서는 무엇이든 할 수 있게 허용하는 가이드라인이기도 하다. 특히 교직은 소위 전문직의 위상에 부응하는 발전을 도모하기 위해 교원의 교육 자율성을 최대한 보장할 필요가 있다. 오늘날 현장의 교육활동은 여전히 학교에서 이루어지며, 이에 기인하여 학교를 교육기관이라기보다는 교육행정의 위계 속에 존재하는 하위 행정기관으로 보는 경향이 강하다. 이에 따라 교육활동이 행정의 일환으로, 또 법규해석적으로 운영되는 전통이 비판 없이 고착화하는 가운데 교원의 교육 자율성은 회복하기 어려운 지경에 이르게 되었다. 교육 자율성이 현장의 체감을 바탕으로 진정성 있게 회복되지 않는 한 교직의 전문성 확보를 위한 교직 발전은 기대하기 어렵다. 따라서 이를 위한 교육행정 및 학교경영 체제의 재구조화가 절실히 필요하다.

교직 발전은 정부 주도의 정책 마련과 제도 정비만으로 완성되는 것이 아니다. 교직 발전의 방향이 궁극적으로 명실상부한 전문직의 완성이라고 할 때 상당 부분은 교원 스스로의 노력이 보태지지 않으면 이룩하기 어려운 명제다. 구체적으로 교직 발전을 위해 교원의 자기주도적 노력이 보태져야 할 과제를 제시하면 다음과 같다.

첫째, 교원은 교육전문가로서 교과 지식을 통달하고 전문적인 교수 능력과 기술을 갖추는 것은 물론, 이와 함께 생활지도에 대한 남다른 노하우를 터득할 수 있도록 부단히 연마해야 한다. 교육전문가란 '교과지도 및 생활지도의 지식과 기술 그리고 능력을 겸비한 교사'다. 교과지도를 잘하는 사람은 사교육계에서 얼마든지 찾을 수 있고, 생활지도를 잘하는 사람은 일반 상담이나 사회복지 그리고 심리치료 분야 등에서도 찾을 수 있다. 그러나 이 둘을 동시에 잘 수행할 수 있는 사람은 교사밖에 없다. 그리고 이 두 가지 일은 교사의 본질적인 업무이기도 하다. 이러한 복합적인 지식과 기술은 교원양성교육이나 현직교육을 통해 어느 정도 개발할 수 있지만 이 두 분야를 연계하여 현장에서 응용할 수 있으려면 교원 자신의 끊임없는 노력이 필요하다.

둘째, 교원은 현장 교육전문가로서 교육과 교직의 발전을 위해 능동적인 연구 활동을 지속적으로 전개해야 한다. 교육전문가가 주로 교수(teaching) 측면에서 강조되는 교직의 전문직적 특성을 말한다면, 현장 교육 연구자는 교수 과정에서 나타나는 문제점을 개선하고 더 나은 방법을 모색하기 위한 탐구 활동에 깊이 관여하는 교직의 전문직적 특성을 말한다. 교원들이 관여하는 현장 연구(action research)는 과학적 연구보다 형식과 절차 면에서 간소하면서도 즉각적으로 현장 교육문제를 개선하는 데 도움을 주는 실용적·실천적 연구의 특징이 있다. 특히 현장 중심의 이러한 실천 연구는 교원들이 주도하는 연구이기에 '현장중심의 교육개혁' '상향식 교육개혁 모델' '개혁 없는 개혁' '교실혁명'의 중요한 출발점으로 종종 언급되고 있다. 따라서 교원들은 '잘' 가르칠 뿐 아니라 연구를 통해 현장 교육문제를 잘 해결할 줄도 알아야 진정한 전문가로 거듭날 수 있고, '인정받는 전문직'으로서 교직의 위상을 세울 수 있다.

셋째, 교원은 자발적으로 확고한 윤리의식을 정립해야 한다. 교원의 교직에 대한 투철한 사명감과 자부심은 교직의 정신적인 특성에 기인한 것이지만, 그 기저에 확고한 윤리의식이 자리 잡고 있기에 더욱 빛이 나는 것이다. 이러한 교직의 특수성은 교직의 전문성이 교직에서 필요한 업무적인 면에서의 지식과 기술 그리고 능력 등과 같은 합리적인 요소에 초점을 맞추어 논의되는 과정에서 자칫 간과되기 쉽기 때문에 특별히 눈여겨 볼 필요가 있다. 사실 교직이 전문직으로서의 위상을 갖추기 위해서는 교원 개인의 윤리의식이 중요함은 물론이고, 교직단체의 윤리강령이 선포되어 대내외적으로 교원과 교직의 직무수행이 강한 윤리의식에 기반하고 있음이 범사회적인 약속으로 천명되어야 한다. 따라서 교원의 윤리의식은 정책과 법·제도를 통해 강화되어야 할 외발적 대상이라기보다 교원 자신 혹은 교직 전체 차원에서 자발적으로 갖추어야 할 기본적인 전제이자 자율적인 장치를 통해 지켜 나가야 할 교직 발전의 초석이기도 하다.

넷째, 교원은 학교공동체의 일원으로서 자신의 역할을 책임감 있게 수행해야 한다. 학교공동체는 교육공동체의 하부 단위로서 학교 사회의 구성원인 교원, 학생, 학부모가 공동의 가치와 신념을 공유하면서 더불어 살아가는 구성체를 말한다. 공동체적 삶을 영위해 나가기 위해서는 공동의 관심사에 대한 참여와 소통 그리고 서로 배려하고 협력하는 자세가 필요하다. 교원은 학교공동체의 구성원으로서 기본적으로 자신이 맡은 직분을 책임감 있게 수행하면서 학생의 학교생활 적응과 진로에 부합하는 맞춤식 교육을 해 나가기 위해 학생 및 학부모와 소통하고 배려하는 자세를 보여 주어야 한다. 그러나 오늘날 교직사회는 이념에 의해 분열되고 학교교육의 공익적 관점보다 자기 이익을 먼저 내세우는 개인주의적 성향이 두드러지게 나타나고 있다. 이러한 경향은 학교의 공동체적 특성을 저해하는 현상임이 틀림없다. 교원이 학교 조직에서 자신의 과업을 충실히 수행하고 학교공동체의 유지에 필요한 자신의 역할을 잘 감당하는 것은 범사회적으로 교직의 공신력을 제고하게 하여 교직에 대한 호의를 이끌어 내게 할 것이며, 궁극적으로 교직 발전을 위한 사회자본을 구축하는 데 도움이 될 것이다.

정리하기

1. 교직은 다른 직업에 비해 고도의 창의성이 필요하고, 비교적 장기간의 직업 준비교육을 받아야 하며, 직업에 종사하기 위한 자격의 취득과정이 어렵고, 높은 윤리적 의무와 도덕적 책임이 수반되며, 직업 기술의 연마를 위한 관련 전문 단체가 존재한다는 점에서 '전문직'으로 간주된다.

2. 교직은 ① 인간을 바람직한 방향으로 변화시키기 위한 목적 하에 구성된 내용을 매개로 하여, 가르치고 배우는 활동을 핵심으로 하는 공적기관인 학교에서 학생을 가르치고 지도하는 업무를 주업으로 하는 직업, ② 교원들이 학교조직에서 조직의 목적을 달성하기 위하여 맡은 역할에 따라 지속적으로 수행하는 노력의 결과로서 사회경제적 효과를 산출하는 삶의 중요한 원천, ③ 학교에서 미성숙한 학생들을 가르치는 교육자들로 구성됨으로써 일반 직업보다 특별한 직업윤리가 필요한 직업, ④ 학생 교육에 필요한 지식, 기술, 능력을 지속적으로 배양 · 유지해야 하는 직업으로서 교원의 입직 과정 및 현직 유지 과정이 전문화되어 있고, 미성숙한 학생들이 전인적으로 성장하도록 도와주는 봉사적 성격이 강한 전문적 봉사직이자 ⑤ 미래 국가의 주역이 될 인재를 양성하는 교육활동을 주업으로 하기 때문에 국가발전과 사회 진보 및 문화 발전에 중대한 영향을 미치는 직업이다.

3. 교과로서 교직실무는 예비 교사가 교직 현장의 실제 업무를 간접적으로 체험하고 지식적으로 이해하는 데 도움을 준다. 한편, 업무의 관점에서 교직실무는 예비 교사가 단순히 사무적인 지식과 기술의 간접적인 습득뿐 아니라 실무가 무엇을 위해 존재하고 어떤 환경에서 행해지는 것인지 이해하는 데 도움을 준다. 파급효과 면에서 교직실무는 기존 교원양성교육의 성찰을 통해 양성교육의 변화와 혁신에 기여할 수 있다.

4. 교직관은 하나의 직업으로서 교직을 바라보는 관점을 의미하며, 크게 성직관, 노동직관, 전문직관 등 세 가지로 나뉜다. 그러나 실제로 개인이나 학교의 교직관은 이 세 가지가 적절히 섞여 있는 형태가 대부분이다. 바람직한 교직관은 교직관의 어느 한 가지 유형에서 찾기보다는 각 교직관의 장점을 취하는 것이다. 즉, 교원들이 교육전문가로 부르기에 합당한 기술과 열정을 가지고 학생 교육에 임하며, 그에 합당한 근무 조건과 대우를 받으면서 사회의 존경을 받는 직업 환경이 구축 · 유지될 때 교직은 가장 바람직한 상태에 이르게 될 것이다.

5. 교직 발전을 위한 과제는 정부가 주도하는 정책적 · 제도적 노력과 교원이 능동적으로 담당해야 할 자기주도적인 노력 측면에서 살펴볼 수 있다. 정책적 · 제도적 측면의 과제로는 ① 교원교육의 획기적인 개선, ② 교원의 사회경제적 지위 향상, ③ 교원의 근무환경 및 복지후생 여건 개선, ④ 교원의 교육 자율성 보장을 위한 교육행정 및 학교경영 시스템의 정비가 있다. 교원의 자기주도적 노력이 필요한 과제에는

① 교육전문가로서 교과 지식을 통달하고 전문적인 교수 능력과 기술을 갖추는 것은 물론, 이와 함께 생활지도에 남다른 노하우를 터득할 수 있도록 부단히 연마하는 것, ② 현장 교육전문가로서 교육과 교직의 발전을 위해 능동적인 연구 활동을 지속적으로 전개하는 것, ③ 자발적으로 확고한 윤리의식을 정립하고 실천하는 것, ④ 학교공동체의 일원으로서 자신의 역할을 책임감 있게 수행하는 것이 있다.

적용하기

1. 교원양성과정을 공부한다는 의미는 예비 교사로서 교직 진출을 염두에 두고 있다는 뜻이다. 이러한 대학 진학 및 학과 결정에 영향을 미친 요인은 무엇이고, 구체적으로 어떠한 신념이 있는지, 그리고 그러한 신념이 교직의 성격에 얼마나 부합하는지 설명해 보자.

2. 교원양성과정에서의 교육이 예비 교사로서 교직관을 형성하는 데 어떠한 영향을 주었는지 논의해 보자. 그리고 자신이 생각하기에 가장 이상적인 교직관은 무엇인지 설명해 보자.

3. 현재 교직에서는 전문직 단체인 한국교총과 노조인 전교조가 이념 및 실천 면에서 대립하고 갈등하는 양상을 보이고 있다. 각 교직단체가 지향하는 교직의 가치관은 무엇이고, 각 단체의 장점과 약점은 무엇인지 설명해 보자. 그리고 이러한 갈등을 해소할 수 있는 방안을 토론해 보자.

4. 교직이 '인정을 요구하는 전문직'이 아니라 '인정받는 전문직'이 되기 위한 과제를 논의해 보자.

5. 우리나라의 교원정책은 정부가 주도하는 하향식 정책모형에 의해 추진되고 있다. 하향식 정책모형이 교직 발전에 미치는 영향 및 교원의 전문성 제고를 위한 순기능적인 면과 역기능적인 면에 대해 토론해 보자.

참고문헌

김상돈, 김현진(2012). 초 · 중등 교직실무. 서울: 학지사.

김상봉(1999). 호모 에티쿠스-윤리적 인간의 탄생-. 서울: 한길사.

이윤식, 김병찬, 김정휘, 박남기, 박영숙, 송광용, 이성은, 전제상, 정영수, 정일환, 조동섭, 진동섭, 최상근, 허병기(2007). 교직과 교사. 서울: 학지사.

조흥순(2012). 교사 입문을 위한 교직실무. 파주: 교육과학사.

주철안, 오경희, 이상철, 이용철, 이지영, 한대동, 홍창남(2013). 교직실무. 서울: 학지사.

Etzioni, A. (1961). *A Comparative Analysis of Complex Organizations.* New York: The Free.

한국교원단체총연합회(2012. 5. 15.). 제31회 스승의 날 기념 '교원 인식 설문조사'. 보도자료.

제2장

교직윤리

이 장의 핵심 아이디어

교직윤리는 교원이 학습자에 대한 교육봉사자로서 마땅히 행하거나 지켜야 할 법적·도덕적 행동규범이자 공식적·비공식적 행동규범이다.

▶ 교원의 행동은 한편으로는 교육의 궁극적 목표인 학습자의 올바르고 효과적인 학습이라는 교육적 가치 실현을 추구하도록 지원·격려·조장·촉진되어야 하며, 다른 한편으로는 교원으로서 최소한으로 지켜야 할 규범을 벗어나지 않도록 관리·통제되어야 한다.

▶ 윤리적 딜레마 상황을 해결하기 위하여 교원들이 적용할 수 있는 윤리이론으로는 원칙주의(의무론) 대 결과주의(목적론, 공리주의) 대 덕 윤리가 있다.

▶ 교직윤리의 내용으로는 법규에 명시된 법규적·강제적 교직윤리와 도덕적·자율적 교직윤리가 있다.

▶ 교직윤리의 내용을 교원 자신에 관한 윤리, 학생과의 관계에서 요청되는 윤리, 학부모·지역사회와의 관계에서 요청되는 윤리, 교직원 간의 관계에서 요청되는 윤리 측면으로 구분하여 제시한다.

▶ 각 교육 장면에서의 교직윤리 쟁점에 대한 윤리적 갈등을 해결할 수 있는 기본 방안을 제시한다.

1. 교직윤리의 필요성과 의의

1) 윤리와 교직윤리

교원의 행동은 한편으로는 교육의 궁극적 목표인 학습자의 올바르고 효과적인 학습이라는 교육적 가치 실현을 추구하도록 지원 · 격려 · 조장 · 촉진되어야 하며, 다른 한편으로는 교원으로서 최소한으로 지켜야 할 규범을 벗어나지 않도록 관리 · 통제되어야 한다. 전자는 바람직한 교육적 가치를 적극적으로 추구하는 'doing good' 식 접근이며, 후자는 '…을 해서는 안 된다'는 부정적 측면을 회피 · 금지하는 'avoiding evil' 식 접근방법이다. 교원으로서 교육적 가치 실현을 위해 최선을 다하면 학생과 학부모에게서 존경과 신뢰를 얻게 되며, 교원으로서 기본적으로 지켜야 할 규범을 벗어나면 교직윤리 관련 법 규범에 의하여 징계 · 처벌을 받게 된다.

두 접근방법은 [그림 2-1]과 같이 연속선상의 양극으로 파악할 수 있다. 교원에게 교육적 가치 실현은 적극적인 교직윤리의 실천이지만 비공식적이고 강제성이 없으며, 너무나 추상적이고 막연하다. 따라서 교원의 구체적인 행동지침으로서 실효성이 부족하다. 반면에 교원으로서 기본적으로 지켜야 할 규범은 소극적 · 방어적 규

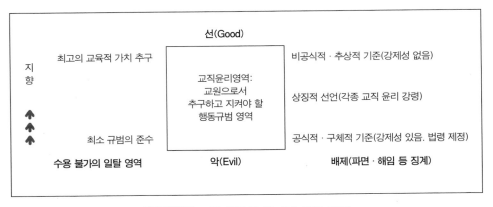

그림 2-1 교원 행동의 윤리적 규범 영역

출처: 유민봉, 임도빈(2007), p. 362 재구성.

범이자 구체적인 강제 규범, 배타적인 규범이라는 특징을 지닌다. 즉, 교직의 기강을 지키기 위하여 일탈자를 강제로 교직에서 배제하는 공식적 수단이다.

국가 전체의 교육력 신장과 교육의 질 향상, 나아가 학습의 질과 효과를 높이기 위해서는 두 접근방법이 모두 필요하다. 교원의 교육실천이 최소규범의 준수를 넘어서 최고의 교육적 가치 실현을 향하도록 유도해야 한다. 이렇게 두 접근방법이 적절하게 균형을 이루며 실현될 때 교직윤리가 실현되며, 동시에 교육 · 학습의 질 향상도 가능해진다.

교직윤리의 개념을 올바르게 정의하기 위해서는 먼저 윤리에 대한 정의가 필요하다. 국립국어원의 표준국어대사전에 따르면, 윤리는 '사람으로서 마땅히 행하거나 지켜야 할 도리'를 말한다. 윤리는 일반적으로 법규범과 달리 강제성은 없으나 개인생활이나 사회생활에서 꼭 지켜야 할 실천도덕으로서 생활을 바르게 이끌어 줄 규범으로 이해된다. 그래서 일반적으로 법과 윤리를 구별하여 법이 '외적 · 공식적 통제'라면 윤리는 '내적 · 자율적 통제' 체제로 이해한다(김기태, 조평호, 2003, p. 298). 하지만 윤리에 대한 이러한 이해는 교직윤리 개념 정의에서는 일부 수정될 필요가 있다. 교직윤리는 개인의 내적 · 자율적 윤리만을 의미하는 것이 아니라 교육공무원이 지켜야 할 공무원의 직업윤리인 공직윤리이고 행정윤리이기 때문이다. 공직윤리, 행정윤리는 법제화된 윤리규범을 포함한다.

이 책에서는 윤리를 '인간이 사회생활 속에서 마땅히 행하거나 지켜야 할 도리 또는 행동규범'으로 파악한다. 그리고 앞서의 논의를 바탕으로 '교직윤리'를 교원(교육공무원)이 '학습자를 위한 교육봉사자로서 마땅히 행하거나 지켜야 할 법적 · 도덕적 행동규범 및 공식적 · 비공식적 행동규범'으로 정의한다. 이러한 교직윤리 개념의 의미를 구체적으로 이해하면 다음과 같다.

첫째, 교직윤리는 학습자를 위한 교육봉사자로서의 윤리라고 할 수 있다. 즉, 개인, 가족, 교원집단의 이익보다 학습자의 이익, 학생과 학부모, 일반 국민의 교육적 이익을 위해 봉사하는 윤리다. 둘째, 교직윤리는 교육공무원으로서의 공직윤리 성격을 띤다. 사립학교 교원도 교육공무원의 복무에 준하기에 모든 교원의 교직윤리는 교육공무원으로서의 공직윤리의 성격을 지닌다고 할 수 있다. 셋째, 교직윤리는 최고의 교육적 가치 실현이라는 적극적인 측면과 최소 규범의 준수라는 소극적인 측면을 함께 포함한다. 따라서 교육실천에서 추구해야 할 적극적인 지향점이자 교원의 교직생활 전 과정에서 지켜야 할 구체적인 행동 지침이라고 할 수 있다. 넷째, 교직윤리는 교원이 지켜야 할 비공식적인 도덕규범만이 아니라 공식적인 법규범까지도 포함한다. 즉, 교원이 마땅히 지켜야 할 비공식적 도덕규범을 비롯하여 구체적으로 법령에 규정된 공식 규범을 모두 포함하는 포괄적인 개념이다.

2) 교직윤리의 필요성

교원에게 '학습자를 위한 교육봉사자로서 마땅히 행하거나 지켜야 할 법적 · 도덕적 행동규범 및 공식적 · 비공식적 행동규범'인 교직윤리가 왜 필요한지 그 이유를 살펴보면 다음과 같다.

첫째, 교육활동은 교원 개인의 이익이나 교원집단의 이익을 위한 활동이 아니라 학습자인 학생을 대상으로 학습자의 이익, 학생과 학부모, 일반 국민의 교육적 이익에 봉사하는 활동이기 때문에 교직윤리가 필요하다. 특히 유치원과 초 · 중등학교 교원은 미성년자인 학생을 대상으로 교육활동을 전개한다. 교원의 말 한 마디, 행동거지 하나하나가 학생들에게 막대한 영향을 미친다. 따라서 교원이 교육적 가치 실현을 위해 노력하지 않거나, 학교조직과 교원집단 내의 비윤리적 관행 및 조직풍토에 안주하거나, 자신이 지켜야 할 최소 행동규범조차 지키지 않는다면 결과적으로 자신들의 이익과 만족을 얻는 대신 학생들에게는 해를 끼칠 수 있다. 더 나아가 이는 학부모, 일반 국민의 교육적 이익에 반(反)하는 결과를 초래한다. 이러한 문제를 극복하고 교원이 학습자의 이익, 학생과 학부모, 일반 국민의 교육적 이익과 가치를 위해 봉사 · 헌신하게 하기 위해서 교육윤리가 필요하고 또 중요하다고 할 수 있다.

둘째, 교육활동은 학습자의 학습이 '올바르게' 향하도록 하는 도덕적, 가치 지향적인 활동이고, 나아가 교육을 통해 국가 · 사회 전체의 도덕적 기초를 형성하기 때문에 교직윤리가 필요하다. 이것은 교원의 도덕에 관한 교육활동과 도덕적인 교육활동을 통하여 학습자인 학생의 도덕적인 가치관과 인격 형성에 직 · 간접적인 영향을 주게 된다. 이러한 영향은 나아가 국가 · 사회 전체의 도덕과 윤리의 재건에 기여하거나 반대로 도덕과 윤리를 약화시킬 수도 있다. 교원의 교육활동이 학습자의 올바르고 정당한 학습을 지원하고 조장, 촉진함으로써 국가 · 사회 전체를 도덕적인 사회로 만드는 데 기여할 수 있어야 한다.

셋째, 교육활동은 모든 학습자의 학습이 효과적으로 이루어지도록 지원하는 교육 전문직 활동이기 때문에 교직윤리를 통해 교육의 질을 높이기 위해 교직윤리가 필요하다. 교육은 모든 학습자(학생)의 학습이 올바른 방향으로, 더 효과적으로 이루어지도록 지원, 지도, 관리, 조장, 촉진하는 활동이다. 이러한 교육활동은 철저한 전문성이 필요한 전문직 활동이다. 따라서 전문직으로서의 교직은 실천도덕, 행동규범으로서의 교직윤리가 필요하다. 전문직으로서의 교직윤리 중 가장 중요한 것은 교육력 신장을 위한 자기반성과 자기혁신 노력이다. 나아가 교육만으로 그칠 것이 아니라 학습자의 학습력과 참된 학업성취를 증진하기 위한 전문적 능력을 기르고 이를 실천하기 위해 노력해야 한다. 이제 교원은 자신이 잘 '교육'했다는 것만으로는 최고의 교육적 가치 실현을 위해 노력했다고 할 수 없다. 최고의 교육적 가치 실현은 '모든 학습자의 올바르고 효과적인 학습'이 이루어질 때 가능하다.

넷째, 교육활동은 교원이 자아실현과 행복을 얻는 데 가장 중요한 수단이기 때문에 교직윤리가 필요하다. 교원은 교육을 직업으로 하는 사람이다. 동시에 교직 수행, 교육활동을 통하여 자신의 이상을 실현하는 사람이다. 즉, 교육을 통해서만 자아실현이 가능한 사람이며, 교육을 통해서 자신의 행복을 찾는 사람이다. 그런데 교원이 교육에 충실하지 못하거나 교육을 했어도 학습자의 의미 있는 학습이 이루어지지 않았다면, 아니 교육을 통해 학생 · 학부모에게 해를 끼쳤다면 실패한 교육자이고 불행한 교육자라고 할 수 있다. 오직 참된 교직윤리의 적극적인 실천만이 교원 자신의 성찰과 혁신을 바탕으로 개인의 발전과 자아실현을 이룰 수 있는 최선의 길임을 알아야 한다.

다섯째, 교육활동은 자율적인 활동으로서 상대적으로 교원의 재량권이 크기 때문에 교직윤리가 필요하다. 철저한 신분보장과 함께 인정되는 교원의 자율권 · 재량권은 교원 자신의 성찰과 혁신 · 발전 가능성과 동시에 나태와 부패를 유발할 가능성을 함께 내포하고 있다. 교육적 자율성은 비판적 · 창조적 교육활동의 필수 조건이 되기도 하지만, 교원의 태만과 보수주의 그리고 부패를 숨기는 방어논리가 될 수도 있다. 교육활동은 자율적인 활동이기 때문에 교원 자신의 자유의지에 따라 교육활동의 질이 크게 좌우될 수 있다. 교과서의 선택, 구체적인 교육과정 선택, 교수 · 학습 방법 선택과 실제 교육실천, 학습자에 대한 배려와 지원 모두 교원 개인의 자율적 판단과 실천 영역이다. 따라서 교육이 교원의 자율성을 필요로 할수록 교원은 자기 자신을 성찰하고, 학습자의 학습을 위해 개인적 이익과 이기주의를 줄이거나 양보하며, 학습자의 이익과 행복을 위해 교직윤리를 실천하고자 노력해야 한다.

여섯째, 교육조직, 특히 학교조직은 이완결합 조직의 성격을 갖고 있기 때문에 교직윤리가 필요하다. 교육활동 자체가 독립적인 학교를 단위로 이루어지고, 학교조직을 구성하는 각 부서가 서로 연결되어 있기는 하나 각자 독자성을 유지하면서 자율성, 재량권을 발휘할 수 있는 조직이기 때문이다. 따라서 단위학교 책임자인 교장에게 독자적인 예산편성권과 집행권이 있어 부패의 가능성을 안고 있으며, 학교의 각 학년조직, 교과조직, 각 업무부서도 신뢰를 바탕으로 대체로 자율적으로 운영된다. 더욱이 학급 내에서 교원의 교육활동은 거의 독립적으로 이루어진다. 교육조직, 학교조직의 이러한 특성은 교원의 자율적인 실천규범으로서 교직윤리의 중요성을 더욱 강조하게 한다.

일곱째, 교직윤리가 교육조직 전체의 부정부패를 방지하고 청렴도를 높여 학생 · 학부모의 존경과 신뢰를 회복하기 위한 최소 요건이기 때문이다. 최근 드러난 교육계의 각종 부패 현상은 교직사회 전체에 부정 · 부패가 만연하였다는 인식을 갖게 하였다. 이는 지금까지의 교직윤리가 미흡하며, 있어도 제대로 실천 · 실행되지 않았다는 문제의식을 느끼게 한다. 일부 잘못된 교원들이 최고의 교육적 가치 실현은 고사하고, 최소 규범마저 준수하지 않고 있다는 실망 및 비판을 유발하고 있다. 교원의 윤리적 문제가 다른 사회집단이나 개인에게 미치는 영향력이 크다는 것을 고려하면 이는 교육에 관한 문제로 그치지 않을 수도 있다. 따라서 교원들은 교직사회에 대한 실망, 비판과 분노를 극복하고 학생 · 학부모의 존경과 신뢰를 회복하기 위해서는 부정 · 부패 등 최소 규범 준수에서부터 새로이 시작해야 한다는 요구에 직면하고 있다. 교직사회가 학생 · 학부모에게 영향을 미치고, 이를 통해 전체 국민에게 큰 영향을 주는 집단이라는 특성을 고려하여 교육조직 전체의 부정 · 부패를 방지하고 청렴도를 높이기 위해 각고의 노력을 해야 할 것이다.

따라서 올바른 교직윤리의 정립, 실천을 통하여 다음과 같은 효과가 나타나기를 기대해 볼 수 있다. 첫째, 끊임없는 성찰과 자기혁신 노력을 통해 전문가로서 교원의 교육력이 증진되기를 기대한다. 둘째, 충실한 학습지향의 교육실천을 통하여 학습자의 자기주도 학습력과 참된 학업성취가 증진되기를 기대한다. 셋째, 교직사회 전체의 부정과 부패가 일소되고 교원의 청렴성이 실현되기를 기대한다. 넷째, 학습자의 발전과 함께 교원 자신의 발전, 자아실현을 통해 진정으로 행복한 삶이 구현되기를 기대한다. 다섯째, 교직윤리의 실천을 통하여 학생 · 학부모 · 국민의 교원에 대한 존경과 신뢰를 회복할 수 있기를 기대한다. 여섯째, 올바른 교직윤리의 실천은 국가 · 사회의 도덕적 가치 실현과 창조적 발전을 가능하게 하는 원동력이 되기를 기대한다.

3) 교직윤리의 특성

'교원(교육공무원)이 학습자를 위한 교육봉사자로서 마땅히 행하거나 지켜야 할 법적 · 도덕적 행동규범 및 공식적 · 비공식적 행동규범'으로서의 교직윤리는 다음과 같은 특성을 지닌다.

첫째, 교직윤리는 개인 차원의 윤리이자 공직윤리의 성격을 지닌다. 다시 말해, 교사가 한 인간으로서 '사회생활 속에서 마땅히 행하거나 지켜야 할 도리 또는 행동규범'을 포함하며, 그에 그치지 않고 공직윤리라는 성격을 함께 지닌다. 공직윤리(또는 공공윤리, 공무원윤리, 행정윤리)는 공무원이 국민 전체에 대한 봉사자로서 마땅히 지켜야 할 도리 또는 행동규범이다(박천오, 강제상, 권경득, 조경호, 조성한, 박홍엽, 2010, p. 451). 따라서 교직윤리는 공직윤리로서 '공익'을 위해 봉사하는 것을 가장 우선시하는 윤리다. 교직윤리에서의 공익은 '교사 개인이나 교원집단, 특정 학습자가 아니라 모든 학습자에게 차별 없이 두루 관계되는 이익'을 의미한다.

둘째, 교직윤리는 법적 · 도덕적 행동규범 및 공식적 · 비공식적 행동규범을 포함한다. 비공식적 규범은 공식적으로 법제화되지 않고 자율적으로 지켜야 할 실천 윤리를 의미한다. 즉, 각종 윤리강령이나 교사로서 지켜야 할 당위적 의무로, 예컨대 사랑과 신뢰, 성실과 창조, 협동과 봉사 등이 여기에 해당한다. 이러한 비공식적인 규범은 최고의 교육적 가치 실현을 추구하기 위해 반드시 필요하지만, 추상적이어서 분명한 행동지침을 제공하지 못하는 한계가 있다. 공식적인 규범은 공식적으로 법제화된 규범을 의미한다. 법제화란 윤리 규범의 준수를 법률로 의무화한 것이다. 교직 윤리는 「국가공무원법」 「교육공무원법」 「공무원복무규정」 「부패방지법」 등에 규정 되어 있다.

셋째, 교직윤리는 최고의 교육적 가치 실현과 최소규범 준수라는 양 측면을 함께 지니고 있다. 최소 규범 준수는 교직윤리의 최저 · 최소 · 기본 요건이고, 최고의 교 육적 가치 실현은 교직윤리의 최고 · 최대 · 완성 수준이라고 할 수 있다. 교육계에 아직도 남아 있는 부정과 부패를 일소하고 부적격 교원으로 인한 학생의 피해를 방 지하기 위해서는 최소 규범 준수가 기본적으로 요구될 필요가 있다. 부정과 부패를 통해 승진하고 개인의 이익과 만족을 꾀하는 교직 풍토에서는 최고의 교육적 가치 실현을 위한 노력이 나타날 수 없기 때문이다. 나아가 교직윤리를 통해서 교원의 교 육실천이 최소 규범 준수를 넘어 최고의 교육적 가치 실현을 향하도록 적극적으로 유도되어야 한다.

넷째, 교직윤리는 모든 교육활동과 관련되기 때문에 어느 분야의 직업윤리보다 올바르게 실현되었을 때의 긍정적 효과가 매우 크고, 교직윤리가 무너졌을 때의 부 정적 효과도 매우 크다. 교직윤리는 교육목적 설정, 교과서 채택, 교육내용 · 탐구주 제 선정, 교수 · 학습방법 선택과 실행, 교육재정과 교육시설 관리, 학생 학습지도와 생활지도, 교육평가, 진로 및 진학지도, 학생의 세계관 · 가치관 형성 등 모든 교육활 동과 연계되어 있다. 따라서 교직윤리가 올바르게 실현되면 최고의 교육적 가치 실 현이라는 긍정적 효과가 나타날 수 있지만, 교직윤리가 무너지면 교육만이 아니라 사회 전체에 큰 부정적 영향을 미치게 된다.

다섯째, 교직윤리는 교원의 교육활동을 가능하게 하고 이를 유지하게 하는 기초 가 되며, 교육 및 학습의 질과 효과를 좌우한다. 교육은 교육자에 대한 학습자의 존 경과 신뢰에 바탕을 두고 있다. 교직윤리는 교원의 윤리적 자세와 교육력 신장을 가 져오기에 교원에 대한 학생의 존경과 신뢰를 이끌어 내는 최소요건이다. 다시 말해, 교원에 대한 학생의 존경과 신뢰를 바탕으로 교육과 학습의 질 · 효과가 나타나므로 교직윤리는 모든 교육과 학습을 좌우하는 기초 요건이라고 할 수 있다.

여섯째, 교직윤리는 교육과 연관된 모든 인간관계, 즉 교원과 학생, 교원과 교원, 교원과 학부모 · 지역사회의 관계에서 모두 요구되고 적용되는 윤리다. 교직윤리는 교원 간의 윤리이기도 하지만 가장 중요하게는 교원과 학생 간의 윤리, 나아가 교원과 학부모 간의 윤리다. 세 영역이 모두 중요하지만 가장 근본이 되고 궁극적인 목적이 되는 것은 바로 교원과 학생 간의 윤리다. 교원 간의 윤리나 덕목 때문에 학생과의 교육적 관계, 학생을 위해 지켜야 할 도리, 행동규범을 지키지 못한다면 교직윤리에 어긋난 것이다. 교원과 학생 간의 윤리를 위해서라도 교원과 학부모·지역사회 간에 올바른 관계 정립이 필요하다. 특히 학부모와의 관계에서 학생에게 문제가 있을 때만 대화하는 것은 매우 소극적이고 태만한 자세라고 할 수 있다. 그러한 태도는 교사로서의 최소 규범만을 준수한 것일 뿐 진정한 교육자의 윤리적 자세가 아니다.

일곱째, 교직윤리는 일반 공무원의 윤리보다 높은 차원의 윤리 수준과 윤리적 실천을 요구한다. 유치원과 초·중등학교 교원들은 미성년자인 학생을 대상으로 교육활동을 하기 때문이다. 나아가 유치원과 초·중등학교 교원들의 행위가 학생들의 평생을 좌우하는 영향을 미칠 수 있기 때문이다. 따라서 교직윤리는 일반 공무원의 윤리보다 높은 차원의 윤리 수준과 윤리적 실천을 요구하기에 일반 공무원에게 요구되는 법률조항보다 엄격하고 구체적인 법적 최소 규범이 필요하다.

여덟째, 교직윤리는 윤리규범 문제에 그치는 것이 아니라 여타 교육정책·교육제도와 유기적으로 연계되어 형성되고 유지되며 변화한다. 교육재정과 교육시설 관리제도가 잘못되면 재정·시설 관련 부패가 나타날 수 있다. 교육평가 방식, 대학·고등학교 등 상급학교 진학을 위한 전형절차에 따라 교육평가 관련 부정이 증가할 수 있고, 교수·학습 방법에 변화가 야기되며, 전형 관련 부패가 발생할 수도 있다. 지방교육자치제도, 특히 교육감·교육의원 선출방식도 교직윤리에 영향을 미치며, 교원승진제도와 교장임용제도는 교직윤리에 특히 중요한 영향을 미친다. 따라서 교직윤리를 올바르게 세우기 위해서는 윤리적 접근만이 아니라 교육정책·교육제도 차원에서도 함께 총체적으로 접근하는 방법이 검토·추진될 필요가 있다.

4) 교직에서의 윤리적 딜레마와 윤리이론

교직윤리는 교육현장에서 맞닥뜨리는 윤리적 문제에 대한 올바른 판단기준 및 행동기준을 제공한다. 교원은 올바른 교직윤리를 학습하고 내면화함으로써 윤리적 문제에 대한 올바른 판단기준과 행동기준을 세우고 자신의 도덕적 실천의지에 근거하여 도덕적으로 행동하며, 윤리적 문제를 극복해 나간다. 하지만 실제 교육현장에서의 윤리적 문제 해결은 그렇게 단순하지 않다. 교원은 교육현장에서 맞닥뜨리는 윤리적 문제에 대해 어떻게 판단하고 행동하는 것이 올바른지 판단하거나 행동하는데 어려움을 느끼는 경우가 적지 않다.

그러한 상황은 교원이 필요하다고 생각한 두 가지 이상의 도덕적 원칙이 상충해 동시에 적용할 수 없을 때 발생한다. 다음 절에서는 교직 수행 과정에서 나타날 수 있는 윤리적 딜레마 상황을 제시하고, 이를 해결하기 위한 접근방법으로서 윤리이론을 검토할 것이다.

(1) 교직에서의 윤리적 딜레마

딜레마(dilemma)란 '선택해야 할 길은 두 가지 중 하나로 정해져 있는데, 그 어느 쪽을 선택해도 바람직하지 못한 결과가 나오게 되는 곤란한 상황'(국립국어원, 2010)을 의미한다. 일반적으로는 2개의 판단 사이에서 어느 쪽 판단, 어떤 행동을 선택해도 부정적인 결과가 나오는 곤란한 상황을 말한다. 따라서 '교직수행 과정에서의 윤리적 딜레마'란 '교육현장에서 교원이 직면한 윤리적 문제 상황에서 어느 쪽 판단이나 어떤 행동을 선택해도 부정적인 결과가 나오게 되는 곤란한 상황'이라고 할 수 있다.

교직 수행과정에서의 윤리적 딜레마 상황은 교원이 필요하다고 생각한 두 가지 이상의 도덕적 원칙이 상충해 동시에 적용할 수 없을 때 발생한다. 이러한 윤리적 딜레마 상황에서는 기존 교직윤리가 강조하는 행동규범이 실제 문제 해결에 큰 도움이 되지 못한다. 문제는 두 가지 도덕원칙 중 어느 것을 적용하는가 하는 윤리적 판단이다. 그 판단과 행위에 따른 결과에 대한 책임의 문제가 아니라는 것이다.

예를 들면, 학생에 대한 평가나 징계 등에 관한 문제에서 윤리적 딜레마가 발생할 수 있다. 2004년 이전에는 고등학교 학생 평가에 절대평가 제도를 적용하였다. 절대평가는 학생의 학업성취를 집단 내 상대적 위치와 관계없이 학습목표를 어느 정도 달성하였는지에 따라 평가하는 방법이다. 하지만 당시 고등학교에서는 이러한 절대평가의 목적을 무시한 성적 부풀리기가 성행하였다. 학교에서의 성적 부풀리기는 직접적으로 교원들에 의해 이루어졌으며, 이러한 행위를 자기 학교에 재학 중인 학생들의 이익에 도움을 주었다는 목적·결과 중시의 판단으로 정당화했다. 이 문제를 해결하는 데 어떠한 윤리적 판단과 행위가 정당한지 결정하는 것은 간단한 문제가 아니다. 문제 해결을 위해 고등학교 내신 평가제도가 9등급 상대평가제도로 바뀌었지만, 학생평가에서의 객관성과 공정성, 부풀리기에 관한 문제는 여전히 윤리적 딜레마 상황으로 남아 있다.

현행 학생부종합전형(구 입학사정관 전형)에서는 교사의 학교생활기록부 기록과 추천서를 매우 비중 있게 취급한다. 이 학교생활기록부와 교사추천서에 사실에 근거한 비교적 객관적인 평가를 쓸 것인지, 학교의 진학실적 및 대학진학과 미래를 위하여 객관적인 사실보다 긍정적으로 부풀려서 서술할 것인지 하는 문제는 매우 현실적인 딜레마다. 또 학생 몇몇의 단순한 음주 사안에 대해 일벌백계 식으로 처벌하여 낙인을 찍는 것이 과연 윤리적으로 정당한가 하는 문제도 발생할 수 있다. 학교폭력·성추행 사안에 대해 학생들의 미래를 고려하여 비공개적으로 처리하면서 학생을 전학시키는 것이 옳은지, 아니면 그러한 문제를 근절하기 위한 경고조치이자 원칙에 근거한 징계조치로서 공개적으로 징계하는 것이 옳은지 하는 문제 역시 넓게는 윤리적 딜레마 문제라고 할 수 있다.

교원들 사이에도 윤리적 딜레마가 존재한다. 교원 간의 인간관계와 교원집단의 이익을 고려한다면 교원능력개발평가에서 동료교사들의 온정주의에 입각한 평가가 가능하고 정당화될 수 있겠지만, 이것은 평가의 공정성이 훼손되고 학생 교육의 측면에서 볼 때 교원들의 교육력을 떨어뜨리는 결과를 가져올 것이다.[1] 또 교장의 명령으로 급한 학교업무 처리를 위해 수업시간에 학생들을 자습시키고 업무를 처리하는 것이 옳은지, 교장의 명령을 거부하고 수업 이후에 업무를 처리하는 것이 옳은지 판단하는 문제도 일종의 윤리적 딜레마라고 할 수 있다. 이러한 윤리적 딜레마 상황을 해결하기 위하여 교원들이 적용할 수 있는 접근 논리를 소개하면 다음과 같다.

---

1) 엄밀하게 말하면 동료교사 평가에서의 온정주의 평가 행위는 도덕적 사고력 및 판단력의 미성숙 문제이지만, 실제 교육현장에서는 교사들에게 윤리적 딜레마 문제로 인식될 수 있다. 이 경우에는 윤리적 딜레마문제처럼 보이는 상황을 윤리적·도덕적 사고력의 성숙·미성숙 문제로 분석하여 해결하려는 노력이 필요하다.

(2) 교직에서의 윤리이론

■ 전문직 윤리 대 천직(성직) 윤리

곽덕주(2007, p. 11)는 전문직 윤리와 천직 윤리 간의 갈등과 긴장이라는 관점에서 도덕적 딜레마를 이해하고 분석한다. 그에 따르면, 전문직 윤리에서 요구되는 윤리는 누구에게나 예외 없이 적용되는 원칙과 규정을 따르게 하는 절차적이고 정적인 성격을 띠는 경향이 있는 한편, 천직에서 요구되는 윤리는 객관적인 원칙과 규정의 적용보다 그 천직에 몸담고 있는 종사자 개인의 삶의 방식과 실천을 중시하는 점에서 전인적이며 사적인 성격을 띤다고 볼 수 있다. 즉, 전문직 윤리에서는 자신의 주관적 관심과 감정을 개입시키지 않고, 객관적이고 공정하며 절차적인 도덕적 판단이 일차적으로 중요한 반면에, 천직 윤리에서는 타인에 대한 배려와 헌신적인 태도뿐 아니라 종사자 개인의 삶의 가치 지향성 등 정의적 요소가 일차적으로 중요하다.

하지만 이러한 접근방식은 윤리적 딜레마 문제의 이해와 해결에 큰 도움을 주지는 못한다고 판단된다. 그 이유는 첫째, 전문직 윤리와 천직 윤리는 서로 대조적인 도덕적 원칙이라고 볼 수 없기 때문이다. 즉, 둘 다 직업윤리를 이해하는 중요한 관점으로서 차이점보다 공통점이 많고 그 공통점이 더 중요하다고 판단된다. 일부 내용에 차이가 있다고 해서 양자를 대조적으로 이해하고 이를 윤리적 딜레마의 이해에 적용하는 것은 타당하지 않다. 둘째, 전문직 윤리와 천직 윤리의 차이점이 객관적으로 인정되기 어렵기 때문이다. 저자 스스로 한계를 지적하였듯이 천직 윤리관을 가진 교사도 칸트(Kant)의 의무론과 공리주의적 사고방식으로 자신의 임무를 수행할 수 있다(곽덕주, 2007, p. 12). 본래의 의도와는 달리 전문직 윤리는 공적 윤리요, 천직 윤리는 사적 윤리라는 분석으로 치환되어 논리가 전개되기도 하는데 이에 대한 근거는 분명하지 않다. 또한 사적 윤리라는 개념도 의미가 분명하지 않다. 셋째, 전문직 윤리와 천직 윤리라는 접근 방식으로는 윤리적 딜레마의 해결을 위한 구체적인 방법이나 시사점을 찾기 어렵다.

■ 원칙주의(의무론) 대 결과주의(목적론, 공리주의) 대 덕 윤리

교직 수행과정에서의 윤리적 딜레마란 '교육현장에서 교원이 직면하는 윤리적 문제 상황으로서, 어느 쪽 판단이나 어떤 행동을 선택해도 부정적인 결과가 나오게 되는 곤란한 상황'이다. 윤리적 딜레마 상황은 교원이 필요하다고 생각한 두 가지 이상의 도덕적 원칙이 상충해 동시에 적용될 수 없을 때 발생한다. 도덕적 딜레마 상황에서는 다음과 같은 기본적인 문제가 제기된다. 즉, '최선의 결과를 위해서 도덕규칙을 양보해야 할 때는 언제이며, 도덕규칙을 준수하기 위하여 최선의 결과를 희생해야 할 때는 언제인가?'이다.

이에 대해 의무론자들은 도덕규칙에 일치하는 행위는 옳은 것이고, 이러한 규칙에 어긋나는 행위는 그른 것이라고 주장한다. 어떠한 상황에서도 도덕규칙에 따라야 하며, 설사 그 결과가 나쁘더라도 그것 때문에 도덕규칙에 예외를 허용할 수 없다는 것이다. 그러나 이러한 의무론적 윤리설, 원칙주의는 다음과 같은 일부 문제가 있다. 첫째, 의무론은 수많은 도덕규칙 중에서 어떠한 도덕규칙이 좀 더 옳고 중요한 도덕규칙인지 가릴 수 있는 기준을 제시하지 못하고 있다. 그래서 2개 이상의 도덕규칙이 상충하는 경우 그중에서 어떠한 규칙을 선택해야 하는지 답변하기가 어렵다. 둘째, 우리가 구체적으로 어떤 의무를 따라야 하는지 어떻게 알 수 있는가 하는 점이다. 공리주의자들은 의무론은 실제로 존재하지도 않는 규칙을 따르도록 우리에게 강요한다고 비판한다(이관춘, 2006, p. 206). 셋째, 결국 상황에 따른 직관적인 결정에 의존해야 한다면 의무론이 윤리이론으로서 합리적인 대안이 될 수 없음을 보여 준다(성장환, 장윤수, 이강화, 이창희, 2010, p. 61).

결과론 혹은 목적론적 윤리설은 특정한 상황에서 관련된 모든 사람에게 '결과적으로' 최대의 행복을 가져오는 행위가 옳다고 본다. 따라서 도덕규칙을 따르는 것보다 그것을 어기는 것이 더 큰 행복을 가져온다면 결과론자들은 도덕규칙을 어겨도 좋다고 말한다. 결과론자들은 전통적인 도덕규칙을 무시하지 않는다. 도덕규칙은 대체로 사람들에게 큰 행복을 가져다주는 지침으로서 오랜 세월을 거쳐 정선된 것이라는 점을 인정한다. 그러나 이 역시 문제점을 내포하고 있다. 첫째, 최대 다수의 최대 쾌락을 양적으로 정확하게 계산하기 어렵다는 문제가 있다. 특히 논쟁거리가 되는 것은 행동의 결과를 평가하기 위해 어떤 기준을 사용해야 하는가 하는 점이다(이관춘, 2006, p. 204). 둘째, 모든 사람의 행복이 똑같이 중요하기에 최대 다수의 행복을 위해 최소의 희생이 요구될 때 자신과 특수한 관계에 있는 사람들을 희생하는 쪽에 포함할 수 있을까 하는 문제다. 셋째, 결과론은 도덕규칙에 지나치게 많은 예외를 허용할 가능성이 있다(성장환, 장윤수, 이강화, 이창희, 2010, pp. 62 – 63).

이러한 윤리적 문제를 해결하기 위하여 서로의 주장을 수렴하면서 의무론은 조건부 의무론으로, 결과론은 규칙공리주의로 발전하게 되었다. 조건부 의무론은 상대적이고 상황에 의존할 수밖에 없는 의무를 인정한다. 즉, 특정한 도덕적 의무보다 중요한 의무는 없다는 조건에서 의무를 이행해야 한다는 주장이다. 다만, 두 가지 규칙이나 의무가 상충할 때 어떤 조건부 의무가 더 중요한지 가릴 수 있는 해결책을 제시하지는 못한다. 규칙공리주의는 어떤 행위의 옳고 그름이 그 개별행위의 결과에 의해서 평가될 것이 아니라, 그 행위가 보편적으로 수행된 결과, 즉 그 행위와 관련된 규칙이 모든 사람에게 통용된 결과에 의해 평가되어야 한다는 것이다. 즉, 자신의 행위에 따른 결과만이 아니라 모든 사람이 자신과 같은 행위를 했을 때의 결과에 의해 옳고 그름이 판단되어야 한다고 주장한다. 이러한 규칙공리주의에 대해 구체적인 상황에서 규칙을 어기는 행위가 더 좋은 결과를 가져올 특수한 경우조차 규칙을 그대로 따르는 것은 비합리적이고 어리석은 것이라는 고전적인 행위공리주의의 비판도 제기된다(성장환, 장윤수, 이강화, 이창희, 2010, pp. 59 – 66).

공리주의와 의무론은 근본적으로 행동(행위)에 관심을 갖는다는 공통점이 있다. 반면에 인간 본성의 미덕을 개발하고 그에 준해서 행동할 것을 주장하는 이론도 있다. 덕목의 윤리, 미덕 윤리라고도 불리는 이 입장은 '나는 어떤 인간이 되어야 하는가'에 관심을 갖는다. Aristoteles에 따르면, 미덕이란 "도덕적으로 훌륭한 사람의 가치 있는 성격으로 그 사람의 습관적인 행동 속에서 드러나는 어떤 후천적인 성향"이다. 또한 덕목이란 "성공적인 인생을 영위하기 위한 습관적이며 선한 성격 특징"이다. 덕목윤리론자들의 입장은 우리가 미덕을 개발하여 행동으로 실천하고 이를 통해 도덕적이 된다면 바로 그것이 윤리적 행위라는 것이다. 이와 반대로 행동으로 악을 실행해서 악의적인 성격이 개발되면 이런 행동은 비윤리적 행위가 된다고 본다. 그러나 덕 윤리에도 한계는 있다. 첫째, 모든 인간에게 동일한 본래능력(예: 이성)이 있다고 보기 어렵다. 둘째, 명확한 도덕 규칙이나 원칙이 결여되어 윤리적인 원칙으로 채택하기 어렵다. 셋째, 어떤 습관이 미덕의 가치를 지니고 있는지 결정하기 위해서는 그 행동의 결과를 봐야 하기 때문에 결국 행동을 중시하는 셈이 아닌가 하는 비판을 받기도 한다(이관춘, 2006, pp. 206-246). 세 가지 윤리이론의 특징과 한계를 정리하면 〈표 2-1〉과 같다.

표 2-1 주요 윤리이론의 윤리적 지침과 비판점

윤리이론	윤리적 지침	비판점	발전	비판점
공리주의 (Jeremy Bentham, John Stuart Mill)	관련된 모든 사람을 위해 최선의 결과를 가져오는 행위를 하라.	• 어떤 도덕규칙이 더 중요한지 기준 제시 곤란 • 어떻게 알 수 있는지 모호 • 결국 직관적 결정 의존	• 조건부 의무론: 의무 상충문제 해결	• 여전히 어떤 도덕규칙이 더 중요한지 기준 제시 곤란
의무주의 (Immanuel Kant)	의무 자체를 위해 행하도록 동기화된 행위를 하라.	• 쾌락의 계량화 한계 • 자신과 특수관계인 사람의 희생 문제 • 지나친 예외 허용 문제	• 규칙공리주의: 규칙을 보편화한 결과 중시	• 규칙을 어길 때 더 좋은 결과가 가능한 특수상황 존재 (공리주의 관점)
인간본성론 (덕목이론) (Aristoteles)	자신이 되길 원하는 유형의 사람과 일치하는 행위를 하라.	• 미덕의 가치 결정을 위해 결국 행동이 중요 • 분명한 도덕 규칙이나 원칙 결여 • 모든 인간에게 동일한 본래 능력(이성)이 있다고 보기 어려움	• 성격윤리학: 덕목의 현대적 개념화. 덕목윤리와 같은 도덕적 성향 지지	• 가치결정에는 결국 행동이 중요 • 분명한 도덕 규칙 결여

* 주: 윤리이론별 윤리적 지침은 M. N. Browne 등(2004, p. 77)의 표 내용을 인용하였음.

2. 교직윤리의 내용

교직윤리는 법규적·도덕적 규범을 모두 포함한다. 법규적 규범은 공식적으로 법제화된 규범을 의미하며 법규적·강제적 규범에는 「헌법」·법률·명령·조례·규칙 등에 규정된 행동규범이 있다. 도덕적·자율적 규범에는 공무원에게 요구되는 각종 윤리헌장과 실천강령, 교육단체·교직단체의 자율적인 윤리헌장과 실천강령, 선례와 관습, 비공식적 역할기대 등이 포함된다. 여기에서는 교직윤리의 내용을 법규적·강제적 교직윤리와 도덕적·자율적 교직윤리로 구분하여 서술하였다.

1) 법규적 · 강제적 교직윤리

우리나라 공무원의 법규적 · 강제적 행동규범은 「헌법」 「국가공무원법」 「국가공무원 복무규정」 등에 제시되어 있다. 여기에 「교육공무원법」 「교육공무원징계양정 등에 관한 규칙」 등에 교육공무원의 법규적 · 강제적 행동규범이 추가로 규정되어 있다.

(1) 「헌법」에 비추어 본 교직윤리

「대한민국헌법」 제7조 1항은 "공무원은 국민 전체에 대한 봉사자이며, 국민에 대하여 책임을 진다."라고 규정하고 있다. 먼저, 공무원이 '국민 전체에 대한 봉사자'라는 것은 특정인이나 특정 정당 · 종교 · 지역 · 계층 등의 부분적 이익을 지양하고 공공복리를 추구해야 한다는 의미다. 공공이익 또는 공공복리 개념을 정의하기는 어렵지만, Stahl(1983)은 다음과 같이 공무원의 공익추구 자세를 설명한다. 첫째, 공무원은 자기 앞에 나타난 특정인 또는 특정단체만을 만족시켜 주려는 유혹에서 벗어나 자기 앞에 나타나지 않은 반대적인 이해관계인, 나아가 국민 전체의 이익과 장기적인 효과를 생각해야 한다. 즉, 국민 전체에게 공평하게 봉사하여야 한다는 것이다. 둘째, 공무원은 민주적 동의절차를 존중해야 한다. 공무원들은 일단 자리를 차지하고 나면 자기권한을 지키는 데 급급하여 자기가 하는 일에 입법자나 시민이 어떤 이해관계가 있는지 제대로 살펴보지 못한다. 따라서 공무원은 자기가 집행하려는 법의 의미와 정신에 관한 다른 사람들의 견해를 신중히 고려하여야 한다. 셋째, 정부 조직의 내부행정에서 공무원들이 자기 일에 긍지를 갖고, 목표를 내면화하며, 자기 능력을 최대한 발휘하도록 참여의 기회가 열려 있어야 한다.

이러한 규정은 교육공무원을 포함한 전체 교원에게도 동일하게 적용된다. 교육공무원을 포함한 모든 공무원의 공직은 권력 혹은 영리를 획득하거나 유지하는 수단이 아니라 국민 전체를 위한 봉사이며, 그렇기 때문에 Allsopp(1984)는 정부의 제일차적 의무가 이러한 봉사 의무를 다하지 못하는 공무원은 교체될 수 있다는 것을 국민에게 확신시키는 일이라고 강조하였다(표시열, 2007, p. 56 재인용). 공무원이 국민에 대하여 지는 책임이란 국민 전체에 대한 봉사자로서의 책임을 말한다. 이러한 책임은「국가공무원법」에 규정되어 있고, 교육공무원에게도 적용된다.

이러한「헌법」의 규정 내용을 교직윤리에 적용하여 정리하면 다음과 같다. 첫째, 교원은 자기 자신이나 특정 학생 등 특정인이나 교원집단의 이익, 특정 정당·종교·지역·계층 등의 부분적 이익을 지양하고, 모든 학생·학부모·국민 전체를 위한 교육·학습을 위해 공평하게 노력해야 한다. 둘째, 교원은 최대한 교원·학생·학부모를 포함한 학교 구성원들의 다양한 견해를 존중하고 민주적 절차를 거쳐 의사결정을 해야 한다. 셋째, 교원들이 교육활동에 긍지를 가지고, 학교의 교육목표와 교육적 가치를 내면화하며, 그 실현과정에서 자신의 능력을 최대한 발휘할 수 있도록 참여 기회가 열려 있어야 한다. 넷째, 정부는 교원이 모든 학생·학부모·국민 전체를 위한 교육·학습에 노력하기보다 자신이나 이해관계가 있는 특정인, 교원집단, 기타 특정 정당·종교·지역·계층 등의 부분적 이익을 위해 교육을 수단으로 이용하는 경우에는 교체될 수 있다는 것을 국민에게 알려야 한다.

아울러「대한민국헌법」제33조 2항은 "공무원인 근로자는 법률이 정하는 자에 한하여 단결권·단체교섭권 및 단체행동권을 갖는다."라고 규정하고 있다. 일반적으로 공무원은 국가와의 사이에 공법상의 특별관계에 있어서 질서를 유지하고 특별권력 관계를 설정한 목적을 달성하기 위하여 필요하고도 합리적인 범위에서는 일반 국민과 달리 기본권의 제한을 받는다(이종재 외, 2003, p. 203). 그러나 국가를 위해 봉사하는 교육공무원, 교원도 동시에 국민이라는 신분을 가지므로 교육공무원, 교원의 기본권 제한은 최소한의 범위로 한정되어야 한다.

(2)「국가공무원법」에 비추어 본 교직윤리

「국가공무원법」은 '각급 기관에서 근무하는 모든 국가공무원에게 적용할 인사행정의 근본 기준을 확립하여 그 공정을 기함과 아울러 국가공무원에게 국민 전체의 봉사자로서 행정의 민주적이며 능률적인 운영을 기하게 하는 것을 목적으로' 제정된 법이다. 특히 공무원의 행동규범이 구체적으로 명시된 것은 1963년 개정된「국가공무원법」에서였다. 현행「국가공무원법」제7장 '복무'에 규정된 공무원의 행동규범은 다음과 같다.

① 성실 의무: 모든 공무원은 법령을 준수하며 성실히 직무를 수행하여야 한다.

② 복종의 의무: 공무원은 직무를 수행할 때 소속 상관의 직무상 명령에 복종하여야 한다.

③ 직장 이탈 금지: 공무원은 소속 상관의 허가 또는 정당한 사유가 없으면 직장을 이탈하지 못한다. 수사기관이 공무원을 구속하려면 그 소속 기관의 장에게 미리 통보하여야 한다. 다만, 현행범은 그러하지 아니하다.

④ 친절 · 공정의 의무: 공무원은 국민 전체의 봉사자로서 친절하고 공정하게 직무를 수행하여야 한다.

⑤ 종교중립의 의무: 공무원은 종교에 따른 차별 없이 직무를 수행하여야 한다. 공무원은 소속 상관이 종교중립 의무에 위배되는 직무상 명령을 한 경우에는 이에 따르지 아니할 수 있다.

⑥ 비밀 엄수의 의무: 공무원은 재직 중은 물론 퇴직 후에도 직무상 알게 된 비밀을 엄수(嚴守)하여야 한다.

⑦ 청렴의 의무: 공무원은 직무와 관련하여 직접적이든 간접적이든 사례 · 증여 또는 향응을 주거나 받을 수 없다. 공무원은 직무상의 관계가 있든 없든 그 소속 상관에게 증여하거나 소속 공무원으로부터 증여를 받아서는 아니 된다.

⑧ 외국 정부의 영예 등 수령 규제: 공무원이 외국 정부로부터 영예나 증여를 받을 경우에는 대통령의 허가를 받아야 한다.

⑨ 품위 유지의 의무: 공무원은 직무의 내외를 불문하고 그 품위가 손상되는 행위를 하여서는 아니 된다.

⑩ 영리 업무 및 겸직 금지: 공무원은 공무 외에 영리를 목적으로 하는 업무에 종사하지 못하며 소속 기관장의 허가 없이 다른 직무를 겸할 수 없다.

⑪ 정치 운동의 금지: 공무원은 정당이나 그 밖의 정치단체의 결성에 관여하거나 이에 가입할 수 없다. 공무원은 선거에서 특정 정당 또는 특정인을 지지 또는 반대하기 위한 권유운동 등의 행위를 하여서는 아니 된다.

⑫ 집단 행위의 금지: 공무원은 노동운동이나 그 밖에 공무 외의 일을 위한 집단

행위를 하여서는 아니 된다. 다만, 사실상 노무에 종사하는 공무원은 예외로 한다. 사실상 노무에 종사하는 공무원의 범위는 국회규칙, 대법원규칙, 헌법재판소규칙, 중앙선거관리위원회 규칙 또는 대통령령으로 정한다. 공무원으로서 노동조합에 가입된 자가 조합 업무에 전임하려면 소속 장관의 허가를 받아야 한다. 이에 따른 허가에는 필요한 조건을 붙일 수 있다.

「국가공무원법」에 규정된 공무원의 행동규범은 교육공무원에게도 동일하게 적용되기에 「국가공무원법」의 복무규정은 교직윤리의 중요한 부분을 구성한다고 할 수 있다.

뉴스 따라잡기

'민노당 후원금' 교사들 대부분 벌금형 유죄 확정

옛 민주노동당에 불법 후원금을 낸 혐의로 기소된 교사들이 벌금형을 확정 판결 받았다. 일부 교사는 무죄, 선고유예, 면소(免訴)가 확정됐다. 대법원 2부(주심 김소영 대법관)는 16일 정치자금법 및 국가공무원법 위반 등 혐의로 기소된 교사 168명에 대한 상고심에서 대부분 벌금형을 선고한 원심을 확정했다.

교사 168명 가운데 151명은 벌금 30만~50만 원을, 16명은 선고유예를, 탈당 의사를 전했는데도 민노당이 계좌이체를 해지하지 않아 돈이 빠져나갔다고 주장한 1명은 무죄를 각각 선고받았다. 다만 이들이 불법으로 민노당에 가입한 혐의는 가입 시기가 공소시효 3년을 넘겼다는 이유로 면소 판결이 확정됐다. 면소 처분은 유·무죄를 판단하지 않고 선고를 면해 주는 것이다.

재판부는 "피고인들이 민노당에 후원금 명목으로 금품을 지급한 행위를 정치자금법 위반죄로 적용해 유죄로 인정한 원심 판단은 정당하다"고 밝혔다. 재판부는 정당 가입 혐의의 면소와 관련해선 "국가공무원이나 사립학교 교원이 정당에 가입한 죄는 가입과 동시에 즉시 성립하므로 가입 행위 시부터 3년의 공소시효가 완성됐다는 이유로 면소를 선고한 원심은 옳다"고 판시했다. 국·공립학교와 사립학교 교사인 이들은 민노당에 매달 1만~2만 원씩 불법 후원금을 낸 혐의로 기소됐다. 원심은 후원금 부분을 유죄로 인정해 대부분 교사에게 벌금형을 선고하고 이들이 민노당에 가입한 혐의에 대해서는 면소 판결했다.

정치자금법에 따르면 정당은 소속 당원으로부터 당비를 받을 수 있지만 직접 후원금을 받을 수는 없다. 또 교사나 공무원은 당원이 될 수 없고, 당원이 아닌 경우 당비 명목의 정치자금을 기부할 수 없다. 정당이 직접 후원금을 받을 수 있도록 한 제도는 2006년 3월 폐지됐다.

대법원은 이 사건을 포함해 이날 총 22건 529명의 피고인에 대해 모두 상고를 기각하고 원심 결과를 그대로 확정했다. 현행법상 정당에 가입할 수 없는 국·공립과 사립학교 교원, 지방공무원들이 민노당에 당원 등으로 가입하고 정기적으로 후원금을 낸 혐의로 기소된 사건은 현재 대법원에 32건이 계류돼 있다. 이번 선고는 그중 최초로 확정된 판결이다. 김선일 대법원 공보관은 "공무원이나 사립학교 교원이 정당에 직접 후원금을 납부하는 것이 정치자금법상 허용되지 않음을 선언하고, 정당에 가입한 죄는 가입 시점으로부터 공소시효가 진행됨을 선언한 판결"이라고 설명했다. (연합뉴스 기사, 2014년 5월 16일, 임주영, 이신영 기자)

◎ 생각해 보기

1. 교사의 정당 가입 금지, 정치활동 금지는 타당한가?
2. 교사의 정당 가입 및 정치활동 금지의 타당성과 관계없이 이 법은 지켜져야 하는가?
3. 결과주의(공리주의)와 원칙주의(의무론), 덕 윤리 관점에서 교사의 정치활동 금지 문제를 토론해 보자.

■ 「국가공무원 복무규정」의 교직윤리

「국가공무원 복무규정」은 대통령령으로서 「국가공무원법」 제55조 내지 제67조의 규정에 따른 공무원의 복무에 관한 사항을 규정함을 목적으로 한다. 제2조는 선서의 의무를 담고 있으며, 그 선서의 내용은 다음과 같다.

선서문

    본인은 공직자로서 긍지와 보람을 가지고 국가와 국민을 위하여 신명을 바칠 것을 다짐하면서 다음과 같이 선서합니다.

1. 본인은 법령을 준수하고 상사의 직무상 명령에 복종한다.
1. 본인은 국민의 편에 서서 정직과 성실로 직무에 전념한다.
1. 본인은 창의적인 노력과 능동적인 자세로 소임을 완수한다.
1. 본인은 재직 중은 물론 퇴직 후에라도 직무상 알게 된 기밀을 절대로 누설하지 아니 한다.
1. 본인은 정의의 실천자로서 부정의 발본에 앞장선다.

「국가공무원 복무규정」 중 교직윤리와 관련된 주요 내용을 살펴보면 다음과 같다.

① 책임완수: 공무원은 국민 전체의 봉사자로서 직무를 민주적이고 능률적으로 수행하기 위하여 창의와 성실로서 맡은 바 책임을 완수하여야 한다.

② 근무기강의 확립: 공무원은 법령 및 직무상의 명령을 준수하여 근무기강을 확립하고 질서를 존중하여야 한다. 공무원은 집단·연명으로 또는 단체의 명의를 사용하여 국가의 정책을 반대하거나 국가 정책의 수립·집행을 방해해서는 안된다.

③ 친절·공정: 공무원은 공사를 분별하고 인권을 존중하며 친절하고 신속·정확하게 업무를 처리하여야 한다. 공무원은 직무를 수행함에 있어서 종교 등에 따른 차별 없이 공정하게 업무를 처리하여야 한다.

④ 복무실태의 확인·점검: 행정안전부 장관은 각급 행정기관에 대하여 그 소속공무원의 근무 시간, 출·퇴근, 당직, 휴가, 출장 등 복무실태를 확인하기 위하여 필요한 자료의 제출을 요구할 수 있다.

⑤ 근무 시간 등: 공무원의 1주간의 근무 시간은 점심시간을 제외하고 40시간으로 하며, 토요일은 휴무함을 원칙으로 한다.

⑥ 연가계획 및 허가: 행정기관의 장은 공무원의 연가가 특정한 계절에 편중되지 아니하고 공무원 및 그 배우자의 부모 생신일 또는 기일이 포함되도록 연가계획을 수립하여 실시하여야 한다. 행정기관의 장은 연가원의 제출이 있을 때에는 공무수행상 특별한 지장이 없는 한 이를 허가하여야 한다.

⑦ 공무 외의 국외여행: 공무원은 휴가기간의 범위에서 공무 외의 목적으로 국외여행을 할 수 있다.

⑧ 교원의 휴가에 관한 특례: 「교육공무원법」 제2조 제1항 제1호에 따른 교원의 휴가에 관하여는 교육부 장관이 학사일정 등을 고려하여 따로 정할 수 있다.

⑨ 영리 업무의 금지: 공무원은 다음 각 호의 1에 해당하는 업무에 종사함으로써 공무원의 직무상의 능률의 저해, 공무에 대한 부당한 영향, 국가의 이익과 상반되는 이익의 취득 또는 정부에 대한 불명예스러운 영향을 초래할 우려가 있는 경우에는 이에 종사할 수 없다.

⑩ 겸직 허가: 공무원이 제25조의 영리업무에 해당하지 아니하는 다른 직무를 겸직하고자 할 때에는 소속기관의 장의 사전 허가를 받아야 한다.

⑪ 정치적 행위 금지: 국가공무원법에서 금지하는 정치적 행위는 정당의 조직·조직의 확장 기타 그 목적달성을 위한 행위, 특정정당이나 정치단체를 지지 또는 반대하는 목적, 법률에 의한 공직선거에 있어서 특정의 후보자를 당선하게 하거나 낙선하게 하기 위한 정치적 목적을 가진 행위를 말한다. 국가공무원법에서 금지하는 정치적 행위는 이러한 목적을 가지고 시위운동을 기획·조직·지휘하거나 이에 참가 또는 원조하는 행위, 정당 기타 정치단체의 기관지인 신문 및 간행물을 발행·편집·배부하거나 이와 같은 행위를 원조하거나 방해하는 행위, 특정정당 또는 정치단체를 지지 또는 반대하거나 공직선거에 있어서 특정후보자를 지지 또는 반대하는 의견을 집회 기타 다수인이 모인 장소에서 발표하거나 문서·도서·신문 기타의 간행물에 게재하는 행위, 정당 기타 정치단체의 표지로 사용되는 기·완장·복식 등을 제작 또는 배부하거나 이를 착용·착용권유 또는 착용을 방해하는 행위 등 기타 명목 여하를 불문하고 금전 또는 물질로 특정정당 또는 정치단체를 지지 또는 반대하는 행위를 말한다.

■「교육공무원징계양정 등에 관한 규칙」에 규정된 교직윤리

「교육공무원징계양정 등에 관한 규칙」은 교육공무원 징계양정의 기준 및 감경사유 등을 정함으로써 징계양정의 형평을 기함을 목적으로 한다. 징계양정 기준은 성실 의무, 복종 의무, 직장이탈 금지, 친절공정 의무, 비밀엄수 의무, 청렴 의무, 품위유지 의무, 영리업무 및 겸직 금지 의무, 집단행위 금지 의무 위반 시의 징계양정 기준을 구체적으로 제시함으로써 교직윤리 중 최소 규범의 준수를 강력하고 구체적으로 규정한다.

이 중에서 특히 중요한 것은 '부적격교원'에 해당하는 규정이다. 부적격교원이란 '중대한 비리·범법행위로 사회적·윤리적 문제를 야기하여 징계를 통해 교단에서 배제해야 할 대상이 되는 교원과 정신적·신체적 질환으로 직무수행이 곤란한 교원으로서 장기적·지속적으로 학생의 지도를 비롯한 소관직무의 수행이 불가능한 교원'을 말한다. 구체적으로는 미성년자에 대한 성폭력, 학생에 대한 상습적이고 심각한 신체적 폭력, 시험문제를 유출하거나 학생 성적을 조작하는 등 학생의 성적과 관련한 비위, 각종 금품수수 행위 등을 한 교원을 가리킨다. 이러한 규정에 해당하는 부적격교원은 징계를 통해 교단에서 배제할 수 있도록 하고, 징계양정 기준을 중징계 이상으로 강화하였으며, 징계감경 대상에서도 제외하였다. 이러한 유형의 비위행위로 징계 파면·해임된 교원은 교단에서 영구 배제되도록 하였고, 「교육공무원법」 제10조 제2항(임용의 원칙) 및 「사립학교법」 제52조의2(임용의 원칙)에 재임용 배제 근거를 마련하였다.

이렇게 부적격교원 대책을 강화한 것은 부적격교원으로 판단하는 기준이 모호하여 관련 법 규정을 제대로 적용하지 못하고 교직사회의 온정주의적 경향으로 법적 장치가 실효성 있게 운용되지 못하며 징계 면직자의 재임용 및 징계양정 기준이 일반직 공무원과 동일하여 사회적으로 높은 도덕성·책무성이 요구되는 교직 특수성의 약화된 실정을 고려한 것이다.

2) 도덕적·자율적 교직윤리

우리나라 공무원의 비법제적 행동규범으로는 공무원 윤리헌장, 공무원의 신조, 공

무원 윤리헌장 실천강령이 있다. 교원들의 도덕적·자율적인 행동규범으로는 교직단체들이 자율적으로 제정하고 실천하려는 윤리강령, 윤리헌장, 교사십계명 등이 있다.

(1) 공무원 윤리헌장, 실천강령상의 교직윤리

교원은 공무원으로서 공무원 윤리헌장·신조·실천강령상의 윤리를 준수할 것을 요구받는다. 공무원 윤리헌장과 공무원의 신조에 규정된 행동규범을 제시하면 다음과 같다.

■ 공무원 윤리헌장

우리는 영광스러운 대한민국의 공무원이다. 오늘도 민족중흥의 최일선에 서서 겨레와 함께 일하며 산다. 이 생명은 오직 나라를 위하여 있고, 이 몸은 영원히 겨레를 위해 봉사한다. 충성과 성실은 삶의 보람이요 공명과 정대는 우리의 길이다. 이에 우리는 국민 앞에 다하여야 할 숭고한 사명을 민족의 양심으로 다지며, 우리가 나가야 할 바 지표를 밝힌다.

- 우리는 민족사적 정통성 앞에 온 신명을 바침으로써 통일 새 시대를 창조하는 역사의 주체가 된다.
- 우리는 겨레의 엄숙한 소명 앞에 솔선 헌신함으로써 조국의 번영을 이룩하는 민족의 선봉이 된다.
- 우리는 창의적 노력으로 최대의 능력을 발휘함으로써 민주한국을 건설하는 국가의 역군이 된다.
- 우리는 불의를 물리치고 언제나 바른 길만을 걸음으로써 정의사회를 구현하는 국민의 귀감이 된다.
- 우리는 공익 우선의 정신으로 국리민복을 추구함으로써 복지국가를 실현하는 겨레의 기수가 된다.

● **공무원의 신조**

1. 국가에는 헌신과 충성을
1. 국민에겐 정직과 봉사를
1. 직무에는 창의와 책임을
1. 직장에선 경애와 신의를
1. 생활에는 청렴과 질서를

공무원 윤리헌장은 그것에 제시된 공무원의 신조를 실천하기 위한 구체적인 사항을 실천강령으로 제시하고 있다. 공무원 윤리헌장 실천강령 전문의 내용은 다음과 같다.

■ **공무원 윤리헌장 실천강령**

● **국가에는 헌신과 충성을**

1. 애국선열의 위국충정을 귀감으로 삼고 신명을 바쳐 국가안보에 앞장선다. (국가안보)
2. 새 역사 창조의 기수로서 민주복지국가 발전에 이바지한다. (민주복지)
3. 확고한 민족주체의식을 가지고 사대주의 사상을 단호히 물리친다. (주체의식)
4. 조상이 물려준 전통문화를 드높이고 이를 창조적으로 발전시켜 나간다. (문화창달)
5. 우리 민족의 영원한 보금자리인 국토를 아름답게 가꾸고 보존한다. (국토보존)
6. 우리의 말과 우리의 글을 사랑하고 갈고닦아 나간다. (국어사랑)

● **국민에겐 정직과 봉사를**

1. 법령과 양심에 따라 공명정대하게 업무를 처리하여 국민의 신임을 얻는다. (공정한 업무처리)
2. 모든 업무는 나와 관청의 편의보다는 국민편의 위주로 처리한다. (국민편의 행정)
3. 공익 우선의 정신으로 특정 개인이나 단체에 대한 차별적 특혜를 거부한다. (부

당한 특혜 배격)

4. 실속 없는 전시행정이나 지속성 없는 졸속행정의 폐습을 지양한다. (내실행정 추구)

5. 공개행정을 실천하여 국민의 참여와 협조를 얻도록 노력한다. (공개행정 구현)

6. 민원인을 대할 때에는 내 집의 손님처럼 친절과 예절을 다한다. (친절봉사행정)

● **직무에는 창의와 책임을**

1. 전문지식과 기술을 부단히 연마하여 부여받은 업무를 창의적으로 개선시켜 나간다. (창의적 직무수행)

2. 모든 업무는 신중히 검토하고 지체 없이 처리하며, 그릇된 제도나 정책을 과감히 시정한다. (발전 지향적 자세)

3. 맡은 바 직무는 어떠한 압력과 유혹에도 굴하지 않고 소신 있게 처리한다. (소신 있는 업무 처리)

4. 업무처리는 분명히 하고, 그 결과에 대하여는 스스로 책임을 진다. (책임행정)

5. 기관 간의 업무협조를 원활히 하여 전체적인 행정목적 달성에 적극 기여한다. (업무협조)

6. 근무 시간 중에는 직무에만 전념하고 사사로운 일로 시간을 낭비하지 아니한다. (직무전념)

● **직장에선 경애와 신의를**

1. 내 직장을 내 집같이 여겨 명랑하고 화목한 근무환경을 조성한다. (명랑한 분위기)

2. 상사의 명령에 복종하되, 부당한 지시는 소신껏 건의하여 바로잡도록 노력한다. (상사에 대한 태도)

3. 부하의 인격을 존중하여 올바른 건의는 진지하게 받아들이고 잘한 일은 칭찬으로 격려한다. (부하에 대한 태도)

4. 독선과 아집을 버리고 이해와 겸손으로 동료 간의 융화를 도모한다. (동료에 대한 태도)

5. 언행의 일치와 약속의 이행으로 서로 믿을 수 있는 공직 풍토를 조성한다. (신

뢰 풍토)

6. 직장 내의 파벌 조성을 삼가하며 남을 비방하거나 모함하지 아니한다. (파벌의
   식 타파)

● **생활에는 청렴과 질서를**

1. 조상이 남긴 청백리정신을 계승하여 공직사회의 기강 확립에 앞장선다. (청렴
   정신)

2. 직권을 이용하여 이권에 개입하지 않고 사사로운 정에 끌리는 정실을 물리친
   다. (이권 불개입)

3. 허례허식을 삼가고 근검절약의 실천으로 분수에 맞는 생활을 한다. (근검절약)

4. 준법정신을 생활화하고 공중도덕을 준수하여 사회질서 확립에 앞장선다. (준법
   정신)

5. 화목한 가정생활과 올바른 자녀교육을 위하여 노력한다. (가정생활)

6. 이웃과는 항상 웃으며 인사하고 상부상조하는 미풍양속을 솔선 실천한다. (이
   웃생활)

(2) 교직윤리헌장 · 교사십계명상의 교직윤리

우리나라에서 공식적으로 가장 먼저 정립된 교원의 도덕적 규범은 1954년에 제
정된 사도강령이며, 이는 한국교원단체총연합회의 전신인 대한교육연합회 대의원대
회에서 1882년 5월 15일 스승의 날에 선포된 사도헌장과 사도강령으로 대체되었다.
한국교원단체총연합회는 2005년 5월 13일 새로이 교직윤리헌장을 제정하여 선포하
였다. 교직윤리헌장은 10개의 핵심적인 행동규범을 구체적이고 분명하게 표현하였
다. 새로운 교직윤리헌장의 내용은 다음과 같다.

■ 한국교원단체총연합회의 교직윤리헌장

우리는 교육이 인간의 가치와 존엄성을 높이며, 개인의 성장과 자아실현은 물론
국가와 민족의 미래에 중대한 영향을 준다는 사실을 명심하고, 국민으로부터 부여받

은 교육자의 책무를 다하기 위해 최선을 다한다. 우리는 균형 있는 지·덕·체 교육을 통하여 미래사회를 열어갈 창조정신과 세계를 향한 진취적 기상을 길러줌으로써, 학생을 학부모의 자랑스러운 자녀요 더불어 사는 민주사회의 주인으로 성장하게 한다. 우리는 교육자의 품성과 언행이 학생의 인격형성을 좌우할 뿐만 아니라 사회전반의 윤리적 지표가 된다는 사실을 깊이 인식하고, 윤리성과 전문성을 높이기 위해 노력한다. 이에 우리 모두의 의지를 모아 교직의 윤리를 밝히고, 사랑과 정직과 성실에 바탕을 둔 교육자의 길을 걷는다.

● **우리의 다짐** ●

1. 나는 학생을 사랑하고 학생의 인권과 인격을 존중하며, 합리적인 절차와 방법에 따라 지도한다.
1. 나는 학생의 개성과 가치관을 존중하며, 나의 사상·종교·신념을 강요하지 않는다.
1. 나는 학생을 학업성적·성별·가정환경의 차이에 따라 차별하지 않으며, 부적응아와 약자를 세심하게 배려한다.
1. 나는 수업이 교사의 최우선 본분임을 명심하고, 질 높은 수업을 위해 부단히 연구하고 노력한다.
1. 나는 학생의 성적평가를 투명하고 엄정하게 처리하며, 각종 기록물을 정확하게 작성·관리한다.
1. 나는 교육전문가로서 확고한 교육관과 교직에 대한 긍지를 갖고, 자기개발을 위해 노력한다.
1. 나는 교직 수행과정에서 습득한 학생과 동료, 그리고 직무에 관한 정보를 악용하지 않는다.
1. 나는 학생이나 학부모로부터 사적이익을 취하지 않으며, 사교육기관이나 외부업체와 부당하게 타협하지 않는다.
1. 나는 잘못된 제도와 관행을 개선하는 데 앞장서며, 교육적 가치를 우선하는 건전한 교직문화 형성에 적극 참여한다.
1. 나는 학부모와 지역사회를 교육의 동반자로 삼아 바람직한 교육공동체 형성을 위해 함께 노력한다.

전국교직원노동조합에서도 교사십계명을 정하여 교원들이 지향해야 할 교직윤리로 삼고 있다. 그 내용은 다음과 같다.

■ 전국교직원노동조합의 교사십계명

1. 하루에 몇 번이든 학생들과 인사하라. 한마디의 인사가 스승과 제자 사이를 탁 트이게 만든다.
2. 학생들에게 미소를 지어라. 다정한 선생으로 호감을 줄 것이다.
3. 학생들의 이름을 부르라. 이름 부르는 소리는 누구에게나 가장 감미로운 음악이다.
4. 칭찬을 아끼지 말라. 그리고 가능한 한 비판을 삼가라.
5. 친절하게 돕는 교사가 되어라. 학생들과 우호적 관계를 원한다면 무엇보다도 친절하라.
6. 학생들을 성의껏 대하라. 내가 하는 모든 일을 즐거이 말하고 행동하되 다만 신중할 것을 잊지 말라.
7. 항상 내 앞의 학생의 입장을 고려하라. 서로 입장이 다를 경우에는 일반적으로 세 편이 있음을 명심하라.
8. 학생들에게 진심으로 관심을 가지라. 내가 노력한다면 거의 누구든지 좋아할 수 있다.
9. 봉사를 머뭇거리지 말라. 교사의 삶에 있어서 가장 가치로운 것은 학생을 위한 것이다.
10. 이상의 것에 깊은 실력과 멋있는 유머와 인내, 겸손을 더하라. 그러면 교사가 후회하는 경우는 별로 없을 것이다.

(3) 외국의 교직윤리

1975년 미국의 교원단체인 NEA는 대의원 총회에서 윤리강령을 채택·공포하였다. 내용은 전문과 2개의 원리로 구성되어 있다. 2개의 실천 원리는 학생에 대한 실천 원리와 교직에 대한 실천 원리다. 전문과 2개의 원리는 다음과 같다(고재천 외,

2007, pp. 146 – 147).

■ 미국 NEA 윤리 강령(Code of Ethics of the Education Profession)

〈전 문〉

인간의 가치와 존엄성을 믿는 우리 교육자는 진리와 수월성, 그리고 민주적 원리의 추구를 교육의 궁극적 목적으로 인식한다. 이러한 목적을 달성하기 위해서는 교수·학습의 자유가 보장되어야 하고, 모든 사람에게 공평한 교육 기회가 보장되어야 한다. 이에 우리 교육자는 최고의 윤리적 기준을 수립하고 이를 견지해야 할 책임감을 공유하고자 한다.

우리 교육자는 가르치는 과정에 항상 수반되는 막중한 책임을 인식한다. 교육관계자·학생·학부모 그리고 일반 국민으로부터 존경과 신뢰를 얻기 위해 우리 교육자들은 최고 수준의 윤리적 기준을 세우고 이를 실천해야 한다. 이에 우리는 모든 교육자의 염원을 구현하고 우리의 행위를 판단하기 위한 행동규범을 정하여 이를 교원윤리강령으로 제정·공포한다.

이 강령을 위반하는 경우 NEA와 소속단체는 내규에 따라 그에 상응하는 조치를 취할 것이며, 이 밖의 어떠한 다른 형식의 조항도 구속력을 갖지 못한다.

제1장. 학생에 대한 자세

우리 교육자는 모든 학생이 가치 있고 유용한 사회 성원으로서 잠재력을 실현할 수 있도록 최대한의 노력을 경주할 것이다. 그러므로 우리 교육자는 학생들이 탐구정신을 고취하고, 지식과 기능을 습득하며, 가치 있는 목적을 추구하도록 돕는 데 노력할 것이다. 학생에 대한 이러한 의무를 완수하기 위하여 우리는 다음과 같은 사항을 다짐하고자 한다.

1. 학습의 과정에서 학생들의 자발적인 활동을 장려한다.
2. 학생들이 다양한 관점에서 문제를 볼 수 있도록 지도한다.
3. 교과지도에서 학생의 발달을 최대한 도울 수 있는 방향을 지향한다.
4. 학습이나 건강, 안전에 바람직하지 못한 환경으로부터 학생들을 보호하기 위하여 최대한 노력한다.

5. 학생을 괴롭히거나 인격을 무시하지 않는다.

6. 인종, 피부색, 종교, 성, 국적, 혼인 여부, 정치적·종교적 신념, 가문, 사회문화적 배경, 성격 등에 따라 ① 어떤 학생을 특정한 활동에서 배제하거나 ② 어떤 학생에게는 불이익을 주고 ③ 어떤 학생에게는 특혜를 부여하는 등의 불공정한 행위를 하지 않는다.

7. 학생과의 관계를 이용하여 개인적 이득을 취하지 않는다.

8. 교육적 목적이나 법에 따른 부득이한 경우를 제외하고는 직무상 획득한 학생에 관한 정보를 누설하지 않는다.

제2장. 교직에 대한 자세

교직은 최상의 전문적 봉사를 해야 할 책임을 부여받고 있다. 교육활동이 국가와 국민의 삶의 질에 직접적으로 영향을 미친다는 점에서 교육자는 전문성을 향상시키고 그것을 발휘할 수 있는 자율적인 풍토를 조성하며, 우수한 인사들을 교직에 유인하는 조건을 마련하고, 비전문가에 의한 통제를 배제하는 데 모든 노력을 기울여야 할 것이다. 이러한 사명을 완수하기 위해 우리는 다음과 같은 사항을 다짐하고자 한다.

1. 교직 임용 시 허위진술을 하거나 능력과 자격에 관련된 사실자료를 은폐하지 않는다.

2. 자격을 허위로 신고하지 않는다.

3. 성격, 학력, 여타의 관련 특성에 있어 교직에 부적격인 사람이 교직에 진출하지 못하도록 노력한다.

4. 교원임용 후보자에 대해 공개적으로 비난하지 않는다.

5. 무자격자의 불법적인 교수 행위를 막는다.

6. 교육적 목적이나 법에 따른 부득이한 경우를 제외하고는 직무상 획득한 다른 교원에 관한 정보를 누설하지 않는다.

7. 다른 교원에 대하여 모함하지 않는다.

8. 전문적 결정이나 행위를 훼손하거나 영향을 미칠 것으로 예상되는 어떤 사례, 선물, 호의도 받아들이지 않는다.

일본 교직원조합에서는 1961년 5월 교사윤리강령을 제정했다. 이 강령은 1952년 만들어진 강령보다 민주주의와 평화를 수호하고자 하는 의지를 담고 있다.

■ 일본 교직원조합 윤리강령

1. 교사는 일본 사회에 부응하여 청소년과 같이 살아간다.
2. 교사는 교육의 기회균등을 실현하기 위해 투쟁한다.
3. 교사는 평화를 수호한다.
4. 교사는 과학적 진리에 따라 행동한다.
5. 교사는 교육의 자유의 침해를 허용하지 않는다.
6. 교사는 바른 정치를 추구한다.
7. 교사는 부모들과 같이 사회의 퇴폐와 싸우며 새로운 문화를 창조한다.
8. 교사는 노동자다.
9. 교사는 생활권을 지킨다.
10. 교사는 단결한다.

이제까지 살펴본 우리나라 교직윤리헌장, 미국 NEA의 교직윤리강령, 일본 교직원조합의 교사윤리강령은 그 추구하는 이념과 기능이 거의 유사하다. 우선, 전문직으로서 교직에서 준수해야 할 제반 사항을 기술하고 인간적인 본보기가 될 것을 촉구하는 바람직한 교사상을 제시한다. 교직은 단순히 생계유지만을 위한 직업이 아니며, 교사는 전인 교육을 담당한다는 자긍심과 자존감을 지녀야 함을 강조한다. 특히 교사는 전문가로서 지적 탐구를 즐기는 학문적 성실성, 타인에 대한 배려와 사랑을 바탕으로 한 존중과 사랑 등을 지녀야 한다는 점을 공통적으로 제시한다. 이러한 공통점은 우리가 추구해야 할 바람직한 교직윤리의 주요 내용이라고 볼 수 있다(고재천 외, 2007, p. 150).

3. 교직윤리의 제 측면

교직윤리의 내용을 교원 자신에 관한 윤리, 학생과의 관계에서 요청되는 윤리, 학부모·지역사회와의 관계에서 요청되는 윤리, 교직원 간의 관계에서 요청되는 윤리 측면으로 구분하여 제시하면 다음과 같다.

1) 교원 자신에 관한 윤리

■ 올바른 가치관과 국가관

가치관이란 자기 자신에게 무엇이 중요하고 가치 있는가를 판단하는 기준이자 그에 대한 믿음이다. 교원에게 가장 중요한 가치관은 인간의 존엄성, 자유와 평등의 가치에 대한 믿음이다. 특히 제자인 학생의 인권을 존중하는 민주적 가치관을 지녀야 한다. 이와 함께 물질과 쾌락보다 교육적 성취를 가장 중시하는 교육적 가치관, 도덕과 윤리를 중시하는 도덕적 가치관, 흑백논리보다 개방적이고 합리적인 가치관을 지녀야 한다. 올바른 국가관은 대한민국이 민주공화국이라는 견해를 분명히 한다. 대한민국이라는 민주공화국에서 국민은 주권자이고, 최고국가기관이며, 기본권의 주체가 된다(권영성, 1988, pp. 139-141). 교원이 올바른 가치관과 국가관을 확립했을 때 교원 자신이 민주사회의 구성원으로서 타인과 더불어 가치 있는 삶을 영위할 수 있으며, 학생을 민주사회의 구성원으로 성장하도록 도울 수 있다.

■ 올바른 교육관과 사명감

교육은 사람을 대상으로 사람이 행하는 활동이다. 학습자의 학습을 중심으로 교육을 정의한다면, 교육은 '학습자(학생)의 학습과 성장이 올바른 방향으로, 더 효과적으로 이루어지도록 지원, 지도, 관리, 조장, 촉진하는 활동'이다.[2] 이러한 학습자 중

---

2) 김신일(2009, p. 480)은 교육이 "학습을 간섭·조장·통제하는 행위"이며, "학습의 자유의 구체적 행사는 교육에 대한 자유로운 선택권으로 표현된다."고 주장한다. 하지만 이러한 개념 정의 자체는 가치판단이

심, 학습 중심의 교육관과 학생을 위한 교육에 헌신하겠다는 사명감은 교원을 교육에 헌신하고 교육을 통하여 자신의 자아실현과 행복을 이루도록 인도한다.

■ 인간에 대한 믿음과 사랑

교육은 사람을 대상으로 사람이 행하는 활동이다. 따라서 인간에 대한 사랑이 없다면 불가능한 활동이고, 인간에 대한 사랑이 없는 사람은 교육을 하려고 해서도 안된다. 인간에 대한 사랑은 인간의 선한 본성에 대한 믿음에서 나온다. 인간이 비록 이기적인 속성이 있다고 하더라도 본래 선한 본성을 지니고 있다는 믿음을 가질 때 인간에 대한 사랑이 가능하고, 그러한 사랑을 바탕으로 교육이 가능하며 유지되고 완성된다. 따라서 인간에 대한 믿음과 사랑은 교육을 위한 가장 중요한 전제조건이다.

■ 삶에 대한 성실성

교육은 나태와 거짓을 허용하지 않는다. 항상 자기 자신과 학생을 위하여 최선을 다하고 진실해야 진정한 교육이 가능하다. 교원은 자신이 하고자 하는 모든 일에서, 자신에게 가장 중요하고 궁극적인 가치인 학습자를 위한 교육과 학습자의 학습을 위해 자신의 최선을 다한다는 자세로 임해야 한다. 성실성은 교육에 최선을 다하는 자세만이 아니라 자신의 생각과 말을 일상적인 행동·실천과 일치시키는 것을 의미하기도 한다. 교육은 거짓에서 싹틀 수 없다. 그것은 오직 진실을 먹고 자란다. 거짓과 위선과 표리부동은 교육과 공존할 수 없는 태도다. 올바른 생각과 말 그리고 그 생각과 말을 최선을 다해 실천에 옮기는 성실함이 교육자의 기본이다.

■ 끊임없는 성찰과 자기혁신

교육은 학습자의 끊임없는 성찰과 자기혁신을 자극하는 활동이다. 그럼으로써 가

배제된 개념 정의이며, 학습을 중시하나 여전히 학습자를 '간섭·조장·통제의 대상'으로 보는 교육자 중심 사고가 깃들어 있다. 또한 '학습의 자유'를 '교육에 대한 자유로운 선택권'으로 해석하는 것은 학습권에 대한 소극적인 해석이다. 학습권은 '학습 선택권' 같이 학습에 대한 국가의 간섭과 침해를 당하지 않을 권리만을 의미하는 것이 아니라 '전 생애에 걸쳐 인간다운 삶을 영위할 수 있게 하는 학습을 하도록 국가의 지원을 요구할 수 있는 적극적 권리'로 확대 해석되어야 한다. 이에 따라 국가는 국민이 평생에 걸쳐 자기 발전을 위한 학습을 할 수 있도록 법률과 예산의 범위에서 적극적으로 지원할 의무를 지닌다.

능성을 일깨우고, 부족하거나 잘못된 점을 성찰하여 극복하면서 스스로 혁신·발전
하도록 돕는 활동이다. 이러한 교육 활동은 교육자가 먼저 스스로 성찰하고 자기혁
신을 위해 노력할 때 가능하다. 교육자가 스스로 성찰하지 않고 혁신하지 않는다면
자신이 정체될 뿐만 아니라 교육자로서의 자격을 포기하고 상실하게 된다. 개인적으
로 매너리즘에 빠지거나 정체된 교육자, 현상 유지에 급급한 교육자는 이미 진정한
교육자라고 할 수 없다. 교원들은 집단이기주의에 매몰되지 않기 위해서라도 끊임없
이 성찰하고 자기혁신에 노력해야 한다.

■ 자기주도 학습 태도와 능력

지식기반사회는 지식과 정보가 급속하게 생성되고 공유되는 사회다. 미래사회에
는, 아니 지금도 이미 많은 지식과 정보를 가진 사람보다는 창의적 인재가 필요하다.
창의적인 인재는 오직 자기주도 학습 태도와 능력을 지니고 즐겁게 학습할 줄 아는
평생학습인이 됨으로써 가능하다. 따라서 지식기반사회, 평생학습사회의 교육자는
단순한 지식 전달자가 아니라 자신이 먼저 자기주도 학습 태도와 능력을 지니고 즐
겁게 학습하는 평생학습인이 되어야 한다. 여기에서 자기주도 학습이란 '학습자 스
스로 학습 목표를 설정하고, 구체적인 계획을 세우며, 학습한 후 스스로 학습방법과
결과를 평가하는 과정을 통해 창의력과 문제해결력을 더욱더 향상시키는 학습'을 말
한다. 오늘날 교육자의 가장 중요한 임무는 학생에게 많은 지식과 정보를 전달하는
것이 아니라 자기주도 학습 태도와 능력을 길러 주는 것이다.

■ 교육전문성(교육력) 신장 노력

교원은 교육전문가다. 아무리 품성, 도덕성이 뛰어난 인격자라고 하더라도 자신이
지도하는 교과교육에 대한 전문성이 없거나 부족하다면, 교육자의 자격이 없는 사람
이다. 엄밀하게 말하자면, 교육전문성이 부족한 인격자는 존재할 수도 없다. 교육자
가 전문성을 갖추지 못하였다면 제자에 대한 사랑(仁)도 없는 것이며, 의(義)로운 교
육자라고 할 수도 없다. 교육에서는 교육전문성(교육력)이 없거나 부족한 인격자는
필요하지도 않고 바람직하지도 않다. 올바른 인성지도와 생활지도 또한 뛰어난 교육
력과 훌륭한 학습지도 능력 및 노력을 바탕으로 할 때 가능하다.

■ 창의성 신장 노력

지식기반사회, 평생학습사회에는 창의적인 인재가 필요하다. 따라서 지식기반사회, 평생학습사회의 교육은 창의교육이어야 한다. 창의성은 '새로운 관점으로 문제를 인식하고 문제의 핵심 원인을 발견하며 새로운 관점에서 문제의 해결방안을 모색하여 적극적인 노력으로 스스로 문제를 해결해 내는 능력 또는 특성'이라고 할 수 있다. 그런데 이러한 창의성을 길러 주는 창의교육은 교육자가 창의적이지 못하다면 불가능하다. 교육자의 창의성은 창의교육의 성공을 위한 기본 요건이다. 교육자는 모쪼록 자신의 고정관념과 편견을 깨고 자신의 나태함과 게으름 · 정체됨을 깨며, 비판과 상상의 나래를 펴고 적극적으로 문제 해결을 위해 노력함으로써 스스로 창의적인 인간이 되기 위해 노력해야 한다. 나아가 창의적인 인재를 길러 내기 위한 교수 능력과 기법을 습득하기 위해 스스로 노력해야 한다. 무릇 교육자가 되려는 자, 교육자인 자는 스스로 창의적인지 성찰하고 창의력을 갖추기 위해 노력해야 한다. 나아가 자신이 창의적인 사람이라고 하더라도 성공적인 창의교육을 위해서는 별도의 기술적 능력과 그 능력을 갖추기 위한 노력이 더 필요하다는 사실을 명심하고 노력해야 한다.

■ 삶에 대한 열정

열정이란 어떤 일을 하고자 하는 감정의 강렬한 자극이고, 어떤 일을 향해 나아가게 하는 뜨거운 에너지다. 열정은 '관심을 기울이고 사랑하고 긍정적으로 생각하며, 성공할 것이라는 확신으로 도전과 실패를 두려워하지 않고 자신이 원하는 어떤 일에 자신의 능력을 최대한 집중시키는 원동력'이다. 인생 그리고 교직에서 성공하고 싶다면 열정을 쏟아라. 열정적인 사람에게서는 늘 배울 것이 있고, 좋은 기운이 나온다. 그리고 주위에 강력하게 열정을 전파한다. 열정적인 사람은 스스로 성공할 수 있는 환경을 만들 뿐만 아니라 동료들도 성공의 환경에 동참하게 한다(고재천 외, 2007, p. 131).

■ 건강한 마음과 몸

건강은 모든 일을 가능하게 하는 기본 요건이다. 건강을 잃으면 모든 것을 잃는다고 한다. 교육활동은 그 어느 것보다 가치 있는 정신노동이면서 매우 힘든 육체노동이기도 하다. 따라서 무엇보다 건강한 마음과 몸이 바탕이 되어야 한다. 정신적으로 건전하지 못하고 육체적으로 강건하지 못하면 교육에 대한 열정과 능력이 있다고 하더라도 발휘할 수 없다. 건강한 마음과 몸이 교육에 대한 열정과 능력을 발휘할 수 있게 하는 기본 바탕이다.

2) 학생과의 관계에서 요청되는 윤리

■ 아동에 대한 사랑과 믿음(신뢰)

인간, 아동에 대한 믿음과 사랑은 교육의 가장 중요한 전제조건이다. 교육자에게 요구되는 사랑은 이기적인 자기애가 아니고, 무조건적인 이타적 사랑도 아니다. 이기적인 사랑은 바람직하지 않고, 자신을 희생하면서 실천하려는 순수한 이타적인 사랑은 현실적으로 불가능하다. 교육자에게 요구되는 사랑은 자신과 제자를 함께 사랑하는 것이다. 교육자는 최소한 자신을 사랑하는 만큼, 자기 자녀를 사랑하는 만큼 자신의 제자, 아동에 대한 사랑과 믿음을 간직하고 실천하려는 사람이어야 한다. 교육자의 사랑은 무조건적인 사랑보다는 조건적인 사랑, 분별적인 사랑이어야 한다. 모든 인간, 제자를 사랑하되 제자의 선(善)을 좋아하고 악(惡)을 경계하여 바로잡아 주는 조건적인 사랑, 분별있고 이성적인 사랑이 교육적인 사랑이다. 제자, 아동을 위한 사랑과 믿음은 특정한 제자 · 아동이 아니라 모든 제자 · 아동에 대한 공평한 사랑이어야 한다. 산술적으로 공평한 것이 아니라 교육적으로 소외된 아동에게 더 많이 베풀어 주는 사랑이 진정으로 공평한 사랑이다.

■ 교육전문성(교육력) 신장 노력

전문성 신장 노력은 모든 전문가의 기본 책무이지만, 학생을 교육하는 교육자에게 교육전문성 · 교육력 신장 노력은 존재의 근거라고 할 정도로 기본적이고 중요하다. 다른 직업인의 전문성 부족은 자신과 주변 이해관계자 몇몇에게 이익을 가져다주지 못하거나 부분적인 피해를 줄 정도지만 교육자의 교과 및 교육전문성 부족은 해당 교육자의 임기 내내 수천 명, 수만 명에 이르는 학생의 삶에 피해를 주는 결과를 가져온다. 아무리 제자, 아동에 대한 사랑과 열정이 있다고 하더라도 교과 및 교육전문성이 부족하다면 그 사랑과 열정은 표현되지 못한다. 아니, 전문성이 부족한 사랑과 열정은 오히려 제자, 아동에게 부담과 고통을 줄 뿐이다. 제자, 아동에 대한 사랑과 열정은 오직 교육자 자신의 교육력 신장 노력을 통해서만 실현될 수 있다. 따라서 교육자의 삶은 그 자체가 교육력 신장을 위한 지속적인 자기 연찬 과정이 되어야 한다.

■ 자기주도 학습력과 참된 학업성취에 대한 무한 책임(학생 학습권 존중)

훌륭한 교과 및 교육전문성을 갖추었다는 것은 교과 지식을 잘 전달 · 전수한다는 의미가 아니다. 교육이 학습자(학생)의 학습이 올바른 방향으로, 또 더 효과적으로 이루어지도록 지원, 지도, 관리, 조장, 촉진하는 활동이라면 진정한 교육전문성은 제자, 아동의 자기주도 학습력과 참된 학업성취에 대한 무한 책임을 의미한다. 이제 교육자는 가르치고 평가하는 데서 끝나는 것이 아니라 더 나아가 제자, 아동의 자기주도 학습력을 길러 주고 참된 학업성취를 높이기 위해 끊임없이 노력해야 한다. 그것이 학생의 학습권을 존중하고 보장하는 필수적인 방법이자 최선의 방법이다.

■ 흥미 · 재미 · 동기 유발 수업 노력

이제까지 교육자들은 교육활동에서 흥미 · 재미 · 동기를 유발하기 위한 노력을 부수적인 것으로 생각하여 왔다. 하지만 흥미 · 재미 · 동기가 모든 인간 활동의 원동력이듯이, 학생의 학습에 대한 흥미 · 재미 · 동기는 자기주도학습의 원동력이라고 할 수 있다. 배우는 학생들이 수업시간에 졸거나 딴짓을 하거나 짜증을 낸다면, 자신이 원하는 교육과정, 교육내용이 아니거나 교수 · 학습이 재미가 없다는 의사표시다. 이러한 현상을 모두 학습자의 잘못으로 규정하고 자신이 변화하기 위한 노력을 게을리한다면 교육자의 자격이 부족한 것이다. 교육자가 교수 · 학습 과정에서 흥미 · 재미 · 동기를 유발하지 못한다면 제자, 아동의 자기주도학습력을 길러 주기 위한 노력은 처음부터 실패한 것이나 다름 없다. 흥미 · 재미 · 동기를 유발하기 위한 교수 · 학습 개선 노력은 단순한 수업기술을 위한 것이 아니라 교육자가 제자, 아동을 위해 수행해야 하는 기본적인 윤리적 책무라고 할 수 있다.

■ 공정성: 교수 · 학습 · 생활지도 · 평가에서의 공정성

교육의 과정에서 특히 중요한 윤리가 공정성이다. Aristoteles에 따르면, 공정성은 "같은 것은 같게 대우하고, 다른 것은 다르게 대우하는 것"이다. 먼저, '같은 것은 같게 대우'한다는 것은 능력, 노력, 성적 등 준거가 되는 특성을 동일하게 가진 사람들을 동일하게 대우한다는 의미다. 부모의 사회경제적 지위, 피부색, 미추, 학연, 지연, 혈연, 종교 등의 이유로 차별하지 않는 것을 의미한다. 어떤 이유로도 아동을 편애해서는 안 된다. 하지만 공정성은 또한 모든 것을 똑같이 취급하는 것을 의미하지는 않는다. 공정성은 '다른 것은 다르게 대우'하는 것이다. 아동의 능력, 노력, 성적이 다르다면 그에 적합한 교육을 고려하는 노력이 필요하다. 하지만 이런 다른 대우가 차별이나 배제를 의미하는 것이어서는 안 된다. 정당하지 않은 이유로 어떤 학생을 특정한 활동에서 배제하거나 어떤 학생에게는 불이익을 주고 어떤 학생에게는 특혜를 부여하는 등의 불공정한 행위를 해서는 안 된다. 이러한 공정성은 교수 · 학습과 평가만이 아니라 생활지도까지 교육의 전 장면에서 적용되어야 한다.

■ 정치적 중립성: 이념 · 관점 주입 회피

유치원과 초 · 중등학교 교원은 「헌법」과 「국가공무원법」 「교육공무원법」 「사립학교법」 등에 따라 정치적 중립성을 지켜야 한다. 특히 「국가공무원법」은 공무원이 선거에서 특정 정당 또는 특정인을 지지 · 반대하기 위한 권유운동 등의 행위를 하여서는 안 된다고 규정하고 있다. 교육은 교육자가 아동에게 특정한 이념 · 관점 · 사고내용을 주입하는 것이 아니다. 교육은 학습하는 방법, 사고하는 방법, 학습력, 사고력을 키워 주려는 노력에 집중되어야 한다. 아직 성장과정에 있는 학생들에게 수업 도중에 자기 지위를 이용하여 자신의 정치적 이념 · 관점 · 주장을 주입하거나 선동하는 행위를 해서는 안 된다. 우리나라 「교육기본법」은 이를 분명히 하기 위하여 제6조(교육의 중립성) 제1항에 "교육은 교육 본래의 목적에 따라 그 기능을 다하도록 운영되어야 하며, 정치적 · 파당적 또는 개인적 편견을 전파하기 위한 방편으로 이용되어서는 아니 된다."고 규정하고 있다. 제14조(교원) 제4항에서는 "교원은 특정한 정당이나 정파를 지지 및 반대하기 위하여 학생을 지도하거나 선동하여서는 아니 된다."고 규정한다. 요컨대, 교육에서의 정치적 중립은 '특정 정당에만 유리한 또는 불리한 교

육을 해서는 안 되며, 법률의 규정과 교육자의 전문가로서의 양심에 따라 객관적인 진리를 추구하여야 한다는 의미(표시열, 2007, p. 135)'다.

■ 교육 소외아동에 대한 특별한 배려

교육 소외지역, 소외계층, 소외집단의 아동, 학습부진아 등에 대한 특별하고 적극적인 배려는 교육자가 아동에 대한 사랑을 실천하는 가장 중요한 방법이다. 이것은 Rawls가 강조하는 정의의 기본 원칙이기도 한다. 업무가 증가한다는 이유로 정부의 교육 소외아동에 대한 특별한 지원을 저어하거나, 책임을 회피하기 위하여 학습부진아에 대한 객관적인 파악과 특별한 노력을 회피하는 교육자는 이미 교육자라고 할 수 없다. 교육자는 사회에서 소외된 아동의 교육을 위하여 자신의 편익을 일부 희생할 수 있는 사람이어야 한다. 그리고 소외아동에 대한 특별한 교육적 배려를 통하여 자신의 행복을 열어 가는 사람이어야 한다.

■ 학생 인권 · 인격 · 개성 · 개인차 존중, 관용

교육은 아동 개인의 인성, 적성, 환경을 고려한 가장 적합한 교육 방침을 통하여 실현되어야 한다. 교육은 개별적이나 집단적으로 이루어질 수 있지만, 학습은 그 자체의 특성상 개별적으로 이루어진다. 따라서 학습자의 학습이 올바른 방향으로, 더 효과적으로 이루어지도록 지원, 지도, 관리, 조장, 촉진하는 교육을 실천하려면, 아동 개인의 인성, 적성, 환경을 고려한 가장 적합한 교육 방법이 필요하다. 이를 분명히 하기 위해「교육기본법」제12조(학습자)는 "학생을 포함한 학습자의 기본적 인권은 학교교육 또는 사회교육의 과정에서 존중되고 보호"되며, "교육내용 · 교육방법 · 교재 및 교육시설은 학습자의 인격을 존중하고 개성을 중시하여 학습자의 능력이 최대한으로 발휘될 수 있도록 마련되어야 한다."라고 규정하고 있다. 나아가 전국교직원노동조합의 교사십계명에서와 같이 학생들과 끊임없이 인사하고, 미소 짓고, 이름을 부르고, 칭찬하고, 돕는 노력 등을 통해 관용과 존중을 실천해야 한다.

■ 아동 체벌 · 폭언 · 성추행 · 성적조작 금지

부적격교원은 '중대한 비리 · 범법행위로 사회적 · 윤리적 문제를 야기하여 징계를 통해 교단에서 배제해야 할 대상이 되는 교원과 정신적·신체적 질환으로 직무수행이 곤란한 교원으로서 장기적·지속적으로 학생의 지도를 비롯한 소관직무의 수행이 불가능한 교원'을 말한다. 구체적으로는 미성년자에 대한 성폭력, 학생에 대한 상습적이고 심각한 신체적 폭력, 시험문제를 유출하거나 학생 성적을 조작하는 등 학생의 성적과 관련한 비위, 각종 금품수수 행위 등을 한 교원을 가리킨다. 여기에서 중요한 점은 부적격교원이 징계대상이 된다는 점이 아니라 그러한 교원들로 인하여 아동들의 인격이, 삶이 파괴될 수 있다는 사실이다. 따라서 교원 자신이 상습체벌과 폭언, 성추행, 성적조작을 하지 말아야 할 뿐 아니라, 학교현장에서 주변의 그러한 상황을 방치하거나 외면해서도 안 된다. 학교에서 교원은 학생의 최선의 보호자이자 마지막 보호자라는 점을 명심해야 한다.

■ 학생의 비밀 보안

교원은 직무수행 과정에서 알게 된 학생과 학부모에 관한 비밀을 공개하거나 누설해서는 안 된다. 특별한 교육적 목적이나 법에 따른 부득이한 경우를 제외하고는 직무상 획득한 학생에 관한 정보를 다른 교사나 다른 학생·학부모 그리고 학교 외부에 누설하지 말아야 한다. 특히 사교육기관이나 외부업체에 학생에 관한 정보를 건네면서 부당한 타협을 해서는 한 된다. 이를 지키지 못할 경우 교원은 학생의 신뢰를 상실하고 그에 따라 지도력이 약화된다.

3) 학부모·지역사회와의 관계에서 요청되는 윤리

교원은 자녀교육권이 있는 부모에게서 학습권이 있는 학생들의 교육을 위탁받아 지역사회의 일부로 존재하는 학교에서 학생들을 가르친다. 따라서 교원의 교육활동 자체가 학부모 및 지역사회와의 관계 속에서 형성되는 것이며, 교육적 노력의 성과도 그 관계 속에서 나타나게 된다. 그리고 그 결과에 대한 책임도 교원과 학부모, 지역사회가 함께 진다고 할 수 있다.

(1) 학부모와의 관계에서 요청되는 윤리

■ 교육권 · 자녀교육의 주체로 인식, 존중

「교육기본법」제13조(보호자) 제1항은 "부모 등 보호자는 보호하는 자녀 또는 아동이 바른 인성을 가지고 건강하게 성장하도록 교육할 권리와 책임을 가진다."고 규정하고 있다. 따라서 부모 등 보호자는 단순히 자녀의 교육받을 권리의 대리자가 아니라 자녀에 대한 교육 권리와 책임을 지닌 주체로 인식되어야 한다. 제2항은 "부모 등 보호자는 보호하는 자녀 또는 아동의 교육에 관하여 학교에 의견을 제시할 수 있으며, 학교는 그 의견을 존중하여야 한다."라고 규정하고 있다. 이에 따라 학부모는 학교공동체 운영의 동반자이자 학교교육활동의 협력자로 인식되어야 한다. 이런 법규정 때문만이 아니라 성공적인 교육을 위해서 교원이 학부모를 부담스러워하거나 꺼리는 교단 풍조는 반드시 개선될 필요가 있다.

■ 긴밀한 연락 유지, 정보 제공

교육활동 자체가 학부모와 지역사회와의 관계 속에서 형성되는 것이기에 교원은 학부모와 긴밀하게 연락을 유지하고 여러 일반적인 교육정보 · 학교정보와 특별한 학생정보를 수시로 제공할 필요가 있다. '학교알리미(http://www.schoolinfo.go.kr/)' 사이트 이용 방법이나 NEIS(교육행정정보시스템, http://www.neis.go.kr/), 학교와 교육청 홈페이지 등의 학부모 서비스 이용방법도 알려 주고 이를 교육활동에 함께 활용하는 노력이 필요하다.

■ 자유로운 방문 · 대화 · 의사 존중

학부모가 촌지에 대한 부담이나 교원이 학부모를 부담스러워하는 눈빛 때문에 학교와 교사를 자유롭게 방문할 수 없다면 상호 간의 대화나 존중은 불가능하다. 교원은 학부모를 대하는 것이 부담스러울지라도 이제는 학부모가 교육활동의 동반자임을 분명히 인식하고 먼저 벽을 깨는 노력을 계속해야 한다. 교원 스스로 학부모의 참여와 의사표시를 교육에 긍정적으로 활용할 방법 및 기술을 갖추도록 노력해야 한다.

■ 학부모 상담 노력: 아동에 대한 진로 · 진학 및 학습 컨설팅 노력

교육정책, 교육환경이 급속히 변화되고 있다. 대학입학전형과 고교입학전형에서 자기주도학습 전형이 도입 · 확대되고, 고교 교육과정 전체가 선택교육과정으로 바뀌고 있다. 그에 따라 그 어느 때보다 자녀에 대한 학부모들의 학습상담뿐만 아니라 진로상담, 진학상담 요구가 점차 높아지고 있다. 이제까지 학교교육은 이에 대한 대비와 노력이 부족한 실정이었다. 이제 교육자는 진로 · 진학 · 학습 컨설턴트로서의 역할과 책임을 점차 확대해야 한다.

■ 청렴성 · 합법성 · 공평성 유지(비합리적 · 사적 관계, 촌지 등 부당이득 금지)

교육자는 그 어떤 분야의 전문가보다 청렴성과 합법성, 공평성을 더욱 강하게 요구받는다. 학부모의 사회경제적 지위, 교원과 부모의 친소 관계, 촌지 등에 따라 학습지도와 생활지도, 평가, 진학 추천 등이 영향을 받거나 부정이 개입될 경우 불법적 행위로 해당 교원에게 징계 · 처벌이 내려질 뿐만 아니라 교육 자체가 파괴된다. 교육은 학생에 대한 평가와 상급학교 진학을 위한 추천 활동을 포함하기에 특히 학부모와의 관계에서 매우 강한 청렴성과 합법성, 공평성이 요청된다. 교원과 학부모의 관계는 교원의 청렴성과 합법성, 공평성이 전제될 때 그리고 학부모가 자녀이기주의를 극복할 때 상호 존경과 신뢰의 관계로 발전할 수 있다.

(2) 지역사회와의 관계에서 요청되는 윤리

■ 학교가 지역사회의 일부라는 인식, 존중

모든 교원은 학교가 이미 지역사회의 일부라는 사실을 인식해야 한다. 교원만이 학교의 주인이 아니라 학부모와 지역사회 전체가 학교교육의 진정한 주체로서 함께 조화를 이루어 나가야 한다.

■ 지역사회에 대한 이해, 관심

교원의 지역사회에 대한 이해는 학생을 이해하기 위한 기본 요건이다. 나아가 지역의 특성과 교육자원을 파악하여 효과적인 교육활동에 활용할 의미 있는 시사점과

도움을 얻을 수 있다.

■ 지역사회에 적합한 행동

교원은 지역사회의 특성을 파악하여 지역사회에 적합한 행동을 하여야 한다. 그 지역사회의 문화, 요구를 파악하여 함께 어울리고 그에 기초하여 행동하고 교육할 때 좀 더 효과적인 교육이 가능하다.

■ 지역사회 주민과 어울리려는 노력

교원은 지역사회의 주민과 잘 어울려야 지역사회의 원활한 협조를 얻을 수 있다. 지역주민과의 어울림을 통해 학교교육에 대한 지역주민의 만족도와 요구를 파악하고 수렴할 수 있다. 지역주민과 어울리는 노력을 통하여 지역사회의 특성과 요구를 반영한 학교교육계획을 수립하고 실행하며 이러한 학교교육활동을 지역사회에 널리 알리기 위해 노력할 필요가 있다. 나아가 지역사회의 교육 자원을 교육에 활용하고 지역사회의 교육적 노력과 투자를 이끌어 내 학교교육에 활용하려는 적극적인 노력도 요청된다.

■ 학교를 지역주민의 평생학습 · 문화공동체로 변화시키는 노력

지식기반사회, 평생학습사회에서는 학교가 지역공동체의 평생학습공간, 문화공간이 될 수 있다. 교원은 이러한 변화 방향을 고려하고 수용하면서 점차 학교와 교원의 역할을 재정립해 나가야 한다.

4) 교직원 간의 관계에서 요청되는 윤리

■ 학생의 인권 · 학습권을 최우선으로 하는 자세

교육의 궁극적인 목적은 학생의 올바르고 효과적인 학습이다. 교육자, 교원의 존재 근거는 학습자, 학생이다. 교육자가 그 존재 근거를 망각하고 학생의 인권, 학습권을 침해한다면 스스로 존재 근거를 무너뜨리는 행위가 된다. 어떤 교육 상황에서도 교육자는 자기 자신의 이익과 편안함보다 학습자, 학생의 인권 · 학습권을 최우선으로 하는 자세를 견지해야 한다. 나아가 교육자, 교원의 집단이익보다 학습자, 학생의 인권 · 학습권을 우선시하는 자세를 갖추어야 한다.

■ 올바른 가치관 확립, 실천

교육자, 교원은 무엇보다 인간의 존엄성과 기본권을 존중하는 민주적 가치관, 물질과 쾌락보다 학생의 교육 · 학습에서의 성취를 가장 중시하는 교육적 가치관, 도덕과 윤리를 중시하는 도덕적 가치관, 흑백논리보다 개방적이고 합리적인 가치관을 지녀야 한다. 이러한 가치관은 학생을 대할 때만이 아니라 교직원 간의 관계에서도 반드시 필요한 가치관이다.

■ 합법성: 부당한 명령과 행동 금지

「국가공무원법」 제56조(성실 의무)는 "모든 공무원은 법령을 준수하며 성실히 직무를 수행하여야 한다."라고 규정하고 있다. 따라서 제57조에서 "공무원은 직무를 수행할 때 소속 상관의 직무상 명령에 복종하여야 한다."고 하였지만, 상사의 명령에 복종하되 부당한 지시는 분명히 거부하고 소신껏 건의하여 바로잡도록 노력하는 것이 공무원의 올바른 행동규범이다. 교육자의 합법성, 준법성은 그 자체로도 중요하지만 학생들에게 중요한 역할모델, 본보기가 된다는 교육적 의미에서도 매우 중요하다.

■ 청렴성: 부정 · 부패 근절

최근 우리 교단의 부정과 비리가 속속 드러나고 있다. 심지어 관행화된 부정 · 비리 때문에 교직사회가 도덕 불감증이라는 비판도 받는다. 부끄럽게도 언론에서 '학교가 썩었다'는 비판까지도 들었다. 교원의 청렴성은 학생 · 학부모의 존경과 신뢰를 얻는 가장 기본적인 요건이다. 청렴한 삶을 살고자 하는 각오를 한 사람만이 교육자가 될 자격이 있다. 교원 스스로 관례화된 일부의 소소한 부정 · 비리의 사슬을 과감하게 끊고 제자에게 부끄럽지 않은 교단 풍토를 조성하기 위해 노력해야 한다.

■ 상호 간의 이해, 존중, 협력

교직원은 교직원 상호 간에 이해하고 존중하며 신뢰할 수 있도록 최선의 노력을 해야 한다. 이를 위해서는 먼저 자신의 독선과 아집, 권위주의적 태도를 과감히 버려야 한다. 상하를 떠나 모두 서로의 인격을 존중하고 열린 자세로 다양한 견해를 충분히 듣기 위해 노력해야 한다. 나아가 이러한 이해와 존중을 바탕으로 학교의 교육문제를 함께 협력하여 해결하도록 노력해야 한다.

■ 적극적 참여와 합의 노력

교원은 학교교육에 대한 반성과 평가, 새로운 교육목표와 교육계획의 수립, 교육실천, 교육평가 등 교육의 전 과정에 걸쳐 적극적으로 참여하고, 서로의 의사를 자유롭게 개진하며, 서로 존중하는 가운데 합의를 이끌어 내고, 그 합의를 존중하는 자세를 지녀야 한다. 상호 인정, 자유로운 의사 표현, 합의의 존중, 이해관계의 부분적인 양보 · 조정이 긴밀한 교육협력과 학교공동체 전체의 발전을 가져온다.

■ 공정성으로 갈등 극복 노력

갈등은 조직 내에서 개인들이 상호작용하는 가운데 필연적으로 발생한다. 특히 사립학교에서는 한 번 형성된 갈등 관계, 파벌이 수십 년간 지속되며 학생 교육에까지 부정적인 영향을 미치는 경우도 있다. 따라서 갈등을 회피하기보다는 서로 적극적인 자세로 갈등을 직시하고 원인을 찾아 함께 해결하기 위해 노력해야 한다. 특히 갈등을 사전에 방지하기 위해 교원은 직장 내의 파벌 조성을 삼가고 타인을 근거 없이 비방하거나 모함하지 않으며, 모든 의사결정에서 아집 · 독선 · 독단을 피하도록 해야 한다. 특히 학교 조직 내 인사문제가 공정성을 잃게 되면 강력한 갈등의 원인이 된다. 모든 인사에서의 공정성 확보 노력이 곧 갈등 예방과 극복을 위한 최선의 노력임을 알아야 한다.

■ 전문성 신장 · 학습노력 자극, 조장, 촉진

교원은 올바르고 효과적인 교육을 위한 전문성 신장, 나아가 학습자 · 학생의 올바르고 효과적인 학습을 관리 · 지원 · 조장 · 촉진하기 위한 자기혁신에 노력해야 한다. 학교 조직 내에서 한두 사람의 뜨거운 교육적 열정과 뛰어난 노력을 다른 교원들이 오히려 피곤해하거나 돌출행동으로 치부한다면, 그 학교조직은 변화 · 혁신이 불가능한 정체된 조직이 될 것이다. 서로 자극을 주고, 자발적인 학습 노력을 자극하고 조장하고 지원할 때, 개인과 학교 조직 모두가 변화·발전할 수 있다.

■ 창의성 신장과 조직혁신 노력

전술하였듯이 지식기반사회, 평생학습사회 교육은 창의교육이어야 한다. 창의성은 '새로운 관점으로 문제를 인식하고 문제의 핵심 원인을 발견하며 새로운 관점에서 문제의 해결방안을 모색하여 적극적인 노력으로 스스로 문제를 해결해 내는 능력 또는 특성'이라고 할 수 있다. 그런데 이러한 창의성을 길러 주는 창의교육은 교육자가 창의적이지 못하다면 불가능하다. 교육자의 창의성은 창의교육의 성공을 위한 기본 요건이다. 교원은 자신의 창의성을 키우는 노력을 통해 자신과 학교조직을 창의적으로 변화·발전시키기 위해 노력해야 한다.

■ 교직원 간 온정주의 극복

교직원 간 온정주의가 교육개혁을 가로막는 비합리적 요인으로 지목되고 있다. 최근 수년 동안의 교원능력개발평가 시범운영을 통해서도 교직사회의 온정주의 풍토·관행을 알 수 있다. 2009년 동료 교사 평가에서 교사의 94.1%가 수업지도 항목에서 '우수' 이상의 평가를 받은 것이 대표적인 사례다. 이러한 온정주의는 교직사회 내에서 지연, 학연과 결부되어 교원들의 교육력 향상 노력을 저해하는 부정적인 영향을 끼치기도 하고, 심지어 부적격인 교원이 있어도 이를 눈 감아 주며 개선 노력을 외면하는 경우를 초래하기도 한다. 이러한 행태는 학생 교육에 부정적인 영향을 줄 뿐만 아니라 교직사회 전체에 대한 학생·학부모의 신뢰를 약화시키는 결과를 가져온다. 학생 교육을 위해 교원들에게 합리적인 사고와 합리적인 행동이 절실하게 요구된다.

지금까지 교원 자신에 관한 윤리, 학생과의 관계에서 요청되는 윤리, 학부모·지역사회와의 관계에서 요청되는 윤리, 교직원 간의 관계에서 요청되는 윤리 측면으로 나누어 제시한 교직윤리를 종합하여 정리하면 다음 〈표 2－2〉와 같다.

표 2-2 교직윤리의 제 측면

구 분		교 직 윤 리
교원 자신에 관한 윤리		• 올바른 가치관과 국가관 • 올바른 교육관과 사명감 • 인간에 대한 믿음과 사랑 • 삶에 대한 성실성 • 끊임없는 성찰과 자기혁신 • 자기주도 학습 태도와 능력 • 교육전문성(교육력) 신장 노력 • 창의성 신장 노력 • 삶에 대한 열정 • 건강한 마음과 몸
학생과의 관계에서 요청되는 윤리		• 아동에 대한 사랑과 믿음(신뢰) • 교육전문성(교육력) 신장 노력 • 자기주도 학습력과 참된 학업성취에 대한 무한 책임(학생 학습권 존중) • 흥미 · 재미 · 동기 유발 수업 노력 • 공정성: 교수 · 학습 · 생활지도 · 평가에서의 공정성 • 정치적 중립성: 이념 · 관점 주입 회피 • 교육 소외아동에 대한 특별한 배려 • 학생 인권 · 인격 · 개성 · 개인차 존중, 관용 • 아동 체벌 · 폭언 · 성추행 · 성적조작 금지 • 학생의 비밀 보안

학부모 · 지역사회와의 관계에서 요청되는 윤리	학부모와의 관계에서 요청되는 윤리	• 교육권 · 자녀교육의 주체로 인식, 존중
		  – 학교공동체 운영동반자
		  – 학교교육활동의 협력자
		• 긴밀한 연락 유지, 정보 제공
		• 자유로운 방문 · 대화 · 의사존중
		• 학부모 상담 노력: 아동에 대한 진로 · 진학 컨설팅과 학습 컨설팅 노력
		• 청렴성 · 합법성 · 공평성 유지

	지역사회와의 관계에서 요청되는 윤리	• 학교가 지역사회의 일부라는 인식, 존중 • 지역사회에 대한 이해, 관심 • 지역사회에 적합한 행동 • 지역사회 주민과 어울리려는 노력 • 학교를 지역주민의 평생학습 · 문화공동체로 변화시키는 노력
교직원 상호 간의 관계에서 요청되는 윤리		• 학생의 인권을 최우선으로 하는 학습 자세 • 올바른 가치관 확립, 실천 • 합법성: 부당한 명령과 행동 금지 • 청렴성: 부정 · 부패 근절 • 상호 간의 이해, 존중, 협력

> • 적극적 참여와 합의 노력
> • 공정성으로 갈등 극복 노력
> • 전문성 신장, 학습노력 자극, 조장, 촉진
> • 창의성 신장과 조직혁신 노력
> • 교직원 간 온정주의 극복

4. 교직에서의 윤리적 딜레마와 갈등 해결 방안

여러 측면에서 파악한 교직윤리는 교원들에게 분명한 행동기준을 제공하지만, 모든 교육현장에서의 모든 윤리적 갈등을 해결해 주지는 못한다. 이 절에서는 교직 수행 과정에서 교원들의 윤리적 딜레마를 해결하기 위한 기본 방안을 모색해 보고, 이를 바탕으로 해결해야 할 구체적 갈등 상황을 검토한다.

1) 교직에서의 윤리적 딜레마 해결 방안 모색[3]

■ 제1단계(가치관 확립):

　스스로 자신의 민주적·교육적·도덕적·합리적 가치관을 확립하라

윤리는 인간관계에서 필요한 것이고, 윤리적 딜레마 상황도 인간관계에서 발생한다. 그러나 윤리적 딜레마, 갈등 상황을 딜레마나 갈등 상황으로 인식하는 것은 나 자신이고, 그 상황에서 행동을 선택하는 것도 결국 나 자신이며, 선택한 행동의 결과에 책임을 지는 것도 바로 나 자신이다. 따라서 교직수행 과정에서 당면하는 모든 윤리적 딜레마, 갈등 상황을 해결하기 위한 첫 단계는 바로 교원 자신이 올바른 가치관을 형성하는 것으로부터 출발한다.

가치관이란 자기 자신에게 무엇이 중요하고 가치 있는가를 판단하는 기준이자 그

---

3) 여기에서 정리한 도덕적 딜레마 해결 방안은 Browne, Giampetro-Meyer와 Williamson(2004), 그리고 이를 바탕으로 윤리적 갈등 해결의 기본 방법을 모색한 이관춘(2006)의 방안을 일부 참고하여 작성하였다. 그러나 교육에의 적용 방안과 구체적인 접근 방안은 전적으로 저자의 구상이며 책임 영역이다.

에 대한 믿음이다. 교원에게 가장 중요한 가치관은 인간의 존엄성, 자유와 평등의 가치에 대한 믿음이다. 특히 제자인 학생의 인권을 존중하는 민주적 가치관이다. 이와 함께 물질과 쾌락보다 교육적 성취를 가장 중시하는 교육적 가치관, 도덕과 윤리를 중시하는 도덕적 가치관, 흑백논리보다 개방적이고 합리적인 가치관을 지녀야 한다. 그리고 이를 자신의 가치관으로 내면화하고 이에 근거하여 행동하기 위해 노력해야 한다. 이 가치관은 교육자에게 평생의 행동 기준이 되어 교육적 실천을 이끌고, 도덕적 딜레마와 갈등을 해결하는 데 도움을 주고, 올바른 교육적 실천에 매진하도록 동기와 열정을 제공할 것이다.

■ 제2단계(기본전제):
　어떤 경우에도 적용하고 지켜야 할 교직윤리의 기본 원칙을 준수하라

첫째, 교직윤리의 최고 가치로서 보편적인 황금률을 적용하라.
둘째, 교직윤리의 최소 요건으로서 법규적 · 강제적 규범을 준수하라.

전술하였듯이, 교원의 행동은 한편으로 교육의 궁극적 목표인 학습자의 올바르고 효과적인 학습이라는 교육적 가치 실현을 추구하도록 지원 · 격려 · 조장 · 촉진되어야 하며, 다른 한편으로 교원으로서 최소한으로 지켜야 할 규범을 벗어나지 않도록 관리 · 통제되어야 한다. 교원의 교육실천이 최소 규범의 준수를 넘어 최고의 교육적 가치 실현을 향하도록 유도되어야 한다. 이렇게 두 접근방법이 적절하게 균형을 이루며 실현될 때 교직윤리가 실현되며, 동시에 교육 · 학습의 질도 향상될 수 있다.

따라서 가장 먼저 최고의 교육적 가치 실현을 위해서는 교직윤리의 최고 가치로서 황금률을 찾고, 이를 구체적인 상황에 적용하는 노력이 우선되어야 한다. Browne, Giampetro-Meyer와 Williamson(2004)은 황금률을 다음과 같이 정리하였다. 여기에서 강조하는 것은 윤리란 남이 중요시하는 것을 인식하도록 요구하는 것이라는 점이다. 나 자신의 이기적인 울타리를 넘어 존재하는 중요한 관심과 흥미를 인식할 때 인간은 비로소 정당한 자부심을 느끼게 된다(이관춘, 2006, p. 255).

- 남이 너를 기쁘게 해 주길 원하는 것처럼 너도 남에게 행하라.
- 남이 너의 감정을 고려해 주길 바라는 것처럼 너도 남의 감정을 고려해 주어라.
- 남을 너 자신처럼 합리적인 존엄성이 있는 인격체로 대우하라.
- 남이 너에게 형제애를 베풀기를 원하는 것처럼 너도 남에게 형제애를 베풀어라.
- 남이 너를 도덕적 식견에 맞추어 대우해 주길 원하는 것처럼 너도 남을 그렇게 대우하라.
- 신이 너에게 남들에게 해 주라고 원하는 대로 남들에게 행하라.

현대 철학자 Gert는 직업에서 중요시해야 할 핵심 도덕규칙 10가지를 〈표 2-3〉 과 같이 구체적으로 제시하고 있다(이관춘, 2006, p. 258 재인용).

표 2-2 **직업에서의 핵심 도덕규칙 10가지**

① 살생하지 말라.	② 상해(傷害)를 입히지 말라.
③ 고통을 유발하지 말라.	④ 자유를 박탈하지 말라.
⑤ 기쁨을 빼앗지 말라.	⑥ 속이지 말라.
⑦ 약속을 지켜라.	⑧ 부정한 짓을 하지 말라.
⑨ 법을 준수하라.	⑩ 책임을 다하라.

교직윤리의 최고 가치로서의 황금률로는, 공무원 윤리헌장, 한국교원단체총연합회의 교직윤리헌장, 전국교직원노동조합의 교사십계명, 그리고 이 장에서 교직윤리의 제 측면으로 제시한 여러 윤리적 규칙이 해당한다고 하겠다. 교원은 이러한 교직윤리의 보편적 규칙을 준수하고 실현함으로써 학생과 학부모의 존경과 신뢰를 얻고 교원 자신은 교육을 통한 자아실현과 행복을 성취할 수 있다. 이를 위해 교직윤리에서 특히 중요한 것은 '교원의 권리와 이익보다 학습자·학생의 권리와 이익을 더 존중하라'는 '학습자 우선 원칙'이라고 하겠다.

최고의 교육적 가치 실현을 위해서는 교직윤리의 최고 가치로서 황금률을 지켜야겠지만, 교원들에게 어떤 경우에도 적용하고 지켜야 할 교직윤리의 기본 원칙으로 실제 더 중요한 것은 교직윤리의 최소 요건으로서 법규적·강제적 규범을 준수하는 것이다. 법규적·강제적 규범을 지키지 않는다면 학생·학부모의 존경과 신뢰, 자신의 자아실현과 행복을 잃을 뿐만 아니라 교직에서 배제되거나 더 무거운 처벌까지 감수해야 하기 때문이다. 교원에게 요구되는 법규적·강제적 규범은 「헌법」 「국가공무원법」 「국가공무원 복무규정」 「교육공무원징계양정 등에 관한 규칙」 등에 구체적으로 명시되어 있다.

■ 제3단계(내용):
　법규적·강제적 규범이 허용하는 범위에서는 다음과 같은 원칙을 고려한다

첫째, 자신의 의도가 공개적으로 폭로되었을 때를 가정하고, 그럼에도 스스로 정당한 자부심을 가질 수 있도록 행동하라(공개적인 폭로 가정).
둘째, 자신이 행하고자 하는 행동을 다른 모든 사람이 모방하더라도 좋은 결과가 나타날 수 있도록 행동하라(보편화 원칙 적용).
셋째, 교육적 약자를 교육적으로 최대한 배려하라(교육적 약자 최대 배려의 원칙).

교육윤리 중 법규적·강제적 규범이 허용하는 범위에서 두 가지 이상의 도덕적 원칙이 충돌할 때는 다음과 같은 방법으로 해결책을 모색할 수 있다. 첫째, '자신의 의도가 공개적으로 폭로되었을 때를 가정하고, 그럼에도 스스로 정당한 자부심을 가질 수 있도록 행동하라'는 원칙은 '공개적 폭로 테스트(public disclosure test)'를 해 보는 단계를 말한다. 만일 황금률이나 법규적·강제적 규범 적용이 윤리적 갈등문제의 해결에 도움이 되지 않을 때는 자신의 의도와 행동이 공개적으로 폭로되었을 때를 가정하여 윤리적 딜레마, 갈등 문제에 대한 해결책을 찾으라는 의미다. '공개적 폭로 테스트'는 윤리적 딜레마의 영향을 받게 될 다양한 부류의 사람들의 이익에 대해 더 세심히 생각하고 행동하게 하는 역할을 한다(이관춘, 2006, p. 256).

둘째, '자신이 행하고자 하는 행동을 다른 모든 사람이 모방하더라도 좋은 결과가 나타날 수 있도록 행동하라'는 원칙은 보편화 원칙을 적용하라는 의미다. 보편화 테스트의 질문은 '다른 사람들이 모두 나의 행동을 모방한다면 세상은 어떤 모습이 될까?'를 생각해 보는 것이다(이관춘, 2006, p. 257). 예를 들면, 절대평가 제도하에서 점수나 등급 부풀리기는 법규적·강제적 규범이 허용하는 범위의 행동방식이다. 하지

만 모든 학교에서 모든 교사가 학생들의 성적을 부풀린다면, 학생에게 일시적인 이익은 있을 수 있으나 학교의 평가는 변별력과 신뢰도를 상실하고 대학입학전형에서도 활용할 수 없는 결과가 나타날 것이다. 또 결과적으로 학생들이 학교교육에 소홀해지게 하기도 한다. 따라서 보편화 원칙을 적용한다면 평가에서 점수나 등급 부풀리기는 용납될 수 없는, 해서는 안 되는 행동이라고 판단할 수 있다.

셋째, '교육적 약자를 교육적으로 최대한 배려하라'는 원칙은 간단히 말해 '교육적 약자에 대한 최대 배려의 원칙'이다. '공개적 폭로 테스트'나 '보편화 테스트'를 거친다 해도 '교육적 약자에 대한 최대 배려'라는 행동방식이 필연적으로 도출되는 것은 아니기 때문에 교육적 정의 실현을 위해서라도 '교육적 약자에 대한 최대 배려의 원칙'이 추가로 필요한 것이다. 예를 들면, 학습 부진아 특별 지원 대책, 교육 소외지역과 소외집단에 대한 특별 지원 대책은 인간들의 '무지의 베일'[4]을 전제하지 않는 이상 '공개적 폭로 테스트'나 '보편화 테스트'를 통해 필연적으로 도출되는 행동규칙이 아니다.

■ 제4단계(민주적 절차):
　제 1, 2, 3단계에서의 판단이 불명확하고 교육공동체 내에서 합의가 가능하다면, 도덕적 딜레마 상황에 대한 집단적 논의를 거치고 합의를 존중하라

이때 민주주의 원칙에 입각하여 다음과 같은 절차를 거쳐야 한다.

첫째, 도덕적 딜레마 상황에 관련된 이해당사자(교원, 학생, 학부모)들의 참여와 자유로운 의사 표현을 보장하라.
둘째, 더 큰 공동체의 합의를 좀 더 존중하라.
셋째, 합의가 자신의 비도덕적 행위에 대한 정당화 근거로 작용하지 않게 하라.

---

4) 무지의 장막(veil of ignorance) 또는 무지의 베일은 원초적 입장에 도달하기 위해 필요한 가상의 개념적 장막이다. 무지의 장막이 쳐진 상태에서 사람들은 자신의 능력, 재산, 신분 등의 사회적 조건을 알 수 없기 때문에 사회계약 체결 후 어떤 계층에 속할지 알 수 없다. John Rawls는 그런 상황에서 사람들이 어떤 계층에 특별히 유리하거나 불리하지 않도록 조화로운 사회계약을 체결할 것이라고 보았다(위키백과, 2010년 7월 11일 검색).

　제4단계에 해당하는 이러한 민주적 절차는 제 1, 2, 3단계에서의 도덕적 판단이 불명확하고 교육공동체 내에서 합의가 가능할 때 고려할 수 있는 해결 방안이다. 윤리적 딜레마, 갈등 상황을 딜레마나 갈등 상황으로 인식하는 것은 나 자신이고 그 상황에서 행동을 선택하는 것도 결국 나 자신이며 선택한 행동의 결과에 책임을 지는 것도 바로 나 자신이지만, 자신의 판단도 명확하지 않을 때가 존재할 수 있다. 이러한 경우에 도덕적 딜레마 상황에 대한 집단적 논의를 거치고 합의를 존중하는 것이 바람직하다는 것이다. 다만, 교원들만의 논의와 합의에 그칠 것이 아니라 도덕적 딜레마 상황에 관련된 이해당사자(교원, 학생, 학부모)들의 참여와 자유로운 의사 표현을 보장하는 것이 중요하다. 교육에서의 윤리적 딜레마는 대부분 학생과 관련된 것이기 때문이다. 하지만 단위학교 내에서의 판단에만 따른다면 소규모 집단의 집단이기주의가 나타날 수 있다. 따라서 교원공동체보다 학생·학부모를 포함한 학교교육공동체 전체, 단위학교보다 교육청 수준, 교육청보다 국가 수준의 논의와 합의를 더 중시해야 소집단이기주의에 매몰되지 않을 수 있다. 그리고 이 과정에서 반드시 주의할 점은 '집단에서의 합의가 자신의 비도덕적 행위에 대한 정당화 근거로 작용하지 않게 하는 것'이다.

2) 교육의 각 장면에서의 교직윤리 쟁점

　교직을 수행하다 보면 교육의 각 장면에서 수없이 많은 윤리적 딜레마, 윤리적 갈등 상황에 직면하게 된다. 여기에서는 각 장면에서 자주 접하게 되는 윤리적 딜레마, 윤리적 갈등 상황을 제시함으로써 전술한 교직에서의 윤리적 딜레마 해결 방안을 적용해 볼 수 있는 교수·학습 소재로 삼고자 한다.

- ■ 교수·학습에서의 교직윤리 쟁점
- ● 쟁점을 다루는 토론 수업 방식의 문제에서의 논쟁문제 수업방식: 교사가 사회적으로 이미 쟁점화된 주제와 관련된 수업을 하는 경우, 학생들이 더 많이 동기화되고 적극적으로 참여할 수 있는 장점이 있는 반면에 찬반 논란이 팽팽한 상황에서 교사가 자신의 편향된 견해를 전달할 위험도 있다(조동섭 외, 2009,

p. 135).

- 주요 교과 시험 직전 수업시간의 자습 문제: 주요 교과 시험 직전 일에 시험과목이 아닌 교과목 수업시간에 자습을 허용한다면, 학생들의 시험 준비에는 실질적 도움이 될 수 있으나 교육과정에 근거하여 이루어지는 해당과목의 교육적 효과는 달성하기 어려워진다. 이와 유사한 윤리적 문제로 '본인의 수업시간에 시험 대비를 위해 다른 과목을 공부하는 학생의 지도 문제'도 있다.

- 생계를 위해 밤에 아르바이트를 하는 탓에 수업시간에 엎드려 자는 학생에 대한 지도 문제: 밤에 아르바이트를 하는 탓에 수업시간에 엎드려 자는 학생을 용인하면, 해당 학생의 어려움을 배려할 수 있지만 예외 요구가 확산될 수 있고 수업 분위기가 저해되며, 그 학생에게도 해가 될 수 있다. 이를 용인하지 않으면 수업 분위기는 향상되나 해당 학생의 생계유지가 어렵거나 학교에 아예 나오지 못하게 되는 결과를 가져올 수 있다.

- 학교에서 주요 교과 성적이 우수한 학생들만 모아 학습실 운영과 특별지도를 하는 문제: 학부모의 요구도 있고 우수학생의 학습동기와 경쟁의욕을 자극할 수 있으며 학교의 명예와 진학 실적을 높이는 데도 도움이 되나, 학생 간에 위화감을 조성하고 배제된 학생들의 학습동기와 참여도를 더욱 낮추며, 학생 간의 학업성취 격차를 더 벌어지게 할 수 있다.

■ 학생 평가에서의 교직윤리 쟁점

- 절대평가 방식에서의 내신 부풀리기 문제: 절대평가에서 점수나 등급 부풀리기는 법규적 · 강제적 규범이 허용하는 범위의 행동방식이다. 하지만 모든 학교에서 모든 교사가 학생들의 성적을 부풀린다면, 학생에게 일시적인 이익은 있을 수 있으나 학교의 평가는 변별력과 신뢰도를 상실하고 대학입학전형에서도 활용할 수 없게 되는 결과가 나타날 수 있다.

- 학업성취도를 중시할 것인가, 학업성취 향상도를 중시할 것인가의 문제: 학생 평가에서 학업성취도를 중시한다면, 객관적인 평가가 될 수 있지만 지역별 · 집단별 편차는 극복되기 쉽지 않다. 학업성취 향상도를 중시한다면 중하위권 학생들의 성취동기와 노력을 더 자극 · 촉진할 수 있다.

- 국가수준 학업성취도 평가에서의 학생의 자발적 선택과 대체프로그램 제공 문제: 국가수준 학업성취도 평가가 제대로 이루어지면, 기초학력 미달 등 학습 부진 학생이 조기에 발견되고 개선될 수 있지만 학교와 교사 간의 경쟁이 강화되고 교육과정 운영과 교수·학습이 왜곡될 수 있다.
- 창의적 체험활동 결과물에 대한 외부기관의 개입 문제: 고입과 대입 전형에서 창의적 체험활동 결과물이 중시되는 가운데 외부 인사나 기관 또는 학부모의 지나친 개입 가능성이 있는 창의적 체험활동 결과를 인정하면 학생의 진학에 도움을 줄 수 있는 한편, 다른 학생과 비교할 때 공정성을 상실한 평가가 될 수 있다.

■ 교원 간 관계에서의 교직윤리 쟁점

- 교원평가에서의 동료교사 간 온정주의: 교원평가에서의 동료교사 간 온정주의는 교사 간의 관계에서 유대와 협조를 유지하는 데는 도움이 되지만 교직사회의 지연, 학연과 결부되어 교원들의 교육력 향상 노력을 저해하는 부정적인 영향을 끼치기도 하고 심지어 부적격인 교원이 있어도 이를 눈 감아 주며 개선 노력을 외면하는 경우를 초래하기도 한다. 더욱이 교직사회 전체에 대한 학생·학부모의 신뢰를 약화시키는 결과를 가져올 수 있다.
- 부적격 교원 조치 미흡 문제: 교원들이 심각한 정신질환을 앓고 있거나 수업지도 능력이 크게 부족한 경우 이들을 묵인하고 용인하면, 해당 교원과의 원만한 인간관계는 유지되겠지만 학생들에게 지속적으로 피해가 갈 수 있다. 부적격 교원으로 행정 처리를 시도한다면, 근거도 불명확하고 처리방식도 불분명하여 행정 처리에 어려움을 겪게 되며 해당 교사와 평생 원수가 될 수 있다.

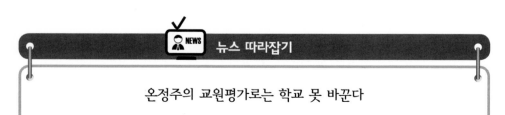

온정주의 교원평가로는 학교 못 바꾼다

올해부터 실시되는 전국 초·중등학교 교원평가 제도가 안착할 수 있을지 우려된다. 동료교사 평가가 온정주의로 흐르거나 학부모 만족도 조사 결과의 영향력이 떨어지는 등 제도의 실효성이 의심스럽기 때문이다. 중앙대 김이경 교수가 지난해 시범학교 중 218곳의 교원평가결과를 분석해 엊그제 발표한 내용만 봐도 그렇다. 동료 교사 평가에서 교사의 94.1%가 수업지도 항목에서 '우수' 이상의 평가를 받았다. 학생들은 고작 60.1%만 교사가 우수하다고 평가한 데 비해 교사끼리는 서로 후한 점수를 주는 봐주기식 평가를 한 것이다.

교사 대상 설문조사에서도 '평가에 객관적으로 임했다'는 교사가 60.5%에 불과했다. 교사들의 교원평가에 대한 인식이 그만큼 낮다는 얘기다. 교사들이 학부모 만족도 조사 결과에 신경을 거의 안 쓰는 것도 문제다. 평가 과정에서 교사의 자기 개선에 도움을 준 사람으로 학부모를 꼽은 비율이 3.5%에 그쳤다. 이런 식의 교원평가라면 교사의 질을 높여 학교를 바꿔 보자는 목적 달성이 요원할 수밖에 없다. 따라서 근본적인 차원에서 개선책이 요구된다. 우선 평가 매뉴얼부터 다시 점검돼야 한다. 아무리 팔이 안으로 굽는다지만 교사 간 '내 편 챙기기'를 방치해선 교원평가가 유명무실해질 게 뻔하다. 동료교사들이 우수 교사와 그렇지 못한 교사를 가려내 교직 전문성을 높이는 데 기여할 수 있도록 평가지표와 평가방법을 보다 정교하게 다듬어야 한다. 궁극적으론 평가결과를 인사 · 보수에 반영해 실질적인 영향력을 높여야 교사 간 온정주의 평가도 자취를 감출 것이다.

교원평가의 실효성을 높이기 위해서는 학부모의 관심과 참여를 높이는 일도 중요하다. 학교운영위원회와 학부모 모임을 통한 홍보 및 정보 제공, 공개수업 참관 기회를 늘려 나갈 필요가 있다. 국회도 더 이상 교원평가제 법제화를 미뤄선 안 된다. 법적 근거 없이 시 · 도교육청 규칙으로 얼렁뚱땅 시행되는 교원평가제는 한계가 있을 수밖에 없다. 4월 국회에서는 관련법을 통과시켜 교원평가제를 제도적으로 뒷받침해 주길 바란다.(중앙일보 사설, 2010년 3월 15일)

◎ 생각해 보기

1. 교원 간의 능력개발평가는 과연 공정한가?
2. 교원 간의 능력개발평가는 학생들에 의한 교육만족도 조사보다 공정한가?
3. 교원 간의 온정주의 평가를 어떻게 극복할 수 있는가?

■ 학급경영에서의 교직윤리 쟁점

● 권위주의와 자율적 민주 질서의 문제: 권위주의적인 학급운영은 질서를 유지하

기에 용이하며, 효율적이고 효과적인 학급운영을 가능하게 하지만, 학생들에게 권위주의적 태도를 내면화하게 할 수 있으며 심성 발달에 부정적 영향을 준다.

- 단순 음주 학생의 징계 문제: 학내외에서 문제를 야기하지 않은 단순 음주 사안을 본보기로 일벌백계한다면, 다수의 학생에게 경고 메시지를 전달해 음주를 예방하는 효과를 거둘 수 있지만 학교에서 학생들에게 문제아라는 낙인을 찍는 결과를 가져올 수 있다.
- 두발 · 복장 지도 문제: 관련 규제를 느슨하게 한다면, 학생의 인권과 표현의 자유를 보장할 수 있으나 학부모들의 강한 반대와 학생 생활지도에 어려움이 있다는 비판이 따를 수 있다.

■ 학교 행정사무에서의 교직윤리 쟁점: 업무분장, 입·진학

- 실제보다 미화된 학생추천서 작성 문제: 입학사정관 전형을 위해 학생의 실제 모습보다 미화된 추천서를 작성하면, 해당 학생의 진학에 도움을 줄 수 있으나 추천서의 공정성과 신뢰성을 약화시키고 더 우수한 다른 학생의 진학 기회를 빼앗을 수 있다.
- 학교업무 처리를 위한 수업시간 중 자습 문제: 교장의 지시에 따라 수업시간에 학생들에게 자습하게 하고 학교업무를 처리하면, 교장의 지시에 복종했고 신속하게 행정 처리를 했다는 인정을 받을 수 있으나 학생의 학습권을 침해할 수 있다.

■ 연구에서의 교직윤리 쟁점

- 연구윤리 준수 문제: 교원이 실험연구를 통한 학습프로그램의 효과에 대한 논문을 작성하면서 충분한 동의를 받지 않고 실험집단과 통제집단을 구분하여 연구를 실시하거나 실험 이후 통제집단 학생들을 대상으로 추후에 학습프로그램을 수행하지 않는다면, 학생들은 문제를 제기하지 않을 수 있으나 그 연구가 학생들에게 실질적으로 피해를 주었다고 할 수 있다.

 정리하기

1. '교직윤리'는 교원(교육공무원)이 '학습자를 위한 교육봉사자로서 마땅히 행하거나 지켜야 할 법적 · 도덕적 행동규범 및 공식적 · 비공식적 행동규범'이다.

2. 교직윤리의 특성을 꼽으면 다음과 같다. 첫째, 개인 차원의 윤리이자 공직윤리다. 둘째, 법적 · 도덕적 행동규범 및 공식적 · 비공식적 행동규범을 포함한다. 셋째, 최고의 교육적 가치 실현과 최소 규범 준수라는 양 측면을 함께 지닌다. 넷째, 모든 교육활동과 관련되기 때문에 긍정적 또는 부정적 효과가 매우 크다. 다섯째, 교원의 교육활동을 가능하게 하고 이를 유지하게 하는 기초가 되며, 교육 및 학습의 질과 효과를 좌우한다. 여섯째, 교육과 연관된 모든 인간관계에서 요구되고 적용되는 윤리다. 일곱째, 일반 공무원의 윤리보다 높은 차원의 윤리 수준 및 윤리적 실천을 요구한다. 여덟째, 여타 교육정책 · 교육제도와 유기적으로 연계되어 형성되고 유지되며 변화한다.

3. '교직수행 과정에서의 윤리적 딜레마'란 '교육현장에서 교원이 직면한 윤리적 문제 상황에서 어느 쪽 판단이나 어떤 행동을 선택해도 부정적인 결과가 나오게 되는 곤란한 상황'을 말한다.

4. 윤리적 딜레마 상황을 해결하기 위해 교원들이 적용할 수 있는 윤리이론으로는 원칙주의(의무론) 대 결과주의(목적론, 공리주의) 대 덕 윤리가 있다.

5. 교직윤리의 내용은 법규적 · 도덕적 규범을 모두 포함한다. 법규적 · 강제적 규범에는 「헌법」 · 법률 · 명령 · 조례 · 규칙 등에 규정된 행동규범이, 도덕적 · 자율적 규범에는 공무원 윤리헌장과 실천강령, 교육단체 · 교직단체의 자율적인 윤리헌장과 실천강령 등이 포함된다.

6. 교원 자신에 관한 윤리로는 올바른 가치관과 국가관, 올바른 교육관과 사명감, 인간에 대한 믿음과 사랑, 삶에 대한 성실성, 끊임없는 성찰과 자기혁신, 자기주도 학습 태도와 능력, 교육전문성 신장 노력, 창의성 신장 노력, 삶에 대한 열정, 건강한 몸과 마음의 필요 등이 있다.

7. 학생과의 관계에서 요청되는 윤리로는 아동에 대한 사랑과 믿음, 교육전문성(교육력) 신장 노력, 자기주도 학습력과 참된 학업성취에 대한 무한 책임, 흥미 · 재미 · 동기 유발 수업 노력, 공정성, 정치적 중립성, 교육 소외아동에 대한 특별한 배려, 학생의 인권 · 인격 · 개성 · 개인차의 존중과 관용, 아동 체벌 · 폭언 · 성추행 · 성적조작의 금지, 학생의 비밀 보안 등이 있다.

8. 학부모 · 지역사회와의 관계에서 요청되는 윤리로는 교육권 · 자녀교육 주체로서의 인식과 존중, 청렴성 · 합법성 · 공평성 유지, 학교를 지역사회의 평생학습 · 문화공동체로 변화시키는 노력 등이 있다.

9. 교직원 간의 관계에서 요청되는 윤리로는 학생의 인권 · 학습권을 최우선으로 하는 자세, 올바른 가치관의 확립, 합법성, 청렴성, 상호 이해 · 존중 · 협력, 적극적 참여와 합의 노력, 공정성을 통한 갈등 극복 노력, 전문성 신장, 학습 노력 자극 · 조장 · 촉진, 창의성 신장과 조직혁신 노력, 교직원 간 온정주의 극복 등이 있다.

10. 교직 수행 과정에서 교원들의 윤리적 딜레마를 해결하기 위한 기본 방안은 다음과 같다.
   ① 1단계(가치관 확립): 스스로 자신의 민주적 · 교육적 · 도덕적 · 합리적 가치관을 확립하라.
   ② 2단계(기본 전제): 어떤 경우에도 적용하고 지켜야 할 교직윤리의 기본 원칙을 준수하라.
      첫째, 교직윤리의 최고 가치로서 보편적인 황금률을 적용하라.
      둘째, 교직윤리의 최소 요건으로서 법규적 · 강제적 규범을 준수하라.
   ③ 3단계(내용): 법규적 · 강제적 규범이 허용하는 범위에서는 다음과 같은 원칙을 고려한다.
      첫째, 자신의 의도가 공개적으로 폭로되었을 때를 가정하고, 그럼에도 스스로 정당한 자부심을 가질 수 있도록 행동하라(공개적인 폭로 가정).
      둘째, 자신이 행하고자 하는 행동을 다른 모든 사람이 모방하더라도 좋은 결과가 나타날 수 있도록 행동하라(보편화 원칙 적용).
      셋째, 교육적 약자를 교육적으로 최대한 배려하라(교육적 약자 최대 배려의 원칙).
   ④ 제4단계(민주적 절차): 제 1, 2, 3단계에서의 판단이 불명확하고 교육공동체 내에서 합의가 가능하다면, 도덕적 딜레마 상황에 대한 집단적 논의를 거치고,

합의를 존중하라. 이때 민주주의 원칙에 입각하여 다음과 같은 절차를 거쳐야 한다.

첫째, 도덕적 딜레마 상황에 관련된 이해당사자(교원, 학생, 학부모)들의 참여와 자유로운 의사 표현을 보장하라.

둘째, 더 큰 공동체의 합의를 좀 더 존중하라.

셋째, 합의가 자신의 비도덕적 행위에 대한 정당화 근거로 작용하지 않게 하라.

적용하기

1. 나 자신이 교육자로서 교직윤리를 실천하며 학습자(학생)를 위해 헌신할 수 있는 자세와 각오를 갖추었는지 성찰해 보자.

2. 윤리적 딜레마 상황을 해결하기 위해 교원들이 적용할 수 있는 윤리이론, 즉 원칙주의(의무론) 대 결과주의(목적론, 공리주의) 대 덕 윤리의 장단점을 토대로 각기 타당성을 토론해 보자.

3. 인터넷을 통해 현재 교직윤리가 훼손된 부정·비리 사례를 찾아보고 문제의 발생 원인과 해결책을 토론해 보자.

4. 학교에서 학교관리자(교장, 교감)가 법령에 어긋나는 부당한 요구나 지시를 할 경우 어떻게 대처할지 고민하고 토론해 보자.

5. 교직윤리와 관련하여 도덕적 원칙에 근거한 행동방식과 교사 다수의 이익 또는 학생 다수의 이익을 가져오는 행동방식이 충돌할 경우 어떻게 행동해야 할지 토론해 보자.

6. 교직수행 과정에서 교원들의 윤리적 딜레마를 해결하기 위한 기본 방안을 적용하여 각 교육 장면에서의 교직윤리 쟁점에 대한 윤리적 갈등을 해결해 보자.
   쟁점 1: 쟁점을 다루는 토론 수업 방식의 문제에서의 논쟁문제 수업방식
   쟁점 2: 학기 말 학습부진아 판단에서의 객관성 문제

쟁점 3: 국가수준 학업성취도 평가에서의 학생의 자발적 선택과 대체프로그램 제공
　　　　문제

쟁점 4: 실제보다 미화된 학생추천서 작성 문제

7. 학교현장에서 관행으로 유지되어 왔으나 교직윤리 관점에서 반드시 개선될 필요가 있
　　는 문제를 찾고, 그 이유와 개선 방안을 설명해 보자.

참고문헌

고재천, 강원근, 고전, 권동택, 김은주, 박경묵, 박상완, 박영만, 서명석, 이정선, 정혜영(2007). 초
　　등학교 교사론. 서울: 학지사.

곽덕주(2007). 새로운 교직윤리의 정립을 위한 실험적 탐색: 전문직 윤리와 천직 윤리의 갈등의
　　관점에서. 교육철학 제40집, 7 – 32.

권영성(1988). 헌법학원론. 서울: 법문사.

김기태, 조평호(2003). 미래지향적 교사론. 파주: 교육과학사.

김신일(2009). 교육사회학. 파주: 교육과학사.

김철수(1993). 헌법학개론. 서울: 박영사.

박천오, 강제상, 권경득, 조경호, 조성한, 박홍엽(2010). 현대인사행정론. 서울: 법문사.

성장환, 장윤수, 이강화, 이창희(2010). 우리시대와 윤리. 파주: 교육과학사.

오석홍(2009). 인사행정론. 서울: 박영사.

유민봉, 임도빈(2007). 인사행정론. 서울: 박영사.

이관춘(2006). 직업은 직업이고 윤리는 윤리인가 – 글로벌 경제 시대의 직업과 윤리 – (3판). 서울:
　　학지사.

이종재, 정태범, 권상혁, 노종희, 정진환, 정영수, 서정화, 이군현(2003). 교사론. 파주: 교육과학사.

정보주(2004). 교육대학교 학생들의 교직윤리 및 도덕성 함양 프로그램 개발, 교사교육 프로그램
　　개발과제 2004 – 21. 서울: 교육인적자원부.

조동섭, 김도기, 김민조, 김민희, 김병주, 김성기, 김용, 남수경, 박상완, 송기창, 오범호, 윤홍주, 이
　　정미, 이희숙, 정수현, 정제영, 조석훈, 주현준(2009). 초등 교직실무. 서울: 학지사.

표시열(2007). 교육법 – 이론 · 정책 · 판례 – . 서울: 박영사.

Allsopp, B. (1984). *Social Responsibility and Responsible Society,* Boston, MA: Oriel.

Browne, M. N., Giampetro - Meyer, A., & Williamson, C. (2004). *Practical Business Ethics for the Busy Manager.* Upper Saddle River, NJ: Prentice Hall.

Stahl, O. G. (1983). *Public Personal Administration,* New York: Harper & Row.

연합뉴스(2010. 5. 16.). '민노당 후원금' 교사들 대부분 벌금형 유죄 확정.

중앙일보(2010. 3. 15.). 온정주의 교원평가로는 학교 못 바꾼다.

교육행정정보시스템(NEIS): http://www.neis.go.kr/

학교알리미: http://www.schoolinfo.go.kr/

Code of Ethics of the Education Profession: http://sites.nea.org/aboutnea/code.html

제3장

교원의 권리와 의무

이 장의 핵심 아이디어

교원은 권리와 의무를 동시에 갖는 권리주체다.

▶ 교원의 신분은 법적으로 보호되어야 하며, 안정적인 환경에서 제자 양성에 헌신할 수 있도록 사회적인 노력이 필요하다.

▶ 교원의 권리가 지켜지지 않은 상황에서는 참다운 교육이 이루어지지 않는다. 교원의 권리는 적극적으로 보호되어야 하는 권리이며, 교육현장에서 가장 중요하게 여겨져야 할 사항이다.

▶ 교원은 다른 직업에 비하여 스승으로서 높은 도덕성과 의무를 요구받는다. 교원의 의무는 교원의 권리와도 관련이 있으며, 교원 자신을 위한 의무이기도 하다.

▶ 최근에 교권 침해 사례가 늘고 있다. 교사 개인 및 학교 당국, 교직단체는 교권에 대한 바른 이해와 교권 침해에 대한 적극적인 입장을 취해야 할 것이다.

▶ 제자가 스승을 존경하고 따르지 않으면 참다운 교육은 있을 수 없다.

1. 교원의 신분

교원에는 초·중등학교의 교장, 교감, 교사, 대학의 총장, 부총장, 학장, 교수, 부교수, 조교수, 조교, 유치원의 원장, 원감, 교사 등이 포함된다(윤정일, 허형, 이성호, 이용남, 박철홍, 박인우, 2002, p. 301). 교원은 각 학교에서 원아와 학생을 직접 지도·교육하는 자를 말하므로 각 학교에 근무하더라도 원아와 학생의 직접 지도·교육에 임하는 자만이 교원이다. 우리나라는 초·중등학교의 교원 자격을 법으로 정하고 있으므로 교원자격증이 있어야 교원이라고 할 수 있다. 하지만 교원자격증을 가진 자라도 임명절차를 거치지 아니한 자는 교원이라고 할 수 없다. 교원은 크게 국공립학교에 근무하는 교원과 사립학교에 근무하는 교원으로 나뉜다. 국공립학교 교원과 사립학교 교원의 신분을 각각 살펴보면 다음과 같다.

1) 국공립학교 교원의 신분

국공립학교에 재직하는 교원은 국가공무원이다. 인사행정의 대상이 되는 공무원이 실적에 의하여 임용되고 신분을 보장받으며 정년까지 지속적으로 공무원으로 근무할 것이 예정되어 있는 경우 경력직 공무원이라고 하는데 국공립학교 교원은 경력직 공무원에 포함된다. 우리나라 「국가공무원법」 제2조에는 '경력직 공무원'이란 실적과 자격에 따라 임용되고 그 신분이 보장되며 평생토록 공무원으로 근무할 것이 예정되는 공무원을 말하며, 다음과 같은 종류가 있다고 규정되어 있다. 첫째, 일반직 공무원으로 기술·연구 또는 행정 일반에 대한 업무를 담당하며, 직군(職群)·직렬(職列)별로 분류되는 공무원이 있다. 둘째, 특정직 공무원은 법관, 검사, 외무공무원, 경찰공무원, 소방공무원, 교육공무원, 군인, 군무원, 헌법재판소 헌법연구관, 국가정보원의 직원과 특수 분야의 업무를 담당하는 공무원으로서 다른 법률에서 특정직 공무원으로 지정하는 공무원을 말한다.[1]

---

1) 일선학교에 배치되어 있던 기능직 공무원은 일반직으로 통합되었다.

한편, 교육공무원은 국가직 공무원이다. 인사행정의 대상이 되는 공무원이 소속된 정부의 수준이 국가이면 국가직 공무원, 지방자치단체이면 지방직 공무원으로 분류된다. 국가직 공무원은 「국가공무원법」의 적용을 받으며, 지방직 공무원은 「지방공무원법」의 적용을 받는다. 따라서 국공립학교에 근무하는 교원은 국가직 공무원이며, 경력직 공무원에 해당한다(오석홍, 1999, pp. 568-569).

2) 사립학교 교원의 신분

사립학교 교원은 국공립학교 교원에 준하여 신분이 보장된다. 그러나 사립학교 교원의 신분은 공무원이 아닌 사립학교 법인에 소속된 교직원이라고 할 수 있다. 즉, 이들은 현실적으로는 교육공무원 관련 규정을 준용하는 대상이면서 근무하는 학교법인의 교직원이라는 이중적인 위치에 있다. 따라서 일반적으로 국가직 공무원인 국공립학교 교원에 비하여 신분보장이 취약하다고 할 수 있다.

「사립학교법」 제56조에는 사립학교 교원의 신분보장에 대한 규정이 명시되어 있다. 사립학교 교원은 의사에 반한 휴직·면직을 당하지 않도록 규정하고 있는데, 구체적으로 보면 "① 사립학교 교원은 형의 선고·징계처분 또는 이 법에서 정하는 사유에 의하지 아니하고는 본인의 의사에 반하여 휴직 또는 면직 등 불리한 처분을 받지 아니한다. 다만, 학급·학과의 개폐에 의하여 폐직이나 과원이 된 때는 그러하지 아니하다. ② 사립학교 교원은 권고에 의하여 사직을 당하지 아니한다."라는 규정이 있다.

사립학교의 교원은 공무원이 아닌 사학법인에 소속된 교직원이지만, 주요 업무가 공적인 교육활동이라는 점에서 국공립학교 교원에 준하는 신분보장을 해 주는 것이다. 그와 함께 관련 법규의 준수와 함께 소속된 사학법인의 구성원으로 성실하게 근무할 것이 요구된다.

「교육공무원법」과 「사립학교법」을 고찰해 보면, 국공립학교 교원과 사립학교 교원은 각각 규율하는 법령은 다르지만 신분보장이 규정되어 있으며 그 내용도 유사한 것을 알 수 있다.

3) 교원 신분의 특수성

국공립학교 교원의 신분은 국가공무원이다. 그러나 일반 공무원에 비하여 교원자격증이 있어야 하고, 다른 공무원에 비하여 높은 도덕성과 윤리의식을 요구받는다. 또한 중심 업무가 행정사무가 아닌 학생들을 교육하는 것이라는 특성이 있다. 법과 규칙에 따라 소관 업무를 처리하는 행정공무원들과 달리 교원은 전문적 판단과 교육자적 양심에 따라 학생을 교육하고 바른 인간으로 길러내는 역할을 한다는 점에서 차이가 있다.

한편으로 교원의 신분은 계서제(階序制)[2]를 기본으로 하는 관료제를 따르지만 수직적 계열보다는 수평적 계열 중심의 조직문화가 우세한 특징이 있다. 또한 교원집단들은 학연이나 지연으로 비공식집단을 형성하는 경향이 강하다.

사립학교 교원은 국가공무원은 아니지만 「교육공무원법」의 규정을 중요하게 간주한다는 점에서 준국가공무원의 성격을 띠고 있고, 한편으로는 사학법인에 고용된 신분이라는 이중적인 신분 특성을 지닌다. 공무원과 사학법인의 구성원들은 채용과정과 임용절차, 감독관계 등에서 차별성이 있다. 그러나 「교육공무원법」과 「사립학교법」에서 교원의 신분에 대한 보장을 명확히 하고 있는 것은 분명하다. 다만 사립학교는 정관에서 규정하는 내용에 따라 교원의 업무상 권리와 의무 관계에서 차이가 있을 수 있으며, 그 결과가 사립학교 교원으로 근무하는 데 영향을 미칠 수 있다. 교원은 국가공무원인 국공립학교 교원과 사립학교 교원 모두 직업인으로서의 책무, 스승으로서의 책무를 지며 전문성의 보장과 높은 윤리의식을 요구받는다. 따라서 다른 공무원이나 직업인들의 행동에서 도덕적인 문제가 발생한 경우보다 훨씬 강도 높은 비판과 책임을 지우는 것은 교원 신분의 특수성에 기인한다고 볼 수 있다. 보는 각도에 따라서는 이중적이고 가중적인 요소라고 불만을 제기할 수 있지만, 교권을 확립하고 자기경각심을 갖고 본연의 임무에 성실히 임하게 하는 기능이 있다는 점을 참고해야 한다.

---

2) 널리 상하의 질서관계가 성립하는 피라미드형 조직으로 계통제라고도 한다.

2. 교원의 권리

교원의 권리에는 적극적인 권리와 소극적인 권리가 있다. 적극적인 권리는 해당 권리를 실현할 권리이며, 소극적인 권리는 타인이 자신의 권리를 침해하지 않을 것을 요구할 권리다. 적극적인 권리라고 해서 무제한 또는 절대적인 것은 아니고 법률과 타인의 권리를 침해하지 않는 범위에서 인정되는 것이 일반적이다.

1) 적극적 권리

적극적 권리는 권리 실현을 위해 주장할 수 있는 권리로 교육활동과 밀접한 연관성이 있다. 여기에는 교육자율권에 대한 권리, 생활보장에 대한 권리, 근무 조건 개선에 대한 권리 등이 있는데, 각각을 자세히 살펴보면 다음과 같다.

(1) 교육자율권에 대한 권리

교육의 자율권은 학자에 따라 교육자유권 또는 교육의 자주권이라고도 한다. 전문직은 전문적인 활동에 대한 자율성과 전문성을 인정해 주고 그에 따른 사회적 책임을 지도록 한다. 의사의 진료행위나 판사의 판결 등은 모두 전문적인 영역이며 이에 대한 전문성이 보장된다. 다만, 전문성의 인정에는 사회적 책임이 따른다. 교직도 전문직으로서의 교육활동에 대한 전문성을 인정하되 그에 대해 교원이 사회적 책임을 지도록 하는 것은 이와 같은 맥락이다. 우리나라 교원의 자율성 보장은 「헌법」과 '교원의 지위에 관한 권고문'에서 찾아볼 수 있다. 「헌법」 제31조에는 "교육의 자주성 · 전문성 · 정치적 중립성 및 대학의 자율성은 법률이 정하는 바에 의하여 보장된다."라고 규정되어 있다(「헌법」 제10호, 1987. 10. 29. 전부개정). 또한 '교원의 지위에 관한 권고문' 제61조에는 "교직은 전문직으로서 임무를 수행하는 데 있어서 학문의 자유를 누려야 한다. 교원은 학생에게 가장 적합한 학습지도 보조 자료와 방법을 판단하는 데 있어서 특별한 자격을 가지고 있으므로 고정의 교육과정 테두리 안에서 당국의 원조를 받아 교재의 선정과 개선, 교과서 선택, 교육방법 적용 등에 중요한 역할을 담당해야 한다."라고 명시되어 있다(가영희, 성낙돈, 안병환, 2010, p. 322). 이러한 법 규정은 교육전문가들이 교육활동을 수행할 때 전문성을 발휘할 수 있도록 자율성을 보장하여 창의적으로 역할을 수행하도록 하기 위함이다.

교원의 자율성 보장은 교육과정 결정 및 편성권, 교재의 선택 결정권, 교육내용 및 방법의 결정권, 성적 평가권, 학생지도 징계권 등을 포함한다. 학교교육활동에서 이러한 판단과 선택은 고도의 창의성을 전제로 하기 때문에 교원의 전문적 판단과 선택은 어떠한 제재나 간섭도 받지 않아야 한다. 앞에서 기술한 교직의 장점 중 하나가 자율성과 창의성이었다. 이를 감안한다면 교원의 자율성이 교사의 권리 중 가장 적극적인 권리라고 할 수 있다(김종운, 김효은, 이태곤, 2010, pp. 90-91).

그러나 교원의 자율성은 여러 측면에서 제약을 받고 있는 것이 현실이다. 예를 들어, 교육행정상 상급기관의 획일적인 지시나 통제 혹은 명령 등에 의해 자율성을 침해받는 경우가 많으며, 학부모의 학교교육에 대한 간섭이 지나친 경우도 있다. 그뿐만 아니라 최근 교육개혁안이 교육수요자 중심의 교육을 강조함에 따라 학생 및 학부모의 교육 참여가 활발해진 것과는 대조적으로 교원의 자율성은 위축되는 추세에 있다. 교원의 교육자율성이 보장되고 활성화되도록 제도적인 보장이 필요하다. 교원은 교육의 자율성을 확보하기 위해 적극적으로 요구하고 노력해야 하며, 이는 교원으로서 반드시 요구하고 실현시켜야 할 적극적인 권리다.

(2) 생활보장에 대한 권리

생활보장은 교원이 안정된 생활기반 위에서 가르치는 일에 몰두할 수 있는 여건을 마련해 주어야 한다는 것을 의미한다. 교원이 가르치는 일에 몰두할 수 있도록 하기 위해서는 안정된 생활보장이 필수적이다. 교육의 수월성을 확보하는 데서 교원이 핵심적 요인임은 인정하면서 교원들이 확고한 교직관과 사명감을 가지고 오로지 교육에만 전념할 수 있도록 생활을 보장해 주지 못하고 있는 것이 현실이다(김종운, 김효은, 이태곤, 2010, pp. 91-92).

교원은 그 직분에 부합하는 생활조건을 누릴 수 있는 물질적 보수를 받아야 한다.

가르치는 일은 봉사와 성격이 유사하고 높은 보수보다는 학생들을 교육하고 훌륭한 사람으로 성장시키는 것을 미덕으로 여기지만, 최소한의 안정된 생활을 보장해 주어야 한다.[3] 즉, 교원이 학생 교육과 연구에 전념할 수 있는 수준의 보수를 받아야 한다는 것이다(가영희, 성낙돈, 안병환, 2010, p. 323). 교직의 근무 여건 개선과 생활안정이 보장될 때 곧 교육의 역할 향상이 가능하다고 보기 때문이다. 교원의 경제적 · 사회적 지위 우대 및 신분보장과 생활보장이 「교육기본법」에 명시되어 있으며, 「교육공무원법」 역시 교원의 보수는 우대되어야 한다고 규정하고 있다. 생활보장권은 일차적으로 보수 및 기타 물질적 급부에 달렸다. 대체로 교원에게 주어지는 것은 금전적 대가인 보수이며 그것은 교원들이 법정의 직무를 수행한 결과 국가 및 지방자치단체로부터 받게 되는 금전적 보상이다(이칭찬, 주상덕, 2010, p. 279).

교원에 대한 보수체계의 원칙 중 하나는 자격과 경력에 따라 결정된다는 것이다. 특히 초 · 중등학교에서는 단일호봉제를 채택하고 있지만 경력에 따라 초임 호봉 확정이 다르게 결정된다. 또한 교원은 다른 직업에 종사하는 사람들과 달리 권리가 제대로 보장되지 않는 상황이라 할지라도 적극적인 입장 표명을 하기 어려운 환경에 놓여 있다. 만약 교원들이 단체행동을 하게 되면 그로 인하여 학생들이 직접적인 피해를 고스란히 입게 될 것이다. 따라서 교원들이 자신의 급여 등을 위해 학생들을 희생시킨다는 여론 등을 고려하여 적극적인 여론화 또는 사회적 이슈화를 자제하는 것이 일반적이다. 이러한 특성은 교원들의 생활보장을 강력하게 요구할 수 없게 하는 요인이 되고 있다. 즉, 생활보장권은 적극적 권리에 속하지만 학생들을 위하여 적극적으로 요구하기는 곤란한 문제점을 안고 있다. 그러므로 국가와 사회구성원들이 먼저 적극적으로 교원의 생활보장을 해 주어 교원들이 생활보장 문제를 적극적으로 요구하지 않도록 하는 것이 필요하다.

그동안 교원의 처우 개선을 위한 정부의 노력이 계속되어 왔고 그 결과 교원의 보수 수준이 점차 향상된 것은 사실이지만, 아직도 다른 전문직에 비해 미흡한 실정이다(김종운, 김효은, 이태곤, 2010, pp. 91 –92). 즉, 교원의 급여를 공무원 급여와 연동시

---

3) 교원들의 생활의 최저빈곤선이 아닌, 대학을 졸업한 전문직으로서 적절한 생활을 할 수 있는 수준을 보장하는 것이어야 한다.

킴으로써 공무원 보수가 동결될 경우 교원의 보수도 동결되는 구조다. 그러므로 공무원과 달리 교원의 보수체계를 확립하고 그 수준도 우대하여야 할 것이다. 교원들이 오직 교육활동에만 전념하고 교원으로서의 긍지를 갖도록 배려해야 한다.

(3) 근무 조건 개선에 대한 권리

근무 조건 개선은 교원이 본연의 임무인 교육활동에 전념하고 봉사할 수 있도록 보장받아야 할 권리다. 이는 교원의 근무 조건 및 환경을 정비하고 제약조건들을 완화하는 것을 포함한다. 즉, 학급의 과밀화로 인한 과중한 학생 수 부담을 경감하고 주당 수업시수를 줄이며, 사무관련 업무를 축소하여 교원이 교육활동에 적극적으로 참여하고 봉사할 수 있도록 해야 한다. 미흡한 근무 조건은 사기저하와 이직 등의 문제를 발생시키며 무엇보다도 학생들에게 양질의 교육서비스를 제공할 수 없게 한다. 교원들의 근무 여건을 개선하기 위한 과제로는 다음과 같은 것을 들 수 있다(한숙경, 2005).

첫째, 교원들이 담당하는 학생 수를 축소해야 한다. 2010년 현재 학급당 학생 수는 초등학교가 26.6명, 중학교 33.8명, 일반계 고등학교가 35.5명, 전문계 고등학교가 29.1명이다.

표 3-1 학급당 학생 수의 변화 (단위: 명)

구 분	초등학교	중학교	일반계 고등학교	전문계 고등학교
1975	56.7	64.5	59.8	57.0
1995	36.4	48.2	48.0	47.0
2000	35.8	38.0	44.1	40.3
2010	26.6	33.8	35.5	29.1

출처: 김종운 외(2010), p. 93 재구성.

교원 1인당 학생 수는 초등학교가 18.7명, 중학교가 18.2명, 고등학교가 15.5명이다. 그러나 현재도 OECD 평균보다 높기 때문에 정부의 교육여건 개선 노력은 지속되어야 한다.

표 3-2 교원 1인당 학생 수의 변화 추이

(단위: 명)

구 분	초등학교	중학교	고등학교	OECD 평균
1975	51.8	43.2	31.4	–
1995	28.6	20.3	21.4	–
2000	28.7	20.1	19.9	–
2010	18.7	18.2	15.5	초등학교 16.0, 중학교 13.2, 고등학교 12.5

출처: 김종운 외(2010), p. 94 재구성.

둘째, 현재 교원들이 담당하는 주당 수업시수를 개선하여야 한다. 교원의 주요 과업 중 하나는 학생들을 대상으로 교과지도 활동을 하는 수업이다. 우리나라 초 · 중등학교 교원들이 맡고 있는 주당 수업시수는 대체적으로 과중하여 수업의 질 개선을 위한 자기연찬과 교재연구 시간이 상대적으로 부족하다. 교원의 주당 수업시간은 주당 근무 시간을 의미하는 것이 아니라 특별활동, 학생상담, 학부모 상담, 사무처리 시간, 교재연구 및 수업자료 준비 시간을 제외한 순수한 교육-학습 활동 시간만을 의미한다. 따라서 수업시간 이외의 활동도 매우 중요한 것을 인정하여 양질의 교육서비스가 제공될 수 있도록 적정 주당 수업시간을 유지하여야 한다.

셋째, 교원들의 잡무가 지나치게 많은 것도 시급히 개선되어야 할 사항 중 하나다. 교원의 잡무가 어떤 것인가 하는 것은 보는 사람에 따라 달라질 수 있으므로 명확하게 개념을 짓기는 어렵지만, 일반적으로 교원의 잡무란 교과지도 및 특별활동지도를 포함하는 교육과정 운영과 학급경영, 기타 이와 직접 관련되는 교육활동 이외의 업무를 포괄하여 가리킨다(서정화, 1982). 규모가 큰 학교에서는 잡무 부담이 상대적으로 작지만, 소규모 학교에서는 한 교원이 여러 가지 잡무를 복수로 담당하는 경우가 많아서 잡무 부담이 매우 크다.

한국교원단체총연합회(1997)의 『교원잡무백서』에 따르면, 교원들이 정규 수업 이외에 잡무처리를 위해 소비하는 시간은 주당 3~6시간이 41.3%로 가장 많았고, 7~10시간이 25%, 11시간은 16.8%, 3시간 미만은 15.6%였다. 전문적인 교직의 경

우 교육의 효과와 능률을 높이기 위해서는 적정량의 업무 부담이 주어져야 한다. 과
중한 잡무 부담은 교원이 교육활동에 전념하는 데 제약조건이 되고 궁극적으로 교
육의 질을 떨어뜨리는 일이 될 수 있으므로 적극적인 개선이 필요하다.

교육부에서는 교원의 업무 부담을 경감시키기 위하여 노력하고 있지만 교원들이
체감하는 잡무 부담의 경감은 이루어지지 않고 있다.

(4) 복리후생제도의 확충에 대한 권리

교원들이 교육활동에 전념하기 위해서는 교육자율권 확보, 생활보장, 근무 조건
개선과 함께 복리후생제도가 마련되어야 한다. 현행 복리후생제도로는 연금, 자녀
학비보조금, 무주택 교원 지원, 학교 안전사고에 대한 보장 등이 있다(이칭찬, 주상덕,
2010, p. 280).

현재 국공립학교 교원은 공무원연금제도의 대상이며, 사립학교 교원은 사립학교
직원연금제도의 대상이다. 이와 관련해서는 「공무원연금법」과 「사립학교교직원연금
법」이라는 관련 법이 마련되어 있어서 사회보험의 성격을 띤다.[4]

교원의 자녀는 중 · 고등학교에 재학하는 경우 학비보조수당을 지급받는다.[5] 과거
에는 중학교 및 고등학교에 재학하는 교원의 자녀들에게 지급하였지만, 중학교가 의
무교육이 되고 저출산 현상으로 학비보조금 지급대상 공무원이 급감한 현실을 반영
한다면 대학생에 대한 학비보조가 이루어져야 할 것이다. 무주택 교원을 위해서는
공무원연금공단에서 공무원아파트 분양과 임대를 알선하고 있다.

교내 학생 안전사고가 발생할 경우에는 교원의 신분적 · 물질적 피해를 방지하기
위하여 '학교안전공제회'를 설치 · 운영하고 있다. 이는 「학교안전사고 예방 및 보상
에 관한 법률」 제28조에 의거한 것이다. 학교안전공제제도는 교육활동 중에 발생할
수 있는 학교안전사고를 예방하고 학생 · 교직원 및 교육활동참여자가 학교안전사고

---

4) 국가나 지방자치단체가 보험 방식으로 일정한 위험에 대비하여 매월 일정한 연금료를 납부하게 하고 보
험금 지급사유가 발생한 경우 보험료를 지급하여 피보험자를 보호하기 위해 관련 법령을 제정한 제도라
고 할 수 있다.

5) 중학교는 의무교육이 실시되어 실질적으로 고등학생만이 혜택을 보장받고 있는 상태다.

로 인하여 입은 피해를 신속·적정하게 보상하여 학생은 학업에 충실하고 교직원은 본연의 직무를 수행할 수 있게 함으로써 안정적인 교육여건을 조성하는 데 기여하고 있다.

2) 소극적 권리

(1) 신분유지에 대한 권리

국공립학교의 교원은 기본적으로 직업공무원의 신분이다. 직업공무원제는 무엇보다 신분보장이 중요하다(구병삭, 1989, pp. 232–233). 교원의 신분보장 없이 교육현장의 안정과 교육의 전문화를 달성하기는 어렵다.

국공립학교의 교원은 「국가공무원법」의 신분보장 규정과 「교육기본법」의 전문성 신장 및 경제적·사회적 지위우대에 관한 규정을 적용받는다. 또한 「교육공무원법」에서는 본인의 의사에 반한 신분조치를 금지하고 직권휴직, 직권강임, 직권면직, 권고사직, 당연퇴직, 명예퇴직 등에 대해서는 법적 조치의 한계와 처분사유의 설명서를 교부하며, 그 절차를 명시하고 있다[6](이칭찬, 주상덕, 2010, p. 280).

사립학교 교원의 경우 국공립학교 교원과 달리 임무 및 특수성에서 교육공무원처럼 국가와 공법상의 관계에 있지 아니하고 학교법인과 사법상의 관계에 있다. 그러나 「사립학교법」에서는 사립학교 교원의 복무가 국공립학교 교원에 관한 규정을 준용하도록 규정하며, 신분보장에서도 학급이나 학과의 개폐에 의한 폐직이나 과원인 경우를 제외하고는 「교육공무원법」을 적용한다. 그리고 교원의 불체포 특권을 교육공무원과 마찬가지로 보장한다. 이와 같이 사립학교 교원도 교육공무원과 마찬가지로 신분을 보장받기 때문에 공·사립 간에 교원의 법적 지위나 신분상의 권리는 차

---

6) 「교육공무원법」(법률 제10258호, 2010. 4. 15., 타법개정) 제43조에는 교원의 존중과 신분보장에 대하여 규정하고 있다. ① 교권은 존중되어야 하며, 교원은 그 전문적 지위나 신분에 영향을 미치는 부당한 간섭을 받지 아니한다. ② 교육공무원은 형의 선고·징계처분 또는 이 법에서 정하는 사유에 의하지 아니하고는 그 의사에 반하여 휴직·강임 또는 면직을 당하지 아니한다. ③ 교육공무원은 권고에 의하여 사직을 당하지 아니한다.

이가 없다고 할 수 있다(안창선, 1999). 그러나 사립학교 교원은 교육공무원에 준하는 신분보장을 적용받는 동시에 임용권자인 사립학교 법인에 의한 통제가 가능하도록 되어 있어서 신분보장에 더 주의를 기울일 필요가 있다.

(2) 쟁송제기에 대한 권리

교원이 인사 · 조직 · 처우 등 각종 직무조건과 기타 신상문제에 대하여 인사상담이나 고충의 심사를 청구할 수 있도록 「교육공무원법」 제49조에서 규정하고 있다. 교원의 고충심사를 청구받은 임용권자 또는 임용제청권자는 이를 고충심사위원회에 부의하여 심사하게 하거나 소속공무원으로 하여금 상담하게 하고, 그 결과에 따라 고충의 해소 등 공정한 처리를 위하여 노력하도록 하고 있다.

교육공무원은 법령 위반, 직무상 의무 위반, 직무 태만, 직무 내외를 막론하고 체면 또는 위신을 손상한 때는 파면, 해임, 정직, 감봉, 견책의 징계를 받을 수 있다. 교육공무원이 합법적이고 타당한 처분을 받지 못한 경우 재심을 청구할 수 있도록 「국가공무원법」에서 보호한다. 그리고 「국가공무원법」과 「사립학교법」에서는 직권에 의하여 처분을 당할 때는 그 처분의 사유를 게재한 설명서를 교부받을 권리를 부여하고 있으며, 그 처분에 대한 재심 요청이 있을 때는 재심위원회의 최종 결정이 있을 때까지 후임자의 보충 발령을 하지 못하도록 하고 있다. 이 제도는 임용권자의 판단착오에 기인한 부당한 인사에 대한 신분상의 보장제도다(이칭찬, 주상덕, 2010, p. 281).

「사립학교법」에서는 교원을 징계할 경우 교원징계위원회의 심의를 거치도록 하고 있다. 또한 징계가 이루어질 경우 교원의 의견 개진과 징계 내용에 대한 설명서를 교부하도록 하며, 징계사유에 대한 시효[7]를 두어 징계사유가 발생한 날로부터 일정한 기간이 경과한 경우 징계하지 못하도록 한다.

---

7) 징계의결의 요구는 징계사유가 발생한 날부터 2년(금품 및 향응 수수, 공금의 횡령 · 유용의 경우에는 3년)을 경과한 때에는 이를 행하지 못한다(「사립학교법」 제66조 2항).

(3) 불체포 특권

교원은 현행범인 경우를 제외하고는 소속학교 장의 동의 없이 학원 안에서 체포하지 못하도록 하고 있다(「교육공무원법」 제48조). 「교육공무원법」과 「사립학교법」에는 "교원이 현행범인 경우를 제외하고는 소속 학교장의 동의 없이 학원 안에서는 체포할 수 없다."라고 명시되어 있는데, 이것은 교원의 신분상 보장뿐만 아니라 학원의 자율성과 교육 및 연구 활동의 불가침성을 보호하려는 데 중요한 의미가 있다(이칭찬, 주상덕, 2010, p. 281).

교원은 학생들에게 모방의 대상이고 교육과 인격의 스승으로 인식되어야 한다. 또한 교원은 당연히 학생들에게 인생의 선배와 스승으로서 존경받고 모범이 되어야 하는 존재다. 이러한 교원이 교내에서 체포되는 것은 교육에 미치는 영향을 고려할 때 반드시 지양되어야 할 사항이다.

(4) 교직단체 활동에 대한 권리

전문직의 구성요건은 장기간의 교육, 전문영역의 존재, 전문단체의 구성이다. 교직도 전문직이므로 교직단체가 구성되어 활동 중이다. 교원들은 사회적·경제적 지위 향상과 교직의 전문성 확립을 위하여 단체 활동을 할 수 있을 뿐만 아니라 그러한 목적을 달성하기 위하여 단체를 조직하고 교육의 발전 및 교원 자신에 관한 정책 형성을 목표로 하는 압력단체로서 역할을 할 수 있다(강영삼, 이성흠, 김진영, 조상철, 2008, p. 358). 「교육기본법」 제15조 1항에서 "교원은 상호 협동하여 교육의 진흥과 문화의 창달에 노력하며, 교원의 경제적·사회적 지위를 향상시키기 위하여 각 지방자치단체와 중앙에 교원단체를 조직할 수 있다."라고 규정하고 있다. 또한 교원의 지위에 관한 권고문에는 "교직단체는 교육발전에 크게 기여해야 할 수 있는 하나의 세력으로 인정되어야 하며, 따라서 교직단체는 교육정책 결정에 관여하여야 한다."라고 밝히고 있다(가영희, 성낙돈, 안병환, 2010, p. 323). 이러한 규정에 따라 우리나라에는 한국교원단체총연합회와 한국교원노동조합, 전국교직원노동조합 등 교원단체가 있다. 교원단체들은 교원 상호 간에 유대감을 강화하고, 회원들의 복지향상에 기여하며, 회원들의 자질향상을 추구한다. 우리나라의 교원단체들은 서로 약간 성격이 다른 특징이 있다.

한국교원단체총연합회는 교원단체의 연합체[8]이며, 한국교원노동조합, 전국교직원노동조합은 노동조합의 일종이다.

그동안 교원 노동조합 허용 여부에 대해 많은 갈등과 논란이 있어 왔지만 현재는 인정하고 있다. 「교원의 노동조합 설립 및 운영 등에 관한 법률」(법률 제10339호, 2010. 6. 4., 타법개정)에서 관련 규정을 찾아볼 수 있다. 교원은 특별시 · 광역시 · 도 · 특별자치도(이하 '시 · 도'라 한다) 단위 또는 전국 단위로만 노동조합을 설립할 수 있다(「교원의 노동조합 설립 및 운영 등에 관한 법률」 제4조). 또한 노동조합의 대표자는 그 노동조합 또는 조합원의 임금, 근무 조건, 후생복지 등 경제적 · 사회적 지위 향상에 관하여 교육부 장관, 시 · 도 교육감 또는 사립학교 설립 · 경영자와 교섭하고 단체협약을 체결할 권한이 있다. 이 경우 사립학교는 사립학교 설립 · 경영자가 전국 또는 시 · 도 단위로 연합하여 교섭에 응하도록 하고 있다(「교원의 노동조합 설립 및 운영 등에 관한 법률」 제6조). 그러나 쟁의행위의 금지(「교원의 노동조합 설립 및 운영 등에 관한 법률」 제8조)나 정치활동의 금지(「교원의 노동조합 설립 및 운영 등에 관한 법률」 제3조)는 교직단체의 활동을 크게 제한하는 규정이라고 할 수 있다.

3. 교원의 의무

교사가 지켜야 할 의무는 법(「국가공무원법」 「교육공무원법」), 규정(국가공무원 복무규정), 지침(각급 학교 복무지침) 등으로 규정되어 있으며, 교사는 다음과 같은 의무를 준수하여야 한다.

---

[8] 의사협회, 변호사협회와 같은 전문직들의 이익단체적인 성격이 있다.

1) 적극적 의무

교원의 적극적 의무에는 교육 및 연구활동 의무, 선서·성실·복종의 의무, 직장 이탈 금지의 의무, 비밀보호의 의무, 청렴의 의무, 전문직으로서 품위 유지 의무가 있다.

(1) 교육 및 연구 활동 의무

교사는 항상 사표가 될 품성과 자질의 향상에 힘쓰며, 학문의 연찬과 교육의 원리와 방법을 연구·탐구하여야 한다.

(2) 선서·성실·복종의 의무

교원들은 선서의 의무, 성실의 의무, 복종의 의무가 있다. 이를 차례로 살펴보면 다음과 같다.

첫째, 교사는 발령을 받아서 소속 학교에 부임할 당시 소속기관장 앞에서 선서하도록 되어 있다(「국가공무원법」 제55조). 교원에게 선서를 하게 하는 것은 교원으로서 각오를 새로이 하고 첫 근무부터 국민에 대한 봉사자로서 소명을 다하게 하기 위한 조치다. 해당 학교에 부임하기 전에 교무부장 등을 통하여 사전에 선서에 관한 의견을 교환하여 진행하는 것이 바람직하다.

둘째, 교원은 직무를 성실하게 수행해야 한다고 「국가공무원법」 제56조에서 규정하고 있다.[9] 성실의 의무는 법령을 준수하고 공공봉사자로서 개별적 직무는 물론, 직무 이외의 장소에서까지 성실의 의무를 다해야 한다. 직무를 성실하게 수행할 의무는 교원으로서 당연한 것이며 이를 위반할 경우 처벌을 받게 된다.

셋째, 공무원은 직무를 수행할 때 소속 상관의 직무상의 명령에 복종하여야 한다(「국가공무원법」 제58조). 그러나 그 명령은 정당한 직무상의 명령이어야 한다. 불법적

---

9) 모든 공무원은 법령을 준수하며 성실히 직무를 수행하여야 한다(「국가공무원법」 제56조).

이고 부당한 명령에 복종할 의무는 없으며, 경우에 따라 그 명령을 수행한 교원도 책임을 져야 한다.

표 3-3 공무원의 선서 내용

선서 내용
본인은 공직자로서 긍지와 보람을 가지고 국가와 민족을 위하여 신명을 바칠 것을 다짐하면서 다음과 같이 선서합니다. 1. 본인은 명령을 준수하고 상사의 직무상 명령에 복종한다. 1. 본인은 국민의 편에 서서 정직과 성실로 직무에 전념한다. 1. 본인은 창의적인 노력과 능동적인 자세로 소임을 완수한다. 1. 본인은 재직 중은 물론 퇴직 후에라도 업무상 알게 된 기밀을 절대로 누설하지 않도록 한다. 1. 본인은 정의의 실천자로서 부정의 발본에 앞장선다. 위에서 선서한 사항에 대해서는 끝까지 국가와 국민에게 책임을 질 것을 서약합니다.

출처: 강영삼, 이성흠, 김진영, 조상철(2008), p. 359.

(3) 직장이탈 금지, 비밀보호, 청렴의 의무

교원의 의무 중에는 직장이탈 금지의 의무, 비밀보호의 의무, 청렴의 의무가 있다. 첫째, 교원은 직장을 무단으로 이탈해서는 안 된다(「국가공무원법」 제59조). 교원이 교외로 나갈 경우 외출, 조퇴, 연가, 병가, 공가 등 정상적인 학교장의 허가를 받고 나가야 한다. 「국가공무원법」 제58조의 규정을 보면, "① 공무원은 소속 상관의 허가 또는 정당한 사유가 없으면 직장을 이탈하지 못한다. ② 수사기관이 공무원을 구속하려면 그 소속 기관의 장에게 미리 통보하여야 한다. 다만, 현행범은 그러하지 아니하다."라고 규정되어 있다.

둘째, 교원은 재직 중이나 퇴직 후에라도 근무기간에 취득한 비밀을 지켜야 한다. 이는 국가와 이해 당사자들의 권익을 보호하기 위한 것이다.

셋째, 교원은 청렴의 의무가 있다. 「국가공무원법」 제61조를 보면, "① 공무원은 직무와 관련하여 직접적이든 간접적이든 사례 · 증여 또는 향응을 주거나 받을 수 없다. ② 공무원은 직무상의 관계가 있든 없든 그 소속 상관에게 증여하거나 소속 공무원으로부터 증여를 받아서는 아니 된다."라고 규정하고 있다. 특히 교원에게는 청렴의 의무가 다른 공무원보다 강조된다. 교사가 청렴하지 못하면 바른 교육을 할 수 없게 되고 스승으로서의 존경도 잃게 될 것이기 때문이다.

(4) 전문직으로서 품위 유지 의무

교사는 직무의 내외를 불문하고 그 품위를 손상하는 행위를 하여서는 안 된다. 이는 「국가공무원법」 제63조에 근거한 것으로 모든 공무원이 지켜야 할 의무이기도 하다. 품위 유지 의무는 공직의 체면, 위신, 신용을 유지하기 위한 것이다. 예를 들면, 고성방가, 폭력, 알코올 중독, 낭비, 과도한 부채 등은 교원으로서 품위 유지 의무를 다하지 못한 것이라고 할 수 있다.

2) 소극적 의무

교원의 소극적 의무에는 정치활동 금지의 의무, 집단행위 제한의 의무, 영리행위 금지의 의무가 있다. 이를 자세히 살펴보면 다음과 같다.

(1) 정치활동 금지의 의무

교원들에게는 정치활동을 하지 않도록 의무를 지우고 있다. 「국가공무원법」 제65조에는 "① 공무원은 정당 및 그 밖의 정치단체의 결성에 관여하거나 이에 가입할 수 없다. ② 공무원은 선거에서 특정 정당 또는 특정인을 지지·반대하기 위한 다음의 행위를 하여서는 아니 된다. 1. 투표를 하거나 하지 아니하도록 권유 운동을 하는 것, 2. 서명 운동을 기도(企圖)·주재(主宰)하거나 권유하는 것, 3. 문서나 도서를 공공시설 등에 게시하거나 게시하게 하는 것, 4. 기부금을 모집 또는 모집하게 하거나, 공공자금을 이용 또는 이용하게 하는 것, 5. 타인에게 정당 및 그 밖의 정치단체에 가입하게 하거나 가입하지 아니하도록 권유 운동을 하는 것. ③ 공무원은 다른 공무원에게 제1항과 제2항에 위배되는 행위를 하도록 요구하거나, 정치적 행위에 대한 보상 또는 보복으로서 이익 및 불이익을 약속하여서는 아니 된다."라고 규정되어 있다.

교원들이 정치활동을 하게 되면 교육현장이 정당 또는 정파 간 정쟁의 장소가 될 뿐더러 교육에 정치가 개입되어 학생들에게 특정 정당이나 인물의 지지를 강요하는 문제가 발생할 수 있다. 또한 「헌법」에 명시된 교육의 정치적 중립성 확보도 어려워진다. 따라서 교원들의 정치활동 금지 의무는 반드시 필요한 의무라고 할 수 있다.

(2) 집단행위의 제한 의무

교원은 집단행위를 할 수 없도록 규정되어 있다. 「국가공무원법」 제66조를 보면, "① 공무원은 노동운동이나 그 밖에 공무 외의 일을 위한 집단행위를 하여서는 아니 된다. 다만, 사실상 노무에 종사하는 공무원은 예외로 한다. ② 제1항 단서의 사실상 노무에 종사하는 공무원의 범위는 국회규칙, 대법원규칙, 헌법재판소규칙, 중앙선거관리위원회규칙 또는 대통령령으로 정한다. ③ 제1항 단서에 규정된 공무원으로서 노동조합에 가입된 자가 조합 업무에 전임하려면 소속 장관의 허가를 받아야 한다. ④ 제3항에 따른 허가에는 필요한 조건을 붙일 수 있다."라고 명시되어 있다.

교원이 집단행위를 통하여 임금인상, 근무 조건 개선 등을 관철하려고 한다면, 그 피해가 학생들에게 전가될 것이다. 학생들을 위하여 교원의 집단행위가 제한되어야 한다면, 교원들이 집단행위가 아닌 교육활동에 전념할 수 있게 여건을 마련해 주는 것이 바람직하다.

(3) 영리행위 금지의 의무

교원은 영리행위를 해서는 안 된다. 「국가공무원법」 제64조(영리 업무 및 겸직 금지)에서는 "① 공무원은 공무 외에 영리를 목적으로 하는 업무에 종사하지 못하며 소속 기관장의 허가 없이 다른 직무를 겸할 수 없다. ② 제1항에 따른 영리를 목적으로 하는 업무의 한계는 국회규칙, 대법원규칙, 헌법재판소규칙, 중앙선거관리위원회규칙 또는 대통령령으로 정한다."라고 규정하고 있다.

교원이 직무와 관련된 영리행위를 하게 되면 교육현장이 부정과 부패에 노출되며, 직무와 관련 없는 영리행위를 해도 교원의 품위 유지 의무나 청렴의 의무를 위반하게 될 것이다. 또한 무단 직장이탈 금지의 의무를 위반할 가능성이 커진다. 법적 또는 사회적 비판에 앞서 교원 본연의 소임은 영리추구와는 거리가 있다. 따라서 교원이 영리를 추구하는 것은 바람직하지 못하며, 제자를 사랑하고 바른 인간으로 길러내는 데 보람과 긍지를 가져야 한다.

4. 교권

1) 교권의 개념

교원을 지칭하는 말에는 교사, 선생님, 스승이라는 용어가 있다. 선생님이란 용어는 기술이나 예능에 뛰어나 남을 가르치고 이끈다는 뜻이 담겨 있는 인생 선배에 대한 경칭이다. 교사라는 말은 정규 교원양성과정을 마치고 교원자격증을 취득하여 학생들에게 전문적 지식과 기술을 교육하는 사람을 지칭한다. 스승이라는 말은 학생에게 깊은 사랑과 모범을 보여 줌으로써 인격적 감화를 주며, 학생의 삶에 큰 전환점을 마련하는 교사에 대한 존칭이다(정우현, 1987, p. 205). 교사, 선생님, 스승이라는 명칭은 각각 뉘앙스가 다르지만, 교권이 확립되어 있는 상태에서 받을 수 있는 명칭일 것이다.

일반적으로 교권(敎權)은 교사의 권위와 권리로 파악한다. 한국교원단체총연합회의『교권사건판례집』에는 "교권은 교육에 종사하는 교원들이 자신들에게 주어진 사회적 역할을 수행하는 데 있어서 첫째, 그들이 일정한 기간의 훈련을 통하여 획득한 전문적 지식과 능력의 소유자로서 권위를 인정받고, 둘째, 부과된 책임과 의무를 이행하는 데 있어서 부당한 간섭과 침해로부터 자신과 자신의 업무를 보호하며, 나아가 셋째, 그 전문직에서의 안정된 생활과 최대한의 능률을 기하기 위한 신분상의 보장을 받을 수 있는 조건을 주장할 수 있는 권리다."라고 쓰여 있다(가영희, 성낙돈, 안병환, 2010, p. 321). 이것은 교사의 자격에 대한 권위를 인정하고 교사들이 학생들을 교육하는 데서 권리와 권위를 확보하려는 것을 교권으로 본 것이다. 교육권은 교육에 직접 관계하는 사람들의 교육에 관한 의무 및 책임과 권한 관계의 총체다. 교사의 권위는 외부에서 주어지는 것이 아니라 교사 자신이 타의 모범이 되고 전문인으로서의 인정을 받을 수 있도록 자질 향상을 위해 꾸준히 노력할 때 인정받을 수 있다.

교권은 교직의 전문성과도 밀접하게 연관된다. 교권을 확립하기 위해서는 전문성의 신장이 필요하다. 교사에게 전문성이 없다면 권위가 형성될 수 없다. 전문성이라는 바탕 위에 교육의 자율성이 존재하고, 교권을 확보할 수 있다는 논리로 연결되는 것이다(김의석, 이우언, 정석환, 2007, p. 297).

교사가 권위를 가지고 자주적으로 교육활동을 수행하려면 교권이 확립되어 있어야 한다. 의사의 진단과 처방에 대한 권위가 없는 상황에서 환자는 치료에 충실하려고 하지 않을 것이며, 치료 효과 또한 확신할 수 없다. 더욱이 교육은 질병의 치료라기보다 인간의 완성이라는 장기적이고 인간적인 상호작용이 발전적으로 이루어지는 것이라고 할 때, 교권이 확립되어 있지 않은 교사에게는 참다운 인간을 길러 내는 것을 기대하기 어렵다.

교권은 전문직으로서 교직에 종사할 자격과 권위를 부여받은 개인 혹은 집단 자체가 내세운 윤리적 강령을 준수하면서 교육행위를 하는 데서 보장받아야 할 행동의 자율성과 신분의 안정, 그리고 이에 요구되는 제반조건을 주장할 권리라고 할 수 있다(정우현, 1987, p. 214).

2) 교권의 특성

교권은 그 의미를 넓게 해석하면 교원의 교권, 교육을 실시하는 집단 자체의 교권, 학부모의 교권, 학생의 교권의 합으로 이해할 수 있다.

첫째, 일반적으로 인식되는 교권의 의미는 교원의 권리로서, 좁은 의미의 교권이라고 할 수 있다. 물론 교권 중에서 교원의 권리가 가장 중요한 요소임은 틀림없다.

둘째, 교육을 실시하는 집단 자체의 교권은 지방교육자치단체가 일반 행정과 중앙교육행정기관으로부터 독립하여 지역에 맞는 교육을 자주적으로 실시하는 것을 의미한다. 지방교육자치단체의 교권은 지방교육자치제도를 실시할 때 확립되기가 쉬울 것이다. 우리나라의 「민법」에서는 단체에도 일정 범위에서 자연인과 같이 법인격을 부여하는 만큼 지방교육자치단체의 교권도 인정받을 수 있다.

셋째, 학부모가 자녀를 교육하고 교사와 상담하며, 학생의 학업성취도와 비지적 영역의 발달에 대한 정보를 요구하는 것 등이 학부모의 교권이다.

넷째, 학생의 교권은 수업을 받을 권리, 교육상담을 받을 권리 등으로 학생의 교육에 대한 권리라고 할 수 있다.

뉴스 따라잡기

도의회 교원권리신장특위 구성, 학생인권조례 문제점 알리기로

교권보호조례를 통과시킨 경기도의회가 이번에는 교원 권리 신장을 위한 특별위원회를 구성하기로 했다. 교권 신장 개선 방안 마련을 목적으로 한 특위는 김상곤 경기도교육감의 대표 정책인 학생인권조례의 문제점 등 실태를 파악해 그 결과를 공개할 예정이어서 주목된다.

윤태길(새·하남1) 의원을 포함한 도의회 여야 의원 13명이 공동발의한 '교원의 권리 신장 추진 특별위원회 구성 결의안'이 지난 14일 도의회 제273회 정례회 제5차 본회의에서 통과됐다. 윤 의원은 17일 보도자료를 내고 "어린이집, 유치원, 초·중등 교원의 정당한 교육활동이 부당하게 침해되는 것을 방지하고 교원의 지위와 권리를 올바르게 실현하기 위해 이 결의안을 발의했다"고 배경을 설명했다. 특위는 앞으로 1년간 도내 교원의 권리침해 실태와 제도상 문제점을 파악해 개선책을 제시할 계획이다. 그러나 특위 활동에는 학생인권조례가 교원의 권리침해에 어떤 영향을 미쳤는지에 대한 조사도 포함돼 있어 결과를 두고 교육청과 마찰이 예상된다.

윤 의원은 "도내 학생에 의한 교권침해가 2010년 127건에서 2011년 663건, 올해 1학기 883건으로 급증했다"며 "이런 결과가 학생인권조례와 어떤 인과관계가 있는지 철저히 검증할 것"이라고 말했다. 그는 이어 "학생인권조례를 검증하기 위한 특별위원회를 구성해 활동하는 것은 전국에서 유일하며 그 결과도 흥미로울 것"이라고 덧붙였다. (기호일보 기사, 2012년 12월 18일, 박광섭 기자)

생각해 보기

1. 학생인권조례와 교권의 침해는 어떤 점에서 상관관계가 있을 수 있는가?
2. 교권과 학생 인권 중 어느 것을 우선순위로 하여야 하는가?
3. 교권과 학생 인권의 상생 방법은 무엇일까?
4. 광역의회 차원의 교원의 권리 침해 방지 노력이 효과를 거둘 수 있다고 보는가?

3) 교권에 대한 소송사례

교사 행동 및 학급경영 불만으로 인한 학부모 난동 사례

□□ 지역 ○○ 학교 학부모 난동 및 폭언

(1) 사건개요: 2008년 3월부터 5월까지 학생의 모친이 담임교사에게 반감(아이가 입원했는데 문병도 안 온다, 구구단 외우는 숙제에 대해 아이가 스트레스를 받아서 죽으면 책임질 것이냐, 학부모 총회 시 충분히 상담받지 못했다 등)이 생기면 담임교사, 교감, 교장에게 욕설 문자 메시지를 보내고 심지어 학교에 찾아와 난동을 부림(폭언과 옷을 전부 벗는 행위 등).

(2) 사건에 대한 해당 교원의 대처: 한국교원단체총연합회에 교권침해에 대한 상담을 하여 한국교원단체총연합회에서 2008년 5월 7일 해당 학교를 방문하여 진상조사 및 해당 학부모 접근 금지 가처분 신청 등에 대해 법률 자문을 함.

(3) 법적검토: 교사의 정당한 교육활동에 학부모가 이유 없이 불만을 품고 수차례 옷을 벗고 난동을 부리며 폭언을 한 행위는 교사에게 신체상 폭행을 가하지는 않았지만 정신적 고통을 가한 심리적 폭행이므로 폭행죄가 성립할 수 있으며, 또한 이는 학부모의 명백한 교권침해로 판단됨.

(4) 결과: 경찰이 학부모를 폭행행위 및 업무방해로 구속하고, 재판 결과 징역 1년에 집행유예 2년을 선고함.

➜ 다음의 주제들에 대해 함께 토론해 보자.

토론 1: 본 사건에서 교권 침해에 대한 교원의 대응은 적절하였는가?

토론 2: 해당 교원이 해당 학교에 계속 근무하는 것에 대해 어떻게 생각하는가?
(국공립학교와 사립학교인 경우를 가정하여 각각 생각하기)

토론 3: 이 사건을 통하여 교권 침해를 가장 효과적으로 방지하는 것은 무엇이라
고 생각하는가?

* 참고법규:「형법」제260조(폭행) 및 제314조(업무방해),「민법」제750조(불법행위
의 내용),「교원예우에관한규정」제7조(교원에 대한 민원 등의 조사) 등

*출처: 한국교원단체총연합회(2009), pp. 30 - 31 인용.

정리하기

1. 국공립학교 교원의 신분은 국가 공무원 중 경력직 공무원이며, 특정직 공무원이다.
사립학교 교원의 신분은 사학법인에 소속된 교직원이지만 국공립학교 교원의 신
분 규정을 준용하고 있다.

2. 교원의 권리에는 적극적 권리와 소극적 권리가 있다. 적극적 권리는 권리의 실현
을 주장하고 노력할 권리, 소극적 권리는 침해받지 않을 권리이다.

3. 교원의 의무를 다하는 것은 훌륭한 교사가 되는 데 반드시 요구되는 덕목이다.

4. 교권은 상대적이며, 진정한 교권 확립은 교원의 바른 행동에서 시작한다.

5. 교권 침해 시에는 적극적인 대처가 필요하고, 관련 교원단체의 도움을 받는 것이
바람직하다.

적용하기

1. 교원의 권리는 법적인 보호만으로는 완벽할 수 없다. 그 이유는 무엇인지 교원의 관점에서 설명해 보자.

2. 교원의 권리를 실현시키는 최종적인 책임은 누구에게 있다고 보는지 토론해 보자.

3. 사립학교 교원의 권리 중에서 국공립학교 교원에 비하여 취약한 점은 무엇인지 토론해 보자.

4. 교원을 지방직으로 전환하려는 움직임에 대해 이 경우 교원의 지위가 약화될 것이라는 우려가 있다. 무엇이 약화 요인이 되는지 인터넷을 검색하여 정리하고 토론해 보자.

5. 교원이 적극적으로 권리를 실현시키려고 할 경우 무엇이 문제가 될 수 있는지 토론해 보자.

6. 교원이 음주운전으로 교통사고를 냈다. 이후 도로교통법에 따른 처벌과 별도로 학교에서 징계를 받았다면 이것은 이중처벌이 아닌가? 이러한 이중처벌을 유지해야 하는가에 대하여 토론해 보자.

참고문헌

가영희, 성낙돈, 안병환(2010). 교육학개론. 서울: 동문사, 321-326.

강영삼, 이성흠, 김진영, 조상철(2008). 새로운 교직과정을 위한 교육학개론. 파주: 교육과학사, 356-363.

구병삭(1989). 신헌법원론. 서울: 박영사.

김의석, 이우언, 정석환(2007). 최신교육학개론. 서울: 양서원, 296-301.

김종운, 김효은, 이태곤(2010). 예비 교사를 위한 교직실무. 서울: 동문사, 83-110.

김진환(2010). 교사를 위한 교직실무. 서울: 학지사, 43-52.

권건일(2004). 교육학개론-인간과 교육의 만남-. 서울: 양서원, 377-379.

류동훈(2006). 신교육학탐구. 서울: 창지사, 90-94.

목영해, 양진건, 이항재, 한규원(2010). 교육의 역사와 철학. 파주: 교육과학사, 453-456.

문영희(2005). 학교사회사업론 - 학교청소년과 사회복지 - . 서울: 양서원, 243 - 248.

박선희(2007), 교원의 법적권리와 의무에 관한 연구 - 초 · 중등학교 교사를 중심으로 - . 군산대학교교육대학원 석사학위 논문, 12 - 15.

서정화(1982). 현대사회와 교원. 서울: 서울특별시교육의원회.

안창선(1999). 교사론. 파주: 교육과학사.

오석홍(1999). 행정개혁론. 서울: 박영사, 568-569

오성삼(2011). 핵심 교육학개론. 서울: 양서원, 221 - 250.

오영재(2006). 한국 학교조직 질적 연구. 서울: 학지사, 323 - 325.

이칭찬, 주상덕(2010). 교직실무이론. 서울: 동문사, 278 - 291.

이현림(2005). 새교육학개론. 서울: 원미사, 387 - 394.

윤정일, 허형, 이성호, 이용남, 박철홍, 박인우(2002). 신교육의 이해. 서울: 학지사, 463 - 464.

장원섭, 장시준, 김영실 역(2007). 교육과 일 - 사회학적 접근 - [*The Sociology of Education and Work*]. D. B. Bills 저. 서울: 원미사, 177 - 194. (원전은 2004년에 출판).

정우현(1987). 교육학개론 - 교육의 본질과 과제 - . 서울: 박영사, 205 - 222.

조영일(2003). 새로운 접근의 교육학개론. 파주: 교육과학사, 498 - 520.

주삼환, 천세영(2009). 교육행정 및 교육경영. 서울: 학지사, 409 - 418.

한국교원단체총연합회(1997). 교원의 사회 · 경제적 지위에 관한 교원 인식 조사. 서울: 한국교원단체총연합회.

한국교원단체총연합회(1997). 교원잡무백서. 서울: 한국교원단체총연합회.

한국교원단체총연합회(2009). 2008년도 교권회복 및 교직상담 활동실적. 서울: 한국교원단체총연합회.

한숙경(2005). 신교사론. 서울: 학지사.

기호일보(2012. 12. 18.). 도의회 교원권리신장특위 구성, 학생인권조례 문제점 알리기로.

제4장

교직단체

교직단체는 교원들의 집단이다.

▶ 교직단체는 교육의 발전과 교원의 경제적·사회적 지위 향상을 도모한다.

▶ 교직단체는 교원들의 이익단체이자 압력단체이고 교원의 권익과 복지 향상을 추구한다.

▶ 교직단체의 기능은 교원집단이 교육의 진흥과 문화의 창달 및 이상사회의 실현을 목적으로 하는 봉사단체로서 책임지고 해야 할 과정 혹은 운영의 한 부분을 담당하는 것이다.

▶ 교직단체는 전문성 향상이라는 공동의 목표를 추구하는 교원집단이다.

▶ 교직단체에는 「교육기본법」에 의한 전문직 교원단체와 「교원의 노동조합 설립 및 운영 등에 관한 법률」에 의한 교원노조가 있다.

1. 교직단체의 개념

교직단체는 일반적으로 '교원을 그 구성원으로 하는 단체'라고 할 수 있다. 일반적인 이해에 따를 때 교직단체는 학교 교원을 구성원으로 하는 단체로서 그 성격에 따라 전문직단체와 노동조합 형태로 구분되기도 하는데, 전국적인 규모의 교직단체에서 지역별 교직단체로 그리고 학교단위의 교직단체 등으로 나누어 볼 수 있다. 한편, 교직단체는 교직과 관련된 단체라는 점에서 교직단체 외에도 일반 사무직원 및 교육행정직원 단체를 포함하며, 경우에 따라서는 예비 교사인 교원양성기관의 학생단체까지도 포함할 수 있다. 또한 교원이라는 인적 구성원 이외에도 교과별, 교수영역별, 학교급별 단체를 포함하게 된다. 그리고 가장 넓은 의미의 교직단체는 교원 복지(연금 및 공제)와 관련된 단체나 학부모 및 교육 관련 시민단체를 포괄한다(윤광희, 2000). 이와 같이 전문직단체와 노동조합의 개념은 명확히 구분하는 데 어려움이 있다. 개념의 이해를 위해서 윤광희(2000)는 법규상의 이해와 실제상의 이해를 제시하고 있다. 즉, 법규상으로 우리나라에서 등장한 개념은 교직단체가 있을 뿐이고 법률용어로 수용되어 있으나, 실제 교직단체는 정책용어 내지는 생활용어로 자리하고 있다는 것이다. 1997년 12월 13일 새로이 제정된 「교육기본법」의 제15조 1항과 2항에는 "교원은 상호 협동하여 교육의 진흥과 문화의 창달에 노력하고, 교원의 경제적 · 사회적 지위를 향상시키기 위하여 각 지방자치단체 및 중앙에 교직단체를 조직할 수 있으며, 조직에 관한 필요한 사항은 대통령령으로 정한다."라고 규정되어 있다.

노동조합 형태의 교원노조는 법체계상 교원노조법이 노동관계법에 근거한다는 점에서 포함할 수 없다. 즉, 「노동조합 및 노동관계 조정법」 제5조에 의하면 근로자는 자유로이 노동조합을 조직하거나 이에 가입할 수 있는데, 다만 공무원과 교원에 관해서는 따로 법률이 정한다고 규정하고 있다. 이에 따라 1999년 1월 29일 「교원의 노동조합 설립 및 운영 등에 관한 법률」이 제정되었다. 결국 과거 유일 교직단체 시대의 '교육회' 조항을 교직단체로 명칭을 변경함으로써 더 일반화된 교직단체의 개념을 상정하였으나 「교육기본법」상 교직단체에는 교원노조를 포함하지 못하는 입법체계로 말미암아 교직단체라는 용어는 일반적 어의와는 다소 차이를 갖게 되었다. 그러나 실제상 사회일반에서는 교직단체라는 개념에 교원노조를 포함하여 사용하는 경우도 흔하게 발견된다. 따라서 여기서는 이 두 가지 개념을 포괄하는 개념으로 '교직단체'를 정의하기로 한다.

2. 교직단체의 성격과 특징

교직단체의 성격과 특징은 우리의 정치 · 사회 · 문화 · 경제 환경 변화와 더불어 고찰되어야 하고 이를 통해 상생의 논리가 적용되는 적합지점이 조명되어야 할 것이다. 이는 교직단체의 상을 바르게 이해하기 위한 첩경이기도 하며 동시에 바람직한 교직단체의 역할을 전략적으로 이해하기 위한 고려사항이기도 하다. 일반적으로 교직단체는 회원단체, 대변단체, 이익단체, 공공단체의 성격을 지닌다고 할 수 있다. 그러나 교원들이 모여 이룬 단체이고 그들이 자신의 이익과 공공의 이익을 대변한다는 차원에서 거시적으로는 이익단체의 성격이 있다. 따라서 이 절에서는 우선 미국과 일본 등 주요 선진국의 교직단체와 관련된 이익집단들의 특징 및 우리나라 교직단체의 특징을 간략히 살피고 교육정책 결정에 영향을 주는 이익집단으로서의 교직단체의 성격과 특징을 조명해 보고자 한다.

이익집단은 일반적으로 공식적으로 조직되어서 공공정책에 영향력을 행사하려는 조직이나 개인들의 연합체다(Thomas & Hrebenar, 1999). 따라서 이들은 나름대로 목적달성을 위하여 정책과정에 다양하게 관여한다. 교육정책의 대상 집단인 각종 이익집단은 교육정책 결정에 상당한 영향을 주는 주요 참여자라고 할 수 있다. 이러한 이익집단은 구성원들의 공통이익을 증진시킬 목적으로 교육정책 결정과정 전반에 걸쳐 자신들에게 유리한 방향으로 정책이 결정되도록 하기 위하여 영향력을 행사한다. 이익집단들의 활동은 정책 결정체제에 일종의 압력으로 작용하기 때문에 압력단체라고 불리기도 한다. 압력단체는 미국의 '로비(lobbying)'라는 정치법률 용어에서 생성된 말로, 노동조합, 교원단체, 의사단체, 변호사단체, 재향군인단체, 종교단체 등의 사회적 집단을 말한다.

20세기 이후 자본주의의 발달에 따라 더욱 복잡해진 계층적 분해와 직능적 이익의 분화 또는 불일치로 이제 정당만으로는 각각의 이익을 옹호 · 실현하기 위해 직능상의 다양한 이익을 정책에 충분히 반영시키기 어렵고, 사회에 대한 정부의 통제가 확대 · 강화되면서부터 더욱 조직적으로 압력을 행사할 필요성이 생겼기 때문에 이러한 압력단체가 대두했다. 교원단체는 조직적 · 집단적 힘을 통해 교원 개개인으로서는 달성하기 어려운 조건들을 성취하고 교원의 지위를 높이는 대표적인 압력단체로서의 역할을 담당한다. 교원단체는 또 외부로부터의 부당한 정치적 · 행정적 압력에도 효과적으로 대응함으로써 교원을 보호하고 교원단체의 역량을 강화한다. 특히 교원단체는 교육당국의 지시를 받지 아니하고 교원들의 주의 · 주장 또는 권익이 정책에 반영될 수 있도록 의회나 정부 · 정당에 다양한 방법으로 정치적 압력을 가하여 영향력을 행사한다.

■ 미국의 교직단체

미국의 문헌들은 교직단체가 가장 강력한 이익집단이라는 점에 동의한다. 실제로 Thomas와 Hrebenar(1999)는 교직단체가 43개 주에서 효과성이 가장 높은 수준에 순위가 매겨져 있는 것을 발견하고 교직단체를 주 수준에서 가장 강력한 집단으로 간주했다. 다음의 〈표 4-1〉과 같이 두 개의 교원노조 중에서 더 큰 것은 '전국교육연합'(National Education Association: NEA)인데, 이 단체는 270만 명의 회원과 50개 주의 지부, 수천 개의 분회를 두고 있다. 실제로 전국교육연합은 미국에서 가장 큰 교직단체이고, 거의 모든 주에서 유력한 힘을 가지고 있다고 인정된다. 전국교육연합보다 작은 노조인 '미국교사동맹(American Federation of Teacher: AFT)'은 백만 명 정도의 회원이 있다. 이는 주로 대도시에 집중되어 있고, 미국노조총연맹산업별회의(American federation of Labor–Congress of Industrial Organizations: AFL–CIO)에 가입해 있으며, 역사적으로 전국교육연합의 강력한 라이벌이다. 그러나 최근에 이 두 조직은 더 가까워졌다. 1999년에 전국교육연합의 회원들이 통합 제의를 거부하긴 했지만, 이 두 집단은 광범위하게 협력하고 있다(Archer, 2001. 7. 11.).

표 4-1 미국의 대표적 교직단체

구 분	전국교육연합	미국교사동맹
회원 수	약 270만 명	약 100만 명
분 포	교외 및 지방에 집중	대도시에 집중
활 동	단체교섭 및 정치, 교권옹호, 홍보, 출판 · 보급, 건강정보망, 교육증진을 위한 전국재단 등	로비, 정치, 연구 및 기술지원, 홍보, 출판, 회원의 권익을 위한 법적 옹호, 국제관계 등

■ 일본의 교직단체

일본의 교직단체는 1945년 이전에는 관변단체인 교육회와 구성원의 자주성을 강조하는 노동조합으로 구분할 수 있다. 하지만 노동조합은 시대적 상황으로 국가의 억압을 받아 오다가 패전 후 연합군의 민주화 정책의 일환인 노동 및 교육 개혁으로 상당한 변모를 하게 되었다. 1947년에 일본의 최대 교직단체인 일본교직원조합('일교조'라고 함)이 출범했다. 그러나 일교조의 운동노선과 활동방침에 불만을 품은 교직원들이 잇달아 일본고등학교교직원조합, 일본교직원단체연합회, 전일본교직원조합('전교'라고 함)을 결성하여 2000년에 이르러서는 일본의 교원단체가 전국조직의 경우 일교조, 전교, 전일노련, 일고교우파 그리고 전관협으로 나뉘었다. 윤광희(2000)에 따르면, 일본 교직원단체의 흐름은 한편으로는 일교조의 결성, 다른 한편으로는 일교조로부터 분리된 교직원단체의 결성과 반노동조합적 단체의 성립으로 요약할 수 있다.

우리나라의 경우 교육정책 결정에 영향을 미치는 이익집단에는 전국교직원노동조합, 한국교원단체총연합회 등 교직단체가 가장 대표적이며 사학재단연합회, 한국대학교육협의회 등이 포함된다. 이들은 실제로 교육정책 결정과정에 참여하여 상당한 영향력을 행사해 왔다. 특히 한국교총과 전교조는 양대 교직단체로서 정부와 국회에 대한 각종 로비활동 및 압력행사를 통해 교육정책 결정에 커다란 영향력을 행사해 왔다. 최근에는 이들의 주장과 활동이 상반되는 방향으로 나타나 교육계의 갈등을 심화시키는 정도에까지 이르렀다(안선회, 2004). 이러한 이익집단의 활동은 사회가 복잡화, 분화·전문화되면서 국회가 직능대표로서 기능하지 못하기 때문에 구성원들이 스스로 집단을 구성하여 사회·경제적 지위 향상과 전문성 향상을 도모하게 된 자연스러운 현상이다. 그러나 교육부문에서의 이익집단들의 활동은 과거 동원형의 정책 형성에 이용되기도 하였으며, 최근에는 직업적 이익에 치우쳐 공익을 저해하기도 하고, 자신들의 목적 달성을 위해 부당한 수단을 사용하기도 하는 모습을 보이고 있다(안선회, 2004).

이익집단은 다른 개인이나 집단에는 이용 가능하지 않거나, 이용 가능하다고 할지라도 그 정도가 적은 정보를 보유하고 있는 경우가 많다. 이익집단의 구성원들은 관련 분야에 대해 더 잘 알고 있는 경우가 많기 때문이다(노화준, 2003). 특히 교원들의 이익집단은 상대적으로 쉽게 조직화되며 이러한 조직력을 이용하여 자신들의 목적을 달성하려고 한다. 그 결과 교육정책 결정이 현실적인 힘을 지닌 이익집단 위주로 결정되기도 하고 상대적으로 조직화되지 못한 이익집단 혹은 학생·학부모의 요구와 이익이 경시되는 결과로 나타나기도 한다.

요컨대, 현대사회의 구조적 분화와 기능적 전문화는 사회구성원의 이해관계를 다원화시켰으며, 이익갈등의 조정문제는 정치와 행정에서 주요 관심사가 되었다(이병기, 1989). 이익집단(interest group)은 집단 구성원들의 공통 이익을 달성하기 위하여 조직된 단체다. 이들은 목적 달성을 위하여 정책과 정부에 나름대로 다양한 영향력을 미치고 있다. 교직단체 역시 이익집단으로서 목적 달성을 위하여 여러 가지 활동을 수행하고 있는데, 그중에서도 정부와 정치권을 대상으로 입법 및 정책현안이 자신들의 집단에 유리한 방향으로 결정되도록 영향을 미치는 것이 무엇보다 중요한 활동목표가 되고 있다.

3. 교직단체 비교

우리나라의 교직단체는 「교육기본법」에 의한 전문직 교원단체와 「교원의 노동조합 설립 및 운영 등에 관한 법률」에 의한 교원노조가 있다. 2009년도 기준으로 보면, 교직단체인 한국교원단체총연합회와 교원노조인 전국교직원노동조합, 한국교원노동조합('한교조'라 함), 자유교원조합('자교조'라 함) 및 대한민국교원조합('대한교조'라 함)이 설립되어 활동하고 있다. 이들이 지향하는 이념과 정체성은 교직단체를 이해하는 데 근간이 될 수 있다는 측면에서 의의를 부여할 수 있다. 이를 위해 교직단체 간의 관련 비교를 하면 다음의 〈표 4-2〉와 같다.

표 4-2 교직단체 비교

구 분	교원단체 (한국교총)	교원노조 (전교조, 한교조, 자교조, 대한교조)
법적 근거	• 「교육기본법」 • 「교원 지위 향상을 위한 특별법 및 시행령」	• 「교원의 노동조합 설립 및 운영 등에 관한 법률」 • 「노동조합 및 노동관계 조정법」
법률의 목적	• 교원의 예우 및 처우 개선 • 신분보장을 통한 교원 지위 향상 • 교육발전 도모	• 교원의 노동조합 설립에 관한 사항 • 교원에 적용할 「노동조합 및 노동관계 조정법」에 대한 특례를 정함
가입 대상	• 전 교원 대상(학교장 포함)	• 「초·중등교육법」 제19조 제1항에서 규정하고 있는 교원(교장·교감 등 제외)
교섭·협의 당사자	• 교육부 장관 및 시·도 교육감	• 교육부 장관, 시·도 교육감, 사립학교를 설립·경영하는 자
교섭·협의 구조	• 중앙: 교육부 장관 • 시·도: 교육감 ※국공립·사립 구분 없음	• 국공립의 경우 −전국: 교육부 장관 −시·도: 교육감 • 사립의 경우 −설립·경영자가 전국 또는 시·도 단위로 연합하여 교섭
교섭·협의 대상	• 처우 개선, 근무 조건 및 복지후생과 전문성 신장에 관한 사항 • 교육과정과 교육기관 및 교육행정기관의 관리·운영에 관한 사항은 제외 ※「교원 지위 향상을 위한 특별법」 제12조(교섭·협의사항) 참조	• 임금·근무 조건·복리후생 등 경제적·사회적 지위 향상과 관련된 사항 ※「노동법」 해석상의 단체교섭대상이 적용됨(의무적, 임의적, 교섭제외사항)
교섭·협의 시기	• 연 2회 및 특별히 필요하다고 판단된 때 당사자 협의에 의함	• 최소 2년에 1회
협약효력	• 성실 이행 의무 • 합의서 작성·서명	• 법적 이행 의무 • 단체협약 체결권 인정 • 법령·예산·조례 등에 의해 규정되는 내용은 단체협약의 효력을 인정하지 않고, 사용자 측의 성실 이행 의무를 부여

출처: 서울특별시 교육연수원(2010) 재구성.

4. 교직단체의 역할과 기능

사전적 의미로 역할(role)은 "집단 내의 개인이 보여 주는 주어진 특징적인 행동, 혹은 주어진 사회적 맥락(상황) 속에서 개인에 의해 수행되거나 기대되는 기능들의 행동유형"이다(Good, 1973, p. 268; 신현석, 2005). 역사적으로 역할의 개념은 고대 그리스와 로마 시대의 연극 및 극장에서 유래했다(Shaw & Constanzo, 1982). 따라서 역할은 특정 직책의 개인이 소속된 집단 혹은 사회적 맥락 속에 존재하는 타인과의 연계 속에서 수행하는 과업의 특징을 묶어서 표현한 수렴적인 개념이라고 할 수 있다(신현석, 박균열, 2012). 일반적으로 역할은 개인의 신분 · 지위에 따라 주어진다. 따라서 여러 신분을 갖게 되면 그만큼 다양한 역할이 요구된다.

이와 같은 맥락에서 우리나라의 교원지위법정주의와 유네스코(UNESCO) 및 세계노동기구(ILO)의 권고는 교원의 지위에 따른 교원의 역할을 제시하고 있다. 우리나라는 교원지위법정주의에 따라 교원에게는 근로 조건, 보수, 후생복지 등에 관한 사항을 「교육공무원법」「사립학교법」「교원지위향상을 위한 특별법」 등 각종 법률과 이 법률들을 구체화한 「교육공무원임용령」「공무원 보수규정」「국가공무원 복무규정」 등으로 규정하고 있다(한국교원단체총연합회, 2000). 유네스코와 세계노동기구는 교원의 지위에 대해 '권고'를 하고 있다. 이 점에서 교직단체는 주로 법적 규정에 의해 그 지위에 따른 역할을 수행한다고 볼 수 있다. 「교육기본법」 제15조의 '교원의 경제적 · 사회적 지위를 향상'과 유네스코 및 세계노동기구가 제안한 '교원의 지위에 관한 권고'에서 교직단체의 역할은 다음과 같이 정리할 수 있다.

첫째, 교원의 경제적 · 사회적 지위 향상 등 교원의 이익을 추구하는 것으로 교원의 처우 개선, 근무 조건 및 복지후생을 위해 노력하되 이는 국민적 지지를 잃지 않는 범위의 전제조건이 필요하다. 둘째, 교원의 전문성 신장을 위해 노력하되 정부 당국과 교섭을 통해 이를 위한 정책과 재원을 확보한다. 아울러 교원연수와 학술활동을 통해 스스로 구성원의 전문성을 신장한다. 셋째, 교육정책 형성과 집행과정에 참여하여 학교현장의 목소리를 반영하고 교육정책 결정 과정에 직 · 간접적인 영향을 미친다. 이 점에서 유네스코와 세계노동기구가 공동으로 작성한 1966년의 '교원의 지위에 관한 권고문'에는 지도원칙의 하나로 "교직단체는 교육의 진보에 크게 기여할 수 있는 것이며, 따라서 교육정책의 결정에 마땅히 관여해야 한다."라는 내용이 있다. 다만, 이념적 갈등이나 정치적 활동의 대상으로 변질되지 않고 상생의 원리를 지향하는 교육적 담론을 전개하여야 한다.

한편, 기능(function)은 "전문적인 과정 혹은 운영이 계획대로 성취될 수 있도록 개인 혹은 집단이 책임지고 해야 할 과정 혹은 운영의 한 부분, 혹은 개인 혹은 조직에 부여된 의무, 책임, 사명 혹은 과업"을 말한다(Good, 1973, p. 253; 신현석, 2005). 실제 개인 혹은 집단이 수행하는 일과 깊은 관련이 있는 기능은 전체의 한 부분이 원활하게 작동하는 것을 나타내는 '활동 혹은 운영'의 개념과 실제로 개인 혹은 집단이 수행하는 구체적인 '과업 혹은 업무'의 개념을 동시에 내포하고 있는 복합적인 용어다. 이러한 관점에서 좁은 범위의 기능은 조직 혹은 집단이 목표성취 혹은 생존 유지를 위하여 구성원들에게 부여한 임무와 과업 그리고 그것의 수행과정을 말한다. 이와 같은 맥락에서 교직단체의 기능은 교원집단이 교육의 진흥과 문화의 창달 및 이상사회의 실현을 목적으로 하는 봉사단체로서 책임지고 해야 할 과정 혹은 운영의 한 부분을 담당한다고 볼 수 있다. 아울러 회원의 이익을 대변하는 이익단체로서의 기능, 교원들의 다양한 의견과 주장을 섭렵하여 교육정책 등 국가의 정책에 적극 반영하는 대변단체로서의 기능을 한다.

이상의 논의에서 교직단체의 역할과 기능을 간략하게 살펴보았고, 이제 이를 토대로 한국을 대표하는 교직단체인 한국교총과 전교조의 역할 및 기능은 무엇인지 논의하고자 한다. 그와 관련하여 이 절에서는 신현석(2005)의 연구에서 제시된 교직단체의 역할분석 및 기능분석에 초점을 두어 논의하고자 한다. 이는 역할과 기능의 개념적 공유로 인한 포괄적 · 혼용적 사용이 아닌 개념의 분리라는 차별성이 있는 연구라는 점에서 연유한다. 이 연구는 역할과 기능을 규범적 · 기술적 · 당위적 측면의 세 가지로 구분하고 이를 토대로 교직단체의 역할 및 기능의 분석틀을 개발하였다. 아울러 분석틀에 의거하여 한국교총과 전교조의 역할 및 기능을 제시하였다. 구체적으로 살펴보면 다음의 〈표 4-3〉과 같다.

표 4-3 한국교총과 전교조의 역할 및 기능 비교

구분		한국교총	전교조
역할	규범적 측면	• 교원의 지위 향상 • 교육의 진흥 • 교원의 전문성 신장	• 참교육 실천 • 교원의 사회적 · 경제적 지위 향상 • 교육개혁의 주체 • 사회개혁의 주체
	기술적 측면	• 교원의 전문성 신장 • 교원의 경제적 지위 향상 및 복지 개선 • 회원의 단결력 강화 • 교육, 교원정책 연구 개발	• 교원의 사회 · 경제적 지위를 위한 활동 • 교육민주화 활동 • 교육이론을 포함한 연구 활동 • 조합원의 복지후생 및 조합원 교육 • 노동운동단체와의 제휴 및 국제적 연대 활동
	당위적 측면	• 공교육의 질적 수준 향상 • 사회정의를 실현하는 교직단체 건설 • 교원의 삶의 질을 보장하는 교직단체 건설 • 사회변화를 이끌어 갈 수 있는 교육정책 연구	• 참교육 실천 • 학생과 학부모의 권리 · 요구 반영 • 교육개혁의 주도자 • 교원들의 사회적 · 경제적 지위 향상 • 교육부문의 합법적인 주요 당사자
기능	규범적 측면	• 회원의 권익 보호 • 교원의 전문성 향상 지원 • 교원의 처우 개선 • 교육발전정책 활성화	• 근로조건의 개선 및 교직원의 사회적 · 경제적 지위 향상 • 교육환경 및 교육제도의 개선을 위한 사업 • 교육의 민주화와 자주성 확립을 위한 사업 • 교직원의 민주적 제 권리 확보를 위한 사업 • 민족, 민주, 인간화 교육을 위한 각종 연구 및 실천 사업 • 산하조직 및 조합원에 대한 교육 · 문화 및 선전 사업 • 노동운동단체 및 노동운동의 국제적 연대 활동에 관한 사업 • 민족통일과 민주화를 촉진하기 위한 사업 • 조합의 목적에 부합하는 협동조합 등 재정 사업 • 기타 조합의 목적 달성에 필요한 사업

기술적 측면	• 교원의 전문성 지원 활동 • 교원의 처우 개선 및 복지 증진 활동 • 교권 신장 활동 • 이익단체로서의 활동 • 정책개발 활동	• 단체협상 활동 • 사회의제화 · 공론화 활동 • 교육정책, 이론을 포함한 연구활동 • 조합원의 복지후생 및 조합원 교육 • 노동운동단체와의 제휴 및 국제적 연대 활동 • 참교육 실천 활동
당위적 측면	• 교직전문주의 강화 • 학교교육의 질적 수준 강화 • 교원 처우 개선을 통한 인재 확보 • 교직윤리의 실천을 통한 사회선도적 교사상 정립 • 교원의 지속적 발전을 위한 자체 프로그램 개발 • 현장상황을 기초로 한 정책 연구개발 • 교육 관련자와 집단 간 이해 조정 • 교육 여건 개선 및 양질의 교육환경 확보	• 전교조의 이념인 참교육 실천 • 교사들의 교육실천에 대한 지원 • 교육민주화, 참교육을 위한 교육정책 연구 • 학생 · 학부모의 교육적 권리 보장과 의사 수렴 • 교원의 사회적 · 경제적 지위 향상을 위한 연구와 실천 • 조합원들의 민주적 의사 수렴 • 교원에 대한 자체 점검과 반성, 개선의 노력 • 사회민주화를 위한 연대와 실천 • 교육정책 결정과정의 공동참여와 공동실천, 공동책임

5. 교직단체의 변천과 활동

1) 변천

우리나라의 교직단체는 크게 교원단체와 교원노조로 구분할 수 있다. 교직단체는 해방 이후 하나의 교원단체로 시작되었고, 1999년 이후 교원노조가 생기면서 양대 산맥을 형성하고 있다. 한국교총은 정부 수립 이전인 1947년 11월 23일 조선교육연합회로 창립되었다. 그리고 이듬해인 1948년 8월 15일 대한민국 정부 수립과 함께 대한교육연합회로 개칭하였으며, 1989년 11월 다시 한국교원단체총연합회로 명칭을 변경하여 현재에 이르고 있다. 출범 당시의 설립 목적은 '우리나라 교육의 발전을 도모하며 세계문화 향상에 기여함'이라 하여 '교육에 관한 연구와 조사'를 사업활동의 우선순위에 두었다. 이후 한국교원단체총연합회로 조직을 개편하면서 정관 제2조 (목적)를 개정하여 "회원 상호 간의 강력한 단결을 통하여 교원의 사회적 · 경제적 지위 향상과 교직의 전문성 확립을 기함으로써 교육의 진흥과 문화의 창달에 기여함"을 설립 목적으로 재규정하고 있다. 회원은 유치원 및 초등 · 중등 · 대학교의 교원을 대상으로 하였다.

이에 맞추어 강령도 교육의 기회 확대와 균등 및 수월성 추구, 교육의 자주성 확립과 교직의 전문성 신장, 청소년 복지 증진과 교육환경 개선, 확고한 교직관과 공고한 단결력, 광범위한 참여를 통한 교원의 지위 확립, 교육정책 결정에의 적극 참여 등으로 명시하여 변모된 현실을 반영하였다. 한편, 전교조는 1998년에 국회에서 교원의 노동조합 결성권을 보장하기로 합의하면서 「교원의 노동조합 설립 및 운영 등에 관한 법률안」을 정기국회에 제출하였고 이듬해인 1999년에 제정되면서 교원노동조합으로 합법화되었다. 설립 목적은 '교육노동자로서의 기본 권익을 적극 옹호하고 민주교육발전에 기여'하는 것으로 근로 조건의 개선 등을 우선순위로 삼았다. 주요 사업으로는 교직원의 사회적 · 경제적 지위 향상, 교육환경 제도 개선을 위한 사업, 조합원 교육 및 교원옹호 등을 들 수 있다. 우리나라 교직단체의 발전과정을 간략히 소개하자면 다음의 〈표 4 - 4〉와 같다.

표 4 - 4 교직단체의 변천

교원단체		교원노조	
1947년	조선교육연합회 설립	1998년	노사정위원회에서 교원의 노동조합 결성권을 보장하기로 합의
1948년	대한교육연합회로 개칭		교원 노동조합 결성권의 구체적 보장 방안을 합의
1989년	한국교원단체총연합회로 개칭		「교원의 노동조합 설립 및 운영 등에 관한 법률안」 정기국회 제출
1991년	교원지위향상을 위한 특별법 제정으로 교섭 및 협의권 획득	1999년	「교원의 노동조합 설립 및 운영 등에 관한 법률」 제정 · 공포
1993년	국제교육연합(EI)의 창립단체로 가입		교원노동조합 설립
2004년	교원전문직단체		

2) 활동

교직단체의 활동을 대표하는 것은 교섭·협의·협약이라 해도 과언은 아니다. 우리나라의 경우 교직단체의 교섭과 협의는 근거한 법령에 따라 크게 교원단체의 교섭·협의, 교원노조의 단체교섭 및 단체협약으로 구분된다. 단체교섭은 당사자(해당 단체)가 사용자 측과 임금·근무 조건, 후생·복지 등 경제적·사회적 지위 향상에 관한 사항에 대해 단결력을 바탕으로 교섭하는 기본적 활동을 말한다. 여기서 당사자는 단체교섭의 권리와 의무가 있는 자로서 스스로의 이름으로 단체교섭을 행하고 단체협약을 체결할 권한이 있는 자를 의미하며, 사용자 측은 교육부 장관, 시·도교육감, 사립학교 설립·경영자다. 이에 비해 단체협약은 당사자와 사용자가 임금, 근로시간 기타의 사항에 대하여 단체교섭 과정을 거쳐 합의한 문서로, 개별 근로계약에 우선하는 규범적 효력이 인정된다(김진한, 2009). 이를 바탕으로 대표적 교직단체인 한국교총과 전교조의 활동을 간략히 소개하고자 한다.

뉴스 따라잡기

교원의 정치활동과 정책참여의 차이

교원 및 교원단체의 정치활동 여부 논란을 정리하기 위해선 대법원과 부산고법 판결의 의미 및 교원의 정치활동과 정책참여의 한계를 보다 명확히 짚어 봐야 할 것이다. 대법원은 다수 의견을 통해 "시국선언문은 교육정책의 문제점을 지적하고 비판하는 내용도 포함하고 있으나 교육정책과 무관한 국토개발사업 등을 편향적인 입장에서 일방적·부정적으로 공격하고 있다"며 "이런 행위는 특정 정치세력에 대한 반대 의사를 직접적으로 표현해 정치적 편향성 또는 당파성을 명확히 드러낸 것이어서 불법 집단행위로 봐야 한다"고 밝혔다. 또 "이러한 시국선언과 서명운동은 학교를 정치 공론장으로 만들어 학생들의 교육 환경에 영향을 줄 위험성이 있다"고 지적했다. 이는 몇 가지 중요한 의미를 지닌다.

첫째, 교원 및 교원단체가 교육이 아닌 정치적·사회적 사안에 대한 집단적·포괄적 정치행위를 하면 위법이라는 점이다. 둘째, 다만 교육전문가인 교원의 교육정책에 대한 비판 및 찬반의견과 대안 제시 등은 허용되어야 한다는 점도 명시했다는 점이다. 이는 교원이 교육전문가로서 합리적인 절차와 방법을 통해 교원의 전문성 및 복지 향상을 위한 의견을 제시하고 정부 및 교육행정당국의 교육정책에 대한 비판을 제기하며 개선을 촉구하는 권리와 의무를 동시에 가질 수 있음을 의미한다. 셋째, 무엇보다 중요한 것은 학교 및 교실 내에서 정치이념 수업은 결코 이루어져선 안 된다는 점이다. 감수성이 예민하고 교사의 영향을 받기 쉬운 학생에게 교원이 자신의 정치이념이나 사상, 철학을 어떠한 형태로든 표현할 경우 학생에게 부정적인 영향을 미칠 수 있다는 점에서 정치이념 수업은 학교현장에서 결코 이루어져서는 안 된다.

교육계는 이번 대법원 판결에 주목해 합리적이고 법의 테두리 안에서 교육정책에 대한 건전한 비판과 대안을 제시하는 노력을 기울여야 할 것이다. 정치이념 수업의 그림자를 학교 안에서 완전히 걷어 낼 때 교원의 참정권적 기본권과 건전한 정치참여에 대한 국민적 동의는 당연히 뒤따를 것이기 때문이다. (한국일보 기사, 2012년 5월 10일, 안양옥 한국교원단체총연합회 회장)

◎ 생각해 보기

1. 교원의 정치적 중립성은 왜 중요한가?
2. 교원의 교육정책 비판은 어떠한 방향을 지향해야 하는가?
3. 교원의 참정권적 기본권과 건전한 정치참여란 무엇을 의미하는가?

(1) 한국교총

한국교총은 노동조합법이 아닌 「교원 지위 향상을 위한 특별법」에 의해 단체교섭·협의를 진행하며, 교섭 목적은 교원의 경제적·사회적 지위 향상 도모와 교원의 전문성 신장이다. 교섭 범위는 교원의 처우 개선, 근무 조건 및 복지 후생과 전문성 신장 및 교육정책에 의한 근로권과 전문성 향상 등 교육 전반적인 범위가 포함된다. 더 구체적인 내용은 다음의 〈표 4-5〉와 같다.

표 4-5 한국교총의 단체교섭 · 협의 구조

영 역	내 용
법적 근거	「헌법」 제33조 제1항, 「교육기본법」 제15조, 「민법」 제32조(비영리법인의 설비와 허가), 「교원 지위 향상을 위한 특별법」
교섭 목적	교원의 경제적 · 사회적 지위 향상 도모와 전문성 신장
교섭 범위	교원의 처우 개선, 근무 조건 및 복지 후생, 전문성 신장, 교육정책 등 교육 전반적인 범위 포함
교섭 · 협의 내용	봉급 및 수당체계의 개선, 근무 시간 · 휴게 · 휴무 및 휴가, 여교원의 보호, 안전 보건, 교권 신장, 복지 후생, 연구활동 육성 및 지원, 전문성 신장 연수, 기타 근무 조건 등
교섭 효력	법적 구속력 없음
교섭 주체	교총-교육부 장관, 시 · 도 교총-시 · 도 교육청 교육감
교섭 횟수	매년 2회(1월, 7월 원칙)

한국교총은 교육계 전반에 걸친 정책사항들을 교섭의 범위에 포함하였다는 측면에서 상대적 강점이 있으나, 교섭 효력은 법적 구속력이 없고 '노력의무'에 그친다는 한계도 있다는 점을 알 수 있다.

(2) 전교조

전교조는 「노동조합 및 노동관계 조정법」에 의해 단체교섭을 진행하며, 교섭 목적은 교원의 경제적 · 사회적 지위 향상 도모이고 교섭 범위는 임금 · 근무 조건 · 후생복지 등이다. 일반 노조와는 달리 단체교섭을 하거나 단체협약을 체결하는 경우 국민 여론 및 학부모의 의견을 수렴할 의무가 있고, 시행령으로 공동 여론조사 및 공청회를 개최할 수 있도록 하고 있다. 더 구체적인 내용은 다음의 〈표 4-6〉과 같다. 전교조는 관계 법령이 정하는 바에 따라 노동조합 또는 조합원의 경제적 · 사회적 지위 향상과 바람직한 교원노동관계의 형성을 위해 단체협약을 체결할 수 있다는 강점이 있으나 일체의 쟁의행위를 할 수 없다는 약점도 있다.

표 4-6 전교조의 단체교섭 · 협약 구조

영 역	내 용
법적 근거	「노동조합 및 노동관계 조정법」 제5조
교섭 목적	교원의 경제적 · 사회적 지위 향상
교섭 · 협약 범위	임금, 근무 조건, 후생복지(「노동조합 및 노동관계 조정법」 제6조 제1항)
교섭의 전개	협약체결권 인정
교섭 효력	취업규칙 또는 근로계약에 우선
교섭 주체	교육부 장관, 시 · 도 교육청 교육감, 사학연합체
효력 기간	2년 이내

이상과 같은 교직단체의 활동은 실제로 공무원, 교육공무원의 정치적 의사표현의 자유와 권리가 매우 제한되어 있는 상황이므로 현실적으로 많은 한계가 있다. 교원 및 교직단체의 정치활동을 규제하는 것과 관련된 법규로는 「공직선거 및 선거 부정 방지법」 제87조(단체의 선거운동 금지), 「국회법」 제29조(겸직), 「정당법」 제29조(발기 인 및 당원의 자격), 「정치자금에 관한 법률」 제12조(기부의 제한), 「국가공무원법」 제 65조(정치운동의 금지), 「국가공무원 복무규정」 제27조(정치적 행위), 「교육공무원법」 제44조, 「사립학교법」 제55조(복무), 「지방자치법」 제33조(겸직 등 금지) 등이 있다.

6. 교직단체의 전망과 과제

1) 전망

교직단체는 교원을 위해 만들어진 조직임은 틀림이 없으나 동시에 학생 없이는 생각할 수 없는 존재다. 과거에서 현재에 이르기까지 교직단체는 자신들의 회원을 위해 존재해 왔다고 해도 과언이 아니다. 그러나 일반인들은 교직단체가 교육수요자 와 학교교육을 위한 역할에 따른 기능을 수행해야 한다고 생각한다. 이것은 세계적 인 흐름에서도 알 수 있다. 미국의 노동직형 및 전문직형 교직단체의 역할은 1990년대 초반에 마무리되었고, 1990년대 후반부터 교직단체의 사회발전 역할, 즉 학교교육과 학생 교육 강화로 역할이 변화하는 추세다. 우리나라의 교직단체 역시 교원들의 힘만으로 유지·지속될 수 없는 시대적·환경적 변화에 노출되어 있다. 교직단체가 내세우는 설립의 목적은 분명하고 명확하게 잘 설정되어 있다고 간주된다. 다만, 이들의 활동방식이나 운영에서 어떠한 이념을 바탕으로 회원들에게 접근할 것인가 하는 문제와 이에 대해 일반 국민이 어떻게 인식할 것인가 하는 문제가 존재한다고 보인다.

교직단체는 교원들의 의견과 입장을 하나로 결합하는 교원통합체제를 지향하기 때문에 그들만의 정체성을 부각하는 데 한계를 지닐 수밖에 없다. 이러한 현실을 반영하여 교직단체는 활동방식에서의 차별화를 위한 노력을 해야 한다. 우리나라의 교직단체는 입장 차이를 보이고 경쟁적 구도를 형성하면서 이익단체로서 교원의 처우 및 근무 여건 개선 등 교원의 사회적·경제적 지위 향상과 관련된 활동에 지나치게 경도되어 있다. 이는 교직단체로서의 정체성에서 차별성을 발견하기 어렵게 하는 등 차세대 교직단체의 위상과 영향력에 그와 같은 요인들이 부정적인 문제를 야기할 소지가 충분히 있다고 보인다.

향후 교육정책은 정부, 교직단체, 학부모단체, 지역시민사회단체의 동등한 참여를 통한 다자 간 참여방식에 의해 결정 과정이 이루어질 가능성이 크다. 이는 과거 국가주의 정책 모형은 물론 정부주도하의 조합주의 정책 모형에서 한 발 더 진전된 형태로 교육정책 관련 이해집단들의 요구와 관점이 최대한 수용될 수 있는 방식이다. 이러한 방식이 집단들의 실력행사에 의해서 관철되었든 정부의 독점적 정책결정에 따른 정치적 책무성의 부담 경감 차원에서 한시적으로 채택되었든 간에 다원주의적 정책 결정 모형은 피할 수 없는 대세로 자리 잡을 가능성이 크다. 이런 점에서 교직단체는 이러한 정책모형의 변화에 대응하고 대처할 수 있는 전략을 모색하여 정책을 추진할 시점에 와 있다. 이러한 작업은 과거 교직단체가 지향하고 걸어 온 경로에 대한 냉철한 분석 및 현재의 이념과 정체성이 언제까지 유효할 것인가에 대한 예지적 판단의 바탕 위에서 이루어져야 할 것이다. 이상의 논의를 바탕으로 교직단체의 과거와 현재, 미래의 정책 결정, 협상 모형, 참여자, 협상방식의 논리를 간략히 정리하자면 다음의 〈표 4-7〉과 같다.

표 4-7 교직단체의 발전 지향적 전망

교원정책 결정 모형	시제	협상 모형	참여자	협상방식 논리
국가주의	과거	전문직주의	국가주도 상황, 수동적 참여	독점
조합주의	현재	전문직적 조합주의	국가주도형이지만 교원단체의 적극적 참여	경쟁
다원주의	미래	전문직적 공동체주의	교육공동체 구성원(정부, 교원, 학부모) 동등 참여	상생

2) 과제

최근에 정부는 학교 자율화와 다양화 정책, 단위학교 책임경영제의 실천과 함께 교원능력개발평가, 교장공모제 도입, 전국 단위 학업성취도 평가 및 공개, 교육정보 공시제 및 학교선택제 시행 등을 통한 성과 중심의 학교 효과성 및 책무성 제고 정책을 추진하였다. 이에 따라 교육수요자 중심의 정책 환경이 조성되어 학교조직은 과거보다 다원화되고 복잡다단한 체제의 성격이 증대되고 있다. 이러한 대내외 시대·환경의 변화는 교육정책 결정구도의 패러다임 전환도 아울러 요구하고 있다. 그 대표적인 예가 다원주의적 패러다임이라고 할 수 있다. 우리 사회의 미래는 다원주의화 경향이 급속히 진전되면서 교육을 둘러싼 관련 이해집단 간의 경쟁과 협력에 의해서 교육정책이 접근될 가능성이 크다. 이 같은 다원적 정책구도에서 공멸상쇄의 길을 피할 수 있는 유일한 길은 정책 참여자들이 교육공동체의 일원이라는 의식을 회복하고, 교육공동체의 의사소통 구조를 합리적으로 구축하는 것이다.

다원주의 정책모형에서는 교육주체들의 정책참여 방식이 수동적, 능동적 자세라는 이분법적인 틀에 얽매이지 않고 더욱 적극적인 형태로 전환될 것이다. 물론, 자기 집단의 이익을 관철하기 위한 정치적 행위 면에서의 적극성보다 교육공동체의 존재에 대한 성공적인 인식과 공동체의 일원으로서 공동체의 성공적 유지를 위해 필요한 조건들을 충실하게 실천해 나가는 적극성을 포함해서 말이다. 즉, 상호합의된 합리적인 규칙에 의해 운영되는 공론장을 마련하여 의사소통의 합리성을 꾀하고 대화의 끈을 놓지 않고 양보와 균형을 추구하는 이념을 구현해 나가야 하는 것이다.

이러한 미래의 교육정책 장면 변화와 관련하여 교직단체는 교육공동체의 일원으로서 정부, 학부모단체, 지역시민사회단체 등 다자간의 요구가 균형을 이루는 협상 통로의 틀과 공통분모가 될 수 있는 대화의 장에 적극적으로 참여해야 한다. 이와 같은 교육정책 결정의 새로운 흐름을 통하여 교직단체들은 상대방을 포용하고 대화의 장을 활성화하는 등 공동 참여의 리더십을 적극 발휘할 수 있도록 교육주체 간의 대화와 협업을 공고히 해 나가야 할 것이다. 교직단체가 추구해 나가야 할 과제를 정리하여 제시하면 다음의 [그림 4 – 1]과 같다(신현석, 박균열, 2012, p. 126).

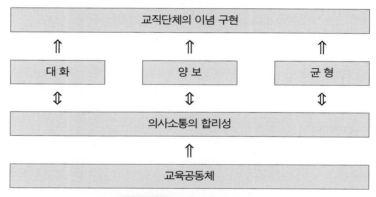

그림 4-1 교직단체의 과제

1. 교직단체는 일반적으로 '교원을 그 구성원으로 하는 단체'라고 할 수 있다.

2. 교직단체는 회원단체, 대변단체, 이익단체, 공공단체의 성격을 지닌다.

3. 교직단체의 역할은 다음과 같이 정리할 수 있다.
   - 교원의 경제적 · 사회적 지위 향상 등 교원의 이익을 추구하는 것으로서 교원의 처우 개선, 근무 조건 및 복지후생을 위해 노력하되 이는 국민적 지지를 잃지 않는 범위에서라는 전제조건이 필요하다.
   - 교원의 전문성 신장을 위해 노력하되 정부당국과의 교섭을 통해 이를 위한 정책과 재원을 확보한다. 아울러 교원연수와 학술활동을 통해 스스로 구성원의 전문성을 신장한다.

– 교육정책 형성과 집행 과정에 참여하여 학교현장의 목소리를 반영하고 교육정책 과정에 직간접적인 영향을 미친다.

4. 우리나라의 경우 교직단체의 교섭과 협의는 근거한 법령에 따라 교원단체의 교섭·협의, 교원노조의 단체교섭 및 단체협약으로 크게 구분할 수 있다.

5. 교직단체는 교원의 의견과 입장을 하나로 결합하는 교원통합체제를 지향하기 때문에 그들만의 정체성을 부각시켜야 한다.

적용하기

교사의 직원체육행사 참가 시 발생한 사고 사례

□□ 지역 ○○학교 학교안전사고건(사건개요)

• 2004년 12월 15일: ○○학교 A 교사는 학교체육운영계획에 의거한 직원체육행사에 참여하여 배구 경기를 하다가 넘어져 좌측관절 내측부 인대파열 부상(6주 이상의 안정 가료 필요)을 입게 됨.
• 2004년 12월 20일: A 교사는 공무원연금관리공단에 공무상요양을 신청함.
• 2005년 1월 21일: 공무원연금관리공단에서는 동 체육행사는 직무관련 행사라기보다는 수업이 종료된 이후에 교직원 간의 체력단련 및 친목과 단합 도모 등에 목적이 있고 친목회에서 경비를 지출한 것으로 보인다는 이유로 공무상요양불승인 처분을 함.
• 2005년 4월 22일: A 교사는 공무원연금급여재심위원회에 재심을 청구함.
• 2005년 6월 22일: 공무원연금급여재심위원회에서도 심사청구를 기각함.
• 2005년 7월: A 교사는 공무원연금관리공단을 상대로 공무상요양불승인처분취소 청구의 행정소송을 제기함.
• 2006년 8월 22일: 법원, A 교사 승소 판결함.
• 2006년 9월: 공무원연금관리공단, 항소를 제기함.
• 2007년: 법원, 공무원연금관리공단의 항소 기각.

다음의 쟁점들에 대해 토론해 보자.

쟁점 1: 행사 주최자, 목적, 내용, 참가인원과 그 강제성 여부, 운영방법, 비용부담 등 제 반사정에 비추어 사회통념상 그 행사의 전반적인 과정이 공무원이 소속한 기관의 지배나 관리를 받는 상태의 여부

쟁점 2: 교사의 체육활동이 학교 정규 근무 시간 중에 이루어지고 있는 점

쟁점 3: 공무와의 상당한 인과성 유무

* 참고법규: 「공무원연금법시행규칙」 제16조(공무상 재해여부의 확인 등), 대법원판례(1997. 8. 29. 산고97누7271판결), 서울고등법원 판례(1996. 6. 21. 선고 95구1400 판결), 서울행정법원 판례(2004. 11. 30. 선고 2004구합22640 판결) 등

*출처: 한국교원단체총연합회(2008).

참고문헌

김진한(2009). 교사를 위한 교직실무. 서울: 학지사.

노화준(2003). 정책학원론. 서울: 박영사.

서울특별시 교육연수원(2010). 2010 초등 교감 자격연수 교재.

신현석(2005). 교직단체 역할과 기능의 재조명. 2005년 교육과 시민사회 · 바른교육권실천행동 · 인간교육실현학부모연대 정책토론회 미간행 자료집. 서울: 전국학교운영위원회총연합회, 2-16.

신현석, 박균열(2012). 교직단체의 이념과 정체성 확립을 위한 발전적 협상모형의 탐색, 교육정치학연구, 19(4), 111-131.

안선회(2004). 참여정부 교육정책 결정체제에 관한 연구. 고려대학교 대학원 석사학위 논문.

윤광희(2000). 일본과 미국의 교직단체에 관한 연구. 서울: 교육부.

이병기(1989). 정책결정과정에서의 이익집단 역분석. 동국대학교 대학원 연구논집, 19, 161.

한국교원단체총연합회(2000). 일본과 미국의 교직단체에 관한 연구. 서울: 한국교원단체총연합회.

한국교원단체총연합회(2008). 교원 회복 및 교직상담 활동 실적 보고서.

Archer, J. (2001. 7. 11.). NEA agrees to new alliance with AFT. *Education Week*, http://www.edweek.org/ew/articles/2001/07/11/42neamerge_web.h20.html

Good, C. V. (1973). *Dictionary of Education*. New York: McGraw-Hill.

Shaw, M. E., & Constanzo, R. (1982). *Theories of Social Psychology* (2nd ed.). New York: McGraw-Hill.

Thomas, C. S., & Hrebenar, R. J. (1999). *Interest Group in The States*. Washington, DC: Congressional Quarterly.

한국일보(2012. 5. 10.). 교원의 정치활동과 정책참여의 차이.

제1부 | 교직과 교사

제5장

교육 관련 법규

이 장의 핵심 아이디어

교육 관련 법규에 대해 다음과 같은 사항을 이해할 수 있다.

▶ 모든 국민은 능력에 따라 균등하게 교육받을 권리를 가진다.

▶ 모든 국민은 그 보호하는 자녀에게 적어도 초등교육과 법률이 정하는 교육을 받게 할 의무를 진다.

▶ 교육의 자주성 · 전문성 · 정치적 중립성 및 대학의 자율성은 법률이 정하는 바에 의해 보장된다.

▶ 교육에 관한 국민의 권리 · 의무, 국가 및 지방자치단체의 책임, 교육제도와 그 운영에 관한 기본적인 사항을 규정하고 있다.

▶ 교육공무원은 자격, 임용, 보수, 연수, 신분보장 등에 관하여 「국가공무원법」에 대한 특례를 규정한다.

1. 헌법

우리나라 「헌법」의 의미는 정치 · 경제 · 사회 · 문화의 모든 영역에서 모든 국민의 기회를 균등히 하고, 능력을 최고도로 발휘하게 하며, 자유와 권리에 따르는 책임과 의무를 완수하게 하는 데 있다. 또한 안으로는 국민생활의 균등한 향상을 기하고 밖으로는 항구적인 세계평화와 인류공영에 이바지함으로써 우리와 우리 자손의 안전과 자유와 행복을 영원히 확보할 것을 다짐하고 있다.

우리 「헌법」은 1948년 7월 12일에 제정된 이래 1987년 10월 29일 개정까지 9차례의 개정으로 현재에 이르고 있다. 그리고 헌법은 교육에 관한 권리와 의무에 관한 조항을 직 · 간접적으로 제시하고 있다.

■ 국민의 권리와 의무

● 제10조

모든 국민은 인간으로서의 존엄과 가치를 가지며, 행복을 추구할 권리를 가진다. 국가는 개인이 가지는 불가침의 기본적 인권을 확인하고 이를 보장할 의무를 진다.

● 제22조

① 모든 국민은 학문과 예술의 자유를 가진다.

② 저작자 · 발명가 · 과학기술자와 예술가의 권리는 법률로써 보호한다.

● 제23조

① 모든 국민의 재산권은 보장된다. 그 내용과 한계는 법률로 정한다.

② 재산권의 행사는 공공복리에 적합하도록 하여야 한다.

③ 공공필요에 의한 재산권의 수용 · 사용 또는 제한 및 그에 대한 보상은 법률로써 하되, 정당한 보상을 지급하여야 한다.

● 제31조

① 모든 국민은 능력에 따라 균등하게 교육을 받을 권리를 가진다.

② 모든 국민은 그 보호하는 자녀에게 적어도 초등교육과 법률이 정하는 교육을 받게 할 의무를 진다.

③ 의무교육은 무상으로 한다.

④ 교육의 자주성·전문성·정치적 중립성 및 대학의 자율성은 법률이 정하는 바에 의해 보장된다.

⑤ 국가는 평생교육을 진흥하여야 한다.

⑥ 학교교육 및 평생교육을 포함한 교육제도와 그 운영, 교육재정 및 교원의 지위에 관한 기본적인 사항은 법률로 정한다.

● 제33조

① 근로자는 근로조건의 향상을 위하여 자주적인 단결권·단체교섭권 및 단체행동권을 가진다.

② 공무원인 근로자는 법률이 정하는 자에 한하여 단결권·단체교섭권 및 단체행동권을 가진다.

③ 법률이 정하는 주요 방위산업체에 종사하는 근로자의 단체행동권은 법률이 정하는 바에 의하여 이를 제한하거나 인정하지 아니할 수 있다.

2. 교육기본법

「교육기본법」은 모든 국민의 교육을 받을 권리를 보장하기 위하여 규정하고 있는 「헌법」 하위의 교육관계 법규로 학교교육 및 평생교육을 포함한다. 또한 그에 관한 교육제도와 운영에 관한 기본적인 방향을 설정하고 모든 교육당사자의 권리와 의무를 규정한다.

1) 목적

● 제1조

이 법은 교육에 관한 국민의 권리·의무 및 국가·지방자치단체의 책임을 정하고 교육제도와 그 운영에 관한 기본적 사항을 규정함을 목적으로 한다.

2) 교육이념

● **제2조**

교육은 홍익인간의 이념 아래 모든 국민으로 하여금 인격을 도야(陶冶)하고 자주적 생활능력과 민주시민으로서 필요한 자질을 갖추게 함으로써 인간다운 삶을 영위하게 하고 민주국가의 발전과 인류공영의 이상을 실현하는 데에 이바지하게 함을 목적으로 한다.

3) 학습권

● **제3조**

모든 국민은 평생에 걸쳐 학습하고, 능력과 적성에 따라 교육 받을 권리를 가진다.

4) 교육의 기회균등

● **제4조**

① 모든 국민은 성별, 종교, 신념, 인종, 사회적 신분, 경제적 지위 또는 신체적 조건 등을 이유로 교육에서 차별을 받지 아니한다.

② 국가와 지방자치단체는 학습자가 평등하게 교육을 받을 수 있도록 지역 간의 교원 수급 등 교육 여건 격차를 최소화하는 시책을 마련하여 시행하여야 한다.

5) 교육의 자주성

● **제5조**

① 국가와 지방자치단체는 교육의 자주성과 전문성을 보장하여야 하며, 지역 실정에 맞는 교육을 실시하기 위한 시책을 수립 · 실시하여야 한다.

② 학교운영의 자율성은 존중되며, 교직원 · 학생 · 학부모 및 지역주민 등은 법령으로 정하는 바에 따라 학교운영에 참여할 수 있다.

6) 교육의 중립성

- **제6조**

① 교육은 교육 본래의 목적에 따라 그 기능을 다하도록 운영되어야 하며, 정치적·파당적 또는 개인적 편견을 전파하기 위한 방편으로 이용되어서는 아니된다.

② 국가와 지방자치단체가 설립한 학교에서는 특정한 종교를 위한 종교교육을 하여서는 아니 된다.

7) 의무교육

- **제8조**

① 의무교육은 6년의 초등교육과 3년의 중등교육으로 한다.

② 모든 국민은 제1항에 따른 의무교육을 받을 권리를 가진다.

8) 학교교육

- **제9조**

① 유아교육·초등교육·중등교육 및 고등교육을 하기 위하여 학교를 둔다.

② 학교는 공공성을 가지며, 학생의 교육 외에 학술 및 문화적 전통의 유지·발전과 주민의 평생교육을 위하여 노력하여야 한다.

③ 학교교육은 학생의 창의력 계발 및 인성 함양을 포함한 전인적 교육을 중시하여 이루어져야 한다.

④ 학교의 종류와 학교의 설립·경영 등 학교교육에 관한 기본적인 사항은 따로 법률로 정한다.

9) 교육 당사자(제12~17조)

- 학습자, 보호자, 교원, 교원단체, 학교 등의 설립자 · 경영자, 국가 및 지방자치단체를 규정하고 있다.

- **제14조(교원)**
① 학교교육에서 교원의 전문성은 존중되며, 교원의 경제적 · 사회적 지위는 우대되고 그 신분은 보장된다.
② 교원은 교육자로서 갖추어야 할 품성과 자질을 향상시키기 위하여 노력하여야 한다.
③ 교원은 교육자로서의 윤리의식을 확립하고, 이를 바탕으로 학생에게 학습윤리를 지도하고 지식을 습득하게 하며, 학생 개개인의 적성을 계발할 수 있도록 노력하여야 한다.
④ 교원은 특정한 정당이나 정파를 지지하거나 반대하기 위하여 학생을 지도하거나 선동하여서는 아니 된다.
⑤ 교원은 법률로 정하는 바에 따라 다른 공직에 취임할 수 있다.

10) 교육의 진흥(제17~29조)

- **제17조의2(남녀평등교육의 증진)**
① 국가와 지방자치단체는 남녀평등정신을 보다 적극적으로 실현할 수 있는 시책을 수립 · 실시하여야 한다.
② 국가 및 지방자치단체와 제16조에 따른 학교 및 사회교육시설의 설립자 · 경영자는 교육을 할 때 합리적인 이유 없이 성별에 따라 참여나 혜택을 제한하거나 배제하는 등의 차별을 하여서는 아니 된다.
③ 제1항에 따른 시책에는 체육 · 과학기술 등 여성의 활동이 취약한 분야를 중점 육성할 수 있는 교육적 방안이 포함되어야 한다.
④ 학교교육에서 남녀평등을 증진하기 위한 학교교육과정의 기준과 내용 등 대통

령령으로 정하는 사항에 관한 교육부 장관의 자문에 응하기 위하여 남녀평등
교육심의회를 둔다.

⑤ 제4항에 따른 남녀평등교육심의회 위원의 자격 · 구성 · 운영 등에 필요한 사
항은 대통령령으로 정한다.

3. 초 · 중등교육법

1) 총칙

● **제1조(목적)**

이 법은 「교육기본법」 제9조의 규정에 따라 초 · 중등교육에 관한 사항을 정함을
목적으로 한다.

● **제2조(학교의 종류)**

초 · 중등교육을 실시하기 위하여 다음 각 호의 학교를 둔다.

① 초등학교 · 공민학교

② 중학교 · 고등공민학교

③ 고등학교 · 고등기술학교

④ 특수학교

⑤ 각종학교

● **제3조(국공사립학교의 구분)**

제2조 각 호의 학교(이하 "학교"라 한다)는 국가가 설립 · 경영하는 국립학교, 지방
자치단체가 설립 · 경영하는 공립학교(설립주체에 따라 시립학교 · 도립학교로 구분할 수
있다), 법인 또는 사인이 설립 · 경영하는 사립학교로 구분한다.

- **제4조(학교의 설립 등)**
① 학교를 설립하려는 자는 시설 · 설비 등 대통령령으로 정하는 설립 기준을 갖추어야 한다.
② 사립학교를 설립하려는 자는 특별시 · 광역시 · 특별자치시 · 도 · 특별자치도 교육감(이하 "교육감"이라 한다)의 인가를 받아야 한다.
③ 사립학교를 설립 · 경영하는 자가 학교를 폐교하거나 대통령령으로 정하는 중요 사항을 변경하려면 교육감의 인가를 받아야 한다.

- **제5조(학교의 병설)**
초등학교 · 중학교 및 고등학교는 지역의 실정에 따라 상호 병설(竝設)할 수 있다.

- **제6조(지도 · 감독)**
국립학교는 교육부 장관의 지도 · 감독을 받으며, 공립 · 사립학교는 교육감의 지도 · 감독을 받는다.

- **제7조(장학지도)**
교육감은 관할 구역의 학교를 대상으로 교육과정 운영과 교수(教授) · 학습방법 등에 대한 장학지도를 할 수 있다.

- **제8조(학교 규칙)**
① 학교의 장(학교를 설립하는 경우에는 그 학교를 설립하려는 자를 말한다)은 법령의 범위에서 학교 규칙(이하 "학칙"이라 한다)을 제정 또는 개정할 수 있다.
② 학칙의 기재 사항과 제정 · 개정 절차 등에 관하여 필요한 사항은 대통령령으로 정한다.

- **제9조(학생 · 기관 · 학교 평가)**
① 교육부 장관은 학교에 재학 중인 학생을 대상으로 학업성취도를 측정하기 위한 평가를 할 수 있다. (개정 2013. 3. 23.)

② 교육부 장관은 교육행정을 효율적으로 수행하기 위하여 특별시·광역시·특별자치시·도·특별자치도 교육청과 그 관할하는 학교를 평가할 수 있다. (개정 2013. 3. 23.)

③ 교육감은 교육행정의 효율적 수행 및 학교교육능력 향상을 위하여 그 관할하는 교육행정기관과 학교를 평가할 수 있다.

④ 제2항 및 제3항에 따른 평가의 대상·기준·절차 및 평가결과의 공개 등에 필요한 사항은 대통령령으로 정한다.

⑤ 평가 대상 기관의 장은 특별한 사유가 있는 경우가 아니면 제1항부터 제3항까지의 규정에 따른 평가를 받아야 한다.

⑥ 교육부 장관은 교육감이 그 관할 구역에서 제3항에 따른 평가를 실시하려는 경우 필요한 지원을 할 수 있다. (개정 2013. 3. 23.)

2) 의무교육

● **제12조(의무교육)**

① 국가는 「교육기본법」 제8조 제1항의 규정에 의한 의무교육을 실시하여야 하며, 이를 위한 시설의 확보 등 필요한 조치를 강구하여야 한다.

② 지방자치단체는 그 관할구역 안의 의무교육 대상자 전원을 취학시키는 데 필요한 초등학교 및 중학교와 초등학교 및 중학교의 과정을 교육하는 특수학교를 설립·경영해야 한다.

③ 지방자치단체는 지방자치단체가 설립한 초등학교·중학교 및 특수학교에 그 관할구역 안의 의무교육 대상자 전원을 취학시키는 것이 곤란한 경우에는 인접한 지방자치단체와 협의하여 합동으로 초등학교·중학교 또는 특수학교를 설립·경영하거나, 인접한 지방자치단체의 공립·국립 또는 사립의 초등학교·중학교 또는 특수학교에 위탁하여 의무교육 대상자의 일부에 대한 교육을 실시할 수 있다.

④ 국·공립학교의 설립자·경영자 및 제3항의 규정에 의하여 의무교육 대상자를 위탁받은 사립학교의 설립자·경영자는 의무교육을 받는 자에 대하여 수업료

를 받을 수 없다.

- **제13조(취학 의무)**

① 모든 국민은 보호하는 자녀 또는 아동이 6세가 된 날이 속하는 해의 다음 해 3월 1일에 그 자녀 또는 아동을 초등학교에 입학시켜야 하고, 초등학교를 졸업할 때까지 다니게 하여야 한다.

② 모든 국민은 제1항에도 불구하고 그가 보호하는 자녀 또는 아동이 5세가 된 날이 속하는 해의 다음 해 또는 7세가 된 날이 속하는 해의 다음 해에 그 자녀 또는 아동을 초등학교에 입학시킬 수 있다. 이 경우에도 그 자녀 또는 아동이 초등학교에 입학한 해의 3월 1일부터 졸업할 때까지 초등학교에 다니게 하여야 한다.

③ 모든 국민은 보호하는 자녀 또는 아동이 초등학교를 졸업한 학년의 다음 학년 초에 그 자녀 또는 아동을 중학교에 입학시켜야 하고, 중학교를 졸업할 때까지 다니게 하여야 한다.

④ 제1항부터 제3항까지의 규정에 따른 취학 의무의 이행과 이행 독려 등에 필요한 사항은 대통령령으로 정한다.

- **제14조(취학 의무의 면제 등)**

① 질병·발육상태 등 부득이한 사유로 인하여 취학이 불가능한 의무교육 대상자에 대하여는 대통령령으로 정하는 바에 따라 제13조에 따른 취학 의무를 면제하거나 유예할 수 있다.

② 제1항에 따라 취학 의무를 면제받거나 유예받은 사람이 다시 취학하려면 대통령령으로 정하는 바에 따라 학습능력을 평가한 후 학년을 정하여 취학하게 할 수 있다.

- **제15조(고용자의 의무)**

의무교육 대상자를 고용하는 자는 그 고용으로 인하여 당해 의무교육 대상자가 의무교육을 받는 것을 방해하여서는 아니 된다.

- **제16조(친권자 등에 대한 보조)**

국가 및 지방자치단체는 의무교육 대상자의 친권자 또는 후견인이 경제적 사유로 의무교육 대상자를 취학시키기 곤란할 때에는 교육비를 보조할 수 있다.

3) 학생과 교직원

- **제17조(학생자치활동)**

학생의 자치활동은 권장 · 보호되며, 그 조직과 운영에 관한 기본적인 사항은 학칙으로 정한다.

- **제18조(학생의 징계)**

① 학교의 장은 교육상 필요한 경우에는 법령과 학칙으로 정하는 바에 따라 학생을 징계하거나 그 밖의 방법으로 지도할 수 있다. 다만, 의무교육을 받고 있는 학생은 퇴학시킬 수 없다.

② 학교의 장은 학생을 징계하려면 그 학생이나 보호자에게 의견을 진술할 기회를 주는 등 적정한 절차를 거쳐야 한다.

- **제19조(교직원의 구분)**

① 학교에는 다음 각 호의 교원을 둔다.

1. 초등학교 · 중학교 · 고등학교 · 공민학교 · 고등공민학교 · 고등기술학교 및 특수학교에는 교장 · 교감 · 수석교사 및 교사를 둔다. 다만, 학생 수가 100명 이하인 학교나 학급 수가 5학급 이하인 학교 중 대통령령으로 정하는 규모 이하의 학교에는 교감을 두지 아니할 수 있다.

2. 각종학교에는 제1호에 준하여 필요한 교원을 둔다.

② 학교에는 교원 외에 학교 운영에 필요한 행정직원 등 직원을 둔다.

③ 학교에는 원활한 학교 운영을 위하여 교사 중 교무(校務)를 분담하는 보직교사를 둘 수 있다.

④ 학교에 두는 교원과 직원(이하 "교직원"이라 한다)의 정원에 필요한 사항은 대통

령령으로 정하고, 학교급별 구체적인 배치기준은 제6조에 따른 지도·감독기관(이하 "관할청"이라 한다)이 정하며, 교육부 장관은 교원의 정원에 관한 사항을 매년 국회에 보고하여야 한다. (개정 2013. 3. 23.)

● **제19조의2(전문상담교사의 배치 등)**

① 학교에 전문상담교사를 두거나 시·도 교육행정기관에 「교육공무원법」 제22조의2에 따라 전문상담순회교사를 둔다.

② 제1항의 전문상담순회교사의 정원·배치 기준 등에 필요한 사항은 대통령령으로 정한다. (전문개정 2012. 3. 21.)

● **제20조(교직원의 임무)**

① 교장은 교무를 통할(統轄)하고, 소속 교직원을 지도·감독하며, 학생을 교육한다.

② 교감은 교장을 보좌하여 교무를 관리하고 학생을 교육하며, 교장이 부득이한 사유로 직무를 수행할 수 없을 때에는 교장의 직무를 대행한다. 다만, 교감이 없는 학교에서는 교장이 미리 지명한 교사(수석교사를 포함한다)가 교장의 직무를 대행한다.

③ 수석교사는 교사의 교수·연구 활동을 지원하며, 학생을 교육한다.

④ 교사는 법령에서 정하는 바에 따라 학생을 교육한다.

⑤ 행정직원 등 직원은 법령에서 정하는 바에 따라 학교의 행정사무와 그 밖의 사무를 담당한다. (전문개정 2012. 3. 21.)

● **제21조(교원의 자격)**

① 교장과 교감은 별표 1의 자격 기준에 해당하는 사람으로서 대통령령으로 정하는 바에 따라 교육부 장관이 검정(檢定)·수여하는 자격증을 받은 사람이어야 한다. (개정 2013. 3. 23.)

② 교사는 정교사(1급·2급), 준교사, 전문상담교사(1급·2급), 사서교사(1급·2급), 실기교사, 보건교사(1급·2급) 및 영양교사(1급·2급)로 나누되, 별표 2의 자격 기준에 해당하는 사람으로서 대통령령으로 정하는 바에 따라 교육부 장관이

검정·수여하는 자격증을 받은 사람이어야 한다. (개정 2013. 3. 23.)

③ 수석교사는 제2항의 자격증을 소지한 사람으로서 15년 이상의 교육경력(「교육공무원법」 제2조 제1항 제2호 및 제3호에 따른 교육전문직원으로 근무한 경력을 포함한다)을 가지고 교수·연구에 우수한 자질과 능력을 가진 사람 중에서 대통령령으로 정하는 바에 따라 교육부 장관이 정하는 연수 이수 결과를 바탕으로 검정·수여하는 자격증을 받은 사람이어야 한다. (개정 2013. 3. 23.)

● 제22조(산학겸임교사 등)

① 교육과정을 운영하기 위하여 필요하면 학교에 제19조 제1항에 따른 교원 외에 산학겸임교사·명예교사 또는 강사 등을 두어 학생의 교육을 담당하게 할 수 있다. 이 경우 국립·공립학교는 「교육공무원법」 제10조의3 제1항 및 제10조의4를, 사립학교는 「사립학교법」 제54조의3 제4항 및 제5항을 각각 준용한다.

② 제1항에 따라 학교에 두는 산학겸임교사 등의 종류·자격기준 및 임용 등에 필요한 사항은 대통령령으로 정한다. (전문개정 2012. 3. 21.)

4) 학교

● 제23조(교육과정 등)

① 학교는 교육과정을 운영하여야 한다.

② 교육부 장관은 제1항에 따른 교육과정의 기준과 내용에 관한 기본적인 사항을 정하며, 교육감은 교육부 장관이 정한 교육과정의 범위에서 지역의 실정에 맞는 기준과 내용을 정할 수 있다. (개정 2013. 3. 23.)

③ 학교의 교과(敎科)는 대통령령으로 정한다. (전문개정 2012. 3. 21.)

● 제24조(수업 등)

① 학교의 학년도는 3월 1일부터 시작하여 다음 해 2월 말일까지로 한다.

② 수업은 주간(晝間)·전일제(全日制)를 원칙으로 한다. 다만, 법령이나 학칙으로 정하는 바에 따라 야간수업·계절수업·시간제수업 또는 방송·통신수업 등

을 할 수 있다.

③ 학교의 학기 · 수업일수 · 학급편성 · 휴업일과 반의 편성 · 운영, 그 밖에 수업에 필요한 사항은 대통령령으로 정한다. (전문개정 2012. 3. 21.)

● **제26조(학년제)**

① 학생의 진급이나 졸업은 학년제로 한다.

② 제1항에도 불구하고 학교의 장은 관할청의 승인을 받아 학년제 외의 제도를 채택할 수 있다. (전문개정 2012. 3. 21.)

● **제27조(조기진급 및 조기졸업 등)**

① 초등학교 · 중학교 · 고등학교 및 이에 준하는 각종학교의 장은 재능이 우수한 학생에게 제23조 · 제24조 · 제26조 · 제39조 · 제42조 및 제46조에도 불구하고 수업연한(授業年限)을 단축(수업상의 특례를 포함한다)하여 조기진급 또는 조기졸업을 할 수 있도록 하거나 상급학교 조기입학 자격을 줄 수 있다.

② 제1항에 따라 상급학교 조기입학 자격을 얻어 상급학교에 입학한 경우에는 조기졸업한 것으로 본다.

③ 제1항 및 제2항에 따른 재능이 우수한 학생의 선정(選定)과 조기진급, 조기졸업 및 상급학교 조기입학 자격 등에 필요한 사항은 대통령령으로 정한다. (전문개정 2012. 3. 21.)

● **제27조의2(학력인정의 시험)**

① 제2조에 따른 학교의 교육과정을 마치지 아니한 사람은 대통령령으로 정하는 시험에 합격하여 초등학교 · 중학교 또는 고등학교를 졸업한 사람과 동등한 학력을 인정받을 수 있다.

② 국가 또는 지방자치단체는 제1항에 따른 시험 중 초등학교와 중학교를 졸업한 사람과 동등한 학력이 인정되는 시험의 실시에 필요한 비용을 부담한다.

③ 초등학교를 졸업한 사람과 동등한 학력이 인정되는 시험에 필요한 사항은 시 · 도의 교육규칙으로 정하고, 중학교와 고등학교를 졸업한 사람과 동등한 학

력이 인정되는 시험에 필요한 사항은 교육부령으로 정한다. (개정 2013. 3. 23.)

● **제28조(학습부진아 등에 대한 교육)**

국가와 지방자치단체는 학습부진(學習不振)이나 성격장애 등의 사유로 정상적인 학교생활을 하기 어려운 학생과 학업을 중단한 학생들을 위하여 대통령령으로 정하는 바에 따라 수업일수와 교육과정을 신축적으로 운영하는 등 교육상 필요한 시책을 마련하여야 한다. (전문개정 2012. 3. 21.)

● **제29조(교과용 도서의 사용)**

① 학교에서는 국가가 저작권을 가지고 있거나 교육부 장관이 검정하거나 인정한 교과용 도서를 사용하여야 한다. (개정 2013. 3. 23.)

② 교과용 도서의 범위·저작·검정·인정·발행·공급·선정 및 가격 사정(査定) 등에 필요한 사항은 대통령령으로 정한다.

● **제30조(학교의 통합·운영)**

① 학교의 설립자·경영자는 효율적인 학교 운영을 위하여 필요하면 지역 실정에 따라 초등학교·중학교, 중학교·고등학교 또는 초등학교·중학교·고등학교의 시설·설비 및 교원 등을 통합하여 운영할 수 있다.

② 제1항에 따라 통합·운영하는 학교의 시설·설비 기준 및 교원배치 기준 등에 필요한 사항은 대통령령으로 정한다.

● **제30조의2(학교회계의 설치)**

① 국립·공립의 초등학교·중학교·고등학교 및 특수학교에 학교별로 학교회계(學校會計)를 설치한다.

② 학교회계는 다음 각 호의 수입을 세입(歲入)으로 한다.

   1. 국가의 일반회계나 지방자치단체의 교육비특별회계로부터 받은 전입금

   2. 제32조 제1항에 따라 학교운영위원회 심의를 거쳐 학부모가 부담하는 경비

   3. 제33조의 학교발전기금으로부터 받은 전입금

　　4. 국가나 지방자치단체의 보조금 및 지원금

　　5. 사용료 및 수수료

　　6. 이월금

　　7. 물품매각대금

　　8. 그 밖의 수입

③ 학교회계는 학교운영과 학교시설의 설치 등을 위하여 필요한 모든 경비를 세출(歲出)로 한다.

④ 학교회계는 예측할 수 없는 예산 외의 지출이나 예산초과지출에 충당하기 위하여 예비비로서 적절한 금액을 세출예산에 계상(計上)할 수 있다.

⑤ 학교회계의 설치에 필요한 사항은 국립학교의 경우에는 교육부령으로, 공립학교의 경우에는 시·도의 교육규칙으로 정한다. (개정 2013. 3. 23.)

● **제30조의3(학교회계의 운영)**

① 학교회계의 회계연도는 매년 3월 1일에 시작하여 다음 해 2월 말일에 끝난다.

② 학교의 장은 회계연도마다 학교회계 세입세출예산안을 편성하여 회계연도가 시작되기 30일 전까지 제31조에 따른 학교운영위원회에 제출하여야 한다.

③ 학교운영위원회는 학교회계 세입세출예산안을 회계연도가 시작되기 5일 전까지 심의하여야 한다.

④ 학교의 장은 제3항에 따른 예산안이 새로운 회계연도가 시작될 때까지 확정되지 아니하면 다음 각 호의 경비를 전년도 예산에 준하여 집행할 수 있다. 이 경우 전년도 예산에 준하여 집행된 예산은 해당 연도의 예산이 확정되면 그 확정된 예산에 따라 집행된 것으로 본다.

　　1. 교직원 등의 인건비

　　2. 학교교육에 직접 사용되는 교육비

　　3. 학교시설의 유지관리비

　　4. 법령상 지급 의무가 있는 경비

　　5. 이미 예산으로 확정된 경비

⑤ 학교의 장은 회계연도마다 결산서를 작성하여 회계연도가 끝난 후 2개월 이내

에 학교운영위원회에 제출하여야 한다.

⑥ 학교회계의 운영에 필요한 사항은 국립학교의 경우에는 교육부령으로, 공립학
교의 경우에는 시 · 도의 교육규칙으로 정한다. (개정 2013. 3. 23.)

● **제30조의4(교육정보시스템의 구축 · 운영 등)**

① 교육부 장관과 교육감은 학교와 교육행정기관의 업무를 전자적으로 처리할 수
있도록 교육정보시스템(이하 "정보시스템"이라 한다)을 구축 · 운영할 수 있다.
(개정 2013. 3. 23.)

② 교육부 장관과 교육감은 정보시스템의 운영과 지원을 위하여 정보시스템운영
센터를 설치 · 운영하거나 정보시스템의 효율적 운영을 위하여 필요하다고 인
정하면 정보시스템의 운영 및 지원업무를 교육의 정보화를 지원하는 법인이나
기관에 위탁할 수 있다. (개정 2013. 3. 23.)

③ 정보시스템의 구축 · 운영 · 접속방법과 제2항에 따른 정보시스템운영센터의
설치 · 운영 등에 필요한 사항은 교육부령으로 정한다. (개정 2013. 3. 23.)

● **제30조의5(정보시스템을 이용한 업무처리)**

① 교육부 장관과 교육감은 소관 업무의 전부 또는 일부를 정보시스템을 이용하
여 처리하여야 한다. (개정 2013. 3. 23.)

② 학교의 장은 제25조에 따른 학교생활기록과 「학교보건법」 제7조의3에 따른 건
강검사기록을 정보시스템을 이용하여 처리하여야 하며, 그 밖에 소관 업무의
전부 또는 일부를 정보시스템을 이용하여 처리하여야 한다.

● **제30조의6(학생관련 자료 제공의 제한)**

① 학교의 장은 제25조에 따른 학교생활기록과 「학교보건법」 제7조의3에 따른 건
강검사기록을 해당 학생(학생이 미성년자인 경우에는 학생과 학생의 부모 등 보호
자)의 동의 없이 제3자에게 제공하여서는 아니 된다. 다만, 다음 각 호의 어느
하나에 해당하는 경우에는 그러하지 아니하다.

1. 학교에 대한 감독 · 감사의 권한을 가진 행정기관이 그 업무를 처리하기 위

하여 필요한 경우

2. 제25조에 따른 학교생활기록을 상급학교의 학생 선발에 이용하기 위하여 제공하는 경우

3. 통계작성 및 학술연구 등의 목적을 위한 것으로서 자료의 당사자가 누구인지 알아볼 수 없는 형태로 제공하는 경우

4. 범죄의 수사와 공소의 제기 및 유지에 필요한 경우

5. 법원의 재판업무 수행을 위하여 필요한 경우

6. 그 밖에 관계 법률에 따라 제공하는 경우

② 학교의 장은 제1항 단서에 따라 자료를 제3자에게 제공하는 경우에는 그 자료를 받은 자에게 사용목적, 사용방법, 그 밖에 필요한 사항에 대하여 제한을 하거나 그 자료의 안전성 확보를 위하여 필요한 조치를 하도록 요청할 수 있다.

③ 제1항 단서에 따라 자료를 받은 자는 자료를 받은 본래 목적 외의 용도로 자료를 이용하여서는 아니 된다.

● **제30조의7(정보시스템을 이용한 업무처리 등에 대한 지도 · 감독)**

교육부 장관과 교육감은 필요하다고 인정하면 제30조의5에 따른 업무처리 및 제30조의6에 따른 자료 제공 또는 이용에 관한 사항을 지도 · 감독할 수 있다. (개정 2013. 3. 23.)

● **제30조의8(학생의 안전 대책 등)**

① 국립학교의 경우에는 학교의 장이, 공립 및 사립학교의 경우에는 교육감이 시 · 도의 교육규칙으로 정하는 바에 따라 학교시설(학교담장을 포함한다)을 설치 · 변경하는 경우에는 외부인의 무단출입이나 학교폭력 및 범죄의 예방을 위하여 학생 안전 대책을 수립하여 시행하여야 한다.

② 학교의 장은 학생의 안전을 위하여 다음 각 호의 사항을 시행하여야 한다.

1. 학교 내 출입자의 신분확인 절차 등의 세부기준 수립에 관한 사항

2. 영상정보처리기기의 설치에 관한 사항

3. 학교주변에 대한 순찰 · 감시 활동계획에 관한 사항

③ 제1항 및 제2항에 따른 학생의 안전 대책 등에 필요한 사항은 대통령령으로 정한다.

- **제31조(학교운영위원회의 설치)**

① 학교운영의 자율성을 높이고 지역의 실정과 특성에 맞는 다양하고도 창의적인 교육을 할 수 있도록 초등학교 · 중학교 · 고등학교 및 특수학교에 학교운영위원회를 구성 · 운영하여야 한다.

② 국립 · 공립학교에 두는 학교운영위원회는 그 학교의 교원 대표, 학부모 대표 및 지역사회 인사로 구성한다.

③ 학교운영위원회의 위원 수는 5명 이상 15명 이하의 범위에서 학교의 규모 등을 고려하여 대통령령으로 정한다.

- **제32조(기능)**

① 국립 · 공립학교에 두는 학교운영위원회는 다음 각 호의 사항을 심의한다.

1. 학교헌장과 학칙의 제정 또는 개정
2. 학교의 예산안과 결산
3. 학교교육과정의 운영방법
4. 교과용 도서와 교육 자료의 선정
5. 교복 · 체육복 · 졸업앨범 등 학부모 경비 부담 사항
6. 정규학습시간 종료 후 또는 방학기간 중의 교육활동 및 수련활동
7. 「교육공무원법」 제29조의3 제8항에 따른 교장의 공모 방법, 임용, 평가 등
8. 「교육공무원법」 제31조 제2항에 따른 초빙교사의 추천
9. 학교운영지원비의 조성 · 운용 및 사용
10. 학교급식
11. 대학입학 특별전형 중 학교장 추천
12. 학교 운동부의 구성 · 운영
13. 학교운영에 대한 제안 및 건의 사항
14. 그 밖에 대통령령이나 시 · 도의 조례로 정하는 사항

② 사립학교의 장은 제1항 각 호의 사항(제7호 및 제8호의 사항은 제외한다)에 대하여 학교운영위원회에 자문하여야 한다. 다만, 제1호의 사항에 대하여는 학교법인이 요청하는 경우에만 자문한다.

③ 학교운영위원회는 제33조에 따른 학교발전기금의 조성 · 운용 및 사용에 관한 사항을 심의 · 의결한다.

● **제33조(학교발전기금)**

① 제31조에 따른 학교운영위원회는 학교발전기금을 조성할 수 있다.

② 제1항에 따른 학교발전기금의 조성과 운용방법 등에 필요한 사항은 대통령령으로 정한다.

● **제34조(학교운영위원회의 구성 · 운영)**

① 제31조에 따른 학교운영위원회 중 국립학교에 두는 학교운영위원회의 구성과 운영에 필요한 사항은 대통령령으로 정하고, 공립학교에 두는 학교운영위원회의 구성과 운영에 필요한 사항은 대통령령으로 정하는 범위에서 시 · 도의 조례로 정한다.

② 사립학교에 두는 학교운영위원회의 위원 구성에 관한 사항은 대통령령으로 정하고, 그 밖에 운영에 필요한 사항은 해당 학교법인의 정관으로 정한다.

● **제34조의2(학교운영위원회 위원의 연수 등)**

① 교육감은 학교운영위원회 위원의 자질과 직무수행능력의 향상을 위한 연수를 실시할 수 있다.

② 교육감은 제1항에 따른 연수를 연수기관 또는 민간기관에 위탁하여 실시할 수 있다.

③ 교육감은 제2항에 따라 연수를 위탁받은 기관에 대하여 행정적 · 재정적 지원을 할 수 있다.

④ 그 밖에 필요한 사항은 대통령령으로 정한다.

5) 초등학교

- **제38조(목적)**

초등학교는 국민생활에 필요한 기초적인 초등교육을 하는 것을 목적으로 한다.

- **제39조(수업연한)**

초등학교의 수업연한은 6년으로 한다.

6) 중학교

- **제41조(목적)**

중학교는 초등학교에서 받은 교육의 기초 위에 중등교육을 하는 것을 목적으로 한다.

- **제42조(수업연한)**

중학교의 수업연한은 3년으로 한다.

- **제43조(입학자격 등)**

① 중학교에 입학할 수 있는 자는 초등학교를 졸업한 자 또는 법령에 의하여 이와
 동등 이상의 학력이 있다고 인정된 자로 한다.
② 중학교의 입학방법과 절차에 관하여 필요한 사항은 대통령령으로 정한다.

7) 고등학교

- **제45조(목적)**

고등학교는 중학교에서 받은 교육의 기초 위에 중등교육 및 기초적인 전문 교육
을 하는 것을 목적으로 한다.

- **제46조(수업연한)**

고등학교의 수업연한은 3년으로 한다. 다만, 제49조의 규정에 의한 시간제 및 통신제과정의 수업연한은 4년으로 한다.

- **제47조(입학자격 등)**

① 고등학교에 입학할 수 있는 자는 중학교를 졸업한 자 또는 법령에 의하여 이와 동등 이상의 학력이 있다고 인정된 자로 한다.

② 고등학교의 입학방법 및 절차에 관하여 필요한 사항은 대통령령으로 정한다.

- **제48조(학과 등)**

① 고등학교에 학과를 둘 수 있다.

② 고등학교의 교과 및 교육과정은 학생이 개인적 필요 · 적성 및 능력에 따라 진로를 선택할 수 있도록 정하여져야 한다.

- **제49조(과정)**

① 고등학교에 관할청의 인가를 받아 전일제의 과정 외에 시간제 또는 통신제의 과정을 둘 수 있다.

② 고등학교 과정의 설치에 관하여 필요한 사항은 대통령령으로 정한다.

4. 지방교육자치에 관한 법률

1) 목적

- **제1조(목적)**

이 법은 교육의 자주성 및 전문성과 지방교육의 특수성을 살리기 위하여 지방자치단체의 교육 · 과학 · 기술 · 체육 그 밖의 학예에 관한 사무를 관장하는 기관의 설치와 그 조직 및 운영 등에 관한 사항을 규정함으로써 지방교육의 발전에 이바지함을 목적으로 한다.

- **제2조(교육 · 학예사무의 관장)**

지방자치단체의 교육 · 과학 · 기술 · 체육 그 밖의 학예(이하 "교육 · 학예"라 한다)에 관한 사무는 특별시 · 광역시 및 도(이하 "시 · 도"라 한다)의 사무로 한다.

- **제3조(지방자치법과의 관계)**

지방자치단체의 교육 · 학예에 관한 사무를 관장하는 기관의 설치와 그 조직 및 운영 등에 관하여 이 법에서 규정한 사항을 제외하고는 그 성질에 반하지 않는 한 지방자치법의 관련 규정을 준용한다. 이 경우 "지방자치단체의 장" 또는 "시 · 도지사"는 "교육감"으로, "지방자치단체의 사무"는 "지방자치단체의 교육 · 학예에 관한 사무"로, "자치사무"는 "교육 · 학예에 관한 자치사무"로, "안전행정부 장관" "주무부 장관" 및 "중앙행정기관의 장"은 "교육부 장관"으로 본다. (개정 2008. 2. 29., 2013. 3. 23.)

2) 교육의원회

- **제4조(교육의원회의 설치)**

시 · 도의회에 교육 · 학예에 관한 의안과 청원 등을 심사 · 의결하기 위하여 상임위원회(이하 "교육의원회"라 한다)를 둔다. [법률 제10046호(2010. 2. 26.) 부칙 제2조 제1항의 규정에 의하여 이 조는 2014년 6월 30일까지 유효함]

- **제5조(교육의원회의 구성 등)**

교육의원회는 시 · 도의회의원과 제10조 제2항에 따른 경력을 가진 사람으로서 제7장에 따라 별도로 선출된 의원(이하 "교육의원"이라 한다)으로 구성하되, 교육의원이 과반수가 되도록 구성한다(교육의원이 궐원되어 과반수에 미달하게 된 경우는 제외한다). 이 경우 교육의원회 위원 및 교육의원 정수는 별표 1과 같다.

3) 교육의원

● **제6조(교육의원의 지위와 권한)**

① 교육의원은 시 · 도의회의원의 지위와 권한을 갖는다.

② 교육의원에 관하여 이 법에 규정된 것을 제외하고는 「지방자치법」의 시 · 도의
회의원에 관한 규정을 적용한다. [법률 제10046호(2010. 2. 26.) 부칙 제2조 제1항
의 규정에 의하여 이 조는 2014년 6월 30일까지 유효함]

● **제7조(교육의원의 임기)**

교육의원의 임기는 4년으로 한다. [법률 제10046호(2010. 2. 26.) 부칙 제2조 제1항의
규정에 의하여 이 조는 2014년 6월 30일까지 유효함]

● **제9조(겸직 등의 금지)**

① 교육의원은 다음 각 호의 어느 하나에 해당하는 직을 겸할 수 없다. (개정 2007.
5. 11., 2010. 2. 26.)

② 교육의원은 당해 지방자치단체의 교육기관(교육행정기관, 교육연구기관, 교육연
수 · 수련기관, 도서관, 교원 · 학생복지후생기관 등을 포함한다)과 영리를 목적으로
하는 거래를 할 수 없으며, 이와 관련된 재산의 양수인 또는 관리인이 될 수
없다.

③ 제1항 제2호 단서의 규정에 따른 교원이 교육의원으로 당선된 때에는 임기 중
그 교원의 직은 휴직된다.

④ 제1항 및 제2항은 교육의원회 위원으로 선임되는 시 · 도의회의원에 대해서도
적용한다. [법률 제10046호(2010. 2. 26.) 부칙 제2조 제1항의 규정에 의하여 이 조는
2014년 6월 30일까지 유효함]

● **제10조(교육의원 후보자의 자격 등)**

① 교육의원 후보자가 되려는 사람은 시 · 도의회의원의 피선거권이 있는 사람으
로서 후보자등록신청개시일부터 과거 1년 동안 정당의 당원이 아닌 사람이어

야 한다. (개정 2010. 2. 26.)

② 교육의원 후보자가 되려는 사람은 후보자등록신청개시일을 기준으로 다음 각
호의 어느 하나에 해당하는 경력이 5년 이상 있거나 다음 각 호의 어느 하나
에 해당하는 경력을 합한 경력이 5년 이상 있는 사람이어야 한다. (개정 2010. 2.
26.)

4) 권한

● **제11조(교육의원회의 의결사항)**

① 교육의원회는 당해 시·도의 교육·학예에 관한 다음 각 호의 사항을 심사·
의결한다.

1. 조례안
2. 예산안 및 결산
3. 특별부과금·사용료·수수료·분담금 및 가입금의 부과와 징수에 관한 사항
4. 기채안(起債案)
5. 기금의 설치·운용에 관한 사항
6. 대통령령으로 정하는 중요재산의 취득·처분에 관한 사항
7. 대통령령으로 정하는 공공시설의 설치·관리 및 처분에 관한 사항
8. 법령과 조례에 규정된 것을 제외한 예산 외의 의무부담이나 권리의 포기에
   관한 사항
9. 청원의 수리와 처리
10. 외국 지방자치단체와의 교류·협력에 관한 사항
11. 그 밖에 법령과 시·도 조례에 따라 그 권한에 속하는 사항

② 제1항 제5호 내지 제11호에 규정된 사항에 대하여 행한 교육의원회의 의결은
시·도의회 본회의의 의결로 본다.

③ 교육의원회 위원장은 교육의원회가 다음 각 호의 어느 하나에 해당하는 의안
을 의결할 때에는 의결하기 전에 미리 특별시장·광역시장·도지사(이하 "시·
도지사"라 한다)의 의견을 들어야 한다.

1. 주민의 재정적 부담이나 의무 부과에 관한 조례안
2. 지방자치단체의 일반회계와 관련되는 사항 [법률 제10046호(2010. 2. 26.) 부칙 제2조 제1항의 규정에 의하여 이 조는 2014년 6월 30일까지 유효함]

5) 교육감

● **제18조(교육감)**

① 시 · 도의 교육 · 학예에 관한 사무의 집행기관으로 시 · 도에 교육감을 둔다.

② 교육감은 교육 · 학예에 관한 소관 사무로 인한 소송이나 재산의 등기 등에 대하여 당해 시 · 도를 대표한다.

● **제19조(국가행정사무의 위임)**

국가행정사무 중 시 · 도에 위임하여 시행하는 사무로서 교육 · 학예에 관한 사무는 교육감에게 위임하여 행한다. 다만, 법령에 다른 규정이 있는 경우에는 그러하지 아니하다.

● **제20조(관장 사무)**

교육감은 교육 · 학예에 관한 다음 각 호의 사항에 관한 사무를 관장한다.
1. 작성 및 제출에 관한 사항
2. 예산안의 편성 및 제출에 관한 사항
3. 결산서의 작성 및 제출에 관한 사항
4. 교육규칙의 제정에 관한 사항
5. 학교, 그 밖의 교육기관의 설치 · 이전 및 폐지에 관한 사항
6. 교육과정의 운영에 관한 사항
7. 과학 · 기술교육의 진흥에 관한 사항
8. 평생교육, 그 밖의 교육 · 학예진흥에 관한 사항
9. 학교체육 · 보건 및 학교환경정화에 관한 사항
10. 학생통학구역에 관한 사항

11. 교육 · 학예의 시설 · 설비 및 교구(敎具)에 관한 사항

12. 재산의 취득 · 처분에 관한 사항

13. 특별부과금 · 사용료 · 수수료 · 분담금 및 가입금에 관한 사항

14. 기채(起債) · 차입금 또는 예산 외의 의무부담에 관한 사항

15. 기금의 설치 · 운용에 관한 사항

16. 소속 국가공무원 및 지방공무원의 인사관리에 관한 사항

17. 그 밖에 당해 시 · 도의 교육 · 학예에 관한 사항과 위임된 사항

● **제21조(교육감의 임기)**

교육감의 임기는 4년으로 하며, 교육감의 계속 재임은 3기에 한한다.

● **제22조(교육감의 선거)**

교육감의 선거에 관하여는 제6장에서 따로 정한다.

● **제23조(겸직의 제한)**

① 교육감은 다음 각 호의 어느 하나에 해당하는 직을 겸할 수 없다.

1. 국회의원 · 지방의회의원 · 교육의원

2. 「국가공무원법」 제2조에 규정된 국가공무원과 「지방공무원법」 제2조에 규정된 지방공무원 및 「사립학교법」 제2조의 규정에 따른 사립학교의 교원

3. 사립학교 경영자 또는 사립학교를 설치 · 경영하는 법인의 임 · 직원

② 교육감이 당선 전부터 제1항의 겸직이 금지된 직을 가진 경우에는 임기개시일 전일에 그 직에서 당연 퇴직된다.

● **제24조(교육감 후보자의 자격)**

① 교육감 후보자가 되려는 사람은 당해 시 · 도지사의 피선거권이 있는 사람으로서 후보자등록신청개시일부터 과거 1년 동안 정당의 당원이 아닌 사람이어야 한다.

② 교육감 후보자가 되려는 사람은 후보자등록신청개시일을 기준으로 다음 각 호

의 어느 하나에 해당하는 경력이 3년 이상 있거나 다음 각 호의 어느 하나에 해당하는 경력을 합한 경력이 3년 이상 있는 사람이어야 한다. (신설 2014. 2. 13.)

1. 교육경력: 「유아교육법」 제2조 제2호에 따른 유치원, 「초·중등교육법」 제2조 및 「고등교육법」 제2조에 따른 학교(이와 동등한 학력이 인정되는 교육기관 또는 평생교육시설로서 다른 법률에 따라 설치된 교육기관 또는 평생교육시설을 포함한다)에서 교원으로 근무한 경력

2. 교육행정경력: 국가 또는 지방자치단체의 교육기관에서 국가공무원 또는 지방공무원으로 교육·학예에 관한 사무에 종사한 경력과 「교육공무원법」 제2조 제1항 제2호 또는 제3호에 따른 교육공무원으로 근무한 경력(시행일: 2014. 7. 1.)

● **제24조의2(교육감의 소환)**
① 주민은 교육감을 소환할 권리를 가진다.
② 교육감에 대한 주민소환투표사무는 제44조에 따른 선거관리위원회가 관리한다.
③ 교육감의 주민소환에 관하여는 이 법에서 규정한 사항을 제외하고는 그 성질에 반하지 아니하는 범위에서 「주민소환에 관한 법률」의 시·도지사에 관한 규정을 준용한다. 다만, 이 법에서 「공직선거법」을 준용할 때 「주민소환에 관한 법률」에서 준용하는 「공직선거법」의 해당 규정과 다르게 정하고 있는 경우에는 이 법에서 준용하는 「공직선거법」의 해당 규정을 인용한 것으로 본다. (본조신설 2010. 2. 26.)

● **제24조의3(교육감의 퇴직)**
교육감이 다음 각 호의 어느 하나에 해당된 때에는 그 직에서 퇴직된다.

1. 교육감이 제23조 제1항의 겸임할 수 없는 직에 취임한 때
2. 피선거권이 없게 된 때(지방자치단체의 구역이 변경되거나 지방자치단체가 없어지거나 합쳐진 경우 외의 다른 사유로 교육감이 그 지방자치단체의 구역 밖으로 주민등록을 이전함으로써 피선거권이 없게 된 때를 포함한다)

3. 정당의 당원이 된 때

4. 제3조에서 준용하는 「지방자치법」 제97조에 따라 교육감의 직을 상실할 때
   (본조신설 2010. 2. 26.)

- **제25조(교육규칙의 제정)**

① 교육감은 법령 또는 조례의 범위에서 그 권한에 속하는 사무에 관하여 교육규칙을 제정할 수 있다.

② 교육감은 대통령령이 정하는 절차와 방식에 따라 교육규칙을 공포하여야 하며, 교육규칙은 특별한 규정이 없는 한 공포한 날부터 20일이 경과함으로써 효력이 발생한다.

- **제29조(교육감의 선결처분)**

① 교육감은 소관 사무 중 교육의원회 또는 시·도의회의 의결을 요하는 사항에 대하여 다음 각 호의 어느 하나에 해당하는 경우에는 선결처분을 할 수 있다.

1. 교육의원회 또는 시·도의회가 성립되지 아니한 때(교육의원회 위원 또는 시·도의회의원의 구속 등의 사유로 제12조에서 준용하는 「지방자치법」 제64조의 규정에 따른 의결 정족수에 미달하게 된 때를 말한다)

2. 학생의 안전과 교육기관 등의 재산 보호를 위하여 긴급하게 필요한 사항으로서 교육의원회 또는 시·도의회가 소집될 시간적 여유가 없거나 교육의원회 또는 시·도의회에서 의결이 지체되어 의결되지 아니한 때

② 제1항의 규정에 따른 선결처분은 지체 없이 교육의원회 또는 시·도의회에 보고하여 승인을 얻어야 한다.

③ 교육의원회 또는 시·도의회에서 제2항의 승인을 얻지 못한 때에는 그 선결처분은 그때부터 효력을 상실한다.

④ 교육감은 제2항 및 제3항에 관한 사항을 지체 없이 공고하여야 한다.

5. 교육공무원법

1) 목적

● 제1조

이 법은 교육을 통하여 국민 전체에 봉사하는 교육공무원의 직무와 책임의 특수성에 비추어 그 자격·임용·보수·연수 및 신분보장 등에 관하여 교육공무원에 적용할 「국가공무원법」 및 「지방공무원법」에 대한 특례를 규정함을 목적으로 한다.

2) 정의

● 제2조

① 이 법에서 "교육공무원"이라 함은 다음 각 호의 1에 해당하는 자를 말한다.

1. 교육기관에 근무하는 교원 및 조교
2. 교육행정기관에 근무하는 장학관·장학사
3. 교육기관·교육행정기관 또는 교육연구기관에 근무하는 교육연구관·교육연구사

② 이 법에서 "교육기관"이라 함은 다음 각 호의 1에 해당하는 국립 또는 공립의 학교 또는 기관을 말한다.

1. 「유아교육법」 제2조 제2호의 규정에 의한 유치원, 「초·중등교육법」 제2조 및 「고등교육법」 제2조의 규정에 의한 각급 학교
2. 제39조 제1항의 규정에 의한 연수기관
3. 교육관계의 법령 또는 조례에 의하여 설치된 학생수련기관 등 교육연수기관

③ 이 법에서 "임용"이라 함은 신규채용·승진·승급·전직·전보·겸임·파견·강임·휴직·직위해제·정직·복직·면직·해임 및 파면을 말한다.

⋮

⑥ 이 법에서 "직위"라 함은 1인의 교육공무원에게 부여할 수 있는 직무와 책임을

말한다.

⑦ 이 법에서 "전직"이라 함은 교육공무원의 종별과 자격을 달리하는 임용을 말한다.

⑧ 이 법에서 "전보"라 함은 교육공무원의 동일 직위 및 자격 내에서의 근무기관이나 부서를 달리하는 임용을 말한다.

⑨ 이 법에서 "복직"이라 함은 휴직·직위해제 또는 정직 중에 있는 교육공무원을 직위에 복귀시키는 것을 말한다.

⑩ 이 법에서 "강임"이라 함은 동종의 직무 내에서 하위의 직위에 임명하는 것을 말한다.

3) 자격

● 제6조(교사의 자격)

교사는 「유아교육법」 제22조 제2항 및 「초·중등교육법」 제21조 제2항에 따른 자격이 있는 사람이어야 한다.

● 제6조의2(수석교사의 자격)

수석교사는 「유아교육법」 제22조 제3항 및 「초·중등교육법」 제21조 제3항의 자격이 있는 사람이어야 한다.

● 제7조(교장·교감 등의 자격)

교장·교감·원장·원감은 「초·중등교육법」 제21조 제1항의 규정에 의한 자격이 있는 자이어야 한다.

● 제8조(교수 등의 자격)

교수·부교수·조교수·전임강사·조교는 「고등교육법」 제16조의 규정에 의한 자격이 있는 자이어야 한다.

● **제9조(교육전문직원의 자격)**

장학관 · 교육연구관 · 장학사 · 교육연구사는 별표 1의 자격 기준에 해당하는 자이어야 한다.

4) 임용

● **제10조(임용의 원칙)**

① 교육공무원의 임용은 그 자격 · 재교육성적 · 근무성적 기타 능력의 실증에 의하여 행한다.

② 교육공무원의 임용에 있어서는 교원으로서의 자격을 갖추고 임용을 원하는 모든 자에 대하여 능력에 따라 균등한 임용의 기회가 보장되어야 한다.

● **제10조의2(외국인 교원)**

대학은 교육 또는 연구를 위하여 외국인을 교원으로 임용할 수 있다.

● **제10조의3(채용의 제한)**

① 이 법에 따른 교원 또는 「사립학교법」에 따른 사립학교 교원으로 재직 중 다음 각 호의 어느 하나에 해당하는 사유로 파면 · 해임된 자는 고등학교 이하 각급 학교의 교원으로 신규채용 또는 특별채용할 수 없다. 다만, 제50조 제1항에 따른 교육공무원징계위원회에서 해당 교원의 반성 정도 등을 고려하여 교원으로서 직무를 수행할 수 있다고 의결한 경우에는 그러하지 아니하다.

1. 미성년자에 대한 「성폭력범죄의 처벌 등에 관한 특례법」 제2조에 따른 성폭력범죄 행위
2. 금품수수 행위
3. 시험문제 유출 및 성적조작 등 학생성적 관련 비위 행위
4. 학생에 대한 신체적 폭력 행위

② 제1항 단서에 따른 교육공무원징계위원회의 의결은 재적위원 3분의 2 이상의 출석과 출석위원 과반수의 찬성으로 한다.

- **제11조(교사의 신규채용 등)**
① 교사의 신규채용은 공개전형에 의한다.
② 제1항의 규정에 의한 공개전형에 있어서 담당할 직무수행에 필요한 연령 기타 필요한 자격요건과 공개전형의 절차·방법 및 평가요소 등 공개전형의 실시에 관하여 필요한 사항은 대통령령으로 정한다.

- **제13조(승진)**
교육공무원의 승진임용은 동종의 직무에 종사하는 바로 하위직에 있는 자 중에서 대통령령이 정하는 바에 의하여 경력평정·재교육성적·근무성적 기타 능력의 실증에 의하여 행한다.

- **제14조(승진 후보자 명부)**
① 교육공무원의 임용권자 또는 임용제청권자는 제13조의 규정 및 대통령령이 정하는 바에 의하여 순위에 따라 자격별로 승진 후보자 명부를 작성·비치하여야 한다.
② 교육공무원의 승진임용에 있어서는 승진 후보자 명부의 고순위자순으로 결원된 직에 대하여 3배수의 범위에서 승진임용하거나 승진임용제청하여야 한다. 다만, 대통령령이 정하는 특수자격이 있는 자를 승진임용하거나 승진임용제청할 때에는 그러하지 아니한다.

- **제29조의2(교장의 임용)**
① 교장은 교육부 장관의 제청으로 대통령이 임용한다.
② 교장의 임기는 4년으로 한다.
③ 교장은 1차에 한하여 중임할 수 있다. 다만, 제31조 제2항 및 제3항의 규정에 의하여 교장으로 재직하는 횟수는 이에 산입하지 않는다.
④ 교장의 임기가 학기 도중에 만료되는 때에는 임기가 만료되는 날이 3월에서 8월 사이에 있는 경우에는 8월 31일을, 9월부터 다음 해 2월 사이에 있는 경우에는 다음해 2월 말일을 임기의 만료일로 한다.

⑤ 제47조의 규정에 의한 정년 전에 임기가 만료되는 교장으로서 교사로 근무할 것을 희망하는 자(교원자격증을 가진 자에 한한다)에 대하여는 수업담당능력 및 건강 등을 참작하여 교사로 임용할 수 있다.

⑥ 제5항의 규정에 의하여 임용된 교사에 대하여는 대통령령이 정하는 원로교사로 우대하여야 한다.

⑦ 교장은 임기 중에 전보될 수 있으며, 교장의 전보는 교육부 장관이 행한다.

● **제30조(교감 · 교사 · 장학사 등의 임용)**

다음 각 호의 1에 해당하는 교육공무원은 교육부 장관이 임용한다.

    1. 제24조 · 제25조 · 제26조 및 제29조의2에 규정된 자를 제외한 교원

    2. 장학사 · 교육연구사

● **제31조(초빙교원)**

② 고등학교 이하 각급 학교의 장은 당해 학교에 특별히 필요한 자(교장자격증 또는 교원자격증을 가진 자로 한한다)를 교원으로 초빙하고자 하는 경우에는 초빙하고자 하는 교원의 임용권자에게 초빙교장 또는 초빙교사로 임용하여 줄 것을 요청할 수 있다.

③ 제2항의 규정에 의하여 임용의 요청을 받은 임용권자는 임용이 요청된 자 중에서 당해 학교의 초빙교장 또는 초빙교사를 임용할 수 있다.

④ 초빙교원의 임용 · 보수 · 복무 등에 관하여 필요한 사항은 대통령령으로 정한다.

● **제32조(기간제 교원)**

① 고등학교 이하 각급 학교 교원의 임용권자는 다음 각 호의 1에 해당하는 경우에 예산의 범위에서 교원자격증을 가진 자 중에서 기간을 정하여 교원을 임용할 수 있다.

    1. 교원이 제44조 제1항 각 호 어느 하나의 사유로 휴직하게 되어 후임자의 보충이 불가피한 때

    2. 교원이 파견 · 연수 · 정직 · 직위해제 등 대통령령이 정하는 사유로 직무를

이탈하게 되어 후임자의 보충이 불가피한 때

3. 특정교과를 한시적으로 담당하도록 할 필요가 있을 때

4. 교육공무원이었던 자의 지식이나 경험을 활용할 필요가 있을 때

5) 보수

● **제34조(보수 결정의 원칙)**

① 교육공무원의 보수는 우대되어야 한다.

② 교육공무원의 보수는 자격 및 경력과 직무의 곤란성 및 책임의 정도에 따라 대통령령으로 정한다.

● **제35조(보수에 관한 규정)**

제34조 제2항의 대통령령에는 「국가공무원법」 제47조 및 「지방공무원법」 제45조에 규정된 사항 이외에 다음의 사항을 규정하여야 한다.

1. 대통령령이 정하는 학교의 교원이나 학과를 담당하는 교원에 대한 특별수당에 관한 사항

2. 기간제 교원의 보수에 관한 사항

3. 연구수당에 관한 사항

4. 교직수당에 관한 사항

● **제36조(명예퇴직)**

① 교육공무원으로서 20년 이상 근속한 자가 정년 전에 자진하여 퇴직하는 경우에는 예산의 범위에서 명예퇴직수당을 지급할 수 있다.

② 제1항의 규정에 의한 교육공무원 중 교장이 임기 만료 전에 자진하여 퇴직하는 경우 그 정년은 제47조의 규정에 의한 연령으로 본다.

③ 제1항의 명예퇴직수당의 지급대상 범위 · 지급액 · 지급절차 기타 필요한 사항은 대통령령으로 정한다.

6) 연수

- **제37조(연수의 기회균등)**

교육공무원에게는 연수기관에서 재교육을 받거나 연수할 기회가 균등히 부여되어야 한다.

- **제39조(연수기관의 설치)**

① 교육공무원의 재교육과 연수를 위하여 연수기관을 둔다.

② 제1항의 연수기관의 설치 및 운영에 관하여 필요한 사항은 대통령령으로 정한다.

- **제40조(특별연수)**

① 국가 또는 지방자치단체는 특별연수계획을 수립하여 교육공무원을 국내외의 교육기관 또는 연구기관에서 일정한 기간 연수를 받게 할 수 있다.

② 국가 또는 지방자치단체는 제1항의 규정에 의한 특별연수에 소요되는 경비를 예산의 범위에서 지급할 수 있다.

③ 교육부 장관은 제1항의 규정에 의하여 특별연수 중인 교육공무원이 연수목적을 성실하게 수행할 수 있도록 지도·감독하여야 하며, 이를 위하여 필요한 사항은 대통령령으로 정한다.

- **제41조(연수기관 및 근무 장소 이외에서의 연수)**

교원은 수업에 지장이 없는 한 소속기관의 장의 승인을 얻어 연수기관 또는 근무 장소 이외의 시설 또는 장소에서 연수할 수 있다.

- **제42조(연수 및 근무성적의 평정)**

① 교육기관·교육행정기관·교육연구기관의 장은 정기 또는 수시로 그 소속 교육공무원의 재교육 및 연수의 실적과 근무성적을 평정하여 인사관리에 반영시켜야 한다.

② 제1항의 재교육 및 연수의 실적과 근무성적의 평정에 관하여 필요한 사항은 대통령령으로 정한다.

7) 신분보장 · 징계 · 소청

● **제43조(교권의 존중과 신분보장)**

① 교권은 존중되어야 하며, 교원은 그 전문적 지위나 신분에 영향을 미치는 부당한 간섭을 받지 아니한다.

② 교육공무원은 형의 선고 · 징계처분 또는 이 법에서 정하는 사유에 의하지 아니하고는 그 의사에 반하여 휴직 · 강임 또는 면직을 당하지 아니한다.

③ 교육공무원은 권고에 의하여 사직을 당하지 아니한다.

● **제44조(휴직)**

① 교육공무원이 다음 각 호의 어느 하나에 해당하는 사유로 휴직을 원하는 경우에는 임용권자는 휴직을 명할 수 있다. 다만, 제1호 내지 제4호 및 제11호의 경우에는 본인의 의사에 불구하고 휴직을 명하여야 하고, 제7호의 경우에는 본인이 원하는 경우 휴직을 명하여야 한다.

 1. 신체 · 정신상의 장애로 장기요양을 요할 때

 2. 「병역법」에 의한 병역의 복무를 위하여 징집 또는 소집된 때

 3. 천재 · 지변 또는 전시 · 사변이나 기타의 사유로 인하여 생사 또는 소재가 불명하게 된 때

 4. 기타 법률의 규정에 의한 의무를 수행하기 위하여 직무를 이탈하게 된 때

 5. 학위취득을 목적으로 해외유학을 하거나 외국에서 1년 이상 연구 또는 연수하게 된 때

 6. 국제기구, 외국기관, 국내외의 대학 · 연구기관, 다른 국가기관, 재외교육기관(「재외국민의 교육지원 등에 관한 법률」 제2조 제2호의 재외교육기관을 말한다) 또는 대통령령으로 정하는 민간단체에 임시로 고용된 때

 7. 자녀(만 6세 이하의 초등학교 취학 전 자녀)를 양육하기 위하여 필요하거나 여

자 교육공무원이 임신 또는 출산하게 된 때

8. 교육부 장관이 지정하는 국내의 연구기관이나 교육기관 등에서 연수하게 된 때

9. 사고 또는 질병 등으로 장기간의 요양을 요하는 부모, 배우자, 자녀 또는 배우자의 부모의 간호를 위하여 필요한 때

10. 배우자가 국외근무를 하게 되거나 제5호에 해당하게 된 때

11. 「교원의 노동조합 설립 및 운영 등에 관한 법률」 제5조의 규정에 의하여 노동조합 전임자로 종사하게 된 때

● 제47조(정년)

① 교육공무원의 정년은 62세로 한다. 다만, 「고등교육법」 제14조의 규정에 의한 교원인 교육공무원의 정년은 65세로 한다.

② 교육공무원(임기가 있는 교육공무원을 포함한다)은 그 정년이 달한 날이 3월에서 8월 사이에 있는 경우에는 8월 31일에, 9월부터 다음 해 2월 사이에 있는 경우에는 다음 해 2월 말일에 각각 당연 퇴직된다.

● 제48조(교원의 불체포특권)

교원은 현행범인 경우를 제외하고는 소속 학교의 장의 동의 없이 학원 안에서 체포되지 아니한다.

뉴스 따라잡기

전교조 · 교총 "교육감 후보 자격에 교육경력 계속 넣어야"

한국교원단체총연합회(교총)와 전국교직원노동조합(전교조)이 "교육감 후보 자격에 교육경력을 포함시키고, 교육의원 제도를 유지해야 한다"고 한목소리로 요구하고 나섰다. 2010년 2월 개정된 지방교육자치법에 의하면 사실상 2014년 6월 30일 이후에는 교육경력이 없이도 교육감 후보로 출마할 수 있다. 이에 교원단체들은 교육감의

전문성과 교육경력 자격을 유지해야 한다는 입장을 지속적으로 요구하였다. 이러한 요구를 수용하여 국회 정치개혁특별위원회에서는 2014년 2월 13일 교육감 후보자가 되려는 사람은 후보자등록신청개시일을 기준으로 교육경력 또는 교육행정경력 어느 하나에 해당하는 경력이 3년 이상이거나 양 경력을 합한 경력이 3년 이상이어야 한다고 재개정하였다.

이들은 '로또 선거'라는 오명을 개선하기 위해 '교호순번제' 적용을 제안했다. 교호순번제는 A, B, C 후보가 출마할 경우 (가) 기초의원 선거구에서는 A – B – C순, (나) 선거구에서는 B – C – A순, (다) 선거구에서는 C – A – B순으로 투표용지를 배열하는 것이다. 세로로 나열된 현행 투표용지는 나열 순서가 정당기호처럼 인식돼 득표율에 영향을 준다는 지적을 받아 왔다.

또한 교원단체들은 오는 6월 지방선거부터 폐지되는 교육의원 선출을 유지해야 한다고 했다. 이들은 "교육의원회가 폐지될 경우, 교육에 대한 시 · 도 위원회의 전문성 약화로 교육감에 대한 견제 · 조정 기능이 크게 약화된다"고 설명했다. 이들은 현행 유치원과 초 · 중등 교원이 선거에 나가면 교직을 사퇴해야 하는 규정을 개정해야 한다고 밝혔다. 교육선거에 당선된 경우 임기 동안 휴직을 인정해 줘야 한다는 것이다. 또 교육감 직선제가 유지될 경우 선거비용부터 홍보까지 선거의 전 과정을 선거관리위원회 중심으로 공영화하는 '선거공영제'를 도입해야 한다고 주장했다. (경향신문 기사, 2014년 1월 16일, 곽희양 기자)

🎯 생각해 보기

1. 현행 교육감 후보 자격에서 요구하는 3년 이상의 교육경력 또는 교육행정경력은 전문성 확보 차원에서 타당한가?
2. '로또 선거'라는 오명을 개선하기 위해 새로 도입된 '교호순번제' 방식에는 별다른 문제가 없는가?
3. 2014년 6월 지방선거부터 교육의원회가 폐지되면 어떤 점이 우려되는가?
4. 유치원과 초 · 중등 교원이 교육감 선거에 나가면 교직을 사퇴해야 한다. 이의 문제점과 개선 방안은 무엇인가?

정리하기

1. 「헌법」과 「교육기본법」에 근거하여 제정된 교육과 관련된 법은 「초·중등교육법」 「지방교육자치제도에 관한 법률」 「국가공무원법」 「교육공무원법」 「사립학교법」 등이 있다.

2. 「교육기본법」은 모든 국민의 교육을 받을 권리를 보장하기 위해 교육관계법의 체계상 「헌법」 아래에 위치한 법률이다.

3. 각급 학교의 교육 목적은 다음과 같이 정리할 수 있다.
   - 초등학교는 국민의 생활에 기초적인 초등교육을 실시한다. (제38조)
   - 중학교는 초등학교에서 받은 교육의 기초 위에 중등교육을 실시한다. (제41조)
   - 고등학교는 중학교에서 받은 교육의 기초 위에 중등교육 및 기초적인 전문 교육을 실시한다. (제45조)
   - 특수학교는 신체적·정신적·지적 장애 등으로 특수교육을 필요로 하는 자에게 유치원, 초·중등학교에 준한 교육과 실생활에 필요한 지식·기능 및 사회적응 교육을 실시한다.

4. 교육공무원의 자격, 임용, 보수, 연수, 신분보장 등에 관하여 「국가공무원법」에 대한 특례를 규정한다.

적용하기

1. 현재 논란이 되고 있는 무상급식을 의무교육의 관점에서 이해하고 그에 대한 견해를 설명해 보자.

쟁점 1: 13개 시·도 진보 성향 교육감의 초·중등학교 무상급식 전면 시행 발표
쟁점 2: 「헌법」 제31조 제3항에서 규정하는 무상의무교육의 의미 해석

－ 이는 의무교육을 무상교육으로 실시한다는 의미다.

쟁점 3: 의무교육의 무상실시 여부

－ 의무교육은 자력이 없는 보호자가 실현하기에는 어려운 요구이기 때문이다.

쟁점 4: 무상교육과 의무교육의 관계

－ 의무교육은 무조건 무상으로 하여야 하지만 무상교육이라고 하여 모두 의무교
육인 것은 아니다.

2. 의무무상교육이란 무엇을 의미하며, 누가 의무교육 경비를 부담하여야 하는가? 그 해
답을 찾아보자.

3. 무상급식은 의무교육과 어떤 관계가 있는지 논의해 보자.

📖 참고문헌

김진한(2009). 교사를 위한 교직실무. 서울: 학지사.

박병량, 주철안(2005). 학교 · 학급경영. 서울: 학지사.

서울특별시교육연구정보원(2006). 교직실무편람.

손희권(2003). 교육과 헌법. 서울: 학지사.

오욱환(2005). 교사 전문성. 파주: 교육과학사.

이윤식, 김병찬, 김정휘, 박남기, 박영숙, 송광용, 이성은, 전제상, 정영수, 정일환, 조동섭, 진동섭,
최상근, 허병기(2007). 교직과 교사. 서울: 학지사.

경향신문(2014. 1. 16.). 전교조 · 교총 "교육감 후보 자격에 교육경력 계속 넣어야."

국가법령정보센터: http://law.go.kr

학교 · 학급 경영 실무

제6장

학교경영

학교경영의 이론(theory)과 실제(practice)를 체득한다.

▶ 학교경영은 정적인(static) 학교행정과 대비되는 동적인(dynamic) 성격을 갖는다.

▶ 학교경영자로서 자신이 맡은 학교조직을 어떻게 하면 더 활기차고 지속적으로 성장 · 발전하는 학교로 만들 수 있는가에 대하여 고민하고 그 능력을 체득할 필요가 있다.

▶ 학교경영에는 어떤 요소와 기능이 있으며, 또 무엇을 어떻게 고려해야 하는가에 대한 이론과 실제를 이해한다.

1. 학교경영에 대한 이해

1) 학교경영의 개념

학교경영(school management)이 무엇인가에 대하여 학자들마다 다양하게 정의하고 있다. 박종렬 등(2010, p. 16)은 학교경영이란 학교가 적합한 목적을 수립하고, 수립된 목적을 달성하기 위하여 교육적 · 인적 · 물적 · 재정적 자원을 적절한 수준으로 확보하며, 이를 공정하게 배분하고 능률적으로 활용하여 효과적인 목표달성을 위하여 기획 · 운영 · 평가하는 활동으로 정의하였다. 한공우(2005, p. 484)는 교육목적을 달성하기 위하여 공공경영체인 학교의 구성요소로서 물적 · 인적 자원과 조건을 정비하고 유효적절하게 운영 · 유지하는 모든 활동으로, 남정걸(1981, p. 16)은 교장의 주관적 · 자율적 · 이상적 · 민주적 · 분권적 관점에서 교육목표 달성에 직접 주체적으로 영향을 미치는 활동으로서 주로 교육정책 · 방침 · 내용(교육과정) · 학습지도(교육방법) · 교사의 활동 등에 대한 교직 자체의 전문성에 관한 것으로 정의하고 있다. 박병량과 주철안(1999, p. 18)은 단위학교에서 교육활동에 참여하는 사람들이 교육목표를 달성하는 데 더 효과적으로 일할 수 있도록 필요한 자원을 확보하고 여러 사람의 노력과 자원을 조화롭게 결합해 나가는 활동으로, 정태범(1995, p. 5)은 단위학교에서 교장의 자율적 · 창의적 관점하에 교육목표를 설정하고 그 목표 달성을 위해 필요한 제반 조건을 정비 · 확립하며 목표 달성을 위한 활동을 지도 · 감독하는 일련의 봉사활동으로서 주로 학교의 정책, 방침, 교육과정, 교육방법, 교사의 활동 등에 대한 교직 자체의 전문성에 관한 것을 다루는 것이라고 정의하고 있다. 정일환(2003, p. 447)은 일선 초 · 중등학교에서 교육목표를 설정하고 이를 달성하기 위하여 프로그램 및 인적 · 물적 기타 지원 조건을 정비 · 확립하고, 계획 · 집행 · 평가 과정을 통하여 학교의 교육활동이 효과적으로 수행되도록 지원하는 일련의 활동이라고 정의하고 있다. 주삼환 등(2009, p. 354)은 단위학교에서 교장의 자율적 · 창의적 관점하에 교육목표를 설정하고 그 목표 달성을 위해 필요한 제반 조건을 정비 · 확립하여 목표 달성을 위한 활동을 지도 · 감독하는 일련의 봉사활동으로 정의하였다.

이상의 여러 학자가 내린 학교경영에 관한 정의를 종합하면, 학교경영이란 교장이 학교의 교육목표를 효과적으로 달성하기 위하여 학교 운영 전반의 인적 · 물적 조건을 최적의 상태로 정비 · 확립하고, 그 목표를 효과적이고 효율적으로 달성해 나가는 일련의 조직적 · 봉사적 활동이라고 정의할 수 있다.

2) 학교경영과 유사한 개념

학교경영과 유사한 개념으로 학교관리라는 용어가 있다. 남정걸(1981, pp. 14-16)은 학교경영과 학교관리는 실제로는 양자가 융합되어 있는 동일한 과정으로 보아야 한다고 전제하면서, 굳이 양자를 구분하자면, 전통적으로 관리를 경영의 하위개념으로 보고 경영은 정책형성의 최고층의 통제를 의미하는 것인 데 비하여 관리는 그 정책의 집행을 의미하는 것으로 보는 견해가 기저를 이루고 있다고 언급하였다.

그는 이러한 맥락에서 학교경영과 학교관리의 차이점을 다음과 같이 구분하였다. 첫째, 학교경영은 교장의 주관적 · 이상적 관점에서 교육활동을 전개 운영하는 1차적 · 직접적인 배려라면, 학교관리는 객관적 · 법규적 관점에서 교육의 조건 또는 상태를 유지하고 정비하는 2차적 · 간접적인 배려다. 둘째, 학교경영은 학교경영자의 창의적 기능으로서 자주적 · 자율적으로 교육의 이념과 목표를 실현하기 위한 교육내용 그 자체의 운영인 데 비해, 학교관리는 교육법규나 권력에 의해서 의존적 · 타율적으로 교육내용을 운영하는 데 필요한 여러 조건과 시설을 정비 · 운용하는 것이다. 학교경영은 교육실천 내용 그 자체의 운영이고, 학교관리는 법에 의해 교육의 수준과 조건을 확보하려는 것이다. 셋째, 학교경영은 학교를 하나의 경영체로 보아 학교운영의 최고 방침을 결정하는 기능이라고 한다면, 학교관리는 그 방침에 따라 아동을 교육하는 데 필요한 인적 · 물적 · 재정적 자원에 관한 기능이다. 넷째, 학교관리는 교육목적을 효과적으로 달성하기 위해 객관적 · 타율적 · 법규적 · 관료적 · 집권적인 체제로 학교를 운영하는 간접적 · 보조적인 활동으로서 주로 인사 · 재정 · 시설 등에 가해지는 배려다. 또한 교장의 권한은 교육의원회의 위임사항에 의한 것이므로 행정기관의 말단 관리자의 위치에 서는 것이 학교관리다.

3) 학교경영의 원리

일반적으로 원리는 상당한 경험적 근거가 있는 보편타당한 합리적 기준을 의미한다(강경석, 최기만, 2003, p. 90). 김창걸(1998, pp. 438 – 441)은 학교경영의 원리로 ① 민주화의 원리, ② 합리화의 원리, ③ 과학화의 원리, ④ 조직화의 원리, ⑤ 효율화의 원리, ⑥ 지역화의 원리를, 손영환, 신수균(2007, p. 280)은 ① 연계성의 원리, ② 합리성의 원리, ③ 종합성의 원리, ④ 참여의 원리, ⑤ 현실성의 원리를, 윤정일, 송기창, 조동섭, 김병주(2008, p. 377)는 ① 연계성의 원리, ② 합리성의 원리, ③ 종합성의 원리, ④ 참여의 원리, ⑤ 현실성의 원리를, 정일환(2003, pp. 449 – 452)은 ① 합목적성의 원리, ② 합법성의 원리, ③ 민주성의 원리, ④ 자율성의 원리, ⑤ 능률성의 원리, ⑥ 과학성의 원리, ⑦ 지역성의 원리를 제시하였다. 이상의 논의를 종합해 보면, 단위학교를 경영해 나가는 데 있어서 고려해야 할 학교경영의 원리로는 다음과 같은 것들이 고려되어야 한다.

① **민주성의 원리**: 학교경영은 교장이 자신의 소신과 의지대로만 운영해 나가는 것이 아니라 교사, 학부모, 지역사회 인사, 학생, 동문회 등 학교 내외의 구성원들의 의견을 전반적으로 반영하여 운영해야 한다.

② **합리성의 원리**: 학교경영은 교육목표를 최상의 상태로 달성하기 위해 합리적 사고와 합리적 · 합법적 절차에 의해 운영해 나가야 한다. 최상의 결과를 창출하기 위해서는 합리적인 의사결정 구조의 마련과 그에 따른 구성원들의 참여가 합리적으로 보장될 필요가 있다.

③ **과학성의 원리**: 학교경영은 과학적인 방법에 기초하여 학교조직을 체계적 · 조직적 운영시스템에 의거하여 운영해야 한다. 즉, 문제의 인식, 대안 마련, 대안의 선택과 실행, 평가 단계에서 과학적이고 체계적인 방법에 근거하여 실천해 나가야 한다.

④ **효율성의 원리**: 최소한의 투자로 최대의 효과를 발휘하게 하자는 효율화의 원리는 학교경영에서도 강조된다. 인력이나 예산의 편성 및 활용에서 불필요한 중복을 막고 최대의 성과를 창출할 수 있도록 운영해야 한다.

⑤ **지역성의 원리**: 단위학교의 경영은 지역적 특수성을 충분히 고려하여 운영되어야 한다. 학교장이 학교경영을 통해 자신의 교육적 신념과 이상을 실현해 나갈 때 지역사회의 특성을 이해하고 지역사회와 원만한 관계를 유지하는 것은 필수적으로 요구된다.

⑥ **연계성의 원리**: 학교경영은 중앙교육행정기관(교육부), 지방교육행정기관(시 · 도교육청, 시 · 군 · 구교육청)의 교육정책 및 방향과 연계되어 운영되어야 한다. 단위학교의 경영 방향이 상위단계에 있는 교육행정기관과 상충하거나 모순되어서는 안 된다.

⑦ **종합성의 원리**: 학교경영은 국가 및 지방 차원의 교육정책, 단위학교의 교육목

표와 방향뿐만 아니라 교직원의 인사관리, 복무관리, 시설관리, 교육과정 관리, 학급경영, 학생지도 및 관리 등 학교의 교육목표를 효과적으로 달성하기 위해 이와 관련된 모든 요소가 종합적이고 포괄적으로 고려되어야 한다.

⑧ **현실성의 원리**: 학교경영은 현실 여건을 충분히 고려해야 한다. 단위학교 구성원들의 인적 자원의 수준, 재정 및 시설을 비롯한 물적 조건의 상태, 지역사회의 요구 등 현실적인 요소들을 고려하여 운영해 나가야 한다.

⑨ **자율성의 원리**: 학교경영은 앞에서 기술한 원리 이외에도 단위학교의 자율권을 활용하여 상부나 외부의 간섭 없이 학교 내외의 구성원들의 합의를 바탕으로 자율적으로 운영할 필요가 있다. 이러한 과정을 통해서 학교는 저마다 '색깔 있는' 학교 운영이 가능해진다.

4) 학교경영의 영역

학교경영은 교육행정이 실천되는 기본 기관인 단위학교의 경영으로, 일반적으로 단위학교가 교육목표를 설정하고 그것을 달성하기 위해 인적·물적 조건을 조성하고 그것들을 계획·실천·평가하는 일련의 조직적, 봉사적 활동으로 규정된다(신현석, 안선회, 김동석, 김보엽, 박균열, 2012). 따라서 교수·학습 활동을 중심으로 실행되는 다양한 활동, 즉 재정, 조직, 인사, 환경, 대외관계 등의 여러 활동이 학교경영의 영역 속으로 들어온다. 사실 학교경영을 위한 활동들은 상호 간에 긴밀한 연관성이 있기 때문에 그 사이를 명확하게 구분하는 것은 현실적으로 어려운 일이다. 그러나 경영계획 수립, 권한과 업무의 분담 그리고 문제의 소재 파악 등을 위해서 학교경영 활동의 내용을 영역별로 구분하는 것이 필요하다.

학자들에 따라 학교경영의 영역은 다음과 같이 다양하게 구분된다. Campbell, Corbaaly와 Ramseyer(1969)는 행정적 과업 또는 행정의 운영 영역을 학교와 지역사회의 관계, 교육과정과 수업, 학생 인사, 교직원 인사, 시설, 재정 및 사무관리의 6개 범주로 나누어 설명하였다. 김영돈(1971)은 인사관리, 교육과정 운영, 학습지도, 생활지도, 학교재정 운영, 학교시설관리, 학습경영, 사무처리, 학교와 지역사회, 교원연수 등으로 학교경영의 영역을 구분하였으며, 김종철(1973)은 ① 교육의 목표, 교육과정과 교재, 장학을 포함하는 교육내용 행정, ② 교직원 인사 및 학생행정을 포함하는 인적조건 정비 행정, ③ 시설, 재정, 사무관리를 포함하는 물적 조건의 관리 행정, ④ 연구, 홍보를 포함하는 기타 조건의 지원 행정 등으로 나누어 학교 행정업무, 즉 학교경영의 영역을 설명하였다. 그리고 정태범(1995)은 학교경영의 영역을 구분하는 것은 학교에서 어떤 경영활동이 이루어지고 누가 해당 영역을 책임지는가 등을 파악하는 데 도움을 준다면서 교육목표 관리, 학교조직 관리, 교육과정 관리, 교육조건 관리, 교육성과 관리로 나누었다.

이상의 여러 학자의 의견을 종합해 보면, 학교경영 영역은 교육목표 설정, 교육과정 운영, 학생관리, 교직원 인사, 장학, 시설 및 재정관리, 사무관리 등으로 구분된다. 이러한 영역들을 구체적으로 살펴보면 다음과 같다(서정화, 서성옥, 김동희, 이수임, 2007).

① **교육과정 운영**: 교육과정 운영은 교육목표 달성을 위해 학교에서 계획적으로 이루어지는 학생들의 모든 교육적 경험을 관리하는 일로 교육과정의 정상적 운영 여부 및 수준, 교육과정 구성의 적합성 및 다양성, 학생들의 학력 및 학습태도, 교육평가활동 등의 측면이 주요한 관심 대상이다.

② **학생 생활지도**: 생활지도는 학생들의 교내외 생활 및 활동에 관한 안내·지도 활동으로서 상담, 진로, 건강 및 여가, 태도 등을 포함한다. 주요한 관심 대상은 적성 존중, 적정한 기회, 도덕성 및 개성 신장 등의 측면이다.

③ **교직원 연수 및 인사관리**: 교직원의 직무능력 향상을 위해 수행되는 연수활동과 교직원의 평정, 내신, 사기앙양과 인간관계 관리 등이 이 영역에 포함된다. 연수의 기회와 질, 평정의 공정성과 교원의 사기 수준 등이 주요 관심 대상이다.

④ **교내장학**: 교내장학은 교원의 교수·학습지도 능력향상과 학급 및 학년경영의 합리화를 위해 학교장 등 경영관리층에 의해서 수행되는 전문적 보조활동이라고 할 수 있다. 최근 학교장의 수업지도성이 강조됨에 따라 수업 장학 또는 임상장학 형태의 실질적인 장학활동 활성화와 여건 조성 등이 주요 관심 대상이 되고 있다.

⑤ **사무관리**: 이 영역은 학교경영활동을 수행하는 과정에서 수반되는 제반 기록과

장부의 작성 · 보관, 공문서 처리 등 문서관리활동을 말한다. 사무관리의 주요한 관심 대상은 교육활동의 지원 정도, 효율적 운영 등이다.

⑥ 시설 및 매체관리: 이 영역은 학교교육활동 수행에 필요한 물적 조건과 자료 관리 등을 포괄한다. 여기에는 학교부지 및 건물과 시설, 각종 교수 · 학습매체 및 기자재 관리 등이 포함되며, 시설 및 매체의 확보와 그 현대화 · 효율화 수준 등이 주요 관심의 대상이다.

⑦ 재무관리: 재무관리는 학교교비 · 예산편성, 집행, 결산 등 학교교육활동에 필요한 경비를 조달하고 운영하는 활동을 말한다. 학교재정 규모의 적정성, 안전 재원의 확보, 효율적 운영, 공개성 등이 주요 관심의 대상이다.

⑧ 대외관계: 대외관계는 학부모, 지역사회, 행정당국 등과의 관계를 말하는 것으로, 학교교육에 대한 학부모의 반응 및 지원, 지역사회와 학교의 상호작용 등이 주요 관심의 대상이다.

5) 학교경영의 과정

학교경영 과정은 학교교육 목표를 합리적이고 효율적으로 달성하기 위해 학교경영이 어떤 절차와 과정을 거쳐 수행되느냐를 일컫는다. 일반적으로 학교경영은 학교경영계획을 수립하고, 이를 실천하고, 평가하는 순환적인 과정으로 이루어진다. 학교경영 과정에 대해 여러 학자는 큰 차이가 없는 다양한 의견을 제시하고 있는데 이들의 의견들을 종합해 보면, 학교경영 과정은 미래의 행동을 예견하고 준비하는 일련의 과정인 계획 단계, 교육목표를 효율적으로 달성하기 위해 지원하고 관리하는 실천 단계, 그리고 설정된 목표 달성도를 분석 · 검토하는 평가 단계로 크게 구분된다(신현석, 안선회, 김동석, 김보엽, 박균열, 2012).

- 계획 단계: 계획 단계에서는 학교경영목표 및 방침 설정, 학교경영목표 달성을 위한 구체적 활동계획의 수립 등이 주요 내용이다. 계획은 학교경영계획, 학년경영계획, 학급경영계획으로 나뉘어 수립될 수 있다.
- 실천 단계: 실천 단계에서는 교육목표를 효율적으로 달성하기 위해 계획에 따

라 인적 · 물적 자원을 조직하고 배분한다. 그리고 교육과정 운영과 생활지도 등을 포함한 모든 교육활동이 효율적이고 합리적으로 이루어지도록 지원, 관리, 조정한다.

● 평가 단계: 평가 단계에서는 설정된 목표에 비추어 학교경영 업무의 수행과정과 산출을 분석하고 검토한다. 그리고 이러한 과정을 통해 모색된 개선 방안들은 다음 경영계획에 반영됨으로써 학교경영의 성과를 극대화하는 데 기여하게 된다.

6) 학교장의 역할

역할이란 일정 직위에 있는 개인의 행위에 대해 주변 사람들이 품는 일종의 기대이며, 자리 또는 지위에 따라 수행해야 할 일련의 행위라고 할 수 있다. 따라서 교장이라는 직책에 기대되고 또 수행해야 할 일련의 행위를 교장의 역할이라고 할 수 있다(이경호, 2011). 서정화, 서성옥, 김동희, 이수임(2007)은 교장의 역할을 ① 학교문화 창조자, ② 인간 중심 학교경영자, ③ 효과적인 학교경영자, ④ 변화 촉진자로 제시하고, 이윤식(2005)은 ① 교육개혁 선도자, ② 학교경영 전문가, ③ 교육기관 통합자로 제시한다. 그리고 Leithwood, Day, Sammons, Harris와 Hopkins(2006)는 성공하는 학교의 교장들에 대한 연구들을 종합하여 교장의 핵심적인 역할로 ① 비전(방향) 제시, ② 교직원 능력 개발, ③ 학교조직의 재구조화, ④ 교수 · 학습 프로그램의 관리 네 가지를 제시한다.

학교조직에서 교장의 역할은 매우 중요하며, 시대에 따라 학교구성원의 역할이변한 것처럼 교장의 역할도 변화해 왔다. 과거 권위주의 환경에서의 교장의 역할과최고경영자로서 전문적 경영능력이 요구되는 21세기 지식정보화사회에서의 교장의 역할은 상당히 다를 수 있다. 최근 세계화와 정보화, 그리고 지식기반사회로의 이행 등 학교를 둘러싼 외적 환경의 변화는 학교장의 역할에 많은 변화를 요구하고 있다. 최근 학교공동체에 대한 관심이 고조되고 있는데, 이러한 측면에서 허학도(2005)는 학교공동체에서 교장의 주요한 역할로 ① 구성원의 의견수렴, 학교경영에 반영, ② 명확한 교육목표와 학교발전의 비전 제시, ③ 민주적, 효율적 학교경영, ④ 전문적, 민주적 지도성 발휘, ⑤ 구성원 간 유대관계 형성 등 15가지를 제시한다. 또한 텍사스 주의 남서부교육개발연구소(Southwest Educational Development Laboratory, 1999)는 성공적인 전문가학습공동체 구축을 위한 교장의 전략 및 역할로 ① 학교구성원들과 동료성(collegiality) 구축, ② 학생들의 학업성취 향상, ③ 교사들에게 학습기회 부여, ④ 의사결정에 학교구성원 참여, ⑤ 창의적인 학교운영 방안 제안 독려 등을 제시하고 있으며, DuFour, DuFour와 Eaker(2002)는 ① 교사와 학생의 학습 중시, ② 공동으로 탐구하는 문화 구축, ③ 모니터링 및 평가, ④ 비전 실현을 위한 환경 구축과 자원(resources) 제공을 제시한다. 또한 Hord와 Sommers(2008)는 성공적인 전문가학습공동체를 구축 · 유지하기 위해 교장이 지녀야 할 기술 및 역할로 원활한 의사소통(communication), 협력(collaboration), 코칭(coaching), 변화 촉진(change), 갈등관리(conflict), 창의성(creativity), 용기(courage)의 일곱 가지(7Cs)를 제시한다.

이상에서 논의된 교장의 역할에 대한 여러 학자의 의견을 종합해 보면, 교장은 학교구성원들의 지속적인 학습(continuous learning)을 독려하고 분산적 리더십을 발휘할 뿐만 아니라 전문적 성장을 위해 노력하는 조직구성원 간의 헌신과 신뢰의 관계 맺음을 의미하는 '동료성' 기반의 협력문화(collaborative culture)를 구축하는 데 중요한 역할을 해야 한다. 또한 학교구성원들이 공동 탐구와 학습을 통해 실행하는 교육활동에 대한 지속적인 모니터링 및 평가, 그리고 전문가학습공동체의 원활한 구축 및 유지를 위한 물리적 · 환경적 지원에 중요한 역할을 해야 한다(이경호, 2011).

뉴스 따라잡기

'폐교 위기 학교'에서 '전학 가고 싶은 학교'로!

경남 함양 서상초등학교는 전교생 수가 69명에 불과한 작은 시골 학교다. 하지만 매년 이 학교에 입학하려는 학생이 전국 각지에서 줄을 잇는다. △ 친환경 교실과 유기농 급식, △ 인터넷과 전자칠판을 활용한 첨단 학습 환경, △ 다양한 방과 후 프로그램 등 탄탄한 교육과정 등을 두루 갖추고 있기 때문이다. 서상초등학교는 이 같은 성과를 인정받아 지난 1일 한국교육개발원이 선정한 '2012 미래학교'에도 포함됐다. 불과 10년 전만 해도 학생이 없어 폐교 위기에까지 놓였던 이 학교는 어떻게 다시 태어날 수 있었을까? 이 학교의 강민구 교장선생님은 성공적인 학교운영을 위해서는 "학교장의 의지와 교육공동체의 화합이 중요하다"고 말했다. "학교장에겐 두 가지 능력이 필요합니다. 학교 전반의 교육 방침을 확정하고 추진하는 뚝심이 하나, 모든 사안을 '학생 중심'으로 생각하려는 배려심이 다른 하나죠. 이를 겸비하려면 교직원 전원의 이야기를 폭넓게 수용할 수 있는 열린 자세가 필요합니다." 강 교장은 '지역사회와의 연결 고리'로서의 교장의 역할도 강조했다. "지난해 제가 처음 서상초등학교에 부임했을 때만 해도 지역 내 교육공동체와의 소통에 상당히 어려움을 겪었습니다. 그래서 첫해엔 제 역량의 50%를 지역 교육공동체와의 소통에 고스란히 할애했죠. 1년 정도 시행착오를 거치고 나니 마치 톱니바퀴가 맞물리듯 학교가 제대로 돌아가기 시작했어요." 그는 "학교가 제 역할을 다하려면 해당 학교가 속한 지역공동체의 관심이 무엇보다 절실하다"고 덧붙였다. "학교가 하는 일에 일일이 '간섭'하란 얘기가 아닙니다. 애정 어린 시선으로 '관심'을 가져주는 것만으로도 큰 힘이 됩니다. 우리 학교 역시 '운영에 어려운 점 없느냐'는 지역주민들의 따뜻한 질문이 모여 오늘날과 같은 모습을 갖추게 됐으니까요." (조선일보 기사, 2012년 11월 7일, 양근만 기자)

> ◎ **생각해 보기**
>
> 1. 성공적으로 학교를 경영하고 있는 이 학교 교장선생님의 학교경영관은 무엇인가?
> 2. 학교가 성공적으로 운영되기 위해 왜 지역공동체의 관심과 지원이 요구되는지 이야기해 보자.

2. 학교경영의 실제

학교경영의 실제로는 학교경영계획의 수립, 교직원의 인사관리, 교육과정 관리, 학사관리, 시설관리, 재무관리, 문서관리, 교직원의 복무관리, 학급경영 등 학교운영의 전반이 해당한다. 이 중에서 교육과정·학사·재무·문서·교직원의 복무관리 및 학급경영 등은 다른 장에서 다루기 때문에, 이 장에서는 학교경영계획 수립의 절차와 사례, 교직원의 인사관리, 학교경영 평가 등에 주안점을 두고 학교경영의 실제에 대해 기술하고자 한다.

1) 학교경영계획의 수립

학교경영계획 수립은 준비 단계, 수립 단계, 확정 단계를 거치게 된다. ① 준비 단계는 계획 수립을 위한 계획위원회를 조직하고 학교경영계획서를 작성하는 단계다. ② 수립 단계는 문제를 검토한 후, 교육목표와 방침의 설정, 학교조직의 편성, 교육활동에 필요한 교육조건의 마련 등을 진행하는 단계다. 학교경영계획은 문제규명, 교육목표 및 방침 설정, 조직계획, 활동계획, 평가계획을 포함한다. ③ 확정 단계는 수립 단계에서 작성한 학교경영계획 시안을 바탕으로 학교경영계획서를 확정하고 학교경영계획을 홍보하는 단계다(신현석, 안선회, 김동석, 김보엽, 박균열, 2012; 윤정일, 송기창, 조동섭, 김병주, 2008). 학교경영계획의 수립 단계에서 이루어지는 과정을 그림으로 제시하면 다음과 같다.

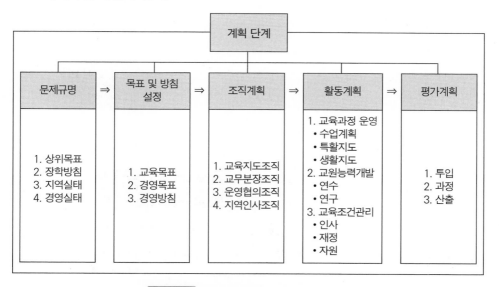

그림 6-1 학교경영계획 수립 절차 모형

출처: 윤정일, 송기창, 조동섭, 김병주(2008), p. 380.

학교교육계획서에 학교경영계획의 핵심이 반영되는데, 학교교육계획서는 학교 교직원 회의를 거쳐 매년 발간된다. 서울의 한 고등학교를 예로 들어 살펴보면, 교육계획서에 포함되는 내용은 [그림 6-2]와 같다.

그림 6-2 학교교육계획서의 사례(서울시 소재 K고등학교)

2) 교직원의 인사관리

(1) 학교장의 인사권

학교교직원의 인사권은 원칙적으로는 설립자인 국가, 시 · 도, 학교법인에 있다. 그러나 학교경영의 효율성을 기하기 위하여 상당한 부분을 학교장에게 위임하고 있다. 학교장에게 주어진 인사권은 인사내신권, 위임된 인사권, 고유의 인사권 등으로 분류된다(조남두, 2006, p. 227).

① 인사내신권: 인사내신권은 전직, 전보, 면직, 휴직, 복직, 직위해제, 징계, 급여호봉 재획정, 표창대상자 추천, 연수대상자 추천 등의 권한을 말한다.
② 위임된 인사권: 위임된 인사권은 보직교사 임면, 교원 및 일반직 공무원의 정기승급, 기간제 교사의 임면, 기능직 공무원의 임면, 비정규 직원의 임면 등의 권한을 말한다.
③ 고유의 인사권: 고유의 인사권은 교과담당 명령, 학급담임 명령, 교무분장업무담당 명령, 근무성적 평정 등의 권한을 말한다.

(2) 보직교사의 임면

임면이란 임명과 면직을 합친 말이다. 즉, 인사권자가 교직원에게 특정 직무의 수행을 위해 특정한 직책 담당을 명할 수 있고(임명), 일정 기간이 지나면 그 직책수행을 면하게 할 수 있다(면직). 보직교사의 임면에 관해서는 「초·중등교육법 시행령」제33조부터 제35조에 규정되어 있다. 보직교사의 명칭은 관할청(국립학교인 경우에는 교육부 장관, 공·사립학교인 경우에는 교육감을 말함)이 정하고, 학교별 보직교사의 종류 및 그 업무분장은 학교의 장이 정한다.

표 6-1 학교급별 · 학급수별 보직교사의 정원

학교급	보직교사의 정원	비 고
초등학교	1. 6~11학급: 2인 2. 12~17학급: 4인 이내 3. 18~35학급: 6인 이내 4. 36학급 이상: 12인 이내 5. 5학급 이하인 학교로서 교감을 두지 아니하는 학교 또는 5학급 이하의 분교장에는 1인	• 교육부 장관이 지정하는 연구학교에는 보직교사 1인을 더 둘 수 있음
중학교	1. 3~8학급: 1인 2. 9~11학급: 2인 3. 12~17학급: 8인 이내 4. 18학급 이상: 11인 이내 5. 2학급 이하의 분교장: 1인	• 체육중학교의 경우와 11학급 이하의 학교로서 교육부 장관이 지정하는 연구학교의 경우에는 보직교사 각 1인을 더 둘 수 있음 • 중학교의 장은 미리 교육감의 승인을 얻어 필요한 보직교사를 더 둘 수 있음
고등학교	1. 3~5학급: 2인 2. 6~8학급: 3인 3. 9~17학급: 8인 이내 4. 18학급 이상: 11인 이내	• 실업과를 설치한 고등학교 및 체육고등학교의 경우와 8학급 이하의 학교로서 교육부 장관이 지정하는 연구학교의 경우에는 보직교사 각 1인을 더 둘 수 있음 • 학교장은 미리 교육감의 승인을 얻어 필요한 보직교사를 더 둘 수 있음

3) 학교평가

(1) 학교평가의 개념과 과정

최근 교육소비자들의 관심이 고조되고 학교경영의 자율성과 책무성이 강조되면서 학교교육의 질 관리를 위한 학교경영 평가의 중요성이 점점 부각되고 있다. 여기서 학교평가란 학교를 교육활동이 수행되는 하나의 단위로 보고, 그 속에서 학생에게 기대되는 지적·정의적·신체적 발달이 학교 내부에서의 교육활동을 통해 어떻게 나타나는가를 중심으로 측정되는 학교효과 평가다(주삼환 외, 2009). 일반적으로 학교평가의 영역에는 투입되는 자원의 적정성 여부를 평가하는 투입 평가, 일정 기간 동안 각종 교육활동이 잘 진행되는가를 확인하는 과정 평가, 그리고 설정한 교육목표의 달성 수준을 판정하는 산출 평가가 있다.

보통 학교평가는 평가계획 수립, 평가 실시, 평가결과 활용의 단계를 거친다. 즉, 학교평가는 평가의 기준이나 준거를 설정하고 그 기준에 따라 평가를 실시하며, 그 결과를 분석하여 개선안을 마련하는 일련의 과정을 따르게 된다. 평가계획 단계에서는 평가위원회 구성, 평가 준거 개발 등이, 평가실시 단계에서는 자료 수집 및 처리, 그리고 해석 등이 이루어진다. 마지막으로 평가결과 활용 단계에서는 평가결과를 이후의 교육활동에 반영하도록 하는 활동이 이루어진다.

(2) 학교평가의 실제

학교평가는 학교교육의 질적 향상을 위해 교육 수요자의 요구와 필요를 파악하고 학교교육의 생산성과 효율성을 높일 수 있는 매우 중요한 학교경영 활동의 하나라고 볼 수 있다. 따라서 학교현장 구성원들이 학교평가의 필요성을 충분히 공감하고 학교평가활동에 적극적으로 참여하며 평가결과 활용의 주안점을 학교 간 서열화가 아닌 심층적 진단을 통한 교육활동 개선 및 지원에 두도록 교육당국은 노력해야 한다. 「초·중등교육법」 제9조 제2항에서 "교육부 장관은 교육행정의 효율적 수행을 위하여 필요한 경우에는 지방자치단체의 교육·과학·기술·체육 기타 학예에 관한 사무를 관장하는 지방행정교육기관과 학교에 대하여 평가를 실시할 수 있다."라고 규정하고 있는데, 이는 학교평가의 추진 근거가 된다. 이러한 추진 근거에 의해 실시되고 있는 서울특별시교육청 학교평가의 주요 내용을 살펴보면 다음과 같다(서울특별시교육청, 2013).

■ 평가 목적
- 학교교육활동 현황의 정확한 진단과 개선 지원
- 학교의 자율성과 책무성 증진을 통한 학교교육의 질 향상
- 교육정책의 성과 평가 및 효율적인 학교 지원정책 수립

■ 평가 주기 및 대상
- 주기: 1년
- 대상 기간: 2013년 3월 1일 ~ 2014년 2월 28일(1년간)
- 평가 대상: 서울시교육청 관내 모든 국 · 공 · 사립의 초 · 중등학교 및 특수학교

■ 평가 방법
- 정량평가: 교육정보시스템에 저장된 자료, 공시정보 등을 활용한 평가
- 정성평가
    - 서면평가: 학교교육계획서, 자체평가보고서를 중심으로 한 평가
    - 설문조사: 설문문항을 작성하여 관계자가 응답한 결과를 반영한 평가
    - 관계자 면담: 평가단이 학교 현장을 방문하여 면담을 통해 진행하는 질적 중심의 평가

■ 평가 절차

자체 평가	
2013년 11월~12월	
자체 평가	만족도 조사

→

외부 평가	
2013년 12월 ~ 2014년 2월	
정량평가	정성평가

→

후속 활동	
2014년 2월~4월	
후속 컨설팅 및 개선 노력	표창 및 일반화

그림 6-3 학교평가의 절차

■ 학교급별·특성별 적용 영역

표 6-2 학교평가의 영역

영 역	초	중	고				특수
			일반고	특성화고	특목고	자율고	
Ⅰ. 교육과정 운영 및 교수·학습 방법	○	○	○	○	○	○	○
Ⅱ. 교육활동	○	○	○	○	○	○	○
Ⅲ. 교육성과	○	○	○	○	○	○	○
Ⅳ. 학교 특성별 교육활동				○	○	○	○

■ 평가결과 통보 및 공개
- 평가 영역별 점수와 평가 대상학교군 평균점수 기재
- 방문평가 영역에서의 우수사례 및 개선사항 의견 기재
- 총평 관점에 의한 종합 소견
  - 학교의 여건과 노력, 학교 특성과 교육적 성과
  - 컨설팅 등 개선 지원이 필요한 세부 영역 지정하여 권장
- 학교에서는 학교평가결과를 학교정보공시 사이트에 공개함(「초·중등교육법 시행령」 제13조 제4항)

■ 평가결과 활용
- 학교 차원의 환류 노력
  - 학교의 자발적 개선 노력 유도를 통한 학교 자율성 강화

– 학교평가결과 자체 분석 ⇒ 차기년도 계획 및 중장기 발전계획 수립 ⇒
실천 ⇒ 평가 과정이 자율적으로 이루어지는 학교 시스템 구축
– 학교평가결과 분석 및 환류 계획에 따른 후속 컨설팅 요청

● 행정적 · 재정적 지원
– 학교의 요청에 따라 후속 컨설팅 및 맞춤형 연수 등 지원
– 심층적 진단이 필요한 학교는 외부 전문기관에 특별 컨설팅 의뢰
– 학교평가 및 컨설팅 결과를 교육청의 학교 지원정책 수립에 반영

● 우수사례 발굴 및 일반화
– 평가 영역별 우수학교 표창
– 우수학교교육활동 발표회 및 우수사례집 제작 배포

■ 학교평가 지표(초등학교, 중학교, 일반고등학교)

표 6-3 서울특별시교육청 학교평가 지표

영 역	지 표	유형	초	중	일고	자료출처
Ⅰ. 교육 과정 운영 및 교수 · 학습 방법	1.1. 교육과정 편성 · 운영의 적절성	정성	○	○	○	학교
	1.2. 특색 있는 교육과정 편성 · 운영의 충실도					
	1.2.1. 특색사업 운영 개수(수준별 이동 수업/영어교육 프로그램)	정량	○	○	○	교육청
	1.2.2. 서울시교육청 교육시책 반영 및 특색교육과정 운영	정성	○	○	○	학교
	1.3. 창의 · 인성교육 운영의 충실도					
	1.3.1. 창의 · 인성교육 운영의 충실도	정성	○	○	○	학교
	1.3.2. 소규모 테마형 수학여행 및 체험 중심 수련교육 실시	정량	○	○	○	학교
	1.4. 방과후학교 활성화					
	1.4.1. 방과후학교 참여율	정량	○	○	○	교육청
	1.4.2. 학생 만족도	정성	○	○	○	설문
	1.5. 예술 · 체육교육 활성화					
	1.5.1. 예술 · 체육 교과수업 기준시수 편성	정량	○	○		

	1.5.2. 학교 스포츠 클럽 등록률	정량	○ ○ ○		NEIS
	1.5.3. 예술 동아리 · 녹색성장교육 동아리 운영 여부	정량	○ ○ ○		NEIS
	1.6. 수업연구 및 수업방법 개선				
	1.6.1. 수업연구 비율(교내 수업 공개)	정량	○ ○ ○		학교
	1.6.2. 수업방법 개선 비율(교외 수업 관련 연구대회 참여)	정량	○ ○ ○		학교
	1.6.3. 컨설팅 장학 실시(컨설팅 장학 실시, 컨설턴트 지원)	정량	○ ○ ○		학교
	1.7. 과정 중심 평가방법 내실화	정량	○ ○		학교
	1.8. 독서교육 활성화				
	1.8.1. 학생 1인당 도서관 도서 대출 건수	정량	○ ○ ○		DLS
	1.8.2. 독서교육 활성화 및 내실화 노력	정성	○ ○ ○		학교
II. 교육 활동	2.1. 안전한 학교				
	2.1.1. 학교폭력 예방 및 근절 노력[학교폭력 예방교육(학생, 교원, 학부모), 성폭력 예방교육, 학생자치 활동]	정량	○ ○ ○		학교
	2.1.2. 학교폭력 예방실태조사 참여율	정량	○ ○ ○		교육청
	2.1.3. 안심알리미 서비스 운영 여부	정량	○		학교
	2.2. 교원 직무연수 실적				
	2.2.1. 직무연수 학점 취득 비율	정량	○ ○ ○		NEIS
	2.2.2. 직무연수 평균 이수시간	정량	○ ○ ○		NEIS
	2.3. 교육복지 및 지역사회 연계				
	2.3.1. 초등돌봄교실 운영	정량	○		교육청
	2.3.2. 학부모 대상 연수 운영 시간	정량	○ ○ ○		교육청
	2.3.3. 지역사회 연계 및 교육기부 활용 실적	정량	○ ○ ○		교육청
	2.4. 진로 · 직업교육 활성화				
	2.4.1. 진로 및 직업교육 실적	정성	○ ○ ○		학교
	2.4.2. 진로 체험교육 프로그램 운영	정량	○ ○ ○		교육청
	2.5. 청렴도	정량	○ ○ ○		학교
	※ 학교 상벌(표창 수 및 기관 주의 처분 수, 가감)	정량	○ ○ ○		교육청
III. 교육 성과	3.1. 기초학력미달 학생 비율				
	3.1.1. 기초학력미달 학생 비율	정량	○ ○		정보공시
	3.1.2. 전년대비 향상도	정량	○ ○		정보공시
	3.2. 학업중단 비율				

3.2.1. 학업중단 비율	정량		○	○	교육청
3.2.2. 전년대비 향상도	정량		○	○	교육청
3.3. 학생건강체력 평가등급 비율					
3.3.1. 체력평가등급 비율	정량	○	○	○	NEIS
3.3.2. 체력평가등급 향상 비율	정량	○	○	○	NEIS
3.4. 학교공동체 만족도					
3.4.1. 학생의 학교 만족도	정성	○	○	○	설문
3.4.2. 학부모의 학교 만족도	정성	○	○	○	설문
3.4.3. 교원의 행정업무 경감 만족도	정성	○	○	○	설문

정리하기

1. 학교경영은 교장이 학교의 교육목표를 효과적으로 달성하기 위해 학교 운영 전반의 인적 · 물적 조건을 최적의 상태로 정비 · 확립하고, 그 목표를 효과적이고 효율적으로 달성해 나가는 일련의 조직적 · 봉사적 활동이라고 정의할 수 있다.

2. 학교경영과 유사한 개념으로 학교관리라는 용어가 있다. 학교관리는 객관적 · 법규적 관점에서 교육의 조건 내지 상태를 유지하고 정비하는 2차적 · 간접적 배려이며, 교육법규나 권력에 의해서 의존적 · 타율적으로 교육내용을 운영하는 데 필요한 여러 조건과 시설을 정비 · 운용하는 것이다. 학교관리는 학생들을 교육하기 위해서 필요한 인적 · 물적 · 재정적 자원에 관한 기능이며, 교육목적을 효과적으로 달성하기 위해 객관적 · 타율적 · 법규적 · 관료적 · 집권적 체제로 학교를 운영하는 간접적 · 보조적 활동으로서 주로 인사 · 재정 · 시설 등에 가해지는 배려이고, 교장의 권한은 행정기관의 말단 관리자의 위치에 서는 것이 학교관리다.

3. 학교경영의 원리로는 민주성의 원리, 합리성의 원리, 과학성의 원리, 효율성의 원리, 지역성의 원리, 연계성의 원리, 종합성의 원리, 현실성의 원리, 자율성의 원리 등을 고려해야 한다.

4. 학교경영의 실제로는 학교경영계획의 수립, 교직원의 인사관리, 교육과정 관리, 학사관리, 시설관리, 재무관리, 문서관리, 교직원의 복무관리, 학급경영 등 학교운영의 전반이 해당한다.

5. 학교경영계획을 수립하는 단계에는 준비 단계, 수립 단계, 확정 단계가 있다.

6. 학교장에게 주어진 인사권은 인사내신권, 위임된 인사권, 고유의 인사권 등으로 분류할 수 있다.

7. 보직교사의 명칭은 관할청(국립학교인 경우에는 교육부 장관, 공·사립학교인 경우에는 교육감)이 정하고, 학교별 보직교사의 종류 및 그 업무분장은 학교의 장이 정한다.

8. 학교경영의 영역에는 교육목표 설정, 교육과정 운영, 학생관리, 교직원 인사, 장학, 시설 및 재정관리, 사무관리 등이 있다.

9. 학교경영의 과정은 계획 단계, 실천 단계 그리고 평가 단계로 크게 구분할 수 있다.

10. 학교장은 학교구성원의 지속적인 학습을 독려하고 분산적 리더십을 발휘할 뿐만 아니라 전문적 성장을 위해 노력하는 조직구성원 간의 헌신과 신뢰의 관계 맺음을 의미하는 '동료성' 기반의 협력문화를 구축하는 데 중요한 역할을 해야 한다.

11. 학교평가란 학교를 교육활동이 수행되는 하나의 단위로 보고, 그 속에서 학생에게 기대되는 지적·정의적·신체적 발달이 학교 내부에서의 교육활동을 통해 어떻게 나타나는가를 중심으로 측정되는 학교효과 평가다.

적용하기

1. 자신이 교장으로 부임한 학교에 문제가 많다고 가정하자. 교사들은 단결되지 않고 패가 나뉘어 있다. 그 때문인지 학생들의 학업성취도는 도(또는 시)에서 하위권이다. 자신이 교장이라면 이 학교를 어떻게 이끌어 나갈 것인가? 다음의 쟁점들에 대해 각자의 생각을 이야기해 보자.

    쟁점 1: 교사들이 단결하지 못하고 패가 나뉘는 경우에는 어떠한 것이 있는가?

쟁점 2: 자신이 교장이라면 이 학교의 교사들에게 어떻게 접근하고, 그 문제를 어떻게 해결해 나갈 것인가?

쟁점 3: 학생들의 학업성취도를 높일 수 있는 구체적인 방안은 무엇인가?

📖 참고문헌

강경석, 최기만(2003). 학교·학급경영의 이론과 실제. 서울: 원미사.

김영돈(1971). 학교경영의 이론과 실제. 서울: 익문사.

김종철(1973). 교육통계론. 서울: 교육출판사.

김창걸(1998). 교육행정학 및 교육경영 신강. 서울: 형설출판사.

남정걸(1981). 교육행정의 이론. 서울: 배영사.

박병량, 주철안(1999). 학교·학급경영. 서울: 학지사.

박종렬, 권기욱, 김순남, 박남기, 박상완, 신상명, 임연기, 정금현, 정수현(2010). 학교경영론. 파주: 교육과학사.

서울특별시교육청(2013). 2013학년도 학교평가 기본계획. 서울: 서울특별시교육청.

서정화, 서성옥, 김동희, 이수임(2007). 교장학의 이론과 실제. 파주: 교육과학사.

손영환, 신수균(2007). 교육행정 및 교육경영. 서울: 동문사.

신현석, 안선회, 김동석, 김보엽, 박균열(2012). 학습사회의 교육행정 및 교육경영. 서울: 학지사.

윤정일, 송기창, 조동섭, 김병주(2008). 교육행정학원론. 서울: 학지사.

이경호(2011). 전문가학습공동체 구축을 위한 교장의 역할 탐색. 교육행정학연구, 29(3).

이윤식(2005). 학교교육 질 관리자로서의 교장 역할. 새교육, 2005－06.

정일환(2003). 교육행정학의 탐구. 서울: 원미사.

정태범(1995). 학교·학급경영론. 서울: 한국교육행정학회.

정태범(1998). 학교경영계획론. 서울: 양서원.

조남두(2006). 교육행정론. 서울: 원미사.

주삼환, 천세영, 김택균, 신붕섭, 이석열, 김용남, 이미라, 이선호, 정일화, 김미정, 조성만(2009). 교육행정 및 교육경영(4판). 서울: 학지사.

K고등학교(2010). 2010학년도 학교교육계획서.

한공우(2005). 교육행정 및 교육경영. 서울: 동문사.

허학도(2005). 학교공동체구성원의 역할에 관한 내용분석 연구. 교육행정학연구, 23(2).

Boyan, N. J. (1988). *Handbook of Research on Educational Administration*. New York & London: Longman.

Campbell, R. F., Corbaaly, Jr. J. E., & Ramseyer, J. A. (1969). *Introduction to Educational Administration* (3rd ed.). Boston, MA: Allyn & Bacon.

Chapman, R. (1999). *Multiple Mirrors*. Austin, TX: Southwest Educational Development Laboratory.

Dufour, R., Dufour, R., & Eaker, R. (2002). *Revisiting Professional Learning Communities at Work*. Bloomington, IN: Sloution Tree.

Hord, S. M., & Sommers, W. A. (2008). *Leading Professional Learning Communities*. Thousand Oaks, CA: Corwin.

Greenfield, T., & Ribbins, P. (1993). *Greenfield on Educational Administration–Toward a Human Science*. London: Routledge.

Leithwood, K., Day, C., Sammons, P., Harris, A., & Hopkins, D. (2006). *Successful School Leadership: What it is and how it influences pupil learning*. Nottingham: NCSL/Dept for Education & Skills, University of Nottingham.

Morphet, E. L., Johns, R. L., & Reller, T. L. (1959). *Educational Administration*. Englewood Cliffs, NJ: Prentice – Hall.

Silver, P. F. (1983). *Educational Administration–Theoretical Perspectives on Practice and Research*. New York: Harper & Row.

교육공무원 승진규정(일부개정 2010. 4. 13 대통령령 제22118호).

「초 · 중등교육법」(일부개정 2008. 3. 21 법률 제8917호).

「초 · 중등교육법 시행령」(일부개정 2010. 6. 29 대통령령 제22234호).

조선일보(2012. 11. 7.). '폐교 위기 학교'에서 '전학가고 싶은 학교'로!

제7장

학급경영

이 장의 핵심 아이디어

학급경영이란 지식기반사회에 대비하고 학생들의 교육적 성장을 도모하기 위해 학급의 교육 목표를 합리적이고 효과적으로 실현하려는 교육활동을 의미한다.

▶ 여러 학자는 학급경영의 영역으로 교과학습 영역, 생활지도 영역, 특별활동 영역, 가정 및 지역사회와의 관계관리 영역, 사무관리 영역, 환경 · 시설관리 영역 등을 공통적으로 강조하고 있다.

▶ Danielson(2007)이 제시한 학급경영의 영역에 대한 논의는 더욱 자세한 정보를 체계화하여 제시함으로써 포괄적이고 전문적인 학급경영 활동을 가능하게 하였다.

▶ 미래의 지식기반사회에 적합한 학급경영 모형은 창의적이고 전문적인 탐구와 학습 풍토의 조성을 포함하며, 행복한 학급생활을 목표로 실천함으로써 학생들이 건강하고 바람직한 미래의 인생을 준비할 수 있도록 그 과정을 강조한다.

1. 학급경영의 개념

학급이란 유의미한 교육적 경험을 제공하기 위하여 합리적이고 의도적으로 구성한 학생들의 단위학습집단을 의미한다. 학급경영이란 학급이라는 학교조직을 효율적으로 경영하는 활동을 말하며, 구체적으로 학년별 교육과정 목표 달성을 위한 생활지도와 교수 · 학습을 촉진하기 위한 교육적인 활동이라고 할 수 있다(김진한, 2009). 또한 학급경영이란 학교교육 활동의 기본단위로서 학급을 대상으로 교육목표 달성을 위한 계획, 조직, 실행, 지도, 평가 등을 시행하는 교육활동이면서 동시에 교수 · 학습활동과 생활지도가 효율적으로 이루어질 수 있도록 도와주는 교육지원활동을 의미한다(윤정일, 송기창, 조동섭, 김병주, 2008). 학급경영에 대한 여러 가지 관점은 크게 질서 유지로서의 학급경영, 조건 정비로서의 학급경영, 교육경영으로서의 학급경영으로 나눌 수 있다(박병량, 2006).

■ 질서 유지로서의 학급경영

학급경영을 교사가 학급활동의 질서를 유지하기 위해 학급에서 행하는 모든 활동으로 보는 관점이다. 훈육의 관점과 '학생의 문제행동을 예방하고 선도하는 일'이라고 보는 생활지도의 관점, 그리고 '학급상황에 따라 요구되는 행동을 수행하도록 하는 일'이라고 보는 학급 행동지도의 관점 등이 여기에 속한다. 이러한 관점에서는 학급경영을 교사가 학급 내 질서의 문제를 해결하기 위해 사용하는 행동과 전략이라고 정의한다(Doyle, 1987).

■ 조건 정비로서의 학급경영

학급경영을 수업을 위한 학습환경을 조성하는 일로 보는 관점이다. 이 관점은 학급활동을 수업과 경영활동으로 분리하고 경영활동을 수업을 위한 조건 정비와 유지활동으로 한정하는 입장이다. 이러한 관점에서는 학급경영을 교수와 학습이 일어날 수 있는 환경을 확립하고 유지하는 데 필요한 조건과 규정을 구성하는 활동으로 정의한다(Duke, 1979).

■ 교육경영으로서의 학급경영

학급경영을 경영학적 관점에서 교육조직을 경영한다는 차원으로 보는 입장이다. 학급이 교육조직이므로 교육조직의 독특한 경영 특색이 반영되어야 한다고 본다. 이러한 관점에서는 경영을 목표 성취에 필요한 조정과 협동에 관심을 갖는 조직의 기능이라고 정의하고, 그러한 조직의 기능을 수행하는 교사의 활동을 학급경영으로 파악한다(Johnson & Brooks, 1979). 이러한 교육경영으로서의 학급경영은 수업과 수업을 위한 조건 정비 및 유지 활동을 통합적으로 포함함으로써 학급경영의 중심에 수업활동을 포함할 수 있다는 점에서 그 의의를 찾을 수 있다.

성공적인 학급경영을 위해서는 학생들의 자기주도적 지성 계발, 탐구능력 계발, 실생활에 유용한 학업성취 향상 등을 도울 수 있도록 교사들의 적극적인 교수행위, 즉 '참된 교수(authentic pedagogy)' 활동이 필요하다. 이를 위해서는 첫째, 고차적 사고과정(higher-order thinking)으로의 안내, 둘째, 심층적 이해(deep knowledge) 촉진, 셋째, 심층적 토론과 대화(substantive conversation)를 통한 설득과 자기 견해의 오류 수정 능력 계발, 넷째, 숙지한 지식을 실생활에서 활용할 수 있도록 지도하는 활동 등이 요구된다(이종재, 2005). 이상의 논의를 종합하여 학급경영의 개념을 정의하면 다음과 같다.

학급경영이란 지식기반사회에 대비하고 학생들의 교육적 성장을 도모하기 위한 학급교육의 목표를 합리적이고 효과적으로 실현하기 위하여 고차적 사고과정으로의 안내, 심층적 이해 촉진, 심층적 토론과 대화를 통한 설득과 자기 오류 수정 능력 계발, 숙지한 지식을 실생활에서 활용할 수 있도록 지도하는 '참된 교수' 활동과 생활지도 및 학습환경 조성 활동이 효율적으로 이루어지도록 하는 교육활동을 의미한다.

2. 학급경영의 영역

학급경영의 영역에 대한 여러 학자의 논의를 살펴보면, 교과학습 영역, 생활지도 영역, 특별활동 영역, 가정 및 지역사회와의 관계 관리 영역, 사무관리 영역, 환경 및 시설 관리 영역 등을 공통적으로 강조하고 있다. 이외에도 학급경영계획의 수립, 집단조직 및 지도 영역, 전문가공동체에 참여하기 등을 강조함으로써 학급경영의 영역에 대한 더 세밀한 논의가 전개되고 있다. 이러한 경향은 지속적인 학급경영 개선을 가능하게 하기 위한 전문적 능력 개발을 강조하며, 세밀하게 정의된 학급경영의 논의를 토대로 더 체계화된 교사 연수 시스템을 갖출 수 있도록 한다. 더 자세한 내용을 살펴보면 다음과 같다.

학급경영의 영역에 대하여 김명한(1989)은 교과학습 영역, 생활지도 영역, 특별활동 영역, 가정 및 지역사회와의 관계 관리 영역, 사무관리 영역, 환경 및 시설 관리 영역 등 여섯 가지로 나누어서 제시하였다. 이것은 학급경영의 핵심적인 영역에 대해 명료하게 제시한 점에서 그 의의를 찾을 수 있다. 그러나 학급경영의 계획과 준비 영역, 전문적 책무성 영역 등이 간과되었다는 한계가 있다.

교과학습 영역	가정 및 지역사회와의 관계 관리 영역
- 교과지도 - 특수아지도 - 가정학습지도	- 학부모와의 관계 유지 - 지역사회와의 유대관계 유지 - 봉사활동
생활지도 영역	사무관리 영역
- 학업 및 교육관계 문제지도 - 진학 및 진로지도 - 건강지도	- 각종 장부 관리 - 학생기록물 관리 - 각종 잡무처리
특별활동 영역	환경 및 시설 관리 영역
- 자치활동지도 - 클럽활동지도 - 학교행사	- 시설 및 비품관리 - 게시물 관리 - 청소관리 - 물리적 환경 관리

박병량(2006)은 학급경영의 영역을 교과학습 영역, 생활지도 영역, 특별활동 영역, 가정 및 지역사회와의 관계 관리 영역, 사무관리 영역, 환경·시설 관리 영역, 학급경영계획의 수립, 집단조직 및 지도 영역 등 여덟 가지로 분류하였다. 이는 학급경영의 영역에 대한 이전의 논의를 충실하게 반영하고, 학급경영계획의 수립과 집단조직 및 지도 영역을 강조함으로써 학급경영의 궁극적인 목표와 구체적인 학급경영 활동이 잘 연계되도록 한 점에서 더욱 발전된 논의라고 평가할 수 있다. 그러나 지속적인 학급경영 개선을 가능하게 하기 위한 전문적 능력 개발 영역을 논외로 하였다는 점과 학급경영의 영역에 대한 더 세밀한 논의가 부족하다는 한계를 지적할 수 있다.

교과학습 영역 영역	사무관리 영역
- 학습지도안 작성 - 가정학습지도 - 특수아지도	- 학사물 관리 - 학습지도에 관한 사무 - 학생기록물 관리 - 가정통신문 관리 - 각종 잡무 관리
생활지도 영역	환경 · 시설 관리 영역
- 인성지도 - 학업문제지도 - 진학 및 진로지도 - 건강지도 - 여가지도	- 물리적 환경 정비 - 시설 및 비품 관리 - 게시물 관리 - 청소 관리
특별활동 영역	학급경영계획의 수립
- 자치활동 - 계발활동 - 적응활동 - 봉사활동 - 행사활동	- 목표조사 - 학생조사 - 학급조사 - 가정환경조사 - 지역사회조사
가정 및 지역사회와의 관계 관리 영역	집단조직 및 지도 영역
- 가정과의 유대 - 지역사회와의 유대 - 교육 유관기관과의 유대 - 지역사회 자원 활용 - 봉사활동	- 규칙 및 절차의 수립과 시행 - 소집단 편성 및 지도 - 학급분위기 조성

　　교직실무편람(서울특별시 교육연구정보원, 2006)에서는 학급경영의 영역에 대해서 교육과정 편성 및 평가, 교과지도, 교과 외 활동지도, 생활지도, 학교 · 학급 경영 직무 수행, 사안 처리, 대외 관계 및 기타 등 일곱 가지를 제시하였다. 이러한 논의는 교육과정 편성 및 평가 영역을 강조함으로써 학급경영활동의 전문적 계획과 평가를 일관되게 실행할 수 있도록 한 점과 위급한 상황에 대한 예방과 신속한 조치를 강조하였다는 점에서 그 의의를 찾을 수 있다.

교육과정 편성 및 평가	학교 · 학급 경영 직무 수행
- 학급교육과정 편성 및 운영 - 교육과정 재구성 및 교육 프로그램 개발 - 교육과정 운영 평가 - 학생의 학업성취도 평가	- 학급 학습환경 조성 - 학사 및 각종 사무 관리 - 시설 및 비품 관리
교과지도	사안 처리
- 담당교과에 대한 전문성 확보 및 학습지도 - 교수 · 학습(연간, 단원, 차시) 지도계획 수립 및 운영 - 교수 · 학습과정안 작성 - 가정학습지도	- 사안 발생 사전예방교육 - 사안 발생 시 학교장에게 즉시 보고 후 지시에 따라 처리
교과 외 활동지도	대외 관계 및 기타
- 특별활동 - 재량활동	- 직원 간 인화 단결 및 업무 협조 - 지역사회, 교육관련기관과의 유대 형성 - 바람직한 학부모와의 관계 형성 및 교사의 품위 유지
생활지도	
- 생활지도이론 및 상담이론의 정립 - 올바른 가치관 정립 및 인성지도 - 학생상담, 진로지도 - 건강지도, 여가지도 - 학교생활 부적응 학생 및 문제아 지도	

이러한 학급경영의 영역 중 학습지도와 생활지도 영역을 더 세부적으로 고찰하기 위하여 교사능력개발평가지(서울특별시교육청, 2010)를 분석해 보면 다음과 같다. 먼저 학습지도 영역은 다음과 같이 12가지로 나뉘고, 각각의 세부항목이 제시되어 있다. 학급경영의 영역 중 학습지도와 생활지도 영역에 대한 세부적인 항목들을 제시함으로써 구체적인 학급경영활동의 준비를 용이하게 하고, 부족한 부분에 대한 체계적인 개선 및 보완을 가능하게 하였다는 점에서 장점을 찾을 수 있다.

● **교육과정의 이해 및 교수 · 학습방법 개선 노력**
   - 교육과정 분석을 통하여 교과와 단원 특성에 맞는 수업을 설계하는가?
   - 교과에 적합한 수업 모형 및 적용방법을 위해 노력하는가?

- **학습자 특성 및 교과내용 분석**
  - 선수학습 확인, 출발점 행동을 반영한 수업계획을 수립하는가?
  - 학생의 학습능력과 속도를 고려하여 개별화 수업계획을 수립하는가?

- **교수 · 학습전략 수립**
  - 수업목표가 교과내용과 일치하고 구체적이며 학습조직이 효율적인가?
  - 학습주제에 적합한 수업방법과 교수 · 학습자료 활용계획을 수립하는가?
  - 학생들의 이해 수준과 학습발전 정도를 확인할 수 있는 평가계획을 수립하는가?

- **수업의 도입**
  - 학습자의 전시(선수)학습 상기와 학습동기 유발이 효과적인가?
  - 학습목표를 확인하고 학습과정을 구체적으로 안내하는가?

- **교사의 발문**
  - 수업 내용을 쉽게 이해하고 재미있고 분명한 어조와 발음으로 전달하는가?
  - 교사가 발문으로 학생들의 다양한 사고를 유발하고, 응답에 적절히 대응하는가?

- **교사의 태도**
  - 학생들의 학습을 자극하고 학생들의 질문에 허용적 태도를 보이는가?
  - 교사의 태도가 안정되고 수업에 성실성과 자신감이 있는가?

- **교사 · 학생 상호작용**
  - 학생들이 수업활동에 적극적으로 참여하도록 유도하는가?
  - 강화가 적시에 이루어지고 학습에 교정적 피드백을 적절하게 제공하는가?

● **학습 자료의 활용**
  - 수업목표에 적합하고 사고조작 중심의 교수·학습 자료를 준비하는가?
  - 교수·학습 자료가 학습효과를 극대화하도록 적절한 시기에 활용하는가?

● **수업의 진행**
  - 학습영역 간 연계와 학습내용 범주가 통합되고 주학습활동이 강조된 수업인가?
  - 주학습활동을 고려한 시간의 안배가 적절하고 수업의 흐름이 자연스러우며 재미있는 수업인가?

● **학습정리**
  - 학습내용에 대한 학생들의 이해 정도를 확인하면서 요약·정리하는가?
  - 차시 학습 안내와 과제 제시가 학생의 관심과 활동 중심으로 적절하게 이루어지는가?

● **평가내용 및 방법**
  - 학습목표 도달도와 이해를 확인하는 평가인가?
  - 평가목표에 맞는 평가 장면을 선정하고 학생들의 능력과 수준에 적합한 문항이나 도구를 활용하는가?

● **평가결과의 활용**
  - 평가결과를 분석하여 학생들의 학습결과를 수정·보완(feed back)하는 자료로 활용하는가?
  - 평가결과를 분석하여 교사 자신의 교수방법 개선을 위해 활용하는가?

다음으로 생활지도 영역은 개인문제의 파악 및 창의·인성지도, 가정연계지도, 진로지도 및 특기·적성지도, 기본생활습관지도, 학교생활적응지도, 민주시민성지도 등 여섯 가지로 나뉘고, 각각의 세부항목이 제시되어 있다. 특히 존중과 배려, 협동과 봉사와 같은 민주시민성지도에 대한 구체적인 논의를 강조함으로써 학생들의 건전한 시민 육성을 비중 있게 실행할 수 있도록 한 점에서 그 의의를 찾을 수 있다.

- **개인문제의 파악 및 창의 · 인성지도**
  - 학생의 개인문제(학교, 가정, 개인상황)와 정보를 철저히 파악하여 수준과 특성에 맞게 지도하는가?
  - 학생의 개별적 특성을 고려하여 창의 · 인성을 조화롭게 갖추도록 지도하는가?

- **가정연계지도**
  - 학생들의 학교생활에 대해 학부모에게 필요한 정보를 제공하는가?
  - 학생생활지도를 위해 가정과 공동의 노력을 기울이는가?

- **진로지도 및 특기 · 적성지도**
  - 학생들의 진로, 직업, 특기 등을 파악하기 위해 노력을 기울이는가?
  - 학생의 적성과 특기를 고려한 진로지도 자료나 정보를 제공하는가?

- **기본생활습관지도**
  - 기본생활습관 형성을 위한 실천사항을 학년 및 발달특성에 맞게 지도하고 실천하는 모범을 보이는가?
  - 사회적 쟁점이 되는 청소년 문제(예: 자살, 인터넷, 게임중독, 흡연 등)를 학생수준에 맞게 지도하는가?

- **학교생활적응지도**
  - 학교생활 규칙을 준수하도록 지도하는가?
  - 학교에서 발생할 수 있는 문제(예: 집단따돌림, 학교폭력 등)를 파악하고 예방하기 위한 조치를 취하는가?

● 민주시민성지도
  - 다른 사람을 존중하고 배려하는 태도를 기르도록 지도하는가?
  - 공익을 위해 협동하고 봉사하는 정신을 기르도록 지도하는가?

Danielson(2007)은 학급경영의 영역을 계획과 준비, 교실환경, 수업활동, 전문적 책무성 등 네 가지로 구분하였다. 이러한 논의는 전문성과 관련된 책무 영역을 강조함으로써 지속적인 학급경영 개선을 가능하게 한다는 점에서 의의를 찾을 수 있다. 그리고 학급경영 영역에 대한 더욱 자세한 활동들을 제시함으로써 학급경영활동의 체계적이고 전문적인 준비 및 능력 개발을 가능하게 한다는 점에서 더 발전된 논의로 평가할 수 있다.

먼저 계획과 준비 영역은 수업 내용과 교육학 관련 지식 나타내기, 학생 관련 지식 나타내기, 수업결과 정하기, 수업자료에 대한 지식 나타내기, 수업 설계하기, 학생평가 설계하기 등 여섯 가지의 구성요소로 나뉜다. 수업 내용과 교육학 관련 지식 나타내기 구성요소는 교과의 내용과 구조에 대한 지식, 선행 교과 내용에 대한 지식, 교과 내용 관련 교수법에 대한 지식 등 세 가지 세부구성요소로 제시하였다.

학생 관련 지식 나타내기 구성요소는 아동과 청소년 발달에 대한 지식, 학습과정에 대한 지식, 학생의 기술·지식·언어 유창성에 대한 지식, 학생의 관심과 문화적 배경에 대한 지식, 학생의 특별한 필요에 대한 지식 등 다섯 가지 세부구성요소로 나뉜다.

수업결과 정하기 구성요소는 수업결과의 가치·연계·배열 정하기, 수업결과의 명확성 고려하기, 수업결과들의 균형 조정하기, 다양한 학습자에 대한 적합성 고려하기 등 네 가지 세부구성요소로 나뉜다.

수업자료에 대한 지식 나타내기 구성요소는 교실에서 사용될 수업자료에 대한 지식 나타내기, 교과의 내용 지식과 교수법을 확대시키기 위한 수업자료에 대한 지식 나타내기, 학생들이 사용할 수업자료에 대한 지식 나타내기 등 세 가지 세부구성요소로 나뉜다.

수업 설계하기 구성요소는 학습활동 설계하기, 수업자료 준비하기, 수업 집단 설계하기, 수업 단위 구조 설계하기 등 네 가지 세부구성요소로 나뉜다.

학생평가 설계하기 구성요소는 수업결과와 일치하도록 설계하기, 학생평가의 준거와 기준 설계하기, 형성평가가 되도록 설계하기, 수업계획의 일부가 되도록 사용하기 등 네 가지의 네 가지 세부구성요소로 나뉜다.

표 7-1 계획과 준비 영역의 구성요소

영역	구성요소	세부구성요소
A. 계획과 준비 영역	A1. 수업 내용과 교육학 관련 지식 나타내기	A1.1. 교과의 내용과 구조에 대한 지식
		A1.2. 선행 교과 내용에 대한 지식
		A1.3. 교과 내용 관련 교수법에 대한 지식
	A2. 학생 관련 지식 나타내기	A2.1. 아동과 청소년 발달에 대한 지식
		A2.2. 학습과정에 대한 지식
		A2.3. 학생의 기술·지식·언어 유창성에 대한 지식
		A2.4. 학생의 관심과 문화적 배경에 대한 지식
		A2.5. 학생의 특별한 필요에 대한 지식
	A3. 수업결과 정하기	A3.1. 수업결과의 가치·연계·배열 정하기
		A3.2. 수업결과의 명확성 고려하기
		A3.3. 수업결과들의 균형 조정하기
		A3.4. 다양한 학습자에 대한 적합성 고려하기
	A4. 수업자료에 대한 지식 나타내기	A4.1. 교실에서 사용될 수업자료에 대한 지식 나타내기
		A4.2. 교과의 내용 지식과 교수법을 확대시키기 위한 수업자료에 대한 지식 나타내기
		A4.3. 학생들이 사용할 수업자료에 대한 지식 나타내기
	A5. 수업 설계하기	A5.1. 학습활동 설계하기
		A5.2. 수업자료 준비하기
		A5.3. 수업 집단 설계하기
		A5.4. 수업 단위 구조 설계하기
	A6. 학생평가 설계하기	A6.1. 수업결과와 일치하도록 설계하기
		A6.2. 학생평가의 준거와 기준 설계하기

		A6.3. 형성평가가 되도록 설계하기
		A6.4. 수업계획의 일부가 되도록 사용하기

　다음으로, 교실환경 영역은 존경과 신뢰의 환경 만들기, 학습문화 만들기, 교실상황 관리하기, 학생행동 관리하기, 물리적 공간 조직하기 등 다섯 가지의 구성요소로 나뉜다. 존경과 신뢰의 환경 만들기 구성요소는 학생과 교사의 상호작용 환경 만들기, 학생 간의 상호작용 환경 만들기 등 두 가지 세부구성요소로 나뉜다.

　학습문화 만들기 구성요소는 수업 내용의 중요성 인식시키기, 학습과 성취에 대한 기대감 가지게 하기, 학생들의 학습에 대한 자신감 가지게 하기 등 세 가지 세부구성요소로 나뉜다.

　교실상황 관리하기 구성요소는 수업 집단 관리하기, 학적변동(transition) 관리하기, 수업자료 관리하기, 수업 이외의 임무를 수행하도록 관리하기, 자원봉사자와 보조교사 관리하기 등 다섯 가지 세부구성요소로 나뉜다.

　학생행동 관리하기 구성요소는 학생행동에 대한 기대 설정하기, 학생행동 점검하기, 학생들의 잘못된 행동에 대해 반응하기 등 세 가지 세부구성요소로 나뉜다.

　물리적 공간 조직하기 구성요소는 안전하고 접근이 용이하도록 물리적 공간 조직하기, 가구의 배열과 자원 사용 관리하기 등 두 가지 세부구성요소로 나뉜다.

표 7-2 **교실환경 영역의 구성요소**

영역	구성요소	세부구성요소
B. 교실 환경 영역	B1. 존경과 신뢰의 환경 만들기	B1.1. 학생과 교사의 상호작용 환경 만들기
		B1.2. 학생 간의 상호작용 환경 만들기
	B2. 학습문화 만들기	B2.1. 수업 내용의 중요성 인식시키기
		B2.2. 학습과 성취에 대한 기대감 가지게 하기
		B2.3. 학생들의 학습에 대한 자신감 가지게 하기
	B3. 교실상황 관리하기	B3.1. 수업 집단 관리하기
		B3.2. 다양한 수업활동의 변화를 효율적으로 관리하여 수업 손실 줄이기

	B3.3. 수업자료 관리하기
	B3.4. 줄서기, 규칙 지키기 등 수업 이외의 활동을 체계적으로 수행하도록 관리하여 수업 손실 줄이기
	B3.5. 자원봉사자와 보조교사 관리하기
B4. 학생행동 관리하기	B4.1. 학생행동에 대한 기대 설정하기
	B4.2. 학생행동 점검하기
	B4.3. 학생들의 잘못된 행동에 대해 반응하기
B5. 물리적 공간 조직하기	B5.1. 안전하고 접근이 용이하도록 물리적 공간 조직하기
	B5.2. 가구의 배열과 자원 사용 관리하기

수업활동 영역은 학생들과 의사소통하기, 질문과 토론 기법 사용하기, 학생들을 학습활동에 참여시키기, 수업에서 평가 사용하기, 융통성과 반응 보여 주기 등 다섯 가지의 구성요소로 나뉜다. 학생들과 의사소통하기 구성요소는 학습에 대한 기대와 관련하여 의사소통하기, 학습방향과 절차에 대해 의사소통하기, 학습내용 설명하기, 음성언어와 문자를 활용하여 의사소통하기 등 네 가지 세부구성요소로 나뉜다.

질문과 토론 기법 사용하기 구성요소는 의미 있는 질문 사용하기, 토론 기법 사용하기, 학생 참여시키기 등 세 가지 세부구성요소로 나뉜다.

학생들을 학습활동에 참여시키기 구성요소는 학습활동과 과제 부여하기, 학생들을 집단으로 조직하기, 수업 자료 활용하기, 수업활동을 구조화하고 진도 조절하기 등 네 가지 세부구성요소로 나뉜다.

수업에서 평가 사용하기 구성요소는 평가의 준거 설정하기, 학생들의 학습과정 점검하기, 학생들에게 피드백하기, 학생들의 자기평가를 유도하고 발전상황 점검하기 등 네 가지 세부구성요소로 나뉜다.

융통성과 반응 보여 주기 구성요소는 학습 내용 조정하기, 학생에 대해 반응하기, 융통성 있는 행동을 지속적으로 보여 주기 등 세 가지 세부구성요소로 나뉜다.

표 7-3 수업활동 영역의 구성요소

영역	구성요소	세부구성요소
C. 수업 영역	C1. 학생들과 의사소통하기	C1.1. 학습에 대한 기대와 관련하여 의사소통하기
		C1.2. 학습방향과 절차에 대해 의사소통하기
		C1.3. 학습내용 설명하기
		C1.4. 음성언어와 문자를 활용하여 의사소통하기
	C2. 질문과 토론 기법 사용하기	C2.1. 의미 있는 질문 사용하기
		C2.2. 토론 기법 사용하기
		C2.3. 학생 참여시키기
	C3. 학생들을 학습활동에 참여시키기	C3.1. 학습활동과 과제 부여하기
		C3.2. 학생들을 집단으로 조직하기
		C3.3. 수업 자료 활용하기
		C3.4. 수업활동을 구조화하고 진도 조절하기
	C4. 수업에서 평가 사용하기	C4.1. 평가의 준거 설정하기
		C4.2. 학생들의 학습과정 점검하기
		C4.3. 학생들에게 피드백하기
		C4.4. 학생들의 자기평가를 유도하고 발전상황 점검하기
	C5. 수업활동에서 융통성을 발휘하고 학생의 필요에 적극적으로 반응하기	C5.1. 수업활동의 조정에 융통성 발휘하기
		C5.2. 학생의 필요에 부응하는 적극적인 반응과 융통성 부여하기
		C5.3. 학생의 필요에 부응하는 효과적인 방법을 지속적으로 탐색하고 실천하기

　마지막으로, 전문적 책무성 영역은 수업활동을 반성적으로 고찰하기, 수업활동을 정확하게 기록하기, 학부모와 의사소통하기, 전문가공동체에 참여하기, 전문적 성장과 발전 이루기, 전문성 발휘하기 등 여섯 가지의 구성요소로 나뉜다.

　수업활동을 반성적으로 고찰하기 구성요소는 수업 목표 도달 정도를 반성적으로 고찰하기, 미래수업에의 반영과 관련하여 반성적으로 고찰하기 등 두 가지 세부구성요소로 나뉜다.

정확하게 기록하기 구성요소는 학생의 과제완료에 대해 기록하기, 학생의 학습성장에 대해 기록하기, 수업 이외의 활동에 대해 기록하기 등 세 가지 세부구성요소로 나뉜다.

학부모와 의사소통하기 구성요소는 수업 관련 정보에 대해 의사소통하기, 학생 개인과 관련된 정보에 대해 의사소통하기, 수업활동에 대한 학부모의 참여에 대해 의사소통하기 등 세 가지 세부구성요소로 나뉜다.

전문가공동체에 참여하기 구성요소는 동료교사들과 상호작용하기, 전문적 연구활동에 참여하기, 학교조직에 헌신하기, 학교와 교육청 프로젝트에 참여하기 등 네 가지 세부구성요소로 나뉜다.

전문적 성장과 발전 이루기 구성요소는 교과내용 관련 지식과 교수법 기술 향상시키기, 동료교사들의 피드백 수용하기, 동료교사들에게 헌신하기 등 세 가지 세부구성요소로 나뉜다.

전문성 발휘하기 구성요소는 성실성과 윤리적 행동 보여 주기, 학생들에게 헌신하기, 교직의 전문성 발휘하기, 의사결정 관련 전문성 발휘하기, 학교와 교육청의 규정 준수하기 등 다섯 가지 세부구성요소로 나뉜다.

표 7-4 전문적 책무성 영역의 구성요소

영역	구성요소	세부구성요소
D. 전문적 책무성 영역	D1. 수업활동을 반성적으로 고찰하기	D1.1. 수업 목표 도달 정도를 반성적으로 고찰하기
		D1.2. 미래수업에의 반영과 관련하여 반성적으로 고찰하기
	D2. 수업활동을 정확하게 기록하기	D2.1. 학생의 완료과제 기록하기
		D2.2. 학생의 학습성장 기록하기
		D2.3. 수업 이외의 활동 기록하기
	D3. 학부모와 의사소통하기	D3.1. 수업 관련 정보에 대해 의사소통하기
		D3.2. 학생 개인과 관련된 정보에 대해 의사소통하기
		D3.3. 수업 활동에 대한 학부모의 참여에 대해 의사소통하기

	D4.1. 동료교사들과 상호작용하기
D4. 전문가공동체에 참여하기	D4.2. 전문적 연구활동에 참여하기
	D4.3. 학교조직에 헌신하기
	D4.4. 학교와 교육청 프로젝트에 참여하기
D5. 전문적 성장과 발전 이루기	D5.1. 교과내용 관련 지식과 교수법 기술 향상시키기
	D5.2. 동료교사들의 피드백 수용하기
	D5.3. 동료교사들에게 헌신하기
D6. 전문성 발휘하기	D6.1. 성실성과 윤리적 행동 보여 주기
	D6.2. 학생들에게 헌신하기
	D6.3. 교직의 전문성 발휘하기
	D6.4. 의사결정 관련 전문성 발휘하기
	D6.5. 학교와 교육청의 규정 준수하기

Danielson(2007)이 제시한 학급경영의 영역을 종합 정리하면 다음과 같다. 수업계획과 준비 영역은 23개 세부항목으로, 교실환경 영역은 15개 세부항목으로, 수업활동 영역은 18개 세부항목으로, 전문성과 관련된 책무 영역은 20개 세부항목으로 4개 영역에 걸쳐 총 76개의 세부항목으로 구성되어 있다. 이러한 논의는 학급경영의 영역에 대한 더욱 자세한 정보를 체계화하여 제시함으로써 포괄적이고 전문적인 학급경영 활동을 가능하게 하였다.

3. 학급경영의 모형

학교혁신의 본질적 목표는 우리 학생들이 지식기반사회에 적합한 참된 학업성취를 이룰 수 있도록 도와주는 것이라고 한 이종재(2005)의 학교혁신 모형과 Danielson(2007)의 학급경영의 영역을 수정·보완하여 학급경영 모형을 제시하면 다음과 같다. 먼저 학급경영의 본질적인 목표는 참된 학업성취로 정의하고, 그 구체적인 내용으로는 이종재의 학교혁신 모형에서 제시된 참된 교수활동의 네 가지 기

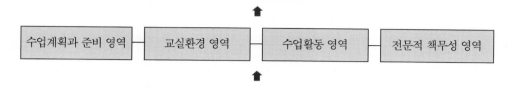

[참된 학업성취]
고차적 사고과정, 심층적 이해, 심층적 토론과 대화를 통한 설득과 자기 견해의 오류 수정,
숙지한 지식의 활용

| 수업계획과 준비 영역 | 교실환경 영역 | 수업활동 영역 | 전문적 책무성 영역 |

- 문화적 조건: 행복한 학급생활 추구를 위한 목표의식 공유, 전문적 탐구와 학습 풍토, 창의적이고 새로운 학급 활동을 허용하는 풍토, 학급의 리더십
- 구조적 조건: 학급의 규모와 복잡성, 학급의 자율성과 의사결정의 공유 정도, 학급경영 개선을 위한 시간관리, 전문성 계발

그림 7-1 **학급경영의 모형**

준을 활용하여 제시하였다. 즉, 고차적 사고과정, 심층적 이해, 심층적 토론과 대화를 통한 설득과 자기 견해의 오류 수정 능력, 숙지한 지식을 실생활에서 활용할 수 있는 능력 등 네 가지가 참된 학업성취의 내용으로 제시되었다. 그리고 학급경영 모형의 핵심적인 영역에는 계획과 준비, 교실환경, 수업활동, 전문적 책무성 등 Danielson이 제시한 학급경영의 네 가지 영역을 배치하였다. 이러한 학급경영의 활동 영역은 기존의 논의보다 구체적이고 세분화된 내용을 반영하였고, 특히 전문가공동체에 참여하기와 같은 전문적 책무성 영역은 지속가능한 학급경영의 개선을 위해 꼭 필요한 활동이라고 할 수 있다. 또한 성공적인 학급경영을 위한 문화적 조건으로는 행복한 학급생활 추구를 위한 목표의식 공유, 전문적 탐구 풍토, 창의적이고 새로운 학급 활동을 허용하는 풍토, 학급의 리더십이 제시되었다. 그리고 학급경영의 구조적 조건으로는 학급의 규모와 복잡성, 학급의 자율성과 의사결정의 공유 정도, 학급경영 개선을 위한 시간관리, 전문성 계발 등이 제시되었다. 미래의 지식기반사회에 적합한 학급경영을 위해서 창의적이고 전문적인 탐구와 학습 풍토의 조성이 포함되며, 행복한 학급생활을 목표로 하여 실천함으로써 학생들이 건강하고 바람직한 미래의 인생을 준비하게 하는 과정이 강조되었다.

4. 학급경영의 실제

학급경영의 실제는 기초조사, 학급경영 목표 및 방침의 설정, 활동계획, 학급 경영의 실행, 학급경영 평가 등 일련의 과정으로 나누어서 논의할 수 있다. 학급경영을 위한 기초조사는 학교교육의 목표, 사회적 요구, 가정환경, 학생의 상황, 학부모의 요구 등을 반영하여 실시한다. 특히 학생의 상황은 지적 성숙도와 준비도, 신체상황, 교우관계, 흥미, 지능, 성향 등을 파악할 수 있도록 한다. 학급 경영 목표의 구체적인 실천 방안을 살펴보면 다음과 같다(서울특별시 교육연구정보원, 2006).

표 7-5 학급경영 목표 실천 방안

학급경영 목표	실천 방안
실천인 (늘 바르게 행동하는 정직한 학생)	기본생활습관 교육
	우리 것 알기 교육의 강화
	근검절약, 저축의 생활화
	칭찬 릴레이 운동 전개
자주인 (정직함, 성실함으로 바르게 자라는 학생)	기본생활규범의 실천 지도
	또래활동의 활성화
	다양한 체험학습 실시
실력인 (자기주도학습력 신장으로 실력 있는 학생)	바른 독서 습관 형성
	개인차를 고려한 수준별 교육과정 운영
	개성과 소질을 살리는 교육
건강인 (강한 신념으로 큰 꿈을 키우는 학생)	덕목 중심의 학급운영
	기초체력 향상
	바른 식생활 실천 지도

이러한 논의는 개인차를 고려한 수준별 교육과정 운영을 통해서 교과 지식에 대한 심층적인 이해를 가능하게 하고, 다양한 체험학습을 실시함으로써 숙지한 지식을

실제적인 상황에 활용할 수 있도록 하였다. 그리고 또래활동의 활성화를 통해 심층적인 토론과 대화가 이루어지는 기반을 조성하였고 명상의 시간, 일기와 편지 쓰기, 밝고 고운 말 쓰기와 같은 기본생활습관 교육을 통해 고차적인 사고과정이 가능하도록 하고 있다. 그러나 학급경영이 학생들로 하여금 인생의 분명한 목표를 세우고 열정을 가지고 준비하도록 이끌며 행복한 미래를 설계하도록 지도하는 부분에 대한 방안이 부족하다.

학급경영의 실제에 대한 또 다른 사례는 전북 ○○고등학교에서 실시하는 5차원 전면교육의 내용을 들 수 있다. 21세기의 진정한 지도자를 양성하기 위해서 반드시 갖추어야 할 인간의 다섯 가지 요소, 즉 심력, 체력, 지력, 자기관리 능력, 인간관계 능력 등을 향상시키는 구체적인 학급경영의 내용을 살펴보면 다음과 같다(원동연, 2005).

표 7-6 5차원 전면교육의 관점에서 제시한 학급경영 목표 실천 방안

요소	목표	내용
지력	지식을 올바르게 운용할 수 있는 지혜와 참과 거짓을 분별할 수 있는 힘을 기른다.	• 국어 과목을 통해 독서법을 배우고 정보처리능력을 증대시키며, 독서를 생활화한다. • 외국어 과목을 통해 사고 구조 변환 학습법을 훈련하고, 사회 및 역사 과목을 통해 상관관계 학습법을 익힘으로써 지식의 조직화 능력을 확보한다. • 시, 희곡 쓰기 및 연극 공연을 통해 종합적인 학습능력을 기른다.
심력	지식을 조직화, 내면화할 수 있는 힘을 기른다.	• 매일 1교시에 '3분 묵상'을 통해 깊이 묵상하는 훈련을 한다. • 1인 1악기 연주하기 • 일생고공표를 작성하여 분명한 인생의 목표를 갖도록 한다. • 노동 및 봉사활동을 통해 남 중심, 이웃 사랑을 실천할 수 있는 기회를 갖는다.
체력	바른 삶을 실천할 수 있는 힘을 기른다.	• 학생 일인당 한 가지 스포츠를 선택하여 지속적으로 훈련하도록 한다. • 매일 아침 운동(7:00~7:30)과 점심 운동(12:50~13:00), 오후 운동(15:00~15:50) 시간을 통해 태권도, 육상, 검도 등 각종 스포츠와 함께 5차원 전면교육에서 제시하는 운동을 규칙적으로 실시하여 체질화되도록 한다.

자기 관리	절제와 자기통제력을 몸에 익혀 자신의 능력을 가치 있는 곳에 사용할 수 있는 힘을 기른다.	• 일기쓰기 및 스케줄 북 작성(월, 화, 수, 목, 토 21:00~21:30) • 학생생활지침 적용
인간 관계	바른 인간관계를 통해 공동체 의식을 갖고 남을 섬길 수 있는 힘을 갖는다.	• 편지 쓰기(금 21:00~21:30) • 공동생활을 통한 인간관계 능력 증진 • 노동 및 봉사활동 • 상담 지도

이러한 논의는 시, 희곡 쓰기 및 연극 공연을 통해 종합적인 학습 능력을 기르도록 함으로써 학생들로 하여금 고차적인 사고과정이 가능하도록 하였다. 그리고 노동 및 봉사활동을 통해 남 중심, 이웃 사랑을 실천할 기회를 갖도록 함으로써 숙지한 지식을 실생활에 활용하며 행복하고 건전한 사회를 만들어 가는 실천의 장을 마련하였다. 또한 일생고공표와 스케줄 북 작성을 통해 분명한 인생의 목표를 갖도록 하고 스스로 시간 관리를 하도록 하여 바람직한 미래의 인생을 열정을 가지고 체계적으로 준비하도록 하였다. 학급경영은 행복하고 바람직한 학교생활이 가능하도록 학생들을 지원하고, 이것이 학생 개개인의 행복한 인생을 계획적이고 체계적으로 준비하는 데 연결되도록 해야 할 것이다.

뉴스 따라잡기

학급 규칙은 우리가 만들고 지켜요!

산곡여중(교장 진숙)에서는 4월 8일 인성교육실천 주간 행사로 전 학급에서 학생회가 주축이 되어 학급 내 규칙 만들기를 진행하였다. 이 행사는 서로 배려하고 협동하여 '급우들 모두가 행복한 학급을 만들자'는 취지로 인성교육을 실천하는 차원에서 기획되었다.

각 학급에서는 반장이 학급 회의를 주관하여 학급의 문제점과 해결방안을 담은 급우들의 건의사항을 듣고 협의를 거쳐 학급 내 규칙을 만들었다. '체육 시간이 끝나고 사물함 위에 체육복을 올려놓지 말자. 수업 시간에 조는 학생은 옆 짝이 신경 써서 깨워주고 선생님께 말씀드려 뒤에 가 서서 잠 깨고 들어오도록 한다. 급우들이 과제와 준비물을 잘 챙길 수 있게 각 교과도우미가 보조칠판에 그날 챙길 것들을 기록하게 하자. 지각생은 종례 후에 30분 동안 교실에 남아서 책읽기 하고 간다'는 등등의 구체적인 의견들이 제시되어 학급 규칙으로 채택되었다.

　학급에서 정한 규칙은 학급 소개란에 큼직하게 적어 학급 액자에 담아서 복도에 게시할 예정이며, 1년 동안 각 학급에서 학급 규칙으로 시행하게 된다. 이 행사를 주관한 홍성원 창의인성부장은 "학생들 스스로 학급 규칙을 만들고 실천해 나가면서 '우리는 하나다'라는 공동체 의식과 함께 서로를 배려하는 마음을 키워 나갔으면 좋겠어요. 학생들이 스스로 규칙을 정한 만큼 지키려는 의지도 더 강할 것으로 생각됩니다." 라고 말했다.

　2학년 1반 반장 주다은 학생은 "학급 규칙을 우리가 정했으니까 잘 지켜 나가는지 확인하는 것도 우리가 해야 한다고 생각해요. 우리가 정한 규칙을 잘 실천해 나간다면 정말 즐겁고 행복한 학급이 될 것 같아요."라고 강한 실천 의지를 밝혔다. (인천뉴스 기사, 2014년 4월 8일, 김순정 기자)

◎ 생각해 보기

1. 그동안 일반적으로 학급 규칙은 어떻게 만들어지고 시행되어 왔는지 생각해 보자.
2. 학생들이 자발적으로 학급 규칙을 만들어 시행할 경우, 어떠한 긍정적 변화가 있을지 생각해 보자.
3. 학급 규칙 만들기 활동에서 교사의 바람직한 역할에는 어떠한 것들이 있을지 생각해 보자.

정리하기

1. 학급경영에 대한 관점은 크게 질서 유지로서의 학급경영, 조건 정비로서의 학급경영, 교육경영으로서의 학급경영으로 나눌 수 있다.

2. 교육경영으로서의 학급경영은 수업과 수업을 위한 조건 정비 및 유지 활동을 통합적으로 포함함으로써 학급경영의 중심에 수업활동을 포함할 수 있다는 점에서 의의를 찾을 수 있다.

3. 학급경영의 영역에 대한 논의를 살펴보면 교과학습 영역, 생활지도 영역, 특별활동 영역, 가정 및 지역사회와의 관계 관리 영역, 사무관리 영역, 환경 · 시설 관리 영역 등을 공통적으로 강조하고 있다.

4. 학급경영의 영역에 대한 최근의 논의는 학급경영계획의 수립, 집단조직 및 지도 영역, 전문가공동체에 참여하기 등을 강조함으로써 학급경영의 영역에 대한 더욱 세밀한 논의가 전개되고 있다.

5. 학급경영의 영역에 대한 논의에서 전문적 책무성 영역의 강조와 세부적인 논의 전개를 강조하는 경향은 지속적인 학급경영 개선을 가능하게 하는 전문적 능력 개발을 용이하게 하며, 세밀하게 정의된 학급경영의 논의를 토대로 더 체계화된 교사 연수 시스템을 갖출 수 있도록 해 준다.

적용하기

1. 행복한 학급 만들기를 위해 필요한 학급경영 활동은 무엇인지 서술해 보자.

2. 행복한 학급 만들기를 위해 필요한 학급경영 활동에 대해 조별로 토론하고 정리하여 발표해 보자.

참고문헌

김명한(1989). 교육행정 및 경영. 서울: 형설출판사.
김진한(2009). 교사를 위한 교직실무. 서울: 학지사.
박병량(2006). 학급경영. 서울: 학지사.
서울특별시교육연구정보원(2006). 교직실무편람.
서울특별시교육청(2010). 교사능력개발평가지.

원동연(2005). 5차원 전면교육 학습법. 서울: 김영사.

윤정일, 송기창, 조동섭, 김병주(2008). 교육행정학원론. 서울: 학지사.

이종재(2005). 학교혁신의 관점과 모형. 교육개발, 통권151호, 17−23.

Danielson, C. (2007). *Enhancing Professional Practice: A Framework for Teaching* (2nd ed.). Association for Supervision and Curriculum Development.

Doyle, W. (1987). Classroom organization and management, In C. Wittrock (Ed.), *Handbook of Research on Teaching* (3rd ed.). New York: MacMillan.

Duke, D. L. (1979). Editor's preface, In Duke D. L. (Ed.). *Classroom Management*. Chicago, Il: University of Chicago.

Johnson, M., & Brooks, H. (1979). Conceptualizing classroom management, In D. L. Duke (Ed.), *Classroom Management*. Chicago, Il: University of Chicago.

인천뉴스(2014. 4. 8.). 학급 규칙은 우리가 만들고 지켜요!

제8장

학교운영위원회

이 장의 핵심 아이디어

학교운영위원회는 교육의 주민자치 정신을 구현하고 학교교육의 효과를 극대화하기 위한 심의 · 자문 기구다.

▶ 학교운영위원회 구성에는 학교장, 선출된 학부모 및 교원, 지역인사가 참여한다.

▶ 학교운영위원회는 학교정책 결정의 민주성 및 투명성을 확보하기 위한 기구다.

▶ 학교운영위원회는 지역실정과 학교특성에 맞는 다양한 교육을 창의적으로 실시하는 것을 돕는 법적 기구다.

▶ 학교운영위원회는 단위학교 차원의 교육자치기구다.

1. 학교운영위원회의 개념

학교운영위원회는 학교운영에 학부모, 교원, 지역인사가 참여함으로써 학교 정책 결정의 민주성 및 투명성을 확보하고 지역실정과 학교특성에 맞는 다양한 교육을 창의적으로 실시할 수 있도록 심의 · 자문하는 기구다. 학교운영위원회는 법정기구로서 국공립학교에서는 심의기구, 사립학교에서는 자문기구이며, 학교발전기금 조성 및 운영에 관한 사항에서는 의결기구로서, 학교장과는 독립된 별도의 기구다.

2. 학교운영위원회의 도입 배경

우리나라에서 학교운영위원회는 1995년 5월에 발표된 대통령자문교육개혁위원회의 「제1차 교육개혁 보고서」에서 처음 언급되었다.[1] 이 보고서는 학습자 중심의 교육, 교육의 다양화, 자율적인 학교운영 및 교육의 수월성 등을 내세우며 '신교육체제'를 제시하였다(대통령자문교육개혁위원회, 1995). 지금까지 우리나라의 초·중등학교들은 중앙집중식 행정체제로 인하여 학교행정 및 주요활동 등을 결정할 때 충분히 자율권을 행사하지 못했다. 즉, 교육행정의 본질이 학교와 교사들을 최대한 도와주는 것임에도 실제의 교육행정은 학교와 교사들에게 지시·명령·감독·확인하는 극히 사무적이고 관리적이며 권위적인 형태로 운영되어 왔다. 이러한 교육행정의 경향은 우리의 학교들을 몰개성화·획일화하는 주요 원인으로 작용하였다. 따라서 학교경영은 이러한 교육행정의 영향을 받아 자율적·전문적이기보다는 획일적인 지시 전달 위주의 경직된 경영으로 학부모·지역사회 등과 폐쇄적인 관계를 형성해왔다. 비록 이전에도 여러 학부모단체가 존재했지만, 보통 이들은 여러 가지 학교행사 및 활동 등에 대한 재정적인 후원으로 그 역할이 한정되었다. 따라서 학부모와 지역사회가 학교의 의사결정에 참여할 수 있는 길은 극히 제한되어 있었다.

이러한 문제점들을 해결하고, 학교의 의사결정 과정에 대한 학부모 및 지역사회의 참여를 증가시키며, 의사결정에 해당지역의 특수성이 충분히 반영될 수 있기 위

---

1) 학교운영위원회의 설치를 제안한 교육개혁위원회는 그 기본 취지를 다음과 같이 제시하고 있다(대통령자문교육개혁위원회, 1995, p. 87). 초·중등학교에서 학교운영의 자율성이 부족하고, 학부모의 운영 참여가 미흡하여 학교단위의 자율적 자치가 이루어지지 못하고 있다. 교육의 주민자치 정신을 구현하고 단위학교의 자율성을 확대하여 학교교육의 효과를 극대화하기 위해서는 교직원, 학부모, 지역사회 인사 등이 자발적으로 책임지고 학교를 운영하는 '학교공동체' 구축이 절실하다. 따라서 단위학교의 교육 자치를 활성화하고 지역의 실정과 특성에 맞는 다양한 교육을 창의적으로 실시할 수 있도록 단위학교별로 '학교운영위원회'를 구성·운영하도록 한다.

한 방안으로 등장한 것이 바로 학교운영위원회다(박종필, 2004). 학교운영위원회 제도 도입의 구체적인 이유로는 그동안 학교가 교육소비자인 학부모와 지역사회의 교육적 요구를 수렴하지 못하고 획일적이고 일방적인 교육만을 실시해 왔다는 것이다. 또한 학교의 자율성을 증대하여 교육의 질을 향상시켜야 한다는 세계적인 흐름에 따라 선진국에서는 단위학교 책임경영제를 도입하여 학교의 성과와 효과성을 높이려는 시도를 계속하고 있다. 이에 따라 전통적인 학교와 단위학교 책임경영제를 도입한 학교 간의 성과를 비교분석한 연구들은 교사의 전문성 신장, 학교교육에 대한 학부모의 높은 참여도, 학교효과성 제고, 학생의 학업성취도 향상 등의 효과가 나타나고 있다고 밝힌다. 이렇게 학교운영위원회 제도를 통한 단위학교 책임경영제를 실시하여 학교의 자율성과 책무성을 강화하고 교사, 학부모 및 지역사회의 요구를 학교교육에 적극 반영함으로써 학교의 효과성을 제고하려는 것이 학교운영위원회 제도의 도입배경이다.

3. 학교운영위원회의 성격

- 단위학교 차원의 교육자치기구: 학교운영의 중요한 사항에 대하여 학교구성원인 교사, 학부모, 지역사회 인사 등이 참여하여 민주적인 절차에 따라 자율적으로 결정하는 단위학교의 자치기구다.

- 학교 내외의 구성원이 함께하는 학교공동체: 학교운영위원회는 학교의 구성 주체이면서도 지금까지 학교운영에서 소외되었던 교사와 학부모, 지역사회 인사들이 학교운영의 중요한 의사결정에 참여하는 학교공동체다.

- 개성 있고 다양한 교육을 꽃피울 수 있는 제도적 장치: 학교운영위원회 제도는 학교의 규모, 환경, 학부모의 사회 · 경제적 지위 등 학교가 처해 있는 실정과 특색에 맞게 다양하고 창의적인 교육을 실현할 수 있는 터전을 제공한다.

4. 학교운영위원회의 활동과 목적

　학교운영위원회의 설치 목적은 교육의 주민자치 정신을 구현하고 학교교육의 효과를 극대화하기 위하여 교사, 학부모 및 지역사회 인사 등이 학교운영에 참여하여 단위학교의 자율적인 운영과 지역 실정 및 특성에 맞는 다양한 교육을 창의적으로 실시하는 데 있다. 그뿐만 아니라 교육 관련 집단들의 요구를 수렴하고 또한 그들이 직접 학교운영에 참여함으로써 학교운영의 투명성을 확보하고 학교 민주화와 자율성 신장에 기여하는 데 그 목적이 있다고 할 수 있다.

　이러한 설치 목적에 따라 학교운영위원회는 학교운영과 관련된 중요한 사항들을 자문하고 심의하는 기능을 수행한다. 구체적으로 학교운영위원회는 다음과 같은 학교운영 사항들에 대해 자문 및 심의활동을 한다(「초 · 중등교육법」 제32조).

　① 학교 헌장 및 학칙의 제정 또는 개정
　② 학교의 예산안 및 결산
　③ 학교교육과정의 운영방법에 관한 사항
　④ 교과용 도서 및 교육자료의 선정에 관한 사항
　⑤ 정규 학습시간 종료 후 또는 방학기간 중의 교육활동 및 수련활동 사항
　⑥ 초빙교원의 추천에 관한 사항
　⑦ 학교운영지원비와 학교발전기금의 조성, 운영 및 사용에 관한 사항
　⑧ 학교급식에 관한 사항
　⑨ 학교운영에 대한 제안 및 건의 사항
　⑩ 기타 대통령령, 특별시 · 광역시 또는 도의 조례로 정하는 사항

5. 공립 · 사립학교의 학교운영위원회의 구성 및 선발 비교

학교운영위원의 구성과 선발은 「초 · 중등교육법 시행령」 제59조에 명시되어 있다. 「초 · 중등교육법 시행령」 제59조에 따르면, 학교운영위원회의 위원은 학부모 위원, 교원 위원(학교장은 당연직 교원 위원), 지역 위원으로 구성된다.

학부모 위원은 당해 학교 학부모의 대표자로 학부모 중에서 학부모전체회의에서 직접 투표에 의해 선출하는 직접 선거와 학급별 학부모회의에서 선출된 학급 대표들에 의한 간접 투표 등 두 가지 유형을 통해 선출된다.

교원 위원은 교원의 대표자로 교원전체회의에서 무기명투표로 선출된다. 그리고 지역 위원은 학부모 위원 또는 교원 위원의 추천을 받은 자 가운데서 학부모 및 교원위원들의 무기명 투표로 선출된다. 학부모 및 교원 위원을 선출할 때 공정을 기하기 위해 학부모회의와 교원전체회의에서 추천된 자로 하여금 각각 선출관리위원회를 구성하도록 하고 있다. 이러한 과정을 통해 선출되는 학교운영위원회의 위원수는 7~15인의 범위에서 학교의 규모 등을 고려하여 결정된다. 각 위원의 구성 비율 그리고 공립과 사립학교의 학교운영위원회를 구체적으로 살펴보면 다음의 표와 같다.

표 8-1 공립 · 사립학교의 학교운영위원회 비교

구 분		국공립학교	사립학교
성 격		심의기구	자문기구
위원 정수	학생수 200명 미만	5인 이상 8인 이내	국공립학교와 같음
	200명 이상 1천 명 미만	9인 이상 12인 이내	
	1천 명 이상	13인 이상 15인 이내	
위원 선출 방법	학부모 위원	학부모 중에서 학부모전체회의에서 직접 선출(다만, 규정이 정하는 바에 따라 학부모대표회의에서 선출 가능)	국공립학교와 같음

	교원 위원	국공립학교의 장은 학교운영위원회의 당연직 교원 위원이 된다	국공립학교와 같음
		당연직 교원 위원을 제외한 교원위원은 교원 중에서 선출하되 교직원전체회의에서 무기명 투표로 선출	당연직 교원 위원을 제외한 교원 위원은 교원 중에서 선출하되 정관이 정한 절차에 따라 교직원전체회의에서 추천한 자 중 학교장이 위촉
	지역 위원	학부모 위원 또는 교원 위원의 추천을 받은 자 가운데서 학부모 위원 및 교원 위원이 무기명 투표로 선출	국공립학교와 같음
보고 의무		국공립학교의 장은 심의결과와 다르게 시행하고자 하는 경우 학교운영위원회와 관할청에 서면으로 보고(「초·중등교육법 시행령」 제60조 제1항)	.
시정 명령		관할청은 국공립학교의 장이 정당한 사유 없이 법 제32조 제1항 및 제3항의 규정에 의한 운영위원회 심의·의결 결과와 다르게 시행하거나 심의·의결 결과를 시행하지 아니하는 경우 또는 제60조 제2항의 규정에 의한 사유 없이 심의를 거쳐야 할 사항을 심의를 거치지 아니하고 시행하는 경우에는 법 제63조의 규정에 의한 시정을 명할 수 있다.(「초·중등교육법 시행령」 제61조)	관할청은 사립학교의 장이 정당한 사유 없이 법 제32조 제3항(학교발전기금의 조성·운용 및 사용)에 대하여 운영위원회의 심의·의결을 거치지 아니한 경우, 운영위원회 심의·의결 결과와 다르게 시행하거나 심의·의결 결과를 시행하지 아니하는 경우 또는 제60조 제2항의 규정에 의한 사유 없이 자문을 거쳐야 할 사항을 자문을 거치지 아니하고 시행하는 경우에는 법 제63조의 규정에 의한 시정을 명할 수 있다.(「초·중등교육법 시행령」 제63조 제4항)

표 8-2 운영위원 구성 비율

구 분	일반학교	전문계고(선택조항)
학부모 위원	40%~50%	30%~40%
교원 위원	30%~40%	20%~30%
지역 위원	10%~30%	30%~50%

운영위원으로 선출될 수 없는 자

- 「국가공무원법」 제33조에서 규정하고 있는 공무원 결격사유에 해당하는 자 (「초 · 중등
  교육법」 제31조의2항)
1. 금치산자 또는 한정치산자
2. 파산자로서 복권되지 아니한 자
3. 금고 이상의 형을 받고 그 집행이 종료되거나 집행을 받지 아니 하기로 확정된 후
   5년을 경과하지 아니한 자
4. 금고 이상의 형을 받고 그 집행유예의 기간이 완료된 날로부터 2년을 경과하지 아
   니한 자
5. 금고 이상의 형의 선고유예를 받은 경우에 그 선고유예기간 중에 있는 자
6. 법원의 판결 또는 다른 법률에 의하여 자격이 상실 또는 정지된 자
7. 징계에 의하여 파면의 처분을 받은 때로부터 5년을 경과하지 아니한 자
8. 징계에 의하여 해임의 처분을 받은 때로부터 3년을 경과하지 아니한 자

- 정당의 당원인 자

- 타 학교의 운영위원을 겸하고 있는 자

위원들 중 교원 위원이 아닌 위원 중에서 운영위원회의 위원장과 부위원장이 선출된다. 위원장은 정기회의 및 임시회의의 소집 공고, 의사일정의 작성 변경, 의안의 담당소위원회 심의 회부, 집행부서로 심의안 이송, 건의사항 처리결과 통보 등의 권한을 갖는다. 부위원장은 위원장 유고 시 직무를 대행한다. 또한 운영위원회의 소집, 개최, 심의 등과 관련된 운영위원회의 제반사무를 처리하고 위원들의 위원회 활동을 보조하기 위해 1명의 간사를 둔다. 간사는 학교장의 추천을 받은 교직원 중에서 위원장이 임명한다.

6. 학교운영위원회의 기능 및 운영방식

학교운영위원회의 기능은 첫째, 학교운영에 관한 주요사항의 심의 기능으로 선택
교과, 특별활동 프로그램 및 2종 교과서 선정, 교복 및 체육복 선정, 수학여행, 학교
급식 운영 등을 심의한다. 둘째, 예산 및 결산의 심의와 학교운영지원비 부담액 및
용도 결정 기능으로 육성회의 폐지와 함께 폐지된 육성회비를 "학교운영지원비"로
대체하되 그 규모와 사용처 등을 결정한다. 셋째, 학교발전기금 조성 및 사용에 관한
결정 기능으로 학교의 장기적 발전계획에 따라 자발적인 기부금품을 접수하고 발전
기금을 조성하여 운영할 수 있다. 넷째, 학교운영에 대한 제안기능으로 학생지도 등
학교운영 전반에 관하여 소관에 따라 학교에 제안할 수 있다. 다섯째, 학교운영에 관
한 청원 · 심사 기능으로 학생, 학부모, 지역주민 등의 건의나 청원사항을 심사하고,
심사 결과에 따라 필요 시에는 이를 학교나 관할 교육청에 제안한다. 이러한 학교운
영위원회의 기능을 표로 나타내면 〈표 8-3〉과 같다.

학교운영위원은 앞서와 같은 권한 및 기능과 함께 의무를 동시에 수행해야 한다.
회의에 성실히 출석하여 참여하는 의무가 있으며, 학교운영위원회 소집 시 사전 연
락 없이 3회 이상 연속 불참하였을 경우 당연 퇴직된다. 또한 학교운영위원은 지위
남용 금지의 의무가 있다. 학교운영위원은 지위를 이용하여 당해 학교와 영리를 목
적으로 하는 거래를 하거나 재산상의 이익을 취득·알선하는 행위를 해서는 안 된다.
학교운영위원은 무보수 봉사직이다.

표 8-3 학교운영위원회의 기능

위원회 권한	의사결정 영역(심의 영역)
• 심의 기능 • 학교장이 주요 의사결정자	• 학교 예 · 결산 • 학부모가 경비를 부담하는 사항 • 초빙교사 · 교장 추천 사항 • 교육과정(교재 선정) • 방과 후 또는 방학 중 학생의 교육활동 • 학생지도 사항 • 학교헌장 및 규칙의 제정에 관한 사항

운영위원의 임기는 1년이며 연임이 가능하다. 임기의 시작은 새 학년이 시작되는 3월 또는 4월이다. 학부모 및 교원 위원은 임기 만료 10일 이전에, 지역 위원은 임기 만료일 전까지 선출한다. 위원이 결원될 때에는 보궐 선출하되 그 잔여 임기가 3월 미만이고 위원 정수의 4분의 1 이상이 결원되지 아니할 때는 운영위원회의 결정으로 선출하지 않을 수 있다. 회의는 정기회와 임시회로 구분되어 운영된다. 임시회의의 소집은 학교장 또는 재적 위원 3분의 1 이상의 요구가 있을 때 위원장이 회의 개최 1주일 이전에 소집 공고와 함께 회의 안건을 첨부하여 위원들에게 개별적으로 통보한다(박종필, 2004).

7. 학교운영위원회의 바람직한 운영 방향

학교운영위원회가 제대로 역할을 수행하기 위해서는 의결기관처럼 존중하는 분위기가 필요하다. 또한 학교운영위원들은 다양한 입장과 시각을 감안하여 심의 · 자문함으로써 어느 집단의 의견에 대하여 편중되지 않도록 해야 한다.

학교운영위원회 구성과정에서 변화 · 개선해야 할 점은 위원회가 적법하게 구성되도록 해야 한다는 점이다. 위원 정수, 위원의 구성 주체별 비율, 위원의 자격, 위원의 선출방법 등 운영위원회 구성 규정이 준수되어야 정당성을 인정받을 수 있다.

무엇보다 중요하게는 적극적인 관심과 참여의욕이 있는 사람들이 운영위원으로 선출되어야 학교운영위원회의 성공적 운영을 기대할 수 있다. 즉, 학교운영위원회의 구성 과정에서부터 전체 학부모의 적극적인 관심과 참여가 중요하므로 홍보 및 안내가 중요하다. 심의결과를 공식적으로 공지함으로써 학교운영위원회가 제대로 운영되고 있는지에 대한 일반 학부모들의 관심을 제고할 수 있다.

또한 소위원회를 활성화하고, 학생회, 교과별 모임, 학년별 모임, 학부모회 등의 자생조직과 서로 긴밀히 협조하는 자세가 필요하다. 학교장은 민주적인 분위기에서 자유롭게 발언할 수 있도록 배려하고 지역사회의 의견을 적극적으로 수렴하며, 교사는 전문적 의견 제시자로서의 역할을 수행해야 한다.

학교운영위원 선출 Q & A

문 선출관리위원의 자격은? 또한 운영위원 후보를 겸할 수 있는가?

답 선출관리위원회의 구성 및 운영에 관한 사항은 자율적으로 '학교운영위원회규정'으로 정하도록 되어 있으므로 규정에 정하여진 대로 구성 · 운영하여야 한다.

규정에 구체적으로 명시하지 않은 사항에 대해서는 선출관리위원회의 목적과 기능에 비추어 합리적으로 판단하여야 한다.

즉, 선출관리위원회는 선거일정의 관리, 후보자등록, 선거홍보, 개표진행 등 선거사무를 엄정하고 공정하게 관리하기 위해 한시적으로 구성 · 운영되는 기구임을 감안하여 피선거권이 제한되어야 한다. 그러나 선출관리위원의 피선거권 제한은 선출관리위원이라는 자격에 대한 제한을 의미하므로 선출관리위원에서 사퇴하면 입후보할 수 있다.

문 교원선출관리위원회가 후보자를 추천할 수 있는가?

답 선출관리위원회는 선거홍보, 입후보자등록, 투표 · 개표 관리 등 선거지원업무를 담당한다고 할 것이므로 선거의 공정을 기하기 위해서는 후보자를 추천할 수 없다고 할 것이다.

문 기간제 교사 및 원어민 교사에게도 교원 위원 선거권과 피선거권이 있는가?

답 기간제 교사는 정규 교원이 아니고, 「교육공무원법」 제32조 제2항에 의해 책임이 무거운 감독직위에 임용될 수 없는 점에 비추어, 학교운영의 중요사항을 심의하게 될 학교운영위원회 교원 위원의 피선거권을 가지지 못한다고 할 수 있다. 그러나 기간제 교사는 정규 교원의 업무를 대행하기 위해 교원자격증 소지자 중 임용된 교원으로서 근무상으로는 정규 교원과 다를 바가 없으므로 '전체 교원의 동의를 얻어' 선거권을 주는 것은 무방할 것이다. 한편, 원어민 교사는 신분이 '강사'이고, 대한민국 국적 보유자가 아니며 우리나라에서 법령으로 정한 교원자격증 소유자가 아니므로 기간제 교사에 상당하는 교원으로 볼 수 없다. 따라서 원어민 교사에게는 교원 위원 선거권 및 피선거권이 없다.

문 공무원이 학교운영위원으로 선출된 경우의 겸직 허가 및 회의 참석 시 복무에 대한 처리는?

답 공무원이 학교운영위원회의 위원으로 선출된 경우에는 「국가공무원 복무규정」 제26조 및 「지방공무원법」 제56조의 규정에 의거하여 소속기관장의 사전 허가를 받아야 한다. 그러나 학교운영위원회 활성화 및 행정의 효율성 도모를 위해 소속 공무원이 학교운영위원으로 선출된 경우에는 관련 법규에 의거 사전에 겸직 허가를 받은 것으로 일괄 간주·처리하며, 학교운영위원으로 선출된 공무원이 회의 등에 참석할 때의 복무는 소속 기관 자체의 공적인 직무를 수행하는 것으로 볼 수 없으므로 개인적인 사유로 인한 연가(조퇴, 외출) 사유에 해당한다. (근거: 학교운영지원과 – 4702, 2008. 3. 4.)

문 지역 위원 자격으로서의 「지역」의 범위는?

답 동법 시행령이 지역 위원의 대상자를 '학교운영에 이바지하고자 하는 자'까지 넓게 포함시키고 있는 취지로 볼 때 '지역'의 의미를 지나치게 좁게 해석할 필요는 없다. 단, 회의 참석 여건과 학교발전에 대한 기여 및 관심도 등을 고려할 필요가 있다.

📺 NEWS 뉴스 따라잡기

학교운영위원이 먼저 해야 할 12가지

좋은 학교는 학교운영위원회 학부모 위원의 수준에 따라 얼마든지 학교를 경기도의 혁신학교나 일부 시 · 도에서 추진하고 있는 대안학교(위스쿨이 아니라 경기도 대명고나 경남의 태봉고) 정도의 새로운 학교모델로 만들어 갈 수 있다. 민주적인 교칙을 만들고 예산결산위원회를 조직해 예산을 효율적으로 운영하며, 급식소위원회를 만들어 학생들에게 친환경이나 유기농 급식과 같은 안전한 급식을 제공하는 것이 가능하다.

학교를 살리기 위해, 좋은 학교를 만들기 위해 학교운영위원회의 임무는 참으로 막중하다. 그들의 철학이나 의지에 따라 얼마든지 좋은 학교로 만들 수도 있고 그렇지 못한 학교로 만들 수도 있다. 신학기에 새로 구성된 학교운영위원들은 운영위원에 당선되고 나서 무슨 일부터 해야 할까? 전교조에서 제시한 '학교운영위원이 먼저 해야 할 12가지'를 참고한다면 더 좋은 학교를 만들어 갈 수 있으리라 확신한다.

하나, 학교 구석구석 돌아보기

학교운영위원에 당선되고 가장 먼저 해야 할 일은 학교 구석구석을 돌아보는 일이다. 특별교실, 화장실, 탈의실 등 아이들이 학교생활을 보람 있게 하는 데 불편한 점은 없는지 샅샅이 훑어보는 것이 좋다.

둘, 학생들과 만나 대화 나누기

틈나는 대로 학생들과 만나 대화해 보자. 아이들의 고민이 무엇인지, 학교에 대한 바람은 무엇인지, 학습환경 개선을 위해 시급히 해야 할 일이 무엇인지 대화를 통해 확인해 보자. 바로 운영위원회의 주요 안건이 될 수 있다.

셋, 운영위원끼리 미리 만나보기

당선된 후 정식 회의 이전에 학부모 위원과 지역 위원에게 연락해서 간담회를 하는 것도 좋을 것이다. 어떤 성향의 위원이 당선되었는지도 살펴보고, 앞으로 잘해 보자는 이야기도 할 수 있다.

넷, 운영위원 연락처 알리기

우리 학교의 운영위원 명단과 연락처, 메일 주소를 적어서 가정통신문을 보내 보자. 학교에 건의할 사항이 있으면 운영위원을 통해서 할 수 있다는 내용도 담을 수 있다. 운영위원은 학부모나 교사들의 의견을 모으는 창구가 되어야 한다.

다섯, 학교운영위 규정과 관련 법령 알아보기

학교운영위원회의 구성과 운영에 대해서는 「초 · 중등교육법」, 「초 · 중등교육법 시행령」, 조례, 정관, (사립)학교운영위원회 규정이 있다. 또한 학부모회 운영에 대해서는 학부모회 규약이 있다. 이런 법령이나 규정을 잘 알고 있어야 민주적인 운영이 가능하다.

여섯, 학교의 학칙, 규정 알아보기

학교운영위원회 활동을 하면서 학교의 학칙이나 규칙에 대해서 모른다면 엉뚱한 결정을 할 수도 있다. 또 고쳐야 할 내용이 있을 수도 있다. 따라서 미리 학칙이나 규정을 알아보는 것이 좋다.

일곱, 학교교육계획서를 보고 월별 안건 챙기기

학교의 교육계획서를 보면 시기마다 어떤 행사나 교육활동들이 있는지 알 수 있다.

교육계획서를 꼼꼼히 보면서 매월 어떤 안건을 심의해야 하는지, 어떤 제안을 해야 하는지를 챙겨야 한다.

여덟, 학교의 문제점 알아보기

학교운영위원회에는 예산심의권이 있다. 급식이나 학교발전기금모금 등 예산 활용의 투명성, 어느 곳에 재정을 투자하여야 하는지, 문제는 없는지를 살펴보자. 평소에 그냥 지나치던 일들도 꼼꼼하게 살펴보면 문제가 보인다.

아홉, 학교발전계획서 만들기

학교운영위원회 활동이 계획적이려면 우리 학교가 어떤 방향으로 변화되어야 하는지에 대한 전체 계획이 필요하다. 전교조에서 제언하는 학교발전계획서를 학교별로 작성해 보자. 학부모 위원과 함께 논의하면 더 좋은 생각이 떠오를 수도 있다.

열, 다른 학교운영위원 만나기

학교운영위원회 활동을 하다 보면 학교만의 문제가 아닌 지역의 교육문제를 만나게 된다. 한 학교에서 해결하기 어려운 문제는 지역의 운영위원들과 함께 힘을 모아야 할 때가 있다. 다른 학교의 운영위원들과 정기적으로 간담회를 하며 이를 발전시켜 지역운영위원협의회를 만들어 보자.

열하나, 도움받을 곳 미리 알아보기

운영위원으로 활동하다 보면 어려운 상황에 처하게 된다. 모르는 것이 있어서 물어봐야 할 때도 있고 교육청이나 교육부와 상대해야 할 때도 있다. 전교조나 참교육학부모회의 상담전화와 홈페이지 등을 미리 알아놓는 것도 큰 도움이 된다.

열둘, 교육에 대해서 공부하기

최근 교육계의 동향, 청소년 문제, 교육정책의 변화, 교원정책 등에 대한 기초적인 지식이 필요하다. 보충수업이나 자율학습 문제만 하더라도 여러 의견이 대립할 수 있다. 이럴 때 올바른 판단을 하기 위해서는 다른 사람보다 열심히 공부해야 한다. 신문의 교육 관련 기사를 꼼꼼히 스크랩하는 것도 좋다.

출처: 전국교직원노동조합 홈페이지(www.eduhope.net).

◎ 생각해 보기

1. 학교운영위원의 바람직한 역할은 무엇일까?
2. 학교운영위원의 교육적인 활동이 학교를 변화시킬 수 있을까?

정리하기

1. 학교운영위원회는 단위학교의 자치기구다.

2. 학교운영위원회는 학교 내외의 구성원이 함께하는 학교공동체다.

3. 학교운영위원회는 학교조직 내외 관련 집단들의 요구를 수렴하고 또한 그들이 직접 학교운영에 참여함으로써 학교운영의 투명성을 확보하고 학교 민주화와 자율성 신장에 기여하는 데 그 목적이 있다고 할 수 있다.

적용하기

1. 바람직한 학교운영위원회 운영 방향에 대해 함께 토론해 보자.

2. 학교운영위원회와 더불어 학교구성원들의 학교자치를 강화할 수 있는 방안들에 대해 함께 이야기해 보자.

3. 학교운영위원회 회의와 관련된 용어를 알고 학교운영위원회 회의에 직접 참가해 보자.

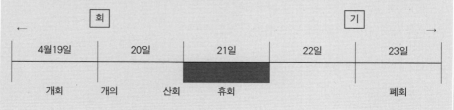

- 회기: 의안처리를 위해 집회하는 날부터 폐회하는 날까지의 기간
- 개회: 회의가 집회되어 활동을 시작하는 것
- 폐회: 회기가 종료되는 것
- 개의: 회기 중에 당일의 본회의를 여는 것
- 산회: 그날의 회의를 끝내는 것
- 휴회: 회기 중에 일정한 기간을 정하여 본회의를 열지 않는 것
- 의사일정: 회의 개시일시와 안건 등을 기재한 예정서
- 의제: 당일 회의에서 논의하기 위해 의사일정에 상정된 심의 · 자문 대상의 제목
- 안건: 의사일정 상정 여부와 무관하게 논의 대상이 되는 모든 사안
- 의안: 안건 중 특별한 형식적 요건을 갖춘 것으로서 수정안 제출이 가능한 것
- 제출: 학교장이 의안을 내는 것
- 발의: 위원이 의안을 내는 것
- 질의: 심의 과정에서 의제가 된 안건에 관한 의문사항이나 문제점에 대하여 제안자에게 묻는 것
- 질문: 학교행정의 전반에 대해 묻는 것
- 표결: 투표 또는 거수로써 안건에 대한 찬성과 반대의 수를 파악하는 절차
- 의결: 표결 결과에 따라 가결 혹은 부결의 여부를 결정함

참고문헌

김민조(1997). 학교운영위원회 구성 집단의 인식에 관한 연구. 서울대학교 대학원 석사학위 논문.

노종희(1996). 교육개혁을 위한 학교공동체 구축. 교육행정학연구, 13(3).

대통령자문교육개혁위원회(1995). 新교육체제 수립을 위한 기요규개혁 방안.

박종필(2004). 학교단위책임경영제. 서울: 원미사.

홍관석(1997). 학교단위책임경영제의 모형개발과 실천전략. 경북대학교 대학원 박사학위 논문.

전국교직원노동조합 홈페이지: http://www.eduhope.net

제3부

교수 · 학습 실무

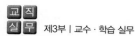
제9장

학교교육과정 편성 및 운영

이 장의 핵심 아이디어

교육과정은 단위학교 교육활동의 기본 지침서다.

▶ 교육과정은 특정한 목적을 가진 학생들이 일정한 기간에 학습의 내용을 순서에 따라
공부하는 과정이다.

▶ 2009 개정 교육과정의 기본 방향과 학년군, 교과군, 그리고 교과의 재구조화에 대한
개념을 이해한다.

▶ 초 · 중등학교교육과정 편성과 운영 과정에서 교육목표, 그리고 편제와 시간배당 기준
등을 파악한다.

▶ 현재 단위학교에서 운영하고 있는 교육과정의 교과군과 창의적 체험활동의 편성 및 운
영의 실제를 살펴본다.

1. 교육과정의 이해와 유형

1) 교육과정의 이해

교육과정(Curriculum)이라는 용어는 1918년 F. Bobbitt이 발간한 *The Curriculum*

이라는 책에서 비롯되었으며, 라틴어 '쿠레레(Currere)'에서 유래했다. 쿠레레는 '뛴다' '달린다'는 뜻으로 경마장의 경주로를 따라 달리는 것을 말한다. 즉, 쿠레레는 '말이 다니는 길'이라는 뜻으로 교육에서 '달린다'라는 의미가 '공부한다'로 전용되어 새로운 교육적 개념으로 대두했다. 여기에서 '달린다'라는 뜻은 학생에게는 '공부한다'라는 의미이며, 달리는 코스는 특정한 목적을 가진 학생들이 일정한 기간에 공부하는 과정(course of study)을 뜻한다(오성삼, 1997). 그러나 학생들이 공부한다는 것은 일정한 순서에 의해서 배열된 코스를 따라 달리는 것을 의미하기 때문에 특정한 방향만이 아니고 내용도 아울러 가지고 있어야 한다는 것을 알 수 있다. 그러므로 교육과정은 공부하는 과정과 같은 뜻으로 일정한 순서로 배열한 학습의 코스를 의미하는 동시에 학습내용이나 경험의 내용을 의미한다. 교육과정에서 학습내용이나 경험의 내용은 학습자의 발달 단계에 따라 계획, 조직, 배열, 전개되어야 하므로 학습 코스와 밀접하게 관련된다(유광찬, 2010). 따라서 교육과정은 학생들이 학습할 내용을 일정한 순서에 따라 조직하고 배열하는 과정이라고 할 수 있다.

2) 교육과정의 유형

교육과정의 유형은 분류 방식에 따라 다양하게 분류될 수 있는데(김대현, 김석우, 2005), 성격과 시대 흐름의 구성에 따라 교과중심 교육과정, 경험중심 교육과정, 학문중심 교육과정, 인간중심 교육과정, 통합중심 교육과정으로 구분할 수 있다(송기창, 김민조, 김병주, 김병찬, 김성기, 2009).

(1) 교과중심 교육과정

교과중심 교육과정은 가장 오래된 전통적 교육과정의 한 형태로 학교에서 교사의 지도하에 이루어진 교육과정이자 현대에 이르기까지 초 · 중등학교교육과정에 폭넓게 활용된 것이다. 이 교육과정은 주요기능을 문화유산의 전달로 보고, 가장 가치 있고 심오한 인류문화 유산을 논리적이고 체계적으로 정리해 놓은 것이 교과라고 본다. 또한 이 관점은 많은 지식을 전달하고 습득하는 것이 교육의 가장 큰 목표이며 방향이 된다. 그러나 이 교육과정은 학습자의 단편적인 지식 습득에 치중한 나머지 학생들의 자발적인 참여를 촉진시키는 동력이 부족하다는 한계가 있다.

(2) 경험중심 교육과정

경험중심 교육과정은 교과중심 교육과정의 한계에 대한 대안으로 시작되었다. 이 교육과정은 1930년대 전후 미국에서 John Dewey의 진보주의 사조의 영향을 받아 단순한 교과의 지식 습득보다 학습자의 체험이나 경험을 중시하게 된 데에 기원을 둔다. 경험중심 교육과정에서는 교과활동 못지않게 과외활동을 중시하고, 생활인의 육성과 학생의 흥미와 필요를 강조하며, 문제해결력을 갖춘 전인교육을 지향한다. 그러나 지식과 소양이 부족한 교사가 가르칠 경우 오히려 부작용이 더 크며, 교육의 본질적인 측면을 소홀히 해서 일반적인 경험의 원리를 발견하기 어려운 한계가 있다.

(3) 학문중심 교육과정

학문중심 교육과정은 1960년대에 이르러 부상한 교육과정으로 지식이나 학문의 구조를 가르쳐야 한다는 입장이다. 과학기술의 발달과 지식의 폭발적 증가 등 구소련의 스푸트니크 호 발사에 따른 충격 등이 학문중심 교육과정의 태동 배경이 되었다(김종서 외, 1987; 송기창, 김민조, 김병주, 김병찬, 김성기, 2009). 학문중심 교육과정은 기본적인 아이디어, 기본개념, 기본적인 탐구과정을 중시하는 등 지식이나 학문의 구조를 가르쳐야 한다는 것으로 나선형 교육과정을 강조하고 학습의 전이(轉移)가 용이하고, 기억을 오래 가게 할 뿐만 아니라 고등 지식과 기초 지식 간의 간격을 좁힐 수 있다는 점을 강조한다(이형행, 2004).

(4) 인간중심 교육과정

인간중심 교육과정은 1970년대 들어 좀 더 심각해진 비인간화, 인간소외 등의 문제를 극복하기 위해 부상한, 인간의 가치를 강조하고 인간을 중시하는 교육과정 유형이다(이형행, 2004; 송기창, 김민조, 김병주, 김병찬, 김성기, 2009). 인간중심 교육과정은 인간의 성장 가능성을 최대한으로 신장시키고 개인적으로 만족스러운 삶을 살 수 있도록 도와줌으로써 개인의 자아실현을 지향하는 데 궁극적인 목적이 있다(이병환, 박미란, 2012). 따라서 인간중심 교육과정은 학습자에게 긍정적인 태도 및 자기계발 능력을 함양시켜 주며, 타인을 존중하고 수용하는 건전한 가치관을 형성하고 사람 간의 이해, 진실성, 신뢰 등을 형성시켜 줄 수 있다는 점에서 긍정적으로 평가된다(이병승, 우영호, 배제현, 2008). 그러나 인간중심 교육과정은 프로그램의 장기적인 효과를 평가하기가 곤란하고, 개인차의 반영이 어려우며, 과학적 지식과의 괴리 문제도 발생할 수 있다는 점에서 한계가 있다(김종서 외, 1987).

(5) 통합중심 교육과정

통합중심 교육과정은 사회의 복잡화와 다양화에 따라 좀 더 통합적인 교육과정의 개발 필요에 의해 대두한 교육과정의 한 유형으로 교과중심 교육과정, 경험중심 교육과정, 인간중심 교육과정 등이 종합적으로 고려된 관점이라고 할 수 있다(송기창, 김민조, 김병주, 김병찬, 김성기, 2009). 통합중심 교육과정은 전인교육을 위해 교육과정에 관련된 시간적 · 공간적 · 내용적 영역을 통합하고, 학습자의 능동적 지식 구성, 문제를 해결해 나가는 경험과 적극적인 참여를 강조한다.

2. 국가수준 교육과정의 변천과정과 법률적 근거

1) 국가수준 교육과정의 변천과정

우리나라의 초 · 중등학교교육과정은 지금까지 10여 차례 개정되어 왔다(이병환, 박미란, 2012). 7차 교육과정까지는 차수를 대체로 명기하였으나, 이후 수시 개정 교육과정체제로 전환하면서 차수를 명기하지 않고 개정된 연도로 명칭을 사용하고 있다. 다음 〈표 9-1〉은 미군정기의 교육에 대한 긴급조치 이후부터 최근 2009 개정 교육과정 수정고시 교육과정에 이르기까지의 주요 내용이다.

표 9-1 국가수준 교육과정의 변천과정

교육과정명	시 기	교육과정 주요 특징
교육에 대한 긴급조치	1945~1946	• 조선인을 위한 신교육 표방 • 우리글과 우리 역사 복원
교수요목기	1946~1954	• 미 군정청 주도하에 이루어진 교육과정 • 중등학교 6년제 개편 대비 각 교과의 교수요목 제정 • 초·중등학교 교과 과정 공포
제1차 교육과정	1954~1963	• 1949년 교육법 제정 공포 후 우리나라 스스로 만든 최초의 교육과정
제2차 교육과정	1963~1973	• 경험중심의 초·중등학교교육과정
제3차 교육과정	1973~1981	• 국민교육헌장의 이념이 내재한 학문중심의 교육과정 • 이수과목 수가 13개로 대폭 확대됨(중등)
제4차 교육과정	1981~1987	• 제5공화국과 7.30 교육개혁 조치를 배경으로 하는 교육과정 • 초등학교 1, 2학년 과정에서의 통합교육 시행(바른 생활, 슬기로운 생활, 즐거운 생활)
제5차 교육과정	1987~1992	• 교육과정 적정화·내실화·지역화를 목적으로 개정된 교육과정 • 기초교육, 정보화사회 대비, 특별활동 강화
제6차 교육과정	1992~1997	• 교육과정의 분권화, 다양화, 자율화 도입 • 국가수준의 일반적 기준만 제시 • 세부지침은 시·도교육청과 학교가 결정하도록 위임
제7차 교육과정	1997~2007	• 21세기의 세계화, 정보화시대를 주도할 창의적인 한국인 육성을 목적으로 한 교육과정 제시 • 국민공통기본교육과정, 교과군제 개념, 수준별 교육과정 도입과 재량활동 신설 • 고등학교 2, 3학년의 선택중심 교육과정 도입
2006개정 교육과정	2006. 8. 29. 고시	• 수준별 교육과정을 수준별 수업으로 전환 • 단계형(수학, 영어), 심화보충형(국어, 사회, 과학) 교육과정 폐지 • 주5일제 수업제 시행으로 교과 재량활동, 특별활동 시수 중에서 시간 수 감축(연간 34시간 범위)
2007개정 교육과정	2007. 2. 28. 고시	• 현행 제7차 교육과정 기본철학 및 체제 유지 • 단위학교교육과정 편성 운영의 자율권 확대 　① 재량활동 운영의 학교 자율권 부여 　② 고등학교 선택과목 신설 및 개설 허용

		• 교과 집중이수제 도입 • 역사교육 강화(사회교과 내 역사과목 분리, 2, 3학년에 역사과목 별도 편성) • 창의적 재량활동의 범교과학습주제 확대 • 진로교육, 논술교육 및 다문화가정 자녀교육 강화 • 체육, 음악, 미술 평가방법 개선과 보건교육과정 신설
2009 개정 교육과정	2009. 12. 23. 고시	• 공통교육과정/선택교육과정 실시 ① 국민공통기본교육과정(10학년) → 공통교육과정(9학년) ② 선택중심교육과정(고2, 3학년) → 선택교육과정(전 학년) • 중학교 단계 진로교육 중요성 확대 • 교과별 수업시수 20% 증감 허용(최소 수업시수 개념에서 기준 수업시수 개념으로) • 학년군, 교과군 도입을 통한 집중이수제로 학기당 이수 교과목 수 8개 이내로 축소 • 창의적 체험활동 도입
2009 개정 교육과정 수정고시	교육과학 기술부 제 2012 – 31호 고시	• 2009 개정 교육과정을 토대로 부분 개정 • 교육의 효과를 높이기 위해 학생의 학기당 이수과목 수를 8개 이내로 편성하되, 체육/예술 교과영역과 교양과목은 이수과목 수에서 제외할 수 있다. • 고등학교 보통교과를 기본, 일반, 심화과목으로 구분하여 이수한다. (2013학년도 1학년부터 영어 과목 실시) • 사회(역사/도덕 포함) 교과(군)의 '한국사'는 반드시 이수한다. • 생활 · 교육 교과영역의 교양교과(군) 일반과목에 '실용경제' 신설 등

2) 교육과정의 법률적 근거

교육과정의 주요 법률적인 근거는 주로 「초 · 중등교육법」(법률 제5438호, 1997. 12. 13.)과 「초 · 중등교육법 시행령」(대통령령 제15664호, 1998. 2. 24.) 등이며, 단위 학교는 각 시 · 도교육청 교육과정 편성 · 운영에 관한 지침을 바탕으로 교육과정을 편성한다.

(1) 「초 · 중등교육법」 제23조(교육과정 등)

① 학교는 교육과정을 운영한다. ② 교육부 장관은 제1항의 규정에 의한 교육과정

의 기준과 내용에 관한 기본적인 사항을 정하며, 교육감은 교육부 장관이 정한 교육
과정의 범위 안에서 지역의 실정에 적합한 기준과 내용을 정할 수 있다. ③ 학교의
교과는 대통령령으로 한다.

(2) 「초 · 중등교육법」 제24조(수업 등)

① 학교의 학년도는 3월 1일부터 시작하여 다음해 2월 말일(末日)까지로 한다.
② 수업은 주간 전일제로 함을 원칙으로 한다. 다만, 법령 또는 학칙이 정하는 바에
의하여 야간수업 · 계절수업 · 시간수업 또는 방송 · 통신에 의한 수업 등을 할 수 있
다. ③ 학교의 학기 · 수업일수 · 학급편성 및 휴업일과 반의 편성 · 운영 기타 수업에
관하여 필요한 사항은 대통령령으로 정한다.

(3) 「초 · 중등교육법 시행령」 제43조(교과)

법 제23조 제3항의 규정에 의한 학교의 교과는 다음 각 호와 같다. ① 초등학교
및 공민학교: 국어, 도덕, 사회, 수학, 과학, 실과, 체육, 음악, 미술 및 외국어(영어)와
교육부 장관이 필요하다고 인정하는 교과 ② 중학교 및 고등공민학교: 국어, 도덕,
사회, 수학, 과학, 기술 · 가정, 체육, 음악, 미술 및 외국어와 교육부 장관이 필요하다
고 인정하는 교과 ③ 고등학교: 국어, 도덕, 사회, 수학, 과학, 기술 · 가정, 체육, 음악,
미술 및 외국어와 교육부 장관이 필요하다고 인정하는 교과 ④ 특수학교 및 고등기
술학교: 교육부 장관이 정하는 교과

(4) 「초 · 중등교육법 시행령」 제55조(교과용도서의 사용)

법 제29조 제2항의 규정에 의한 교과용도서의 범위 등에 관하여 필요한 사항은
따로 대통령령으로 정한다.

그 밖에 제44조(학기), 제45조(수업일수), 제46조(학급편성), 제47조(휴업일 등), 제
48조(수업운영방법 등), 제49조(수업시간), 제50조(수료 및 졸업 등), 제51조(학급수 · 학

생수) 등에 관한 교육과정 운영과 관련된 법률적 근거들이 있다.

3. 국가수준 교육과정의 편성과 운영

(교육과학기술부 고시 제2011-361호, 2011. 8. 9. / 교육과학기술부 고시 제2012-31호, 2012. 12. 13.)

1) 교육과정 기본 방향

교육부에서는 2007 개정 교육과정(교육인적자원부 고시 제2007-79호, 2007. 2. 28.) 개정 고시 이후 미래 사회에 적합한 인재를 기르기 위한 교육과정 개정을 추진하기 위하여 국가 교육과정 포럼을 운영하였다. 교육부는 국가교육과학기술자문위원회의 교육과정특별위원회에서 제안된 미래형 교육과정 구상안에 대해 연구 · 개발과정을 거쳐 세미나, 심의회 등을 통해 최종안을 확정하고 초 · 중등학교 개정 교육과정을 발표 · 고시하였다(교육과학기술부 고시 제 2009-41호, 2009. 12. 23.). 마침내 2009 개정 교육과정 총론이 교육과학기술부 고시 제2012-31호를 통해 완성 단계에 이르렀다.

2009 개정 교육과정은 미래형 교육과정으로 제7차 교육과정, 2007 개정 교육과정 등 이전 교육과정의 문제점을 개선하여 학생들의 지나친 학습 부담을 감축하고자 한 것이다. 또한 2009 개정 교육과정은 학생들의 학습 흥미를 유발하며, 단편적 지식 · 이해 교육이 아닌 학습하는 능력을 기르고, 지나친 암기 중심 교육에서 배려와 나눔을 실천하는 창의 인재를 양성하는 교육으로 변화를 추구하는 것을 개정 방향으로 하고 있다.

2) 교육과정의 성격

2009 개정 교육과정은 「초 · 중등교육법」 제23조 제2항에 의거하여 고시한 것으

로 초·중등학교의 교육 목적과 교육 목표를 달성하기 위한 국가 수준의 교육과정이며, 초·중등학교에서 편성, 운영하여야 할 학교교육과정의 공통적, 일반적인 기준을 제시한 것이다.

첫째, 국가 수준의 공통성과 지역 및 학교 수준의 교육목표를 달성하기 위한 방편이며, 수단이어야 한다.

둘째, 학습자 개개인의 자율성과 창의성을 신장하기 위해 편성되고 운영되어야 한다.

셋째, 국가와 사회뿐만 아니라 학습자의 필요와 요구를 반영하여야 한다.

넷째, 학교교육 체제를 교육과정 중심으로 개선하기 위한 과정이다.

다섯째, 교육의 과정과 결과에 대한 질적 수준을 유지, 관리하는 과정이어야 한다.

3) 추구하는 인간상

우리나라의 교육은 홍익인간의 이념 아래 모든 국민으로 하여금 인격을 도야하고, 자주적 생활 능력과 민주 시민으로서 필요한 자질을 갖추게 하여 인간다운 삶을 영위하게 하고, 민주 국가의 발전과 인류 공영의 이상을 실현하는 데 이바지하게 함을 목적으로 하고 있다. 이러한 교육 이념을 바탕으로 교육과정이 추구하는 인간상은 다음과 같다.

- 전인적 성장의 기반 위에 개성의 발달과 진로를 개척하는 사람
- 기초능력의 바탕 위에 새로운 발상과 도전으로 창의성을 발휘하는 사람
- 문화적 소양과 다원적 가치에 대한 이해를 바탕으로 품격 있는 삶을 영위하는 사람
- 세계와 소통하는 시민으로서 배려와 나눔의 정신으로 공동체 발전에 참여하는 사람

4) 교육과정의 구성 방침

추구하는 인간상을 구현하기 위한 이 교육과정 구성의 방침은 다음과 같다.

- 배려와 나눔을 실천하는 창의적인 인재를 기를 수 있도록 교육과정을 구성한다.
- 이 교육과정은 초등학교 1학년부터 중학교 3학년까지의 공통교육과정과 고등학교 1학년부터 3학년까지의 선택교육과정으로 편성한다.
- 교육과정 편성 · 운영의 경직성을 탈피하고, 학년간 상호연계와 협력을 통한 학교교육과정 편성 · 운영의 유연성을 부여하기 위하여 학년군을 설정한다.
- 공통교육과정의 교과는 교육목적상의 근접성, 학문 탐구 대상 또는 방법상의 인접성, 생활양식에서의 연관성 등을 고려하여 교과군으로 재분류한다.
- 선택교육과정에서는 학생들의 기초영역 학습 강화와 진로 및 적성 등을 감안한 적정 학습이 가능하도록 4개의 교과 영역으로 구분하고, 필수이수단위를 제시한다.
- 학기당 이수 교과목 수 축소를 통한 학습부담의 적정화와 의미 있는 학습활동이 전개될 수 있도록 집중이수를 확대한다.
- 기존의 재량활동과 특별활동을 통합하여 배려와 나눔의 실천을 위한 '창의적 체험활동'을 신설한다.
- 학교교육과정 평가, 교과 평가의 개선, 국가 수준의 학업성취도 평가 실시 등을 통해 교육과정의 질 관리체제를 강화한다.
- 모든 교육활동을 통해 인성교육을 실천할 수 있도록 교육과정을 구성한다.

5) 주요 특징

2009 개정 교육과정에서는 교과군 · 학년군 도입을 통한 집중이수제로 학기당 이수 과목을 대폭 축소하였으며, 현행 특별활동과 창의적 재량활동을 통합하여 창의적 체험활동으로 운영한다. 이 교육과정에서는 고등학교의 경우 개별 학생의 흥미, 적성에 따라 필요한 과목을 선택하여 집중적으로 학습할 뿐만 아니라 학교의 자율성을 대폭 확대하여 학교별로 특성화된 교육과정을 운영하도록 한다.

2009 개정 교육과정은 2011년 3월 초등학교 1, 2학년, 중학교 1학년, 고등학교 1학년부터 적용되어, 2012년 3월 초등학교 3, 4학년, 중학교 2학년, 고등학교 2학년, 2013년 3월부터는 초 · 중 · 고 전 학년에 적용되었다. 다음 절에서는 2009 개정 교육과정에서 나타난 학년군과 교과군, 교과의 재구조화, 창의적 체험활동 내용에 대해 간단히 살펴보자.

(1) 학년군과 교과군

2009 개정 교육과정은 학기당 이수 교과목 수를 축소함으로써 학습 효율성을 제고하고자 한다. 2009 개정 교육과정은 수업의 비효율성을 해소하고 토론, 실험 중심으로 수업혁신을 유도하기 위해 교과군, 학년군 도입을 통한 집중이수제로 학기당 이수 과목을 현행 11~13개에서 8과목 이하로 축소한다. 초등학교 학년군은 1~2학년, 3~4학년, 5~6학년의 3개 학년군으로, 중학교와 고등학교 학년군은 3개 학년을 각각 한 개 학년군으로 설정하는 것이다. 학년군은 학년별, 학기별, 분기별 집중 이수를 통해 학생들의 학기당 이수 과목 수를 줄여 주는 효과가 있다. 학년군 설정은 교육과정 편성 · 운영의 경직성을 탈피하고 학년 간 상호연계와 협력을 통하여 유연성을 부여하기 위한 것이며, 수업시수가 적은 교과목의 경우 집중이수를 원활하게 하기 위함이다. 그리고 교과군은 기존의 교과들을 교육목적상의 근접성, 학문 탐구대상 또는 방법상의 인접성, 실제 생활양식에서의 상호연관성 등을 고려하여 광역군 개념으로 유목화하는 개념이다.

(2) 교과의 재구조화

미래형 교육과정인 2009 개정 교육과정은 교과의 재구조화를 통하여 미래사회가 요구하는 학생의 핵심역량을 강화한다. 2009 개정 교육과정은 공통교육과정 이수 기간을 고등학교 1학년에서 중학교 3학년까지로 조정하여 고등학생의 진로와 적성, 그리고 필요에 따른 학습 기회를 제공하여 미래 사회를 이끌어 갈 인재를 육성한다. 국어, 영어, 수학과 같은 기초 교과는 모든 학생이 반드시 이수하도록 하는 한편, 나머지 교과에 대해서는 개별 학생의 흥미, 적성에 따라 필요한 과목을 선택·집중해서 깊이 있게 학습하도록 한다. 즉, 탐구영역(사회, 과학)의 교육은 기존의 지식 전달 위주의 획일적 수업을 지양하고, 다양한 수업방법을 적용한다.

체육·예술, 생활·교양 영역은 내실 있는 소양교육을 지향한다. 2009 개정 교육과정은 지나치게 세분화된 교과목을 통합하고, 수준별로 편성하여 학생의 흥미와 수준을 고려한 수업이 가능하게 한다. 또한 2009 개정 교육과정에서는 10학년 교육과정을 모든 학교가 똑같은 교육과정으로 획일적으로 교육하는 방식에서 탈피하여 고교 전 과정을 선택교육과정으로 확대한다. 그리고 이 교육과정은 필수 이수단위만 제시하여 단위학교의 과목 편성권을 확대하는 등 특성화된 교육과정을 운영하도록 한다. 따라서 국가는 교육과정 운영의 기본 틀만을 제시함으로써 학교교육과정 운영의 자율성을 대폭 확대하여 교과목별로 20% 범위에서 수업시수의 자율적인 증감을 허용한다.

(3) 창의적 체험활동

2007 개정 교육과정에서의 재량활동은 창의적 재량활동(자기주도적 학습, 범교과학습)과 교과 재량활동으로 구성되어 있다. 이 교육과정에서 특별활동은 자치활동, 적응활동, 계발활동, 봉사활동, 행사활동 등으로 지나치게 세분화되어 있어 형식적 운영과 교원 수업시수 조정용으로 운영되고 있는 것이 현실이다. 따라서 2009 개정 교육과정에서는 현행 특별활동과 창의적 재량활동을 통합하여 창의적 체험활동으로 운영하되 창의적 체험활동의 하위 영역은 자율활동, 동아리 활동, 봉사활동, 진로활동으로 구분한다. 이와 같이 2009 개정 교육과정은 창의적 체험활동을 도입하여 배려와 나눔을 실천하는 인성교육을 추구한다. 창의적 체험활동은 학생들의 도덕성 함양, 준법정신 및 윤리의식 강화를 위해 기존의 교과중심 교육을 체험중심 교육으로 전환함으로써 타자에 대한 배려와 나눔의 덕목을 배양시킨다. 창의적 체험활동의 시수는 현행의 주당 2시간에서 초·중등학교는 주당 평균 3시간, 고등학교는 주당 평균 4시간 이상으로 확대 운영하게 된다.

4. 학교급별 교육과정 편성과 운영

[교육과학기술부 고시 제2011 −5호 부분개정고시(2011. 1. 26.)~교육부고시 제2013 −7호 부분개정고시(2013. 2. 18)]

1) 초등학교

(1) 초등학교 교육목표

초등학교의 교육은 학생의 학습과 일상생활에 필요한 기초능력 배양 및 기본생활 습관을 형성하는 데 중점을 둔다. 초등교육은 풍부한 학습경험을 통해 몸과 마음이 건강하고 균형 있게 자랄 수 있도록 하며, 다양한 일의 세계에 대한 기초적인 이해 를 돕는다. 또한 학습과 생활에서 문제를 인식하고 해결하는 기초능력을 기르고, 이 를 새롭게 경험할 수 있는 상상력을 키운다. 더불어 초등교육은 우리 문화를 이해하 고 문화를 향유하는 올바른 태도를 기를 뿐만 아니라 자신의 경험과 생각을 다양하 게 표현하며 타인과 공감하고 협동하는 태도, 배려하는 마음을 기른다.

(2) 편제와 시간배당

■ 편제

초등학교 교육과정은 교과(군)와 창의적 체험활동으로 편성한다.

첫째, 교과(군)는 국어, 사회/도덕, 수학, 과학/실과, 체육, 예술(음악/미술), 영어로 한다.

둘째, 초등학교 1, 2학년의 교과는 국어, 수학, 바른 생활, 슬기로운 생활, 즐거운 생활로 한다.

셋째, 3, 4학년의 교과(군)는 국어, 사회/도덕, 수학, 과학, 체육, 예술(음악/미술), 영 어로 한다.

넷째, 5, 6학년의 교과(군)는 국어, 사회/도덕, 수학, 과학/실과, 체육, 예술(음악/미술), 영어로 한다.

다섯째, 학년군은 1, 2학년, 3, 4학년, 5, 6학년으로 하며, 창의적 체험활동은 자율활동, 동아리 활동, 봉사활동, 진로활동으로 한다.

■ 시간배당 기준

첫째, 1단위의 수업은 40분을 원칙으로 하되 기후 및 계절, 학생의 발달 정도, 학습내용의 성격 등과 학교 실정을 고려하여 탄력적으로 편성·운영할 수 있다.

둘째, 학년군 및 교과(군)별 시간배당은 연간 34주를 기준으로 한 2년간의 기준수업시수를 나타낸 것이다.

셋째, 학년군별 총 수업시간 수(창의적 체험활동 수업시간 수)는 교과(군)와 창의적 체험활동으로 구분하여 최소 수업시수를 나타낸 것이다.

넷째, 실과의 수업시간은 5, 6학년 과학/실과의 수업시수에만 포함된다.

(3) 수업일수와 수업시수

■ 수업일수

첫째, 「초·중등교육법 시행령」 제44조에 의거 매 학년도를 두 학기로 나누되 제1학기는 3월 1일부터 학교의 수업일수, 휴업일 및 교육과정 운영을 고려하여 학교의 장이 정한 날까지, 제2학기는 1학기 종료일 다음날부터 다음 해 2월 말까지로 한다.

둘째, 학교의 수업일수는 학교의 장이 정하되 천재지변, 연구학교의 운영 등 교육과정의 운영상 필요한 경우에는 기준의 10분의 1의 범위에서 수업일수를 줄일 수 있으며, 이 경우 다음 학년도 개시 30일 전까지 관할청에 보고하여야 한다.

셋째, 주 5일 수업을 전면 실시하는 경우는 매 학년 190일 이상의 수업일수를 확보해야 한다.

■ 수업시수

첫째, 연간 수업시간 수는 계절, 학교 실정, 학교 실태, 교육 여건 등을 고려하여
　　　학년별, 학기별, 월별, 주별로 적정하게 배정한다.
둘째, 시간 배정은 요일 및 교과 간의 균형이 유지되도록 하며, 고정적이고 획일적
　　　인 운영이 아닌 융통성 있는 운영이 되도록 한다.

(4) 초등학교 교육과정 편성·운영

　초등학교는 모든 교육활동을 통해 학생의 인성과 기본생활습관을 형성할 수 있도
록 교육과정을 편성·운영한다. 각 교과의 기초적·기본적 요소들이 체계적으로 학
습되도록 계획하고, 정확한 국어 사용 능력을 신장할 수 있도록 배려한다. 특히 기초
적 국어 사용 능력과 수리력이 부족한 학생들을 위해 별도의 프로그램을 편성·운
영할 수 있다.
　첫째, 초등학교는 1학년 학생들의 입학 초기 적응교육을 위해 창의적 체험활동의
　　　　시수를 활용하여 자율적으로 입학 초기 적응프로그램 등을 편성·운영할
　　　　수 있다.
　둘째, 초등학교의 특성, 학생·교사·학부모의 요구 및 필요에 따라 학교가 자율
　　　　적으로 교과(군)별 20% 범위에서 시수를 증감하여 운영할 수 있다.
　셋째, 초등학교에서는 학교의 여건과 교과(군)별 특성을 고려하여 학년, 학기별로
　　　　집중 이수를 통해 학기당 이수 교과 수를 감축하여 편성·운영할 수 있다.
　넷째, 초등학교의 정보통신 활용교육, 보건교육, 한자교육 등은 관련 교과(군)와 창
　　　　의적 체험활동 시간을 활용하여 체계적인 지도가 이루어질 수 있도록 한다.
　다섯째, 전입 학생이 특정 교과목을 이수하지 못할 경우, 교육청과 학교에서는 '보
　　　　충학습과정' 등을 통해 학습 결손이 발생하지 않도록 한다.
　여섯째, 학년을 달리하는 학생을 병합하여 복식 학급을 편성, 운영하는 경우에는
　　　　교육 내용의 학년별 순서를 조정하거나 공통 주제를 중심으로 교재를 재구
　　　　성하여 활용할 수 있다.
　일곱째, 초등학교는 학생이 학년군별로 이수해야 할 학년별, 학기별 교과목을 편

성하여 안내한다.

2) 중학교

(1) 중학교 교육목표

중학교의 교육은 초등학교 교육의 성과를 바탕으로, 학생의 학습과 일상생활에 필요한 기본 능력을 배양하며, 다원적인 가치를 수용하고 존중하는 민주시민의 자질 함양에 중점을 둔다. 중학교 교육은 심신의 건강하고 조화로운 발달을 추구하고, 다양한 분야의 경험과 지식을 익혀 적극적으로 진로를 탐색하게 한다. 또한 학습과 생활에 필요한 기초 능력과 문제해결력을 바탕으로 창의적 사고력을 기른다. 더불어 중학교 교육은 자신을 둘러싼 세계에 대한 경험을 토대로 다양한 문화와 가치를 이해하며, 다양한 소통능력을 기르고 민주시민으로서의 자질과 태도를 갖춘다.

(2) 편제와 시간배당 기준

■ 편제
중학교 교육과정은 교과(군)와 창의적 체험활동으로 편성한다.

첫째, 교과(군)는 국어, 사회(역사 포함)/도덕, 수학, 과학/기술 · 가정, 체육, 예술(음악/미술), 영어, 선택으로 한다. 선택은 한문, 정보, 환경, 생활외국어(독일어, 프랑스어, 스페인어, 중국어, 일본어, 러시아어, 아랍어), 보건, 진로와 직업 등 선택과목으로 한다.

둘째, 창의적 체험활동은 자율활동, 동아리 활동, 봉사활동, 진로활동으로 한다.

■ 시간배당 기준
첫째, 1단위의 수업은 45분을 원칙으로 기후 및 계절, 학생의 발달 정도, 학습 내용의 성격 등과 학교 실정을 고려하여 탄력적으로 편성 · 운영할 수 있다.

둘째, 학년군 및 교과(군)별 시간배당은 연간 34주를 기준으로 한 3년간의 기준수업시수를 나타낸 것이다.

셋째, 총 수업시간 수는 3년간의 최소 수업시수로 국어(442), 사회/도덕(510), 수학
  (374), 과학/기술 · 가정(646), 체육(272), 예술(음악/미술, 272), 영어(340), 선
  택(204), 창의적 체험활동(306) 등 3,366시간이다.

(3) 수업일수 및 수업시수

■ 수업일수

학교의 장은 주 5일 수업을 전면 실시하는 경우 학교운영위원회의 심의(자문)를
거쳐 매 학년 190일 이상을 실시하여야 하고, 천재지변, 연구학교와 자율학교의 운
영 등 교육과정의 운영상 필요한 경우에는 10분의 1의 범위에서 수업일수를 줄일
수 있으며 이 경우 다음 학년도 개시 30일 전까지 관할청에 보고하여야 한다(「초 · 중
등교육법」제24조 제3항).

■ 수업시수

1단위의 수업은 45분으로 하되 계절이나 기후에 따라 최저 40분에서 50분까지
감축 또는 연장하여 운영하거나 교수 · 학습의 특성에 따라 융통성 있게 운영할 수
있다. 제1학기는 3월 1일부터 학교의 수업일수, 휴업일 및 교육과정 운영을 고려하
여 학교의 장이 정한 날까지, 제2학기는 제1학기 종료일 다음 날부터 다음해 2월 말
일까지로 한다. 교과와 창의적 체험활동의 수업시수, 고사 시수, 각종 경시대회, 국가
또는 시 · 도교육청 주관 학력평가 시수를 포함한다.

(4) 중학교 교육과정 편성 · 운영

중학교는 학생들이 이수해야 할 3년간의 교과목을 학년별, 학기별로 편성하여 안
내한다. 교과(군)의 이수 시기와 수업시수는 학교가 자율적으로 결정할 수 있다. 학
교의 특성, 학생 · 교사 · 학부모의 요구 및 필요에 따라 학교가 자율적으로 교과(군)
별 수업시수를 20% 범위에서 증감하여 운영할 수 있다.

첫째, 교육 효과를 높이기 위해 학생의 학기당 이수 교과목 수를 8개 이내로 편성

하도록 한다.

둘째, 예술(음악/미술)은 음악과 미술 교과를 중심으로 편성·운영한다.

셋째, 선택과목을 개설할 경우, 학교는 2개 이상의 과목을 개설함으로써 학생들의 선택권이 보장되도록 한다.

넷째, 학교는 필요한 경우 새로운 선택과목을 개설할 수 있다. 새로운 과목을 개설하여 운영하고자 할 경우에는 시·도교육청의 교육과정 편성·운영 지침에 의거하여 사전에 필요한 절차를 거쳐야 한다.

다섯째, 학교는 학생의 직업 및 진로에 대한 탐색과 선택을 돕기 위해 진로교육을 강화한 교육과정을 편성·운영한다.

여섯째, 전입 학생이 특정 교과목을 이수하지 못할 경우, 교육청과 학교에서는 '보충학습과정' 등을 통해 학습 결손이 발생하지 않도록 한다.

3) 고등학교

(1) 고등학교 교육목표

고등학교 교육은 중학교 교육의 성과를 바탕으로 학생의 적성과 소질에 맞는 진로 개척 능력과 세계 시민으로서의 자질을 함양하는 데 중점을 둔다. 고등학교 교육은 성숙한 자아의식을 토대로 다양한 분야의 지식과 기능을 익혀 진로를 개척하며 평생학습의 기본 역량과 태도를 갖춘다. 또한 학습과 생활에서 새로운 이해와 가치를 창출할 수 있는 비판적·창의적 사고력과 태도를 익힌다. 더불어 고등학교 교육은 우리의 문화를 향유하고 다양한 문화와 가치를 수용할 수 있는 자질과 태도를 갖추며, 국가공동체의 발전을 위한 노력을 하고, 세계 시민으로서의 자질과 태도를 기른다.

(2) 편제와 단위 배당 기준

■ 편제

고등학교 교육과정은 교과(군)와 창의적 체험활동으로 편성하고 교과는 보통교과와 전문교과로 한다.

첫째, 보통교과 영역은 기본과정과 일반과목, 심화과목으로 구분한다. 보통교과 영역은 기초, 탐구, 체육 · 예술, 생활 · 교양으로 구성하며, 교과(군)는 국어, 수학, 영어, 사회(역사/도덕 포함), 과학, 체육, 예술(음악/미술), 기술 · 가정/제2외국어/한문/교양으로 한다.

둘째, 전문교과는 농업 · 생명산업, 공업, 상업 정보, 수산 · 해운, 가사 · 실업에 관한 교과로 한다.

셋째, 창의적 체험활동은 자율활동, 동아리 활동, 봉사활동, 진로활동으로 한다.

■ 일반고(자율고 포함)와 특수목적고(산업수요 맞춤형고 제외) 단위 배당 기준

첫째, 1단위는 50분을 기준으로 하여 17회를 이수하는 수업량이다.

둘째, 1단위의 수업은 50분을 원칙으로 하되 기후 및 계절, 학생의 발달 정도, 학습 내용의 성격 등과 학교 실정을 고려하여 탄력적으로 편성 · 운영할 수 있다.

셋째, 필수 이수단위의 단위 수는 해당 교과(군)의 '최소 이수단위'를 가리킨다.

넷째, 총 이수단위 수는 고등학교 3년간 이수해야 할 '최소 이수단위'를 가리킨다.

다섯째, 필수 이수단위의 ( )안의 숫자는 특수목적고등학교와 자율형사립고등학교 학생에게 이수할 것을 권장하는 이수단위다.

여섯째, 창의적 체험활동의 단위는 최소 이수단위다.

일곱째, 기초교과 이수단위가 교과 총 이수단위의 50%를 초과하지 않도록 한다.

단, 자율형사립고등학교의 경우에는 이 규정을 권장한다. 〈표 9 – 2〉는 2014학년도 1학년부터 적용되는 교과(군)의 필수 이수단위를 나타낸다.

표 9-2 2014학년도 1학년부터 적용되는 교과(군)의 필수 이수단위

구분	교과영역	교과(군)	필수 이수단위	학교자율과정
교과(군)	기초	국어	10	학생의 적성과 진로를 고려하여 편성
		수학	10	
		영어	10	

탐구	사회(역사/도덕 포함)	10	
	과학	10	
체육 · 예술	체육	10	
	예술(음악/미술)	10(5)	
생활 · 교양	기술 · 가정/제2외국어/한문/교양	16(12)	
소계		86(77)	94(103)
창의적 체험활동		24(408시간)	
총 이수단위		204	

■ **보통교과**

첫째, 일반교과의 기본 단위 수는 5단위이며, 과목별로 3단위 범위에서 증감 · 운영할 수 있다.

둘째, 기본과목과 심화과목의 이수단위는 학교장이 정한다.

셋째, 사회교과군의 '한국사'는 6단위 이상 이수하되 2개 학기 이상 편성하도록 한다.

넷째, 예술계열 고등학교 이외의 고등학교에서 예술(음악/미술)은 음악과 미술 교과를 중심으로 편성 · 운영한다.

다섯째, 체육 교과는 10단위 이상 이수하되 매 학기 편성하도록 한다.

여섯째, '논술' 과목의 내용은 학생들의 요구를 반영하여 학교가 정한다.

■ **전문교과**

첫째, 전문교육을 주로 하는 특성화고등학교에서는 다음 과목을 필수로 이수한다.

- 농업 · 생명산업 계열: 농업 이해, 농업 기초 기술
- 공업 계열: 공업 일반, 기초 제도
- 상업 정보 계열: 상업 경제, 회계 원리
- 수산 · 해운 계열: 해양의 이해, 수산 · 해운 산업의 기초
- 가사 · 실업 계열: 인간 발달, 생활 서비스 산업의 이해

둘째, 농업 · 생명산업에 관한 교과의 '성공적인 직업생활'은 계열 공통 선택과목

으로 이수한다.

셋째, 전문교과의 각 과목에 대한 이수단위는 학교장이 정한다.

(3) 수업일수 및 수업시수

■ 수업일수

학교의 장은 주 5일 수업을 전면 실시하는 경우 학교운영위원회의 심의(자문)를 거쳐 매 학년 190일 이상을 실시하여야 하고 천재지변, 연구학교와 자율학교의 운영 등 교육과정의 운영상 필요한 경우에는 10분의 1의 범위에서 수업일수를 줄일 수 있으며 이 경우 다음 학년도 개시 30일 전까지 관할청에 보고하여야 한다(「초 · 중등 교육법」 제24조 제3항).

■ 수업시수

1단위의 수업은 50분으로 한 학기 17주 이상, 연간 34주 이상 확보한다. 다만, 기후, 계절, 학생의 발달 정도, 학습 내용의 성격 등을 고려하여 탄력적으로 편성 · 운영할 수 있다. 고등학교 교육과정의 총 이수단위는 204단위이며, 교과(군) 180단위와 창의적 체험활동 24단위(408시간) 이상을 확보하여야 한다.

(4) 고등학교 교육 편성 · 운영

첫째, 고등학교 교육과정의 총 이수단위는 204단위이며, 교과(군) 180단위와 창의적 체험활동 24단위(408시간)로 나누어 편성한다.

둘째, 교육효과를 높이기 위해 학생의 학기당 이수 과목 수를 8개 이내로 편성하도록 한다. 단, 체육, 예술(음악/미술) 과목은 8개 이내에서 제외하여 편성할 수 있다.

셋째, 선택과목 중에서 위계성을 갖는 과목의 경우 계열적 학습이 되도록 편성한다. 단, 학교의 실정 및 학생의 요구, 과목의 성격에 따라 탄력적으로 운영할 수 있다.

넷째, 학교에서 개설하지 않은 선택과목 이수를 희망하는 학생이 있을 경우 그 과목을 개설한 다른 학교에서의 이수를 인정하도록 한다.

다섯째, 학교는 학생이 3년간 이수해야 할 학년별·학기별 과목을 편성하여 안내해야 한다.

여섯째, 창의적 체험활동에 배당된 시간 수는 학생의 요구와 학교의 실정에 기초하여 융통성 있게 배정하여 운영할 수 있다.

일곱째, 일반고등학교(자율고등학교 포함) 교육과정에서 교과(군)의 이수단위 180단위 중 필수 이수단위는 86단위 이상으로 한다.

여덟째, 일반고등학교(자율고등학교 포함)에서는 보통교과의 기본과목, 일반과목, 심화과목을 중심으로 개설한다.

뉴스 따라잡기

해마다 바뀐 교육과정, 도대체 몇 번이나 바뀌었나?

교육과정이 원래 자주 바뀌는 것은 아니다. 국가교육과정은 학생들의 미래를 위해 학교교육의 내용과 방법, 평가와 이를 지원하는 각종 정책까지 담고 있다. 국가교육의 설계도와 같은 것이다. 미군정이 물러나고 1955년 교수요목기(광복 후부터 1955년 교과과정 제정 전까지의 기간)를 시작으로 7차 교육과정까지는 5년마다 교육과정이 바뀌었다. 김영삼 정부 때 만든 제7차 교육과정은 김대중, 노무현 정부까지 지속되었고, 2007년에야 2007 개정 교육과정이 고시되었다. 이때부터 사회 변화 속도가 빨라져 전면적인 개편보다는 필요한 내용을 교과서에서 쉽게 수정할 수 있는 수시개정 체제로 바뀌었다. 그런데 이명박 정부는 고교다양화 300프로젝트 공약 때문에 2009년에 실행 예정이던 2007 개정 교육과정을 두고서 새 교육과정을 만들기 시작했다. 학년군, 교과군, 집중이수제 등 운영방법을 바꾸는 것이면 굳이 교육 과정까지 바꿀 필요가 없다고 했는데도 수시로 바뀌 이제는 "수시전면개편" 시대가 된 것이다. (오마이뉴스 기사, 2013년 2월 21일, 신은희 기자)

> **◎ 생각해 보기**
>
> 교육현장에서는 교육과정이 수시개정 교육과정으로 진행됨에 따라 교과서가 교육과정을 따라가지 못하는 실정이다. 이와 같은 상황에서 다음의 질문사항에 대해 생각해 보자.
> 1. 수시로 개정되는 교육과정에 학교는 어떻게 대처해야 하는가?
> 2. 수시로 개정되는 교육과정에 교사는 어떤 준비를 해야 하는가?

5. 중등학교 교육과정 편성과 운영의 실제

　다음 내용은 2009 개정 교육과정에 따라 구성된 ○○시 소재 J고등학교의 2014학년도 교육과정 편성 및 운영의 실제를 바탕으로 재구성한 것이다. 이 절에서는 단위학교의 현장에서 실제 실행하고 있는 교육과정에 대한 중등 예비 교사들의 이해를 돕고자 한다.

1) 교육과정 편제

(1) 근거 및 성격

- J고등학교는 3년간(2011. 3. 1. ~ 2014. 2. 28.) ○○광역시교육청으로부터 교육과정 자율학교로 지정되었으며, 이에 따른 교육과정의 편성 및 운영의 자율권을 갖는다.
- 본교의 교육과정은 ○○광역시 고등학교 교육과정 편성 · 운영 지침을 바탕으로 하며 학교장이 학교 실정에 따라 편성한 것이다.
- 2014학년도에는 1, 2, 3학년 모두 2009 개정 교육과정을 적용한다.
- 교과는 2013학년도 1학년부터 영어 교과를 시작으로 기본, 일반, 심화 교과교육과정을 적용하며, 2014학년도부터는 전 교과 영역에서 기본, 일반, 심화 교과교육과정이 적용된다.

(2) 교육과정 편성 및 운영목표

- 2009 개정 교육과정 편성의 기본 원칙을 지킨다.
- 단위학교 운영의 실정 및 특수성을 반영하여 자율적으로 운영한다.
- 학습자 선택 중심의 교육과정을 편성 · 운영한다.

2) 교육과정소위원회 구성

(1) 목적과 구성

학교교육과정 편성 및 운영 업무의 원활한 추진 도모를 목적으로 하고, 교사 위원 7명과 학부모 위원 3명으로 구성한다.

(2) 조직도

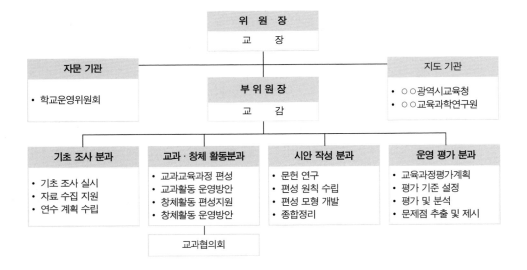

3) 교육과정 운영의 기본 방향

(1) 편제

① 교육과정은 교과(군)와 창의적 체험활동으로 편성한다.
② 보통교과 영역은 기초, 탐구, 체육 · 예술, 생활 · 교양으로 구성한다.
③ 창의적 체험활동은 자율활동, 동아리 활동, 봉사활동, 진로활동으로 한다.

(2) 단위 배당 기준

① 1단위는 매주 50분 수업을 기준으로 1학기(17주) 동안 이수하는 수업량이다.
② 교육과정의 총 이수단위는 204단위이며, 교과(군) 180단위와 창의적 체험활동 24단위로 나누어 편성한다.
③ 교과의 이수 시기와 단위는 학교에서 자율적으로 편성 · 운영한다.
④ 교육효과를 높이기 위해 학생 개인의 학기당 이수 과목 수를 8개 이내로 편성한다(단, 체육과 음악, 미술은 과목 수에서 제외할 수 있다).
⑤ 선택과목 중에서 위계성을 갖는 과목의 경우 계열적 학습이 되도록 편성한다. 단, 역사교육 강화를 위해 '한국사' 과목은 학교에서 필수 이수한다.
⑥ 일정 규모 이상의 학생이 이 교육과정의 편제에 있는 특정 선택과목의 개설을 요청할 경우, 학교는 이를 개설한다.
⑦ 학교에서 개설하지 않은 선택과목 이수를 희망하는 학생이 있을 경우 그 과목을 개설한 다른 학교에서의 이수를 인정한다.
⑧ 공통교육과정에서의 학생의 능력과 적성, 진로를 고려하여 교육내용과 방법을 다양화한다. 수학, 영어 교과에서는 수준별 수업을 실시한다.
⑨ 학교는 창의적 체험활동이 실질적 체험학습이 되도록 지역사회의 유관기관과 적극적으로 연계 · 협력하여 프로그램을 운영한다.
⑩ 창의적 체험활동에 배당된 시간 수는 학생의 요구와 학교의 실정에 기초하여 융통성 있게 배정하여 운영한다.

⑪ 심신 장애 학생을 위한 특수학급의 경우 학생의 장애 정도와 능력을 고려하여
교육과정을 조정·운영하거나, 특수학교교육과정 및 교수·학습 자료를 활용
한다.
⑫ 학습부진아, 귀국학생, 다문화가정 자녀 등이 충실한 학습경험을 누릴 수 있도
록 특별한 배려와 지원을 한다.

(3) 교육과정 편성 및 운영 방침

① 선택과목은 학교의 실정과 학생들의 요구를 반영하여 편성한다.
② 학습자에 의한 선택 중심 교육과정의 운영을 통해 학습자의 능력 수준에 적합
한 개별화 학습 및 자기주도적 학습 조건을 형성한다.
③ 충분한 진로지도를 실시하여 학습자 개인의 소질과 능력을 계발할 기회를 확
대하고, 다양한 과정을 개설하여 학습자가 행사할 수 있는 선택권의 범위를 최
대한 존중한다.
④ 학기당 이수 과목 수는 ○○광역시교육청 고등학교 교육과정 편성·운영 지침
에 의거 8과목으로 편성한다(단, 체육과 음악, 미술은 과목 수에서 제외할 수 있다).
⑤ 학생들의 사고력과 창의력을 신장시키기 위하여 교과별 실험, 실습, 실기 및 현
장 체험학습을 강화하고, 이를 위한 학습기반 조성에 노력한다.
⑥ 교과와 창의적 체험활동의 기본 방향, 중점 지도 내용, 평가 기준을 제시하여
교수·학습의 정상화를 도모하고, 미래 사회에 요구되는 창의적인 민주 시민
육성을 중시한다.
⑦ 학교교육과정 편성과 운영의 적합성, 타당성, 효과성을 자체 평가하여 문제점
과 개선점을 추출하고, 다음 학년도의 교육과정 편성에 그 결과를 반영한다.

(4) 수업일수 및 수업시수 확보 운영

■ 수업일수 확보 운영
① 주 5일 수업제 전면 시행으로 1, 2, 3학년은 공히 190일 이상 수업일수를 확보

한다.

② 교육과정 기준 34주(학기당 17주)를 확보하여 운영한다.

■ 수업시수 확보 운영

① 1단위의 수업은 50분 수업을 원칙으로 한다.

② 공휴일, 학교활동을 고려하여 연간 학사 운영계획을 수립하고 요일별 수업시수의 균형을 유지하도록 한다.

③ 한 학년의 교과와 창의적 체험활동에 배당된 연간 34주를 기준으로 한 연간 수업시수 1,156시간을 반드시 확보한다.

④ 수업시수에는 교과 및 창의적 체험활동의 수업시수, 정기고사(중간, 기말) 또는 교육청 주관 학력평가 시수를 포함한다.

4) 교육과정 이수단위 배당

(1) 2014학년도 1, 2, 3학년 학교교육과정 편제표

교과 영역	교과 (군)	과목	1학년 (2014입학)		2학년(2013입학)				3학년(2012입학)			
			1학년		인문사회		이학공학		인문사회		이학공학	
			1학기	2학기	1학기	2학기	1학기	2학기	1학기	2학기	1학기	2학기
기초	국어	국어Ⅰ	4									
		국어Ⅱ		4								
		화법과 작문Ⅰ							4		3	3
		화법과 작문Ⅱ								4		
		독서와 문법Ⅰ							5		3	3
		독서와 문법Ⅱ								5		
		문학Ⅰ			4		4					
		문학Ⅱ				4		4				

대분류	중분류	과목										
	수학	수학 I	5		5		6					
		수학 II		5				3			3	
		미적분과 통계기본				5						
		수학의 활용							4	4		
		적분과 통계						3				5
		기하와 벡터									5	3
	영어	실용영어 I	4									
		실용영어독해와 작문		4								
		실용영어 II			6		6					
		영어 I				6		6				
		영어 II							6		6	
		심화영어회화								6		6
탐구	사회	사회										
		한국사	3	3								
		생활과 윤리	2	2								
		한국 지리			5							
		세계 지리				5						
		동아시아사			2	2						
		사회·문화							4	4		
		윤리와 사상							3	3		
	과학	물리 I			4 (택1)	4 (택1)	4					
		지구과학 I						4				
		생명과학 I					4					
		화학 I	3	3				4				
		물리 II									8 (택2)	8 (택2)
		화학 II										
		생명과학 II										
		지구과학 II										

체육 · 예술	체육	운동과 건강 생활	2	2	1	1	1	1	2	2	2	23
	예술	음악과 생활	2	2								
		미술과 창작	2	2								
생활 · 교양	기술 · 가정/ 제2외 국어/ 한문/ 교양	기술 · 가정	3									
		정보사회와 컴퓨터		3								
		중국어 I			3 (택1)	3 (택1)	3 (택1)	3 (택1)				
		일본어 I										
		한문 I					2	2	2	2		
이수단위 소계			30	30	30	30	30	30	30	30	30	30
창의적 체험활동		자율활동	1	1	1	1	1	1	1	1	1	1
		동아리 활동	1	1	1	1	1	1	1	1	1	1
		봉사활동	1	1	1	1	1	1	1	1	1	1
		진로활동	1	1	1	1	1	1	1	1	1	1
학기별 총 이수단위			34	34	34	34	34	34	34	34	34	34
학기당 과목 수			10	10	8	8	8	9	8	8	8	8
학년별 총 이수단위			68		68		68		68		68	

5) 창의적 체험활동 편성 및 운영

(1) 기본 운영 방침

① 학년군 내 운영 시수(단위) 및 4개 영역 간 시수 배분은 학생의 요구와 학교 실정에 기초하여 융통성 있게 운영한다.

② 학년군 내에서 4개 영역 중 특정 영역이 누락되지 않도록 한다.

③ 4개 활동 영역(자율, 동아리, 봉사, 진로) 간 통합 운영하며, 통합 운영 시 두 영역에서 시수를 중복으로 배분하지 않도록 한다.

④ 창의적 체험활동은 모든 교사가 담당하며, 담임교사에게 업무과중이 되지 않도록 한다.

⑤ 창의적 체험활동은 교사의 수업시수로 인정한다.

(2) 창의적 체험활동 영역별 활동계획

영 역	활 동	활동 내용
자율활동(95)	적응활동(29)	• 기본생활습관 형성 활동(3) • 신입생 오리엔테이션(2) • 고교생활 상담활동(3) • 청렴교육 및 정보통신윤리교육(15) • 성희롱 · 성폭력 예방교육 및 양성평등교육(6)
	자치활동(19)	학급회 조직 및 활동(9) • 학생회 조직 및 협의 활동(10)
	행사활동(45)	• 입학식(1) • 학교폭력 추방대회(2) • 체험학습 및 소풍(23) • 방학식 및 개학식(5) • 체육대회 및 한솔제(14)
	창의적 특색활동(2)	• 학급 특색활동(2)
동아리 활동(30)	동아리 활동(30)	• 동아리 조직 및 부서 활동(30)
봉사활동(16)	교내 봉사활동(6)	• 교내 청결활동(6)
	지역사회 봉사활동(4)	• 복지시설 및 공공시설 일손 돕기(4)
	자연환경 보호활동(4)	• 학교 주변 깨끗한 환경 만들기(4)
	캠페인 활동(2)	• 교통안전 및 학교 주변 정화 캠페인(2)
진로활동(34)	자기이해 활동(6)	• 진로검사(2) • 심리적성검사(2) • 자기정체성 탐구(2)
	진로정보탐색활동(10)	• 학교정보 탐색(2) • 입시정보 탐색(4) • 학교탐방(4)
	진로계획활동(12)	• 진로설계활동(4) • 진로지도 및 상담활동(8)
	진로체험활동(6)	• 학업 및 직업 세계의 이해(2) • 직업체험활동(4)

6) 교육과정 평가

(1) 평가의 적정성

① 개별화 프로그램을 통해 개인별 성취목표에 의거하여 교과별 목표 지향적 평가를 하되, 모든 학생이 교육 목표를 성공적으로 달성하기 위한 교육 과정으로 실시한다.

② 교과의 평가는 선택형 평가보다 서술형이나 논술형 평가 그리고 수행평가의 비중을 늘려서 교과별 특성에 적합한 평가를 실시한다.

③ 평가 내용은 학교에서 가르친 부분과 기능을 평가한다. 학생이 학교에서 배울 기회를 마련해 주지 않고 학교 밖의 교육수단을 통해서 익힐 수밖에 없는 내용과 기능은 평가하지 않도록 유의한다. 특히 「공교육 정상화 촉진 및 선행교육 규제에 관한 특별법」에 의거하여 선행학습 내용을 평가하지 않아야 한다.

④ 모든 교과목은 신뢰성과 타당성 있는 문제를 바탕으로 한 일반학급의 중간고사, 학기말 고사의 결과를 반영한 최종 성적을 학교생활 기록부에 기록한다.

⑤ 창의적 체험활동, 전환교육활동의 평가도 개인별 성취 수준에 근거하여 자율적인 생활을 위한 기초적인 기능, 태도, 지식 등에 주안점을 두어 평가한다.

⑥ 평가결과는 본인과 학부모에게 통보하고, 특수학급에 보관해 두면서 다음 교육 계획에 반영한다.

⑦ 평가결과에서 문제점과 개선을 추출하여 다음 학년도 교육과정 편성 · 운영에 반영한다.

(2) 특수학생 평가

① 특수학급 내에서의 교과활동평가는 학생의 학습상황과 특징, 진보의 정도 등을 관찰, 자체 검사 등으로 파악하여(개별화 교육계획에 의거) 그 결과를 서술적으로 기록하는 것을 원칙으로 한다.

② 원적학급 학생들과의 상대평가를 지양하고 목표 지향적 평가의 결과를 개별화

교육계획 수정을 위한 자료로 활용한다.

1. 교육과정은 라틴어 '쿠레레'에서 유래한 것으로 학생들이 학습할 내용을 일정한 순서에 따라 조직하고 배열하는 과정이다.

2. 교육과정의 유형은 시대 흐름의 구성에 따라 교과중심 교육과정, 경험중심 교육과정, 학문중심 교육과정, 인간중심 교육과정, 통합중심 교육과정으로 구분할 수 있다.

3. 2007 개정 교육과정과 2009 개정 교육과정의 주요 차이점 비교

구 분	내 용	2007 개정 교육과정	2009 개정 교육과정
총론적 주요 개정	용어정리	국민공통기본교육과정, 선택중심교육과정	공통교육과정, 선택교육과정
	교과명 변경	외국어(영어)	영어
	신설사항	·	학년군, 교과군, 창의적 체험활동
학교 급별 개정	중학교	한문, 정보, 환경, 생활외국어, 보건 등	진로와 직업 추가
		·	학기당 이수 과목 수 8개 이하로 편성
	고등학교	고등학교 1학년 교과 필수	고등학교 모든 교과 선택과목, 학기당 이수 과목 8개 이하로 편성(단, 예체능 교과와 교양 제외)
		총 이수단위 210단위	204단위(교과군 180단위, 창의적 체험활동 24단위)
		·	대학 과목 선이수제 개설
		·	중점학교(과학, 영어, 예술 등) 50% 이상 관련 교과 이수 가능
	고등학교 (외국어)	50% 전공 외국어(3개 외국어 교육)	60% 전공 외국어(2개 외국어 교육)
범교과 학습	범교과	민주시민교육, 경제교육 등 35개 요소	녹색교육, 한자교육, 한국문화교육 추가

적용하기

1. 교육과정의 변천사를 설명하고, 교육과정의 유형을 변천사와 연계하여 논의해 보자.

2. 국가수준의 교육과정이 수시개정 교육과정으로 전환된 배경과 문제점을 논의해 보자.

3. 미래형 교육과정인 2009 개정 교육과정의 특징과 문제점을 지적하고, 초임교사로서 단위학교교육과정 편성과 운영의 실제에 대해 설명해 보자.

4. 단위학교에서 운영되고 있는 초등학교와 중학교의 교육과정 편성과 운영의 실제를 조사하여 비교해 보자.

5. 단위학교에서는 2009 개정 교육과정의 창의적 체험활동에서 어떤 활동들을 하고 있는지 영역별로 구체적인 사례를 들어 보자.

■ 참고문헌

교육과학기술부(2009). 초 · 중등학교교육과정 총론. 제2009-41호.

교육과학기술부(2011). 교육과학기술부 고시 제2011-5호 부분개정고시.

교육과학기술부(2012). 초 · 중등학교교육과정 총론. 제2012-31호 [별책1].

교육과학기술부(2013). 교육부고시 제2013-7호 부분개정고시.

김대현, 김석우(2005). 교육과정 및 교육평가(개정2판). 서울: 학지사.

김종서, 이영덕, 이홍우, 황정규(1987). 교육과정과 교육평가. 파주: 교육과학사.

대전광역시교육청(2009). 2009 개정교육과정 안내를 위한 중 · 고 교감 및 교육과정 담당자 연수 자료. 대전교육, 2010-21.

대전광역시교육청(2012). 중학교 교육과정 편성 · 운영지침. 대전광역시교육청 고시 제2012-38호.

대전광역시교육청(2014). 초등학교교육과정 편성 · 운영지침. 대전광역시교육청 고시 제2014-2호.

대전광역시교육청(2014). 고등학교교육과정 편성 · 운영지침. 대전광역시교육청 고시 제2014-4호.

송기창, 김민조, 김병주, 김병찬, 김성기(2009). 중등 교직실무. 서울: 학지사.

오성삼(1997). 교육과정 및 평가의 이해. 서울: 양서원.

유광찬(2010). 교육과정의 이해. 파주: 교육과학사.

이병승, 우영호, 배제현(2008). 쉽게 풀어 쓴 교육학. 서울: 학지사.

이병환, 박미란(2012). 교직실무. 파주: 교육과학사.

이형행(2004). 교육학개론. 파주: 양서원.

J고등학교(2014). 2014학년도 학교교육계획서.

황현택(2010). 2009 개정 교육과정. 대전광역시교육청 연수자료.

Bobbitt, F. (1918). *The Curriculum*. New York: Houghton Miffin Company.

오마이뉴스(2013. 2. 21.). 해마다 바뀐 교육과정, 도대체 몇 번이나 바뀌었나?

제10장

교수 · 학습과 ICT 활용교육

1. 교수 · 학습의 이해

1) 교수 · 학습의 개념 및 구성요소

교수 · 학습, 즉 가르치고 배우는 교수(teaching)와 학습(learning)은 학교교육에서 가장 중요한 활동이다. 따라서 교사들은 학생들이 성공적으로 학습목표에 도달할 수 있도록 교수 · 학습과정에 대한 이해를 바탕으로 다양한 수업방법과 수업경영기법 등을 연구 · 개발하여 학습효과를 향상시킬 수 있도록 노력해야 한다.

교수(教授)는 글자 그대로 '가르쳐 주는 것'을 의미하며, 교사가 학생들에게 지식과 기능을 가르치는 것이다. 교수에 대한 여러 학자의 정의를 살펴보면, Reigeluth와 Stein(1983)은 교수를 "수업에 비해 포괄적인 것으로, 구체적으로는 설계, 개발, 적용, 관리, 평가를 포함하는 것"이라고 정의하였으며, Corey(1967)는 교수를 "개인으로 하여금 명시된 조건 아래에서 명시된 행동을 나타내게 하거나, 일정한 상황에 대한 반응으로서 그러한 행동을 할 줄 알게 하기 위하여 그의 환경을 의도적으로 조작하는 과정"이라고 정의하였다. 이러한 학자들의 정의를 종합해 보면, 교수는 "교사가 수업시간에 가르치는 활동인 수업뿐만 아니라 수업을 하기 위한 준비, 계획, 실행, 평가 등을 포함하는 모든 활동"이라고 할 수 있다.

학습(學習)이 무엇인지에 대해 학자들은 다양한 정의를 내리고 있다. 그 정의들을 몇 가지 기준에 따라서 정리하면 크게 넓은 의미에서의 학습과 좁은 의미에서의 학습으로 나누어 볼 수 있다(변영계, 2005). 넓은 의미에서의 학습이란 "유기체가 그를 둘러싸고 있는 환경과의 상호작용을 통해 행동에 변화가 일어난 경우"라고 성격이 규정된다. 한편, 좁은 의미에서의 학습이란 "학습자가 정해진 학습 목표를 달성시키려는 상황에 참여하여 의도한 학습목표를 성취하는 활동을 하는 경우"라고 의미가 한정된다.

교수 · 학습을 구성하는 핵심적인 요소는 가르치는 '교사', 배우는 '학생', 그리고 다루어지는 '교육내용'이라고 할 수 있다. 교사들은 이러한 요소들의 밀접한 상호작용을 통해 효과적이고 효율적으로 학습목표를 달성할 수 있도록 해야 한다. 특히 교사들은 이러한 교수 · 학습과정에서 중심적인 역할을 수행하기 위해 자신이 담당하고 있는 교과목에 대한 전문적인 지식과 안목을 갖춰야 한다. 무엇을 가르칠지, 어떻게 효과적으로 가르칠지, 수업의 효과를 어떻게 평가할지 등에 대한 고민을 통해 학생들의 삶과 사회의 발전에 어떻게 기여할 수 있을지에 답할 수 있어야 한다. 더불어 교사들은 교육목표를 효과적으로 달성하기 위해 학생들의 여러 가지 특성 및 그들의 요구를 파악해서 교수내용 및 교수방법 선택 등에 반영하여야 한다.

2) 교수 · 학습이론의 이해

교육활동을 성공적으로 수행하기 위해서는 교수 · 학습이론에 대한 이해가 필요하다. 교수 · 학습을 바라보는 심리학자들의 관점은 20세기를 지나면서 크게 변화했는데, 이러한 변화는 행동주의 학습이론, 인지주의 학습이론 그리고 구성주의 학습이론으로 나눌 수 있다(백영균, 박주성, 한승록, 김정겸, 최명숙, 2003).

(1) 행동주의 학습이론

20세기 중반의 교육이론은 Skinner의 행동주의 심리학의 원칙에 크게 지배되어 교육은 학생의 관찰 가능한 행동변화와 주변 환경의 함수로 기술될 수 있다는 주장을 제시했다. 행동주의 이론은 Darwin의 진화론에 영향을 받아 Edward Thorndike와 Ivan Pavlov에 의해 20세기에 시작되었다. 행동주의 이론에서는 학습을 관찰 가능한 행동에 초점을 맞추고 '경험의 결과로 나타나는 행동의 비교적 영속적인 변화'라고 정의한다. 이러한 행동주의 학습에 대한 정의는 다음과 같은 몇 가지 의미를 내포하고 있다. 첫째, 행동의 변화는 행동 잠재력의 변화다. 따라서 학습과 수행은 반드시 같은 것이 아니라는 것이다. 둘째, 경험의 결과로 나타나는 것이 행동의 변화다. 여기서 경험은 반복연습에 의한 경험을 의미하며, 즉 학습은 이러한 반복연습에 의하여 일어나는 것으로 본다. 셋째, 학습은 비교적 영속적인 행동의 변화를 의미한다. 따라서 신체적 피로, 약물에 의한 일시적 변화는 학습이라고 할 수 없다.

행동주의 이론의 근본 원리는 자극(stimulation)과 반응(response) 간의 연합에 있다. 여기서 자극이란 학습자에게 제시되는 모든 환경을 의미하며, 반응은 자극에 의해 발생하는 학습자의 행동을 의미한다. 즉, 이 이론에서는 이러한 자극과 반응 간의 연합이 곧 학습이라고 보는 것이다.

이상의 행동주의 학습이론이 교수 · 학습에 주는 시사점은 다음과 같다. 첫째, 바람직한 학습을 유도하기 위해 초기에 학습하기를 원하는 정확한 수행을 미리 제시하고, 학습목표는 수업이 끝났을 때 학습자가 성취해야 하는 결과로서 관찰 가능한 행동목표로 진술해야 한다. 둘째, 외재적 동기를 강화할 필요가 있다. 정반응이면 칭찬, 미소, 상 등 긍정적 보상을 주고, 오반응이면 무시한다. 부정적 통제보다 긍정적 강화 사용이 효과적이며, 늘 일관된 강화를 간헐적으로 주도록 한다.

(2) 인지주의 학습이론

1970년대에 행동주의 패러다임은 인지심리학에 의해 확장되기 시작하였는데, 교육현상에 대한 설명은 기억이나 동기와 같이 관찰 불가능한 개념에 의지한다는 것이다. 인지주의 학습이론은 우리 눈으로 직접 관찰 가능하지는 않지만 우리 두뇌 속에서 벌어지는 외부의 감각적 자극의 변형, 기호화 또는 부호화(encoding), 파지(retention), 재생 또는 인출(recall)이라는 일련의 정보처리 과정을 연구한다. 즉, 이 학습이론은 외적 행동을 불러일으키는 내적 과정에서 학습의 의미를 구명한다. 그래서 행동주의 학습이론에서는 학습을 상황에 대한 반응으로 보는 반면, 인지주의 학습이론에서는 학습을 문제해결과 같은 방법으로 정보를 조직하고 재정비하는 과정으로 보고 수업의 과정적 측면과 학습자의 인지활동, 사고의 측면을 중요시한다.

인지주의 학습이론이 교수 · 학습에 주는 시사점은 다음과 같다. 첫째, 인지주의에서는 학습목표를 학습자 스스로 설정하게 하고 학습자의 내재적 동기유발에 주의를 기울일 필요가 있다. 이를 위해 교사는 학습자가 현재의 지식수준보다 높고 도달 가능한 목표를 설정하거나 학습자 스스로 성취감을 맛보고 내재적 동기를 강화하는 데 도움을 주어야 한다. 둘째, 학습자 내부에서 일어나는 인지 과정에 관심을 두고 사고의 과정과 탐구 기능의 교육을 강조하여야 한다. 교사는 학습자가 스스로 새로운 정보를 처리할 수 있도록 인지 전략을 가르쳐 주거나 그것을 개발할 수 있는 교수방법을 모색하여야 한다. 셋째, 인지주의는 행동의 결과가 아닌 인지 과정에 초점을 두므로 평가의 대상도 기억력이 아니라 탐구력에 두어야 한다.

(3) 구성주의 학습이론

21세기 지식정보화사회에서는 무수히 많은 정보 중에서 자신이 당면한 문제를 해결하는 데 필요한 정보를 신속하게 찾아내고 이를 활용하여 문제를 해결하는 능력이 요구된다. 따라서 학교교육에서는 학습자가 학습의 통제권을 가지고 자기주도적으로 역할을 수행할 수 있는 교육을 제공하여야 한다.

1980년대에 이르러 새로운 교육 패러다임인 구성주의가 교육에 영향을 미치기 시작하였다. 구성주의 철학은 객관주의 또는 실증주의 철학을 반대하면서 과거의 행동주의나 인지주의 학습이론은 학습자를 교육자나 책, 다른 교육매체에 의해 세상에 대한 지식을 담는 물통으로 간주하였다고 본다. 반면, 구성주의 철학은 학습자를 능동적인 지식의 창조자로 바라보면서 피교육자가 세상을 관찰하고 조작하고 해석함으로써 지식을 습득한다고 주장한다. 즉, 구성주의 학습은 학습자 개인의 경험과 흥미에 따라 정한 학습내용을 학습자가 스스로 구성해 나가는 과정이며, 그 결과는 이 과정을 수행할 능력을 갖추었는가에 대한 확인으로 평가된다.

구성주의 학습이론이 교수 · 학습에 주는 시사점은 다음과 같다. 첫째, 수업목표는 학습이 이루어지기 전에 교수자에 의해 미리 정해지는 것이 아니라 학생들이 과제를 가지고 문제를 풀어 가는 과정에서 도출되고 학생 스스로 수립하게 해야 하는 것이다. 둘째, 학습내용은 학생들이 자신의 현 지식과 경험수준 그리고 관심에 따라 학습 문제를 선택하고 설정하고 해결하도록 하는 데 초점을 맞춘다. 셋째, 협동학습을 조장하여 개인이 맡아야 할 인지적 부담의 정도를 덜어 주어 학습자들이 더욱 적극적으로 학습에 임할 수 있도록 한다.

3) 교수 · 학습의 과정

학습자의 바람직한 행동변화라는 학교교육의 목표는 주로 교수 · 학습의 과정을 통해 이루어진다. 따라서 교수 · 학습과정은 학교교육의 핵심적 활동이라고 볼 수 있다. 여러 학자의 다양한 교수 · 학습과정 모형이 제안되고 있는데, Glaser의 교수 · 학습과정 모형(Glaser, 1962)을 중심으로 교수 · 학습의 구성요소와 이들의 상호작용을 살펴보면 다음과 같다.

① 수업목표의 확정(specification of learning outcomes): 교수 · 학습과정을 통하여 학습자가 달성해야 할 것을 구체적으로 세분하는 단계다.

② 출발점 행동(entry behaviour): 학습에 임하는 학습자의 현재 상태를 확인하는 단계다. 학습자의 지능, 적성, 흥미, 이전 학습에서의 성취도 그리고 지금 배울 내용에 대한 이해 수준 등을 점검한다.

③ 수업의 실제(instructional alternatives): 수업목표를 달성하기 위해 어떤 순서에 따라서 어떤 방법으로 학습자를 가르칠 것인가를 다루는 단계다.

④ 평가(evaluation): 교수 · 학습이 바르게 진행되었는지를 확인하고 점검하는 단계다.

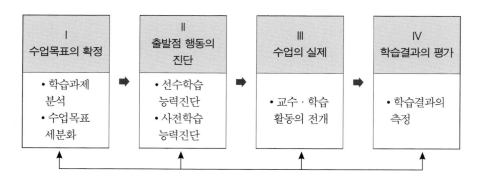

그림 10-1 Glaser의 교수 · 학습과정

4) 교수 · 학습의 실제

(1) 수업의 단계

교사의 교육활동 중 가장 중요한 활동은 수업, 즉 학습지도다. 학습지도는 학생들에게 무엇을 어떻게 가르칠 것인가를 구체적으로 계획하고 실천하는 활동으로 학습목표와 내용을 선정하고 학습조건을 갖추어 교육을 실시하는 일련의 교수 · 학습활동이다. 학습지도는 교사가 수행하는 일 중 학생들의 학업성취와 행동에 가장 많은 영향을 미치는 핵심적인 활동이므로 교사는 학생들이 성공적으로 학습할 수 있게 하는 다양한 수업방법을 연구하고 개발하여야 한다. 일반적으로 학습지도는 수업계획, 수업전개 그리고 수업평가의 세 단계로 진행된다(변영계, 김영환, 1996).

■ 수업계획

　수업계획이란 학습자들이 수업목표를 효율적으로 성취하게 하기 위하여 제공할 여러 가지 조건과 행동에 관한 사전계획을 말한다. 수업설계 또는 수업계획은 학교에서 단원지도계획, 교수 · 학습지도안, 수업안 등으로 불리고 연간, 월간, 주간, 일간, 시간 등으로 세분화되어 작성된다.

　수업계획은 다음과 같은 세 가지 사항에 대하여 구체적으로 계획되어야 한다. 첫째, 학습자가 무엇을 학습해야 하는가, 즉 학습내용을 계획한다. 둘째, 학습자들이 수업목표를 효과적으로 달성하기 위해 어떠한 절차와 자료가 적합한가, 즉 학습방법을 찾아내어 계획한다. 셋째, 학습자들이 수업목표를 달성했는지를 어떻게 밝힐 것인가, 즉 학습평가를 계획한다.

■ 수업전개

　수업전개는 수업이 진행되는 단계로서 일반적으로 도입, 전개, 정리의 세 단계로 이루어진다. 도입 단계에서는 교사가 학습과제의 구체적인 목표를 제시하고, 선수학습을 확인하며, 학습자들의 동기유발을 위해 다양한 방법을 동원한다.

　전개 단계에서는 교사가 학생들에게 학습내용을 제시하고 학생들은 이를 학습하는 수업의 핵심적인 단계다. 다양한 수업방법과 교사의 수업기술을 발휘하는 단계로, 한정된 시간 내에 교수 · 학습의 효율을 극대화하기 위해 다양한 학습자료와 시청각 기자재를 활용하는 노력이 요구된다.

　마지막 정리 단계에서는 학습된 내용을 정리하고 확인하며 연습을 통해 학습을 강화시킨다. 그리고 새로운 사태에 적용하고 일반화할 수 있도록 보충학습 자료를 제시하며, 다음 시간에 이루어질 학습내용을 예고한다.

　이러한 교수 · 학습활동의 주요한 요소를 도입, 전개, 정리의 세 단계로 나누어 간단하게 제시하면 다음의 〈표 10 – 1〉과 같다.

표 10-1 교수·학습활동의 주요 요소

지도 단계	주요 교수 · 학습활동
도 입	• 학습목표 제시 • 학습동기 유발 • 전시학습 확인 및 본시학습과의 연결
전 개	• 학습내용 제시 • 다양한 수업기술 발휘 • 학습자의 학습 참여 및 확인 • 형성평가를 통한 수업의 효율성 확인
정 리	• 요약 및 정리 • 보충학습 자료 제시 • 학습목표 도달 정도 확인 • 다음 수업내용 예고 및 과제 제시

■ 수업평가

수업평가는 수업지도 활동의 마지막 단계로 수업의 전 과정을 종합적으로 평가한다. 즉, 수업계획안의 검토와 수업계획에 따른 실천 여부, 그리고 수업내용과 과정의 분석 및 검토, 수업의 효과 등을 체계적으로 판정하는 과정이다. 그러나 일반적으로 의도된 수업목표가 실제로는 어느 정도 달성되었는지를 학생의 학업성취도 평가를 통해 알아보는 것을 말한다. 이러한 평가는 학생들의 성적을 판단하는 데 이용될 뿐만 아니라 수업과정의 질적인 관리를 위해서도 사용된다.

(2) 교수 · 학습지도안의 작성

■ 교수 · 학습지도안 작성의 의미

교수 · 학습지도안은 교수 · 학습의 목표를 효과적으로 달성하기 위하여 학습의 목표, 내용, 과정, 자료, 평가 등을 구체적이고 조직적으로 구안한 계획서다. 즉, 학생들에게 무엇을 어떻게 가르칠 것인가를 다룬 구체적인 계획서로, 교사가 학교에서 교수 · 학습지도안을 작성하는 과정을 통해 학습계획이 구체화된다. 그리고 교수 · 학습지도안은 학습자의 특성 또는 학습목표나 내용, 학교급별, 지도할 과목의 특성 등에 따라 구성과 형식이 다양하다. 그러나 일반적으로 교수 · 학습지도안은 몇 가지 기본적인 원칙들이 있고 형식 면에서 일정한 순서와 내용이 통일되어 있다고 볼 수 있다(서울특별시 교육연구정보원, 1995). 첫째, 단원의 지도계획을 먼저 작성하고 그다음에 수업시간별 지도계획을 작성한다. 둘째, 수업시간별로 계획을 세운 교수 · 학습이 제대로 이루어지면 그 결과로서 단원의 수업목표를 달성할 수 있도록 계획해야 한다. 셋째, 교수 · 학습지도안은 세안(細案) 또는 약안(略案)으로 작성되는데, 수업연구나 연구발표수업 등을 제외하고는 약안의 형식으로 작성하는 것이 일반적이다.

■ 교수 · 학습지도안 작성의 실제

교과목에 따라 차이는 있지만 대부분 교과서는 대단원과 여러 개의 중단원 또는 소단원으로 구성되어 있다. 교과나 단원의 특성에 따라 차이는 있겠지만 모든 교과의 공통적인 단원지도의 구성요소는 다음과 같다(서울특별시 교육연구정보원, 1995).

- 단원명
- 단원의 개관: 단원의 구성, 학습문제, 단원 설정의 이유
- 단원목표: 단원의 일반적인 목표
- 단원지도상의 유의점
- 학습과제 분석: 학습내용의 구조
- 단원의 전개

① 단원지도계획의 작성과 절차

- 단원명: 학습내용의 주제 또는 제목을 의미하는데, 교사와 학생의 관심과 흥미를 모두 끌 수 있는 것이면 좋다. 따라서 단원명은 일반적으로 교과서나 교사용 지도서에 있는 내용을 기준으로 하지만 학교나 학생의 특성에 맞게 재구성할 수도 있다.
- 단원의 개관: 단원의 개관에서는 단원이 학습내용으로서 어떤 의미가 있으며 어떤 근거로 설정되었는지를 밝힌다. 단원의 개관에 포함되는 주요한 내용에는 학생의 필요나 흥미에 관한 내용, 사회적 의미와 가치가 있는 내용, 해당 교과

의 교육과정 계열에서 차지하는 위치에 관한 내용 등이 있다.

- 단원목표: 단원의 목표는 학습자의 입장에서 성취해야 할 구체적이고 행동적인 목표로 진술되는 것이 바람직하다. 단원의 목표는 이미 교사용 지도서에 상세히 기술되어 있으나 학교 및 학습자의 학습능력과 특성에 맞게 조정해야 한다. 그리고 단원의 목표는 다루어야 할 주요한 내용의 영역과 그 내용을 다룸으로써 달성될 것으로 기대되는 행동이라는 두 가지 측면을 고려하여 진술하여야 한다.

- 단원지도상의 유의점: 해당 단원을 지도하기 위해서는 교사용 지도서에 기록되어 있는 지도상의 유의점을 살펴보고, 학습과제별 지도상의 유의점에 관심을 두어 지도계획을 세우고 실제 수업에 임해야 한다. 그러나 교사용 지도서에 나타난 지도상의 유의점들이 학생 및 학교의 특성을 전부 고려했다고 볼 수 없기 때문에 교사용 지도서를 참고로 하되 해당 학생 및 학교의 특성을 고려하여 단원의 학습내용을 분석해 지도상의 유의점을 찾아내야 한다.

- 학습과제 분석: 어떤 내용을 가르쳐야 하는가에 대한 학습과제(학습내용)가 구체적으로 분석되어야 그것을 근거로 하여 학습목표가 구체화되고 가르칠 학습요소, 학습요소 간의 관련성, 학습 순서 등을 밝혀 낼 수 있다. 학습과제 분석은 해당 단원의 성격에 따라 여러 가지 방법으로 분석할 수 있는데, 대개는 학습내용의 위계적 분석, 교수 · 학습단계별 분석, 시간별 분석, 기능별 분석 등을 사용한다(변영계, 2005).

- 단원의 전개계획: 수업시간별 계획에 앞서 구상하는 단원의 전개계획은 한 단원을 어떻게 체계적으로 가르칠 것인가에 관한 개략적인 설계도로 다음과 같은 내용이 포함된다.

  - 수업계열의 결정: 단원목표에 따라 학습과제를 분석하고 그 요소를 추출한 후에는 이를 토대로 단원의 목표를 달성하기 위한 소요시간이 얼마나 필요한지, 어떤 순서로 단원을 전개할 것인지를 결정해야 한다.

  - 수업전략의 수립과 수업방법 선정: 수업계열의 결정에 따라 한 단원을 어떤 수업전략으로 어떻게 가르칠지를 결정해야 한다. 단원을 위한 총 시수를 고려하여 학습목표를 결정하고 이를 위한 전략과 평가방법을 결정하여야 한

다. 그리고 단원의 차시별 학습목표와 학습내용에 적합한 수업방법을 결정
하고, 아울러 수업방법에 적합한 수업매체와 자료를 선정하여 수업의 보조
자료로 사용하는 것이 필요하다.

− 평가계획의 수립: 진단평가, 형성평가, 총괄평가 등은 언제, 어떠한 방법으로
실시할 것인가를 결정해야 한다. 평가도구는 가능한 한 단원 전개계획을 수
립하는 단계에서 제작하는 것이 좋다.

② 본시 교수 · 학습지도안 작성 방법

본시 교수 · 학습지도안이란 단위시간의 구체적 수업목표 달성을 위하여 제공될
교수 · 학습활동 계획서다. 즉, 본시 교수 · 학습지도안은 단원의 전개계획에 따라
1개 수업 단위를 어떻게 전개시킬 것인가에 관한 더욱 구체적이고 상세한 지도계획
이다. 본시 교수 · 학습지도안은 학습내용과 수업방법 등에 따라 다양한 형식으로 구
성될 수 있다. 하지만 학습목표, 수업의 단계와 절차, 학습내용, 교수 · 학습활동, 학
습자료 및 수업매체, 시간계획 등은 본시 학습지도안에 반드시 포함되어야 할 핵심
적인 요소들이다(김진한, 2009).

- 단원명: 단원명은 교과와 교수 · 학습지도안에 따라 소단원 · 중단원 · 대단원
명을 기입한다. 대단원의 지도 시수가 많지 않을 경우는 일반적으로 대단원명
을 기입하나, 학습지도 시간이 많을 경우는 중단원이나 소단원 명을 기입하는
것이 바람직하다.

- 지도대상 및 차시: 지도학년과 지도학급 등을 기입한다. 그리고 차시는 사선 윗
부분에는 본시의 차시를, 사선 아랫부분에는 단원지도에 소요되는 총 시수를
숫자로 기입한다. 예를 들면, 4/6는 단원지도 소요시간이 총 6시간인데 본시가
4차시라는 뜻이다.

- 학습목표: 본시의 수업목표는 학습자가 학습한 후에 도달해야 할 성취 행동으
로 진술하되, 명시적 동사를 사용하여 그 성취결과를 명확하게 알 수 있도록 해
야 한다. 즉, 단원의 목표와 달리 본시의 학습목표는 추상적인 의미를 담고 있
는 암시적인 동사 대신에 구체적 행동으로 표현할 수 있는 동사를 사용하여

제시한다.

다양한 교수 · 학습지도안은 교과 관련 웹사이트나 교육 관련 단체의 웹사이트 등에 소개된 지도안 예시자료를 통해 볼 수 있다. 참고로 교수 · 학습지도안 형식을 예시하면 다음의 〈표 10 – 2〉와 같다.

표 10 – 2 교수 · 학습지도안 형식(예시)

단원명		대상		차시		지도 일시		지도 장소	
학습목표									
학습지도 단계	주요 학습내용	교수 · 학습활동		시간	수업매체	지도상 유의점			
		교사	학생						
도 입									
전 개									
정 리									
판서내용 평가내용 과제제시									

2. ICT 활용교육

1) 정보통신기술의 의미

요즈음 현대인에게 정보통신기술을 사용하는 것은 아주 일상적인 일이 되었다. 학교교육에서 정보통신기술을 교육의 내용과 방법으로 삼아야 하는 이유가 여기에 있다. 정보화가 신속하고 지속적으로 진행됨에 따라 학습자가 정보의 이해, 선택, 창조, 전달 등 기초적인 능력을 육성하는 동시에 정보통신기술 활용 능력 그리고 정보통신기술의 가능성과 한계, 더 나아가서는 정보화사회의 특징 등에 대한 풍부한 지식을 갖추도록 하는 것이 교육의 중요한 목표가 되었다.

여기서 정보통신기술(information & communication technology: ICT)은 정보기술(information technology)과 통신기술(communication technology)의 합성어로 기존의 IT 개념에 'communication', 즉 정보의 공유 및 의사소통 과정을 보다 강조하는 의미를 내포하고 있다. 따라서 협의의 개념에서 ICT란 정보를 검색, 수집, 전달하기 위한 하드웨어와 소프트웨어를 의미하나, 광의의 개념으로 보면 이러한 하드웨어와 소프트웨어를 이용하여 정보를 수집, 생산, 가공, 보존, 전달, 활용하는 모든 방법을 의미한다고 할 수 있다.

표 10-3 ICT의 의미

- 정보 취급을 위한 하드웨어, 소프트웨어, 통신 등의 도구(technology)
- 도구를 활용하는 기술(skill) 혹은 기법(techniques)
- 도구활용기술을 이용한 정보의 수집, 분석, 처리 등의 정보활용방법

2) 교육에서의 ICT 활용

ICT 교육은 ICT를 수업의 도구나 매체로 사용하는 것으로, ICT 소양교육과 ICT 활용교육으로 구분할 수 있다. ICT 소양교육은 IT 기능을 습득하고 사용하는 것에 주안점을 두는 반면, ICT 활용교육은 IT를 통해 학습의 효율성을 높이는 데 초점을 둔다.

(1) ICT 소양교육

ICT 소양교육이란 ICT 그 자체에 대한 교육으로 정보의 생성, 처리, 분석, 검색 등 기본적인 정보활용능력을 기르도록 교육하는 것을 의미한다. 즉, ICT 소양교육은 학교장 재량활동 시간이나 특별활동 시간에 독립 교과 혹은 특정 교과의 내용 영역으로 ICT 자체에 관한 교육을 하는 것을 의미한다. 즉, 초등학교의 '실과', 중학교의 '컴퓨터', 고등학교의 '정보사회와 컴퓨터' 교과를 통해 학생들이 컴퓨터, 각종 정보기기, 멀티미디어 매체, 응용프로그램을 다루는 기본적인 소양을 기르도록 하는 것이다.

(2) ICT 활용교육

ICT 활용교육은 각 교과시간에 정보통신기기를 활용하여 교과의 목표를 가장 효과적으로 달성하기 위한 교육활동, 즉 ICT를 도구적으로 활용하여 학습자의 학습동기를 유발하고 자기주도적인 학습능력을 신장시키려는 교육활동을 의미한다. 예를 들면, 교육용 CD-ROM 타이틀을 이용하여 수업을 하거나 인터넷 등을 통한 웹 자료를 활용하여 교수 · 학습을 하는 형태다.

이러한 ICT 활용교육의 목적은 학생들의 창의적 사고와 다양한 학습활동을 촉진시켜 학습목표를 효과적으로 달성할 수 있도록 지원하는 데 있으며, 더 궁극적으로는 이러한 ICT를 이용하여 학습과 일상생활에서 당면하는 문제를 효과적으로 해결할 수 있도록 하는 데 있다. 따라서 ICT 활용교육은 그 교과의 특성과 ICT의 특성이 적절하게 조화를 이룰 때 교육적인 효과가 가장 크다고 할 수 있다.

3) ICT 활용 교수 · 학습 활동유형

ICT 활용수업의 활동유형은 ICT의 특성 및 교육적 활용 가능성과 관련하여 ① 정보 탐색하기, ② 정보 분석하기, ③ 정보 안내하기, ④ 웹 자료를 이용하여 토론하기, ⑤ 협력 연구하기, ⑥ 전문가와 교류하기, ⑦ 웹 펜팔하기, ⑧ 정보 만들기 등 크게 여덟 가지로 나눌 수 있다. 이 활동유형들은 실제 수업에 유형별로 배타적이기보다는 상호보완적, 복합적으로 적용된다. 각 활동유형은 수업전개 시 한 가지 이상의 유형과 혼합하거나 또는 순차적으로 적용하여 다양한 ICT 활용수업의 형태가 나올 수 있다. 그러므로 분류된 수업유형은 독자적인 수업의 형태를 띨 수도 있지만, 대부분의 교수 · 학습 과정에서 복합된 형태로 활용한다. 앞에서 제시한 각 활동유형을 구체적으로 살펴보면 다음과 같다(백영균, 박주성, 한승록, 김정겸, 최명숙, 2003).

표 10-4 ICT 활용수업 활동유형

(1) 정보 탐색하기	(2) 정보 분석하기	(3) 정보 안내하기	(4) 웹상에서 토론하기
(5) 협력 연구하기	(6) 전문가와 교류하기	(7) 웹 펜팔하기	(8) 정보 만들기

(1) 정보 탐색하기

과제해결을 위한 첫 단계로 인터넷 검색 엔진을 비롯한 웹 사이트, CD−ROM 타이틀, 인쇄 자료 등을 활용하여 자료를 탐색하거나 정보를 갖고 있는 사람과의 직접적인 정보 교환 등을 통해 다양한 정보를 찾아보는 유형이다. 다양한 자료가 필요한 과목에서 기초적인 정보검색 및 정리를 위해 또는 문제해결 능력의 배양이나 탐구 활동을 통한 적극적인 태도를 기르기 위한 목적으로 활용한다.

절차: 탐색과제 선정과 수업 준비 → 과제 안내 → 학습계획 수립 및 정보수집 →
　　　탐색결과 발표 및 공유

(2) 정보 분석하기

다양한 방법(웹 사이트 검색, 설문조사, 실험, 구체물을 통한 자료 확보 등)으로 수집한 원시 자료를 문서 편집기나 데이터베이스, 스프레드시트 등을 이용하여 비교, 분류, 조합하는 정보분석 활동을 통해 결론을 예측하고 추론해 보는 유형이다. 학습자들의 탐구 능력을 증진시키기 위한 목적으로 활용한다.

절차: 원시자료 확보계획 수립 및 수업 준비 → 학습 안내 → 원시자료 확보 및 도
　　　구 선택 → 정보 비교 · 분류 및 분석 → 결과 보고 및 공유

(3) 정보 안내하기

미리 잘 짜인 수업처럼 교사가 미리 수업을 계획하여 필요한 단계에서 교육용 CD−ROM 타이틀을 제공하거나 미리 개발한 프레젠테이션 자료 또는 홈페이지를 통해 학습자들에게 수업 내용을 안내하며 대부분의 학습활동을 하는 유형이다. 불필요한 정보를 사전에 배제하고 학생들의 수업을 효율적으로 운영하고자 할 때 사용한다.

절차: 수업계획 및 수업준비 → 학습안내 → 학습전개 → 학습결과 정리 및 평가

(4) 웹상에서 토론하기

채팅이나 게시판, 전자우편 등을 활용하여 특정한 주제에 대해 참여자들이 자신의 의견을 게시하는 유형이다. 멀리 떨어진 토론 참여자들이 채팅, 게시판, 전자우편 등을 통해 문자를 이용한 실시간 · 비실시간 대화를 하고 의견을 게시함으로써 타인의 의견을 존중하고 합리적 사고력을 함양하거나 면대면 토론 학습에 부담감을 느끼는 학습자들을 적극 참여시켜 의사표현 능력을 신장시키고자 하는 목적으로도 활용된다.

절차: 토론주제의 선정 및 수업 준비 → 학습 안내 → 토론활동 → 토론결과 발표 및 공유

(5) 협력 연구하기

교실이라는 제한된 범위를 넘어 다른 지역, 다른 국가의 학습자들과 공동 관심사항에 대해 각기 자료를 검색하고 취합하여 결과물을 공유하는 유형이다. 협력 연구하기 유형은 통합교육과정 운영 및 다중문화 경험의 기회를 제공하는 특징이 있다.

절차: 연구과제 선정 및 수업 준비 → 학습 안내 → 연구계획 수립 및 정보수집 → 연구결과 발표 및 공유

(6) 전문가 교류하기

인터넷을 통해 특정 분야의 전문가를 비롯한 학부모, 선배, 다른 교사 등과 의사소통하면서 학생들이 탐구 및 학습활동을 할 때 관련 분야의 전문 지식을 활용하는 유

형이다. 전자우편 및 원격 영상회의 시스템 등의 진보된 기술을 활용하여 전문가와
의 교류가 가능한데, 특히 이 유형은 심도 있는 정보조사를 목적으로 할 때 유용하게
활용할 수 있다.

> 절차: 수업계획 수립 및 수업 준비 → 학습 안내 → 전문가 교류활동 수행 → 결
> 과 정리 및 발표

(7) 웹 펜팔하기

인터넷의 전자우편을 이용하여 여러 지역의 다른 사람들과 개인적으로 교류하거
나 언어를 배우거나 다른 문화를 이해하기 위한 목적으로 교류하는 유형이다. 즉, 세
계 여러 국가의 친구들을 사귀고 개인적인 교류를 하기 위한 목적으로 활용할 뿐만
아니라 다른 지역, 다른 국가의 언어, 문화, 역사, 지리 등을 이해하기 위한 목적으로
도 활용한다.

> 절차: 수업계획 수립 및 수업 준비 → 학습 안내 → 웹 펜팔활동 수행 → 결과 정
> 리 및 발표

(8) 정보 만들기

문제해결 과정에서 산출된 각종 결과물을 다른 사람들이 볼 수 있도록 보고서나
프레젠테이션 자료, 웹페이지로 만드는 유형이다. 만들기 활동 자체가 하나의 목표
가 되어서 인터넷 신문 만들기, 그림엽서 만들기 등과 같이 표현하고 싶은 것을 나
타내는 창의적 표현 능력을 증진시킨다. 또한 웹의 문서작성 및 파일 관리 기술을
비롯해 웹상에서 읽고, 쓰고, 편집하고, 수정하는 일반교양 기술과 창의적인 표현 능
력을 증진하고, 협동심과 서로 나누는 사회적 기술을 함양하기 위한 목표에도 적용
한다.

절차: 수업계획 수립 및 수업 준비 → 학습 안내 → 저작활동 수행 → 결과 정리 및 발표

4) ICT 활용 교수 · 학습지도안

전통적인 교수 · 학습지도안은 매체의 제한적 특성으로 멀티미디어 교육자료와 인터넷 정보를 반영하는 데 많은 어려움이 있었다. 이러한 요구를 반영할 필요성이 대두하여 새로 제안된 것이 'ICT 활용 교수 · 학습지도안'이다. 예를 들어, 과학과의 '강물은 왜 휘어져 흐를까?'라는 단원의 'ICT 활용 교수 · 학습지도안'을 살펴보면 다음과 같다. 이 교수 · 학습지도안은 모둠별 과제협력학습 모형으로 인터넷 사이트(http://maps.google.co.kr)를 통해 유수의 침식, 운반, 퇴적작용에 의해 형성되는 여러 지형의 특징을 학습하는 것을 학습목표로 한다.

과학과 본시 교수 · 학습지도안					
단원	강물은 왜 휘어져 흐를까?	학년/학급	3학년 6반	지도교사	○○○

(1) 단원의 개관

- 강물의 작용에 의하여 생성되는 지형인 V자곡, 폭포, 선상지, 곡류, 우각호, 삼각주의 특성 및 생성과정에 대한 내용을 담고 있다.
- 유수의 침식, 운반, 퇴적작용에 의해 형성되는 여러 지형의 특징을 제시한다.

(2) 수업 적용 교수 · 학습 모형: 모둠별 과제협력학습

학생들의 자기주도적 학습능력 신장을 위하여 모둠별 협력과제를 제시하고 모둠별 탐구활동을 통하여 본시 학습목표에 도달하게 한다.

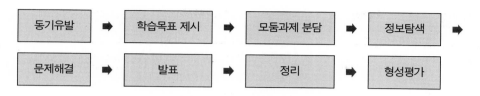

그림 10-2 모둠별 과제협력학습

(3) 지도상 유의점

- 교사는 에듀넷(http://www.edunet4u.net)에 접속하여 학생들이 학습할 과제를 미리 제시한다.
- 인터넷 사이트(http://maps.google.co.kr)에서 'Google Earth' 사용법을 미리 교육시킨다.
- 유수의 침식, 운반, 퇴적작용에 의해 형성되는 여러 지형의 특징을 사전 조사하도록 한다.
- 세계 각 지역 강의 상류, 중류, 하류에 분포하는 지형을 'Google Earth'를 통해 조사·탐구하도록 한다.
- 학습지를 학생 개개인에게 배부하여 학습에 적극적으로 참여하도록 한다.
- 형성평가는 에듀넷(http://www.edunet4u.net)에 있는 평가문항들을 활용한다.

표 10-5 교수·학습지도안(예시)

<table>
<tr><td colspan="4" align="center">과학과 본시 교수·학습지도안</td></tr>
<tr><td>일 시</td><td>2014. 3. 17.(월) 3교시</td><td>대 상</td><td>3학년 6반 30명</td></tr>
<tr><td>단 원</td><td>지각의 물질</td><td>장 소</td><td>과학실</td></tr>
<tr><td>본시주제</td><td>강물은 왜 휘어져 흐를까?</td><td>차 시</td><td>4/10</td></tr>
<tr><td>학습목표</td><td colspan="3">• 유수에 의한 침식 및 퇴적 지형을 세계지도에서 찾을 수 있다.
• 유수에 의한 침식 지형과 퇴적 지형을 구별하고 그 특징을 진술할 수 있다.</td></tr>
<tr><td>학습 모형</td><td>모둠별 과제협력학습</td><td>학습집단 조직</td><td>전체/모둠/개인</td></tr>
</table>

ICT 활용	H/W	컴퓨터, 빔 프로젝터
	S/W	Internet Explorer, Google Earth(http://maps.google.co.kr)
	참고사이트	http://www.edunet4u.net(에듀넷)

Ⓦ 웹 사용　　Ⓐ PPT　　Ⓜ 멀티미디어자료 응용프로그램　　📄 학습자료

단계	학습과정	교수 · 학습 활동	시간	자료/유의점
도입	선수 학습	◆ 전시학습 내용 확인 • 풍화작용의 요인 • 토양의 생성 과정	10분	Ⓦ 웹 사용: www.edunet4u.net www.youtube.com 📄 학습자료: 교과서 Ⓐ PPT *사진 및 동영상 자료를 통한 동기유발
	동기 유발	◆ 유수 작용에 의한 지형의 사진 및 동영상 자료 제시 • 우각호　　• 선상지 • 곡류　　• 폭포 • 삼각주　　• V자곡		
전개 활동	학습 목표 확인	◆ 본시 학습목표 확인 • 유수에 의한 침식 · 퇴적 지형을 세계지도(Google Earth)에서 찾을 수 있다. • 유수에 의한 침식 지형과 퇴적 지형을 구별하고 그 특징을 진술할 수 있다.	20분	Ⓐ PPT Ⓜ 멀티미디어자료 Ⓜ 멀티미디어자료: Google Earth
	준비 학습	◆ 에듀넷 사이트(http://www.edunet4u.net) 안내 ◆ Google Earth(http://maps.google.co.kr) 사용법 안내		
	모둠별 탐구 활동 발표	◆ 모둠별 제시된 탐구과제 발표 • 모둠 대표는 탐구과제를 정리하여 발표한다. • 1모둠: 유수의 퇴적작용에 의한 지형 • 2모둠: V자곡, 폭포, 곡류, 우각호 • 3모둠: 유수의 침식작용에 의한 지형 • 4모둠: 선상지, 삼각주	10분	
	개인별 활동지 작성	◆ 학습자 개인별 활동지 작성 • 모둠별 발표를 듣고 학습지를 완성한다. • 관련 S/W 및 인터넷 사이트를 인지한다.		📄 학습자료: 학습지
정리 활동	정리	◆ 학습내용 정리 • 퇴적 지형과 침식 지형을 구별하여 설명한다.	5분	Ⓦ 웹 사용: 에듀넷
	형성 평가	◆ 형성평가 • 학습목표 도달 정도를 평가한다. • 부족한 부분을 보충 설명한다.		Ⓦ 웹 사용: 에듀넷

수행평가	모둠별 탐구과정 평가(협력활동, 발표내용, 참여태도)	
차시 예고 과제 제시	차시학습	지하수가 만든 조각공원
	탐구과제	석회암 동굴에 대해 조사, Ⓦ 동굴을 홍보하는 홈페이지

5) ICT 활용 학습용어 이해하기

아날로그 환경에서 주변환경의 변화에 더디게 반응해 온 교육 분야도 최근 과거와 달리 IT 신기술에 발 빠르게 적응하고 있다. 이러한 과정에서 IT를 학습에 접목한 e-러닝, m-러닝, u-러닝 등의 새로운 신조어들이 생겨나고 있는데, 이들을 살펴보면 다음과 같다.

(1) e-러닝(electronic learning)

e-러닝은 ICT를 활용하여 언제(anytime), 어디서나(anywhere), 누구나(anyone) 원하는 수준별 맞춤형 학습을 할 수 있는 체제를 말한다. e-러닝은 전통적인 교육의 장과 비교할 때 학습공간과 학습경험이 더 확대되고, 학습자 주도성이 강화될 수 있는 교육으로 ICT 활용교육과 같은 의미를 지닌다. 단, ICT 활용교육이 ICT의 발전과 함께 학습환경과 방법, 내용 측면에서 더욱 확대되고 발전된 형태라고 이해할 수 있다.

형식적인 측면에서 살펴보면, e-러닝은 인터넷과 같은 디지털 매체를 기반으로 기존 교실중심의 ICT 활용교육에서 사이버 공간을 적극 활용함으로써 학습의 장이 가정과 학교 등으로 확장되고, 언제 어디서나 원하는 학습을 자기주도적으로 하는 학습체제를 일컫는다. 그리고 방법적인 측면에서 살펴보면, 면대면 학습에서 사이버 공간을 활용한 학습으로 넘어가며 학습장소와 시간의 제약이 약해짐에 따라 학생의 수준별 또는 자기주도적 학습활동이 더욱 강화된 학습체제를 말한다.

(2) m-러닝(mobile learning)

인터넷과 PC를 활용한 e-러닝의 활성화에 이어 최근 인터넷 환경이 PC에서 스마트폰 중심으로 급격히 변화하고 있어 PDA(개인휴대단말기)나 휴대폰과 같은 모바일 기기를 이용해 다양한 교육 콘텐츠를 제공하고 학습하는 m-러닝이 부각되고 있다. m-러닝은 위치의 제약을 받지 않고 이동 시에도 학습할 수 있는 환경이 뒷받침되는 전자적 학습체제로, 휴대용 통신기기가 발달함에 따라 가능해졌다.

m-러닝은 e-러닝을 한 단계 더 발전시킨 형태로, 무엇보다도 공간적 제약을 완전히 극복하고 어디서나 이용할 수 있다는 장점이 있다. m-러닝을 이용하면 지하철, 버스, 커피숍 등 어디서나 자기가 원하는 강의를 들을 수 있다. 그러나 PDA나 휴대폰을 이용해 인터넷에 접속하는 비용이 아직 비싸고, 화면이 작아서 학습 내용을 파악하기가 쉽지 않다는 문제점들은 m-러닝 활성화를 위해 해결되어야 할 과제들이다.

앞으로 e-러닝과 더불어 m-러닝은 기존처럼 고정된 교실교육 중심의 교육구조를 언제 어디서나 교육받을 수 있는 평생학습 중심의 교육구조로 전환시키는 중요한 수단으로, 그리고 나아가 누구에게나 수준별 맞춤형 교육을 제공하여 교육복지 이념을 실현하기 위한 수단으로 활용될 것이다.

(3) u-러닝(ubiquitous learning)

Ubiquitous와 Learning이 합쳐진 u-러닝은 개방적 학습자원을 학습자의 필요에 따른 선택을 통해 활용하는 통합적 학습체제다. 즉, 일상생활 속에서 장소에 구애받지 않고 학습이 가능하며 학생들이 단말기의 제약 없이 학습할 수 있는 환경을 구축하는 학습체제를 의미한다. Mark Weiser는 그의 저서 *Computer for the 21st Century*에서 미래의 컴퓨터는 우리가 그 존재를 의식하지 않는 형태로 생활 속에 점점 파고들 것이라고 예견했다. 즉, 미래에는 인텔리전트한 컴퓨터 기기들이 마치 물, 공기처럼 우리가 인식하지 못한 채 우리 생활주변에서 함께 생활하게 될 것이라는 생각이다.

유비쿼터스 교육환경은 물리적으로 제한된 교실이 아닌 세상의 모든 곳을 학습의 장으로 활용하는 열린 학습환경이라고 할 수 있다. 예를 들어, 우리가 여행하는 중에 어떤 문화재를 보게 된다면 유비쿼터스 환경에서는 그와 관련된 학습을 즉시 할 수 있다. 학습자가 지니고 있는 IT 기기의 칩과 문화재 속의 칩(RFID: 전자태그)이 서로 연결되어 학습자가 궁금해하는 점에 대해 관련 내용이 자동으로 스크린에 나타나 스스로 학습할 수 있게 된다.

(4) 스마트 교육(SMART Education)

스마트 교육은 'ICT와 이를 기반으로 한 네트워크 자원을 학교교육에 효과적으로 활용하여 교육내용·교육방법·교육평가·교육환경 등 교육체제를 혁신함으로써 모든 학생이 글로벌 리더가 될 수 있도록 재능을 발굴·육성하는 21세기 교육 패러다임'이다. 전통적인 학교체제가 교실이라는 물리적 공간 속에서 제한된 내용의 서책형 교과서를 가지고 강의식으로 3R(Read, wRite, aRithmetic) 중심의 교육이 이루어지는 것이라면, 스마트 교육은 기존의 제한된 교육 영역이 확대된다. 즉, 스마트 교육은 공간, 시간, 교육내용, 교육역량, 교육방법의 측면에서 기존의 영역을 확대하고 미래 사회에 대비하기 위한 새로운 교육 패러다임으로의 전환이며, '자기주도적으로 자신의 수준과 적성에 맞는 풍부한 자료 및 ICT를 활용하여 재미있게 공부하는 교육'으로, 스마트 교육의 키워드는 '개별화된 교육' '맞춤화된 적시학습' '창의성 중심 교육'이다.

그림 10-3 스마트 교육

스마트 교육의 목표는 일반적인 수업을 쌍방향적으로, 수동적인 수업을 참여적으로, 지루한 수업을 재미있는 수업으로, 혼자만의 학습을 함께하는 학습 그리고 협업하는 학습으로 교육의 형태를 변화시켜 교육과 학습의 효율과 효과를 극대화하는 것이다.

6) 교수 · 학습센터 운영

교수 · 학습센터는 교수 · 학습자원의 체계적인 서비스를 위해 전국적으로 설치 · 운영되는 인적 · 물적 조직체제다. 교수 · 학습센터는 학교 · 지역교육청 단위의 교수 · 학습도움센터, 시 · 도 단위의 교수 · 학습지원센터 그리고 중앙 단위의 교수 · 학습개발센터 등으로 구성되어 있다. 이러한 교수 · 학습센터에는 다음의 〈표 10 – 6〉과 같이 중앙교수 · 학습지원센터인 에듀넷과 각 시 · 도교육청이 운영하는 교수 · 학습지원센터 등이 있다.

표 10 – 6 교수 · 학습지원센터명과 인터넷 주소

기관명	교수 · 학습지원센터명	인터넷 주소
교육부	에듀넷	http://www.edunet4u.net
서울특별시교육청	서울교육포털	http://ssem.or.kr
부산광역시교육청	부산에듀넷	http://westudy.busanedu.net
대구광역시교육청	대구에듀넷	http://www.dgedu.net
광주광역시교육청	광주교육포털서비스	http://edu.gedu.net
인천광역시교육청	인천교수 · 학습지원센터	http://www.edu – i.org
대전광역시교육청	대전교수 · 학습지원센터	http://www.tenet.or.kr
울산광역시교육청	울산교수 · 학습지원센터	http://www.ulsanedu.go.kr
경기도교육청	경기도교수 · 학습지원센터	http://www.goedu.kr
강원도교육청	강원도교수 · 학습지원센터	http://www.keric.or.kr
충청북도교육청	충북교수 · 학습지원센터	http://www.cbedunet.or.kr
충청남도교육청	충남교수 · 학습지원센터	http://tlac.cise.or.kr

경상북도교육청	내 친구 교육넷	http://www.gyo6.net
경상남도교육청	교육포털	http://www.gnedu.net
전라북도교육청	전북교수 · 학습지원센터	http://www.jbedunet.com/
전라남도교육청	전남교수 · 학습지원센터	http://www.jnei.or.kr
제주도교육청	제주도교육지원센터	http://www.edujeju.net

 뉴스 따라잡기

전자칠판 수업내용 스마트폰으로 복습

"너 또 휴대전화 들여다보니?"(부모) "오늘 수업 복습 중인걸요."(학생) "휴대전화에 뭐가 있는 거니?"(부모) "학교에서 선생님이 수업시간에 전자칠판에 적은 내용을 저장해 놓았다가 모바일로 전송해 주거든요."(학생)

3월 세종시의 어느 학부모와 학생 사이에는 이런 대화가 오갈 것으로 보인다. 세종시교육청은 '모바일 스마트스쿨 시스템'을 개발해 올해 7개 학교에서 시범 운영한다고 13일 밝혔다. 이 시스템이 여러 개 학교에서 전면 실시되기는 이번이 처음이다. 전자칠판과 교탁, 스마트패드 수업 등으로 스마트스쿨 시대를 열었던 세종시교육청의 또 한 번의 진화다. 하지만 세종시의 스마트 교육은 스마트 교육 균형발전과 교육역량 확보라는 과제를 안고 있다.

모바일 스마트스쿨 시스템은 내달 1일 개교하는 도담유치원과 세종국제고 등 5개 학교와 9월 개교할 연세유치원과 초등학교 등 모두 7개교에서 시범 운영된다. 기존의 스마트스쿨 개념은 교사가 전자칠판에 판서한 내용을 학생의 스마트패드와 폰에 자료로 주고받는 형태였다. 이번에 개발한 모바일 스마트스쿨은 여기서 한 단계 더 나아갔다. 교사가 전자칠판에 수업한 내용을 홈페이지와 모바일 애플리케이션(앱 · 응용프로그램)에 저장하고 전송까지 해 주는 시스템이다. 이를 활용하면 학생들이 방과 후에도 전자칠판으로 수업한 학습내용을 스마트폰이나 패드로 내려 받아 복습할 수 있다. 수업이 끝난 뒤 부모와 외식을 하면서도 학생들은 복습을 할 수 있는 것이다. 학생과 교사들은 간단히 시교육청에서 제공하는 관련 앱을 내려 받은 후 실행해 모바일 스마트스쿨 시스템에 참여할 수 있다. 학습내용뿐 아니라 출석과 결석 상황, 알림장 내용, 설문조사 자료, 교수 · 학습자료 등도 전달받을 수 있다. (동아일보 기사, 2013년 2월 14일, 지명훈 기자)

◎ 생각해 보기

1. 스마트(SMART) 교육이 무엇인지에 대해 이야기해 보자.
2. 스마트 교육이 교사, 학생, 학부모에게 주는 이점에 대해 이야기해 보자.
3. 스마트 교육을 위해 교사가 갖춰야 할 정보역량(information competency)에 대해 이야기해 보자.

정리하기

1. 가르치는 교수(teaching)와 배우는 학습(learning)은 학교교육에서 가장 중요한 활동이다.

2. 주요한 교수 · 학습이론에는 행동주의 학습이론, 인지주의 학습이론, 구성주의 학습이론 등이 있다.

3. 수업은 일반적으로 수업계획, 수업전개 그리고 수업평가의 세 단계로 이루어진다.

4. 교수 · 학습지도안은 교수 · 학습의 목표를 효과적으로 달성하기 위하여 학습의 목표, 내용, 과정, 자료, 평가 등을 구체적이고 조직적으로 구안한 계획서다.

5. 본시 교수 · 학습지도안이란 단위시간의 구체적 수업목표 달성을 위하여 제공될 교수 · 학습활동 계획서다.

6. 정보통신기술(ICT)은 정보기술(information technology)과 통신기술(communication technology)의 합성어로 기존의 IT 개념에 Communication, 즉 정보의 공유 및 의사소통 과정을 더욱 강조하는 의미를 내포하고 있다.

7. ICT 활용교육은 ICT를 수업의 도구나 매체로 사용하는 것으로, ICT 소양교육과 ICT 활용교육으로 구분할 수 있다.

8. ICT 활용 수업의 활동유형은 ① 정보 탐색하기, ② 정보 분석하기, ③ 정보 안내하기, ④ 웹상에서 토론하기, ⑤ 협력 연구하기, ⑥ 전문가와 교류하기, ⑦ 웹 펜팔하기, ⑧ 정보 만들기 등이 있다.

9. e-러닝은 ICT를 활용하여 언제, 어디서나, 누구나 원하는 수준별 맞춤형 학습을 할 수 있는 교육체제다.

10. m-러닝은 모바일 기기를 이용하여 공간적 제약을 극복하고 다양한 교육 콘텐츠를 이용할 수 있는 교육체제다.

11. u-러닝은 개방적 학습자원을 학습자의 필요에 따른 선택을 통해 활용하는 통합적 학습체제다.

12. SMART 교육은 ICT와 이를 기반으로 한 네트워크 자원을 학교교육에 효과적으로 활용하여 교육내용 · 교육방법 · 교육평가 · 교육환경 등 교육체제를 혁신하는 교육 패러다임이다.

적용하기

본시 교수 · 학습지도안은 단원의 전개계획에 따라 1단위의 수업을 어떻게 전개할 것인가를 다루는 구체적이고 상세한 지도계획이다. 본시 교수 · 학습지도안에는 학습목표, 수업의 단계와 절차, 학습내용, 교수 · 학습활동, 학습자료 등을 포함해야 한다.

1. 교과 관련 웹사이트나 교육 관련 단체의 웹사이트 등에 소개된 모범적인 본시 교수 · 학습지도안을 참고하여 직접 교수 · 학습지도안을 작성해 보자.

2. 멀티미디어 자료의 충분한 활용을 통해 교수 · 학습효과를 극대화할 수 있는 ICT 활용 교수 · 학습지도안을 작성해 보자.

참고문헌

김진한(2009). 교사를 위한 교직실무. 서울: 학지사.

백영균, 박주성, 한승록, 김정겸, 최명숙(2003). 유비쿼터스 시대의 교육방법 및 교육공학. 서울: 학지사.

변영계(2005). 교수 · 학습 이론의 이해(개정판). 서울: 학지사.

변영계, 김영환(1996). 교육방법 및 교육공학. 서울: 학지사.

서울특별시 교육연구정보원(1995). 수업기술의 이론과 실제.

서울특별시 교육연수원(2008). 2008년 초등 · 특수 신규임용연수 교재. 서울: 서울특별시교육연수원.

이경호, 안선회(2014). 역량기반 교육 활성화를 위한 교육적 과제 탐색. 한국교육학연구, 20(1).

정성무(2001). ICT 활용 교수 · 학습 과정안 자료집. 서울: 한국교육학술정보원.

정성무, 고범석, 서정희, 신성욱(2005). u - 러닝의 이해. 서울: 한국교육학술정보원.

고범석, 서정희(2006). 미래교육 시나리오를 통한 유비쿼터스 교육 전망. 서울: 한국교육학술정보원.

Corey, S. M. (1967). The nature of instruction. In M. D. Merrill (Ed.), *Instructional Design: Readings*. Englewood Cliffs, NJ: Prentice - Hall.

Glaser, R. (1962). Psychology and instructional technology, In R. Glaser (Ed.), *Training Research and Education*. Pittsbrug, PA: University of Pittsburg.

Reigeluth, C. M. & Stein, F. S. (1983). The elaboration theory of instruction, In C. M. Reigeluth (Ed.), *Instructional Design Theories and Models: An overview of their current status*. Hillsdale, NJ: Lawrence Erlbaum Associates.

교직
실무 제3부 | 교수·학습 실무

제11장

생활지도와 상담

이 장의 핵심 아이디어

생활지도와 상담은 학생을 위한 교사의 서비스 활동이다.

▶ 생활지도의 궁극적인 목표는 학생들이 민주적인 시민으로 발달해 나가도록 지도하고 안내하는 것이다.

▶ 생활지도는 학생들이 유용한 지식을 습득하게 도울 뿐만 아니라 정신적·도덕적·심리적으로 건강하게 성장하도록 돕는 활동이다.

▶ 생활지도는 학생들을 바른 학교생활로 안내하고, 불합리한 환경을 극복하도록 돕는 조력활동이다.

▶ 학교상담은 학생생활의 모든 영역에 대한 교사의 서비스인 동시에, 교사의 적극적인 도움과 협력이 필요한 활동이다.

▶ 학교상담은 학생이 자신의 문제를 해결하도록 도와주어서 학생이 성장·발달하도록 하는 활동이다.

1. 생활지도의 기초

1) 생활지도의 의의 및 필요성

교사의 주요 역할을 크게 두 가지로 구분하면, 하나는 수업지도이고 다른 하나는 생활지도라고 할 수 있다. 이 두 가지의 학생지도는 상호보완적 성격을 띠기 때문에 명확히 구분하기는 어렵다. 최근 우리 사회에서는 포스트모던 문화의 영향으로 청소년들의 탈규범적 행동이 일반화되고 학교폭력이 사회문제화되면서 학생들의 일탈과 비행에 대한 예방, 올바른 가치관의 형성, 민주시민으로서의 태도 함양 등이 중요해져 학교에서의 생활지도 강화가 더욱 요구되고 있다.

학교의 생활지도라고 하면 '학생답지 못한' 문제행동을 생활지도부 교사들이 지도하고 단속하는 활동으로 생각하기 쉬우나, 실제로는 모든 교사가 중요한 책무로 인식하고 지도해야 한다. 요즈음 우리 사회에서는 이전보다 민주화가 이루어지고 인권의식이 높아지면서 현재 학교생활지도 방식의 변화가 요구되고 있다. 따라서 학교 공동체 구성원들은 모두 민주적인 절차에 따라 학교생활지도 규정을 만들고, 학생들이 이를 준수하는 민주적인 시민 의식을 함양하도록 노력해야 한다.

생활지도는 영어의 'guidance'를 번역한 말로 '지도하다, 안내하다, 이끌다' 등의 의미를 포함하고 있다. 생활지도의 정의는 학자마다 다양하지만 개인이 스스로 자신이 처해 있는 세계를 이해하고 더 나아가 직면한 문제를 해결하는 능력을 함양하도록 조력하는 과정(박완성, 2012) 또는 학생 자신의 문제를 정확히 파악하고 문제해결을 위한 통찰을 기름으로써 더욱 안정되고 통합된 성장을 할 수 있도록 도움을 주는 과정(이영덕, 정원식, 1984)이라고 정의할 수 있다. 따라서 생활지도란 개인을 대상으로 자신과 자신이 처한 환경의 이해를 도모할 수 있도록 조력을 제공하는 활동이라고 할 수 있다(이칭찬, 주상덕, 2009). 이러한 관점에서 생활지도는 학교생활에서 일어나는 학생들의 제반 문제를 다룬다. 그 과정에서 학생과 학생 간의 문제, 학생과 교사 간의 문제, 교칙위반 여부 문제, 인성 문제, 상담 등 다양한 학교생활 문제와 관계하게 된다.

생활지도는 학생이 학교생활에 올바르게 적응하고 나아가 급변하는 사회 속에서 잘 적응하도록 돕기 위해 필요하다. 지금의 사회는 다원화되고 복잡한 사회이기에 이러한 사회에서 학생이 다양하게 접하게 되는 문제를 해결해 나갈 수 있도록 돕기 위해 생활지도가 필요하다(조동섭 외, 2014). 아울러 학생들은 정신적·심리적·도덕 적으로 건전하게 성장할 수 있도록 안내되어야 한다. 또한 최근 학교폭력 등 청소년 의 일탈문제를 해결하기 위한 방안으로서 생활지도의 필요성이 강조되고 있다.

2) 생활지도에 필요한 교사의 자질

학생 생활지도를 담당하는 교사에게는 무엇보다도 인성적 자질과 전문적 자질이 요구된다. 예를 들면, 교사의 인성, 학생에 대한 태도, 교사의 정신건강 등은 인성적 자질이고 학생지도에 필요한 지식이나 기술 등은 전문적 자질이다. 이 두 자질에 대 해 구체적으로 살펴보면 다음과 같다(박재황, 남상인, 김창대, 김택호, 1993).

첫째, 교사의 정신건강이다. 학생의 행동에 도움을 주고, 올바르게 지도하기 위해 서는 교사 자신이 무엇보다도 정신적으로, 심리적으로, 도덕적으로 건강해야 한다. 이러한 측면들이 건강하지 못한 교사는 학생의 좋은 조력자가 되지 못하기 때문에 생활지도를 효과적으로 수행할 수 없다.

둘째, 학생에 대한 자세다. 교사는 학생 개개인의 인간적인 가치 존중, 학생에 대 한 인내심, 학생에 대한 내적 신뢰 등의 태도를 지녀야 한다. 교사가 학생에 대해 이 러한 태도를 지니지 않으면 학생을 가치 있는 존재로 인정하는 것이 어렵기 때문에 다양한 학생을 지도하기가 어렵다.

셋째, 생활지도에 대한 자세다. 생활지도를 담당하는 교사는 기본적으로 교직 자 체를 사랑하고 교직에 대한 자긍심을 가지고 학생을 지도해야 한다. 학생에 대한 생 활지도가 단순히 교사가 맡은 한 부서의 일이라고만 생각한다면 학생을 올바르게 지도할 수 없다. 학생 생활지도는 교사의 헌신과 인내 없이는 효과적으로 이루어질 수 없다.

넷째, 전문적 자질이다. 다양한 학생을 지도하려면 이에 필요한 제반 지식과 기술 을 갖추어야 한다. 예를 들면, 학생 개인, 사회문화, 생활지도이론 및 기법, 심리검사,

진단 및 평가, 상담에 필요한 다양한 대화 및 기술 등이다.

3) 생활지도의 주요활동

생활지도의 활동내용에 대해서는 학자마다 다른 시각을 보이지만 대체로 다음과 같이 나누어 생각해 볼 수 있다.

첫째, 학생조사활동이다. 이 활동은 교육의 효과를 높이고 학생을 정확히 이해하고 지도하는 데 필요한 기초자료를 수집하는 것이다. 이를 위해서는 ① 학생의 언행과 ② 타인과의 관계에 대한 관찰을 통해 학생의 자료와 정보를 수집하는 관찰법, ③ 학생 개인의 다양한 정보를 정리한 생활기록부(NEIS), ④ 학생 개개인의 능력, 특성 등을 이해하기 위한 각종 심리검사, ⑤ 학생의 사회적응 정도를 알아보는 학생집단의 사회적 구조, ⑥ 학생 상호 간의 인간관계, ⑦ 집단 내의 대인관계 등을 알아보는 질문지법, ⑧ 해당 학생과 직접 접촉하는 학급담임과 교과담당교사 면담, ⑨ 학생과의 면접, ⑩ 한 학생의 현재 상태를 진단하고 나아가 문제해결을 위한 전략적 방법을 찾아내는 임상적 방법의 사례연구 등 다양한 조사방법을 활용해야 한다.

둘째, 정보제공활동이다. 이 활동은 ① 교과학습을 돕는 교육정보, ② 진로계획이나 직업선택을 돕는 직업정보, ③ 인간관계의 이해를 위한 정보나 학생의 건강 및 신체발달, 발달심리 및 성격심리, 정신위생, 성 등에 관한 개인적·사회적 정보 등을 제공하는 것이다.

셋째, 상담활동이다. 이 활동은 전문적 상담자가 피상담자에게 자신과 환경에 대한 이해의 폭을 넓히도록 도와주어 합리적 행동을 증진시키거나 합리적인 의사결정을 하도록 하는 과정이다. 상담의 내용은 주로 학업, 진로, 비행, 성격, 성 등으로 분류될 수 있다. 학생과 효율적인 상담을 하기 위해서는 ① 먼저 상담자가 학생과 친숙하며 신뢰할 수 있는 관계가 형성되어야 하고, ② 다음으로는 무엇을 위해 상담할 것인가를 명확하게 알고 있어야 하며, ③ 그다음으로 학생의 문제를 돕는 촉진자의 역할을 하기 위해 분명하고 구체적인 목표를 설정하여 상담의 방향을 유지하면서 학생 스스로 자신이 무엇을 원하며 무엇을 할 수 있는가를 생각하도록 도와주어야 한다.

넷째, 추후 지도활동이다. 이 활동은 생활지도를 받은 학생의 지도활동을 마치는 것이 아니며, 사후 점검을 통하여 지도 학생이 계속적으로 건전하게 학교생활에 잘 적응하고 있는지를 살펴보고, 문제행동에 대해 대책을 강구하는 것이다.

2. 생활지도 관련 법령 및 규정

1) 학교규칙의 제정

학교의 장은 법령의 범위에서 학교규칙(이하 "학칙"이라 한다)을 제정 또는 개정할 수 있으며(「초·중등교육법」 제8조), 학칙으로 기재해야 하는 사항으로 다음을 규정하고 있다. 학생 포상, 징계, 징계 외의 지도방법, 두발·복장 등 용모, 교육목적상 필요한 소지품 검사, 휴대전화 등 전자기기의 사용, 학교 내 교육·연구활동 보호와 질서 유지에 관한 사항 등 학생의 학교생활에 관한 사항(「초·중등교육법 시행령」 제9조 제1항) 그리고 학생자치활동의 조직 및 운영(「초·중등교육법 시행령」 제9조 제1항) 등이다.

첫째, 생활지도와 관련된 학칙제정 사항을 살펴보면, 우선 두발·복장 등 용모, 휴대전화 등 전자기기의 사용에 관한 사항의 학칙을 제(개)정할 때는 학칙으로 정하는 바에 따라 미리 학생, 학부모, 교원의 의견을 듣고 그 의견을 반영하도록 노력하여야 한다(「초·중등교육법 시행령」 제9조). 두발은 학교공동체 구성원들(학생, 학부모, 교원 등)이 합의하면 자율화도 가능하다. 특히, 두발의 길이, 염색, 무스 사용, 장식품 착용, 교복과 체육복 같은 용의 복장 등도 단위학교의 구성원들이 자율적으로 기준을 설정하여 운영할 수 있다.

둘째, 학생자치활동과 관련한 학칙제정 사항을 살펴보면, 학생자치활동은 건전한 학교생활을 하도록 안내하고 민주시민으로서의 자질을 함양하기 위해 권장하는 중요한 활동이다. 학생의 자치활동은 권장·보호되며, 그 조직과 운영에 관한 기본적인 사항은 학칙으로 정한다(「초·중등교육법」 제17조). 학생자치활동의 조직 및 운영에 관한 사항의 학칙을 제(개)정할 때는 학칙으로 정하는 바에 따라 미리 학생, 학부모, 교원의 의견을 듣고 그 의견을 반영하도록 노력하여야 한다(「초·중등교육법 시행령」 제9조). 이 규정에는 학급회(의)와, 대의원회의 구성, 학생회 대표의 선출방법, 회의 소집 요건 등이 포함되도록 해야 한다. 학생회장단과 학급회장을 선출하는 기준은 형평성의 원리에 적합해야 하고, 학생회의 자율적 활동을 지나치게 통제하는 조항은 두지 말아야 한다.

한편, 이러한 생활지도 관련 규정이 제정되면 이러한 내용들을 학교 홈페이지 게시나 기타 다양한 방법을 통해 홍보하여 학생들에게 생활지도 규정을 이해시키는 교육을 실시해야 한다.

2) 학생징계 및 체벌

(1) 학생징계

학교의 장은 교육상 필요한 경우에는 법령과 학칙으로 정하는 바에 따라 학생을 징계하거나 그 밖의 방법으로 지도할 수 있다. 다만, 의무교육을 받는 학생은 퇴학시킬 수 없다(「초 · 중등교육법」 제18조 ①항). 학교의 장은 학생을 징계하려면 그 학생이나 보호자에게 의견을 진술할 기회를 주는 등 적정한 절차를 거쳐야 한다(동법 제18조 ②항). 학교의 장은 교육상 필요하다고 인정할 때는 학생에 대하여 학교 내 봉사, 사회봉사, 특별교육 이수, 1회 10일 이내 · 연간 30일 이내의 출석정지, 퇴학처분에 해당하는 징계를 할 수 있다(「초 · 중등교육법 시행령」 제31조). 학교의 장은 징계를 할 때는 학생의 인격이 존중되는 교육적인 방법으로 하여야 하며, 그 사유의 경중에 따라 징계의 종류를 단계별로 적용하여 학생에게 개선의 기회를 주어야 한다(동시행령 제31조 ②항). 학교의 장은 징계를 할 때는 학생의 보호자와 학생의 지도에 관하여 상담할 수 있다(동시행령 제31조 ③항).

퇴학처분은 품행이 불량하여 개선의 가망이 없다고 인정된 자, 정당한 이유 없이 결석이 잦은 자, 기타 학칙을 위반한 자에 한하여 행하여야 한다(동시행령 제31조 ⑤항). 학교의 장은 퇴학처분을 하기 전에 일정 기간 가정학습을 하게 할 수 있으며, 퇴학처분을 할 때는 당해 학생 및 보호자와 진로상담을 하여야 하며(동시행령 제31조 ⑥항), 지역사회와 협력하여 다른 학교 또는 직업교육훈련기관 등을 알선하는 데 노력하여야 한다(동시행령 제31조 ⑦항).

(2) 체벌

체벌의 근거는 법령 및 학칙에 의해 학생을 지도 또는 징계할 수 있도록 한「초·중등교육법」제18조의 ①항과「초·중등교육법 시행령」제31조의 ⑧항, 즉 "학교의 장은 지도를 할 때에는 학칙으로 정하는 바에 따라 훈육·훈계 등의 방법으로 하되, 도구, 신체 등을 이용하여 학생의 신체에 고통을 가하는 방법을 사용해서는 아니 된다."이다. 이에 의하면 직접체벌은 할 수 없고 간접체벌만이 가능하다. 간접체벌이란 학생의 신체에 교원의 신체 일부분이나 도구를 접촉함이 없이 체벌이 이루어지는 것으로 격리시킨다거나 손을 들고 있게 하는 벌 등을 예로 들 수 있다.

3) 학교폭력

학교폭력의 예방과 대책에 필요한 사항을 규정함으로써 피해학생의 보호, 가해학생의 선도·교육 및 피해학생과 가해학생 간의 분쟁조정을 통하여 학생의 인권을 보호하고 학생을 건전한 사회구성원으로 육성하는 것을 목적으로「학교폭력예방 및 대책에 관한 법률」(이하「학폭법」)이 제정되었다. 이 법에 의하면 '학교폭력'이란 학교 내외에서 학생을 대상으로 발생한 상해, 폭행, 감금, 협박, 약취·유인, 명예훼손·모욕, 공갈, 강요·강제적인 심부름 및 성폭력, 따돌림, 사이버 따돌림, 정보통신망을 이용한 음란·폭력 정보 등에 의하여 신체·정신 또는 재산상의 피해를 수반하는 행위를 말한다.

학교폭력의 예방 및 대책에 관련된 사항을 심의하기 위하여 학교에 학교폭력대책자치위원회(이하 '자치위원회'라 한다)를 둔다(동법 제12조). 학교의 장은 학교에 상담실을 설치하고, 전문상담교사를 두며(동법 제14조 ①항), 교감, 전문상담교사, 보건교사 및 책임교사(학교폭력문제를 담당하는 교사를 말한다) 등으로 학교폭력문제를 담당하는 전담기구(이하 '전담기구'라 한다)를 구성하고 학교폭력 사태를 인지한 경우 지체 없이 전담기구 또는 소속 교원으로 하여금 가해 및 피해 사실 여부를 확인하도록 한다(동법 제14조 ③항). 전담기구는 학교폭력에 대한 실태조사와 학교폭력 예방 프로그램을 구성·실시하며, 학교의 장 및 자치위원회의 요구가 있는 때에는 학교폭력에 관련된 조사결과 등 활동결과를 보고하여야 한다(동법 제14조 ④항). 기타 학교폭력에 관한 사항은 「학폭법」 및 동법시행령 그리고 교육부에서 발간한 '학교폭력 사안처리 가이드북'을 참고하면 도움이 된다.

학교폭력은 원칙상 자치위원회를 소집해서 처리해야 한다. 그러나 경미한 학교폭력의 경우는 1차적으로 전담기구에서 폭력 정도를 심의하여 교장에게 보고하도록 한다. 교장이 보고를 받은 후에 2차적으로 어떻게 처리해야 할지 최종적인 결정을 내리도록 한다. 교장이 보고받은 내용에 대해 경미한 학교폭력으로 판단하면 선도위원회에서 처리하도록 할 수 있다.

4) 학생선도규정

학생들이 중대한 비행을 저지르면 선도위원회를 개최하여 선도 또는 징계 방안을 결정한다. 학생선도위원회의 구성 및 운영, 선도처분의 기준과 내용 등에 관한 규정이 학생선도규정이라 할 수 있다. 학생선도규정은 학생들의 비행과 일탈에 관한 선도 방안을 처리하며 단순히 징계하거나 처벌하는 것이 본질은 아니다. 일시적으로 규정을 위반하고 비행을 범한 학생이라도 인권을 존중하여 선도 위주의 교육을 하도록 교육부에서 권장하고 있기 때문에 선도규정에 선도처분(징계), 다양한 대안적 선도·적응 프로그램 등을 마련하는 것이 바람직하다. 학교폭력에 관한 사항은 선도위원회가 아닌 학교폭력대책자치위원회에서 다루도록 되어 있기 때문에 선도규정에서 이와 관련된 사항은 제외하여야 한다.

3. 인성교육

1) 인성교육의 의의

동방예의지국이라고 불릴 정도로 예의와 질서를 존중하고 남을 배려하는 전통을 지닌 우리나라에서 언제부턴가 학교의 인성교육이 뒷전으로 밀려나고 있다. 그 결과 학생 간의 집단따돌림, 학교폭력, 게임 및 인터넷 중독, 욕설의 일상화 등 많은 사회문제를 야기하고 있다. 이에 학교 현장에서 인성교육의 필요성이 절실히 요청되고 있다. 아울러, 인성교육은 지식정보화사회의 국가 경쟁력 제고를 위해서도 부각되고 있다. 자기주도성, 관용과 배려, 타인과 함께 협력하는 능력, 정직 등은 21세기 인재가 갖추어야 할 역량으로, 학교교육을 통한 인성교육을 요구하고 있다.

인성교육은 다양하게 정의되지만 "개인의 내면을 바르고 건전하게 가꾸고 타인·공동체·자연과 더불어 살아가는 데 필요한 인간다운 성품과 역량을 길러 주는 일"(천세영, 김왕준, 성기옥, 정일화, 김수아, 2012)로 정의할 수 있다. 그리고 인성교육이 강조하는 덕목은 정직·책임·존중·배려·공감·소통·협동과 같은 덕목을 포함한다.

인성교육의 중요성에도 불구하고 소홀히 취급하는 원인은 첫째, 입시와 성적 위주, 경쟁지상주의 교육 풍토가 인성교육을 상대적으로 등한시하게 하는 현상이다. 타인과의 공감이나 함께 살아가는 사회성 등 인성교육 영역의 중요성에는 공감하지만 성적경쟁에서 지지 않는 것이 더 우선되는 교육 풍조 속에서 인성교육은 상대적으로 소홀히 취급되고 있다. 둘째, 인성교육을 위한 구체적인 프로그램의 미흡이다. 인성교육이 덕성, 도덕성과 관련이 깊기 때문에 그것이 추상적, 규범적 가치로서 중시되지만, 구체적으로 어떤 목표, 내용, 방법으로 이루어져야 하는지에 대한 구체적인 프로그램이 부족하여 현장의 교사들은 인성교육에 어려움을 느끼고 있다. 이로 인해 인성교육은 교사 개인의 잠재적 교육과정 영역으로 전환되면서 교사 개인 차원의 탓으로 돌려지고 있다. 그 결과는 인성교육에 대한 교사들의 효능감 부족이다. 인성교육에 대한 자신감 부족이 교사들을 인성교육에 소극적인 태도로 임하게 하고 있다. 셋째, 변화하는 현대사회에 기존의 인성교육이 맞지 않아 고리타분한 교육, 규범적인 공허한 영역으로 인식된다는 점이다.

2) 인성교육의 구체적인 방법

(1) 교과교육 내에서의 인성교육

인성교육과 교과학습이 서로 분리된 영역으로 여겨져서는 안 된다. 감동적인 이야기를 통해 교훈적 메시지가 전해지는 교실, 참여적인 교수·학습방법(협동학습, 문제해결학습, 경험에 기반을 둔 프로젝트 학습 등)이 적용되어 공감과 소통이 원활하게 이루어지는 교실, 그리고 교과 지식과 자신의 삶이 상호 연결되면서 깊은 성찰로 안내되는 교실이 필요하다(정창우, 손경원, 김남준, 신호재, 한혜민, 2013).

구체적으로 말하자면, 인성의 가장 핵심적인 특성인 도덕성을 다루는 도덕과를 중심으로 국어과, 사회과, 예체능 교과 등과 협력적 관계를 형성하고 각 교과의 특성과 목표에 부합하는 방식으로 인성교육을 추진함으로써 인성교육의 효과가 체계화되고 통합될 수 있어야 한다. 우선, 도덕 교과는 인성에 대한 지식교육이 많이 이루어질 수 있는 교과다. 체육과 음악·미술은 체험을 통하여 인성 함양에 많은 기여를 할 수 있다. 기타 교과교육도 인성교육을 수행할 수 있다. 교과의 목표에는 인지적 측면뿐만 아니라 정의적 측면의 목표가 있고 이것이 인성교육과 밀접한 관련이 있기 때문이다. 구체적으로 수학과의 적분 영역을 가르칠 때, 인지적 지도요소가 적분법이라면 정의적 지도요소는 인내심, 정확성 등 일 수 있다(인성교육범국민실천연합, 2014).

또한 교수·학습방법을 통해서 인성 함양이 이루어져야 한다. 최근 협동학습, 토의·토론학습, 문제해결학습, 스토리텔링, 역할놀이 등의 교수방법이 교과학습 시간에 적용되면서 의사소통 능력, 타인 존중 및 배려, 사회성, 자아정체감의 형성 등에 기여하고 있다. 이러한 교수기법의 적용을 통해 달성하고자 하는 목표들은 인성과 매우 밀접한 관련이 있기 때문이다.

표 11-1 모든 교과에 적용 가능한 인성교육 방법

- 교수 · 학습방법의 인성교육적 활용: 스토리텔링, 협력학습, 프로젝트형 학습, 토의 · 토론학습, 문제 · 갈등해결학습, 역할놀이 등을 활용하여 윤리적인 학습공동체 조성(교사 – 학생, 학생 상호간 긍정적인 상호작용 기회 제공, 타인 존중 및 배려 실천의 기회 제공 등)
- 평가의 인성교육적 활용: 관찰법, 행동평가, 포트폴리오, 연구보고서법, 토론법 등을 통해 확보된 평가결과를 학생들의 인성 발달을 위해 활용
- 윤리적인 이슈에 대한 토의 · 토론 중시
- 고무적인 스토리텔링, 독서 활동 중시
- 학업윤리(academic ethics) 중시
- 교과 지식 내용과 자신의 삶을 연결, 성찰 추구 – 인간과 사회, 자연을 올바로 볼 수 있는 안목 형성 기회 제공

출처: 정창우, 손경원, 김남준, 신호재, 한혜민(2013), p. 305.

(2) 교과 외 활동을 통한 인성교육

교과 외 활동에는 창의적 체험활동, 학교 행사, 방과후활동 등이 포함된다. 이러한 활동들은 주로 체험이나 활동, 실천 위주의 인성교육을 수행할 수 있다는 점에서 효과적이다. 우선, 창의적 체험활동은 기존의 특별활동과 재량활동을 통합한 것으로 자율활동, 동아리 활동, 봉사활동, 진로활동 등으로 구성되어 있다. 이러한 활동은 인성을 함양하는 데 직접적으로 관련된다. 자율활동에 해당하는 학생자치활동은 스스로 문제를 해결하는 역량을 신장시킬 수 있다는 점에서 체험을 통한 인성교육 방법으로 그 중요성이 크다. 또한 창의적 체험활동으로 환경교육, 예절교육, 독서토론, 공동체교육 등등이 있는데 이를 통해 체험과 실천 속에서 인성교육이 이루어질 수 있다.

그 밖에 학교 축제, 체육대회 등 학교에서 이루어지는 다양한 학교 행사활동이나 방과후활동 등 학교현장의 다양한 활동이나 프로그램을 통해 인성교육이 이루어질 수 있다. 특히, 이러한 활동을 수행할 때 학생들이 주도적으로 참여하도록 하는 것이 필요하다.

(3) 잠재적 또는 비공식적 교육과정을 통한 인성교육

공식적 교육과정 외에 비공식적인 잠재적 교육과정 또한 인성함양에 중요한 영향을 미친다. 예를 들면, '교직원들이 좋은 인성의 모델이 되는가?' '교수 · 학습과정에서 학생이 존중되는가?' '학생들의 차이와 다양성이 어떻게 다루어지는가?' '학교의 문화나 교사가 윤리적인가?' 등이다. 학생의 경우 교사가 역할모델로 작용하는 경우가 많기 때문에 인성 형성에 매우 큰 영향을 미친다. 선생님과 동료들에 의해 사랑과 존중을 받고 있다고 느끼는 따뜻한 배려로 가득한 교실, 자율적인 규율에 의하여 민주적으로 운영되는 학교, 더 나아가 원칙이 존중되는 공정한 사회의 모습은 학생의 인성교육에 가장 큰 밑바탕으로 작용할 것이다.

3) 인성교육의 기본 원칙 및 구체적인 프로그램

(1) 인성교육의 기본 원칙

인성교육의 계획을 설계하거나 실천하는 데 안내 역할을 할 수 있는 몇 가지 중요한 기본 원칙을 살펴보면 다음과 같다.

- 인성교육을 통해 길러야 할 핵심 덕목 및 인성역량을 선정해야 한다.
- '잘 조직된 학교교육과정'을 통해 인성교육을 실천해야 한다.
  인성교육은 단지 하나 혹은 몇 개 프로그램의 단순 조합으로 이루어지는 것이 아니라, 모든 교과 및 비교과(창의적 체험활동, 학교 행사, 방과 후 활동 등 포함) 영역을 중심으로 잠재적 또는 비공식적 교육과정을 포함한 전체 교육과정을 통해 실천되어야 하며, 학교의 풍토를 개선시키는 포괄적인 학교 개혁으로 인식되어야 한다.
- 교과교육을 통해 인성교육이 이루어져야 한다.
  인성교육과 교과학습이 서로 분리된 영역으로 여겨져서는 안 된다.
- 학교와 교실을 정의롭고 배려적인 공동체로 만들어야 한다.

- 학교장의 인성교육 리더십이 발휘되어야 한다.
- 모든 교사가 인성교육에 대한 책임을 공유하고, 학생들의 인성 변화에 긍정적인 영향을 줄 수 있어야 한다.
- 가정과 공동체의 성원들을 인성교육의 충실한 협조자로 만들어야 한다.
- 학교는 학생들의 자기 동기를 유발하는 데 힘써야 한다.
- 인성 함양을 위하여 학생에게 도덕적 행동을 할 기회를 제공해야 한다.
- 인성교육의 적용 효과를 과학적 · 객관적으로 분석하고 그 결과를 환류하여 설계 과정에 재투입해야 한다.

(2) 인성교육 프로그램 사례

인성교육을 위한 구체적인 프로그램들을 학교급별로 나누어 살펴보면 다음의 표와 같다.

표 11-2 인성교육을 위한 구체적인 프로그램

● 초등학생용

인증단체명	주제 분야	프로그램명
대한태권도협회	체육교육	태권도 인성교육 프로그램
이화여자대학교 사범대학부속초등학교	진로교육	진로지도를 통한 공동체적 접근: 직업, 리더십
대구광역시교육청 창의인성교육과	바른말 고운말 쓰기	말결 다듬기를 통한 말 빛 · 마음 빛 찾기
인천작전초등학교	바른말 고운말 쓰기	까치골 언어문화 개선 프로그램
부산 가남초등학교	학생자치활동	100원의 기적 – 더함과 나눔 글로벌 인성교육 프로젝트
법무부 법질서선진화과	학교폭력예방	행복나무 프로그램
밝은청소년	학교폭력예방	나! 나! 나! 프로그램
갈곶초등학교	학교폭력예방	이끌고 따르는 의형제 · 의자매 정(情) 나눔 활동으로 학교폭력 Good-bye

서울 명신초등학교	학생자치활동	콩깍지 가족 사랑으로 하나 되는 우리
한국예술심리상담협회	예술교육	통합 예술치료 인성교육 프로그램
신리초등학교	체육교육	놀이가 인성을 만날 때 학교가 행복해요
법무부 법질서선진화과	학교폭력예방	웃어라 교실아, 꿈꿔라 학교야
제주숲승마힐링아카데미	상담활동	제주마(馬) 숲속상담
나주공공도서관	독서교육	찾아가는 학교도서관 이용법 교육
천안 중앙초등학교	학생자치활동 및 융복합	생명사랑운동본부 Healing Farm School
포항 제철지곡초등학교	학생자치활동 및 융복합	감사 나눔으로 행복한 학교 만들기
황산초등학교	학생자치활동 및 융복합	학년군별 인성교육 프로그램
한국응용예술 심리연구센터	지역사회의 역할	가족자원봉사를 통한 인성교육
에듀팜	지역사회의 역할	에듀팜 콘테스트
한성덕 선생님(개인)	체육교육	P.E.E.R 장애이해교육프로그램을 통해 일반학생과 장애학생의 심통(心通) 심통(心通) 둥글둥글

● 중·고등학생용

인증단체명	주제 분야	프로그램명
미림여자정보과학고등학교	진로교육	창의 · 도전 인성교육 프로그램 (creative challenge spirit program: CCSP)
경기과학고등학교	진로교육	공부해서 남 주기 프로젝트
인천 송도고등학교	진로교육	행복 UP 인성교육 인증제
경남 함양여자중학교	예술교육	연극으로 미소 짓기
수서중학교	예술교육	교과별 통합 프로젝트 수업으로 뮤지컬 만들기
전남 함평고등학교	진로교육	NAVI 프로젝트
부산 여자중학교	독서교육	클로버 글벗 가꾸기 독서 프로그램
서울 연희중학교	독서교육	꿈의 빗장을 여는 진로독서교육

인천 전자마이스터고등학교	진로교육	산업수요 맞춤형 진로직업 교육과정 운영
이명희 선생님(개인)	진로교육	고3 수험생을 위한 진로저널 프로그램
유광국 선생님(개인)	체육교육	게임중심 RECREATION 활동을 통한 자신감 키우기

출처: 인성교육범실천국민연합(http://www.insungedu.or.kr/main/main.php).

4. 학교 안전사고

1) 안전사고의 의미

「학교안전사고 예방 및 보상에 관한 법률 시행령」에 따르면, 학교 안전사고는 학교급식이나 가스 등에 의한 중독, 일사병, 이물질의 섭취 등에 의한 질병, 이물질과의 접촉에 의한 피부염, 외부 충격 및 부상이 직접적인 원인이 되어 발생한 질병 등을 말한다. 그 유형은 ① 체육시간 또는 체육활동 중에 발생한 사고, ② 실험·실습 또는 현장체험활동 시 발생한 사고, ③ 휴식 또는 청소시간에 발생한 사고, ④ 학교 시설물 관련 안전사고 등으로 나누어 볼 수 있다.

2) 안전사고의 책임범위 및 피해배상

안전사고의 책임범위 및 피해배상에 대해서는 다음과 같이 생각해 볼 수 있다.

첫째, 학생 또는 학부모의 책임이다. 「민법」에서 고의 또는 과실로 인한 위법행위로 타인에게 손해를 가한 자는 손해배상의 책임이 있으므로 가해학생도 이에 해당하면 책임을 물을 수 있다. 다만, 그 행위의 책임을 변식할 지능이 없을 때는 배상 책임이 면제되고 그 부모가 법정 감독 의무자로 배상의 책임이 있다. 판례에 의하면 대체로 초등학생과 중학교 1, 2학년까지는 구체적 사안에 따라 책임능력을 인정하지 않는 사례가 있다. 친권자는 미성년자의 보호자로서 그 의무를 태만히 하지 않았다는 점을 증명하면 면책이 가능하나, 판례에서는 미성년자 부모의 책임에 대해 매우 엄격한 입장이다.

둘째, 교사의 책임이다. 예를 들면, 수업시간, 체육수업, 청소시간 등에 교사의 지도 소홀로 사고가 발생한 경우와 실습장비의 사용에 대한 안전교육 소홀로 사고가 발생한 경우에 책임을 져야 한다. 교사는 사고가 발생하면 먼저, 학생을 보호하고 피해를 최소화하기 위해 최선의 노력과 합리적인 조치를 취해야 한다. 아무리 사소한 부상이라도 자의적으로 판단하지 말고 가까운 병원으로 후송하여 전문적 진단을 받도록 신속히 조치해야 한다. 또한, 안전사고가 발생하면 학교장에게 보고해야 하고, 보호자에게 사고의 발생 원인과 전반적 상황을 상세히 설명해 주어야 한다. 이런 과정상의 의무의 충실한 이행 여부를 따져 교사에 대한 민·형사상, 또는 행정상 책임을 결정하게 된다. 형사적 책임은 학생을 지도·감독하는 활동 중에 교사의 직접적인 과실로 학생이 상해를 입거나 사망하는 경우, 업무상 과실 또는 중대한 과실로 사람을 사상에 이르게 한 경우에 지워지며 형사상 처벌을 받게 된다. 행정적 책임은 교원으로서 지도·감독, 사전 안전교육 등 성실히 직무를 수행하지 않은 경우에 지워지며, 징계를 받게 된다.

교육감은 학교 안전사고로 신체에 피해가 발생한 학생, 교직원 및 교육활동 참여자에 대한 보상을 하기 위하여 학교 안전사고 보상 공제사업을 실시하고, 그 손해의 원인에 대하여 책임을 질 사람이 따로 있으면 국가나 지방자치단체가 그 자에게 구상할 수 있다. 학교 안전사고가 민사소송으로 비화되었을 경우에 국·공립학교는 국가·지방자치단체(교육감)가 사립학교의 경우 학교법인이 각각 소송 당사자가 된다.

3) 안전사고의 주요 판례

표 11-3 안전사고의 주요 판례

판 례	사고 내용	법원 판결
하계 훈련 중 바다에 빠져 식물인간이 된 사고	하계 극기훈련 및 봉사활동을 하던 중학생이 바다에 들어가 수영을 하다가 갑자기 맥박과 호흡이 정지되어 식물인간이 된 사건	지도교사가 준비운동을 하라는 지시만 하고, 학생들의 개별행동에 주의를 기울이지 아니하는 등 주의·감독의 의무를 다하지 아니한 점을 들어 지도교사의 과실을 40%로 인정함.

체육시간 중 부상에 대한 사고	체육시간에 체육교사의 지도 아래 3단 높이뛰기 시험을 보던 중 하반신 마비의 상해를 입은 사건	학교는 학생들을 안전하게 교육할 의무가 있는데, 충분한 예비운동과 요령을 지도하지 아니하였고, 모래판의 상태를 점검하지 아니한 채 시험을 실시하였으며, 착지 지점 근처에 보조인을 배치하는 등의 특별한 주의를 게을리한 채 계속 시험을 실시하다가 (학생의) 상해사고가 발생한 것으로 판단되므로 피해자에게 손해를 배상해야 함.
초등학교 하교 중 가로등 감전 사망사고	토요일 12시 35분경 사고 학생은 친구들과 함께 하교하는 길에 운동장 좌측 스탠드 앞의 가로등 주위에 설치된 펜스를 통과하여 운동장으로 내려가다가 가로등에 흐르는 전기 감전되어 사망한 사건	학교장과 행정실장은 업무상 과실치사로 검찰에 약식기소되어 300만 원 벌금형을 받음. 교육청은 학교장 3개월 감봉처분, 교감은 불문경고, 담임교사는 주의조치, 행정실장은 견책처분함.
초등학교 과학 실험시간 중 화상 사고	과학실험 실습시간에 물질의 연소 시 발생되는 이산화탄소와 석회수의 반응을 실험하던 도중 담임교사가 알코올을 석회수로 오인하여 촛불이 세워진 비커에 붓는 순간 갑자기 불길이 뿜어져 반대편 쪽에 앉아 있던 학생이 얼굴과 상체 일부에 화상을 입은 사건	「국가공무원법」에 의해 해당 교사는 면직처분(퇴직연금 2분의 1 수령)되고, 민사손해배상청구소송의 제1심 결과로 서울특별시교육청은 원고에게 약 2억 원 배상 결정됨. 이에 서울시교육청이 해당 교사를 상대로 제기한 구상금 청구 소송 결과, 해당 교사는 교육청에 6,000만 원 배상 결정됨. 책임비율은 교육청과 교사가 7:3됨.

* 주: 학교안전사고의 예방, 처리, 보상금 지급 절차 등의 구체적 내용은 서울특별시학교안전공제회(http://www.schoolsafety.or.kr) 참고.

5. 보건교육

1) 보건교육의 목표

보건교육의 기본 목표는 학생들에게 보건 및 건강에 대한 정확하고 풍부한 지식을 제공하여 건강한 생활을 할 수 있도록 자기 건강관리 능력을 길러 궁극적으로 신체적·사회적으로 건강한 민주시민을 육성하는 데 있다.

2) 보건교육의 영역

보건교육의 영역은 보건, 위생, 흡연 예방, 약물 오·남용 예방교육, 학교환경위생 정화활동, 학교급식, 성교육, 안전사고 예방 등 다양하지만, 여기에서는 흡연 예방교육, 약물 오·남용 예방교육, 성교육 등에 대해 살펴보고자 한다.

「초·중등교육법」 제2조에 따라 학교장은 학교에서 모든 학생을 대상으로 보건교육을 체계적으로 실시하여야 하고, 실시 시간, 도서 등 그 운영에 필요한 사항은 교육부 장관이 정한다. 이 경우에 초등학교 5, 6학년은 연간 17시간 이상 실시하고, 중·고등학교는 선택과목으로 재량활동 시간을 활용하여 보건교육을 실시할 수 있다. 보건교육 내용은 일상생활과 건강, 질병 예방과 관리, 약물 오·남용 및 흡연·음주 예방, 성과 건강, 정신건강, 사회와 건강, 사고 예방과 응급처치 등 7개 영역이다.

표 11-4 보건교육과정의 운영 지침

구 분	학교급	운영내용
실시학년	초	5년, 6년
	중	선택과목
	고	
실시시간	초	재량활동
	중	재량활동의 선택과목
	고	교양선택과목
연간시수	초	연간 각각 17시간 이상
	중·고	선택 시 연간 34차시 이상
교육담당자	공통	보건교사
교과용도서	공통	인정도서(2011년부터 검정도서 사용 가능)

(1) 금연교육

최근 청소년 흡연이 저연령화되어 가는 경향을 보이고 있으므로 일선학교에서는 체계적인 예방교육을 실시하여 사전에 차단하는 방안을 마련하여야 한다. 흡연 예방교육은 흡연의 피해에 대한 올바른 이해를 학생들에게 더 구체적으로 인식시키는 데서 시작한다. 이를테면, 첫째, 담배 연기 속에는 40여 가지 발암물질이 포함되어 청소년기에 담배를 피우기 시작하면 세포 손상이 치명적이다. 둘째, 어린 나이(15세 미만)에 담배를 피우면 비흡연자보다 조기사망확률이 27배나 높다. 셋째, 청소년기의 흡연은 중독성이 커서 세포 손상과 유전자 변형을 초래해 암 발생 위험이 지속된다. 넷째, 담배의 일산화탄소 성분은 두뇌에 산소를 부족하게 공급하는 원인을 만들어 학습 장애를 초래한다는 내용 등이다.

담배는 WHO가 규정한 금지 약물이므로 우리나라에서도 담배를 청소년 유해약물로 규정하여(「청소년보호법」 제2조 제4항) 청소년은 담배를 소지할 수 없고, 청소년에게 판매도 금지되며, 판매업자는 이를 고지하여야 한다(동법 제17조, 제22조 등). 특히, 학교는 절대금연시설이며 청소년 출입이 잦은 장소에서는 흡연이 금지된다(「국민건강증진법 개정 시행규칙」 제6조의 6항 등).

단위학교에서는 학교의 실정에 맞는 관련 교과를 통해 금연교육을 실시하고, 학생들의 흡연 실태를 정확히 파악하여야 하며, 자율적 금연운동을 활성화하여야 한다. 또한, 흡연학생 상담을 강화하고, 학교를 금연구역으로 선포하고 팻말과 금연 포스터 등을 게시하며, 전문기관과 연계하여 금연 프로그램을 운영한다. 금연교육을 위한 교수요원 및 금연교육 프로그램은 보건복지부 또는 식품의약품안전청 등에 문의하면 지원이 가능하다.

(2) 약물 오 · 남용 예방교육

청소년 유해약물은 주로 술이나 담배, 본드, 부탄가스, 신나, 진통제, 진해거담제 등이다. 약물 오 · 남용 예방교육은 특히 단계적, 체계적으로 실시하여야 효과가 있는데, 그 교육을 단계별로 제시하면 다음과 같다.

① 우선, 약물 사용 실태를 전반적으로 조사하고, ② 다음으로, 교직원을 대상으로 약물의 피해 및 예방교육을 실시하고, ③ 그다음으로, 학생들을 대상으로 약물 오·남용에 대한 같은 세대의 문화와 성인문화에 대한 이해 교육을 실시하고 이를 거절하기 위한 사회적 기술을 가르치며, ④ 보건교사를 중심으로 교과별, 학년별로 약물오·남용 예방 교재 및 프로그램을 만들고, ⑤ 학교 주변 청소년 유해환경 정비활동을 강화하고, ⑥ 약물 사용 학생 및 고위험군 학생을 확인하여 개별상담을 실시하고, ⑦ 상담으로 해결되지 않는 경우에는 전문기관과 협조하여 예방 및 치유 프로그램을 실시하며, ⑧ 마지막으로, 치료 후 재발을 방지하기 위한 프로그램을 운영하고 담임교사, 상담교사, 보건교사가 해당 학생이 학교생활에 잘 적응하도록 지도하면 된다.

마약류 및 약물 오·남용 예방교육을 위한 자료는 보건복지부, 마약류대책협의회, 한국마약퇴치운동본부 등에서 활용 가능하다.

(3) 성교육

올바른 성 정체성을 형성하고, 건강한 양성평등의 학교문화를 만드는 것이 성교육의 목표다. 이러한 목표하에 초등학교의 성교육은 학생들이 남녀의 신체적·심리적 특성과 사회적 역할을 이해함으로써 원만한 사회생활을 영위하고, 양성평등한 성역할을 이해함으로써 책임 있는 성 행동을 할 수 있도록 해야 한다. 중학교의 성교육은 남녀의 신체적·심리적 특성과 사회적 역할을 이해하고 성에 대한 올바른 가치관을 확립하여 책임 있는 성 행동을 할 수 있도록 해야 한다. 고등학교의 성교육은 청소년들이 건강한 인격체로서 필요한 성과 관련된 정보, 성적 의사결정의 기술과 가치, 성의 주체자로서 가질 수 있는 권리와 책임 등의 교육을 통해 건전한 성 가치관과 성 윤리의식을 키우도록 해야 한다.

학교 성교육과 관련된 주요 법령을 살펴보면 다음과 같다. "학교의 장은 학생의 체위 향상, 질병의 치료와 예방, 음주·흡연과 약물 오·남용의 예방, 성교육 등을 위하여 보건교육을 실시하고 필요한 조치를 하여야 한다."(「학교보건법」 제9조) "아동복지시설, 유아보육시설, 유치원, 초·중등학교의 장은 대통령령이 정하는 바에 따라 교통안전, 약물 오·남용 예방, 재난 대비 안전 및 성폭력 예방교육을 실시하여야 한

다.”(「아동복지법」 제9조 제3항) “초 · 중등학교의 장은 성에 대한 건전한 가치관 함양
과 성매매를 방지 및 인권보호를 위하여 대통령령이 정하는 바에 따라 성매매 예방
교육을 실시하고, 그 결과를 여성부 장관에게 제출하여야 한다.”(「성매매 방지 및 피해
자 보호 등에 관한 법률」 제4조)

성교육은 학생들의 신체 및 심리발달, 인간관계 이해, 성 문화 및 윤리적 측면 등
을 고려하여 지도하여야 한다. 특히, 단위학교별로 성교육 연간계획을 수립하고, 학
교 성교육 담당교사 및 성교육 협력교사를 지정하여 성교육 전반에 걸친 업무를 담
당하도록 하며 학교 실정에 맞게 학교 성교육 시수를 확보하여야 한다.

표 11-5 **성교육 및 성폭력 예방교육의 내용**

대상 영역	학습내용요소						
	초등 저학년 (1, 2학년)	초등 중학년 (3, 4학년)	초등 고학년 (5, 6학년)	중학교 1학년	중학교 2학년	중학교 3학년	고등학교 1학년
인간관계와 성 심리	• 친구 사귐 • 친구 간의 예절	• 인간존중 • 친구 간의 의사소통 • 성 예절	• 이성친구와 동성친구 (교제법과 예절) • 사춘기의 심 리적 특성	• 사춘기의 심 리적 변화	• 성과 이성 교제 • 성적 욕구 의 조절, 성 윤리(성적 의사결정), 건강한 신 체 발육을 위한 활동) • 자위행위	• 성 정체성 (소수의 성) • 성과 정서 장애(이상 성 행동)	• 성과 문화 (성을 바라 보는 시각) • 인간 발달 과 성 • 성적 자기 결정권
신체 발달과 성 건강	• 나의 탄생 • 나의 몸과 친구의 몸 • 생식기의 역 할과 보호 • 올바른 옷 차림	• 여성과 남성 의 몸 • 생명창조 (임신 과정) • 태아 성장	• 사춘기의 신 체적 변화 • 사랑과 임신	• 사춘기의 성 적 발달 • 월경과 배란 • 발기와 사정 • 몽정 • 임신 • 출산	• 성병과 에 이즈 • 피임과 불임	• 임신과 부 모 됨 • 건강한 출산 • 성 예절(생식 기관 관련)	• 성 관련 정 보 제공 • 인공임신중 절(위험성 과 후유증) • 성 관련 질 환의 예방 과 대처방 법(에이즈)

사회적 환경과 양성평등	• 성폭력 인지 (의미, 상황) • 상황에 따른 성폭력 대처방법 • 평등한 성역할과 가치관	• 성폭력의 의미, 대처 방법(효과적인 자기 표현) • 성 고정 관념, 성차별 • 가정에서의 여성과 남성의 역할	• 성폭력의 유형과 성폭력 대처 방법(성희롱, 성추행, 성폭력, 성매매 모두 포괄) • 성 상품화 • 생활 속의 양성평등	• 성폭력 예방 및 대처 방안(호신술 포함) • 사이버 시대의 성의식 • 사춘기의 사회적 변화 • 가정에서의 양성평등	• 올바른 성 정보 수용 • 청소년 성매매(구체적인 사례 중심으로) • 학교에서의 양성평등	• 성폭력 문제점과 후유증(피해자와 가해자 입장에서) • 청소년 성매매 • 성과 외모 지상주의 • 직장에서의 양성평등	• 성폭력 예방 및 피해 후 대처법 • 「청소년 성매매 관련법」(가해자 중심) • 성 상품화와 소비 • 역사 속의 양성평등
결혼과 건강한 가정	• 가정의 소중함 • 가족 간에 지켜야 할 예절 • 가정 폭력의 개념(아동 방치 등)	• 출산 후 부모의 역할 • 가정폭력 (아동학대)	• 다양한 가정의 형태 • 가족 간의 의사소통 • 가정폭력 개념과 대처법(부모와 자녀 형제와 형제 간의 폭력)	• 가족의 의미 • 다양한 가족 • 가정폭력(원인과 유형 대처 방안)	• 가족 간의 의사소통 • 부모 됨의 책임감 • 가정에서의 성폭력(사례 중심)	• 건강한 임신을 위한 준비(책임의식, 부모 역할) • 가정폭력(청소년 중심)	• 배우자 선택과 결혼 • 남녀가 협력하는 가정생활(육아와 가사 분담) • 가정폭력의 후유증(부부폭력)

출처: 이수정(2007).

뉴스 따라잡기

사례: □□ 지역 ○○고등학교 학생 6명의 교칙 위반 건

　○○고등학교의 2학년 남학생 6명은 중간고사가 끝난 후, 밤 9시에 ○○고등학교에서 가까운 지하철 부근에서 모여 시험으로 인한 스트레스를 풀기로 했다. 6명의 남학생은 적당한 놀이를 찾지 못하던 중 지하철에서 조금 떨어져 있는 곳에 모여 있는 4명의 여학생을 발견하고, 그 여학생들에게 접근하여 함께 놀자고 제의했다. 여학생들은 남학생들의 제의를 승낙하였다. 처음에는 남학생들과 여학생들이 서로 학생 신분인 것을 확인하는 정도였으나, 시간이 지남에 따라 남학생들과 여학생들은 한 여관

에 가서 술과 과자를 먹으며 밤새 놀자는 공감대가 형성되어 모두 한 여관으로 갔다. 모두 약간의 술과 과자를 먹으며 밤을 보내는 중에 한 남학생과 여학생이 다른 빈방으로 건너가서 성관계를 하는 사고가 발생하였다.

　　○○고등학교의 학생과 소속 교사들은 기독교 학교인 우리 학교의 명예를 실추시켰을 뿐만 아니라, 학생으로서 하지 말아야 할 행동을 했기 때문에 남학생 6명 모두에게 퇴학처분을 내려야 한다고 주장하였다. 그러나 본 사건의 실무를 책임지는 K 교사는 교칙을 심하게 어기고 기독교 학교의 명예를 실추시킨 것은 사실이나, 6명의 남학생이 진심으로 반성하며 학교에 남기를 간절히 바라므로 어느 정도의 처벌은 불가피하지만 6명의 남학생에게 반성의 기회를 주어야 한다고 주장하였다.

출처: 서울 ○○고등학교 생활지도 사례집(2013).

◎ 생각해 보기

1. 생활지도 측면에서 위 사건을 어떻게 처리해야 옳은지 토론해 보자.
2. 위 사건에서 학생들의 퇴학처분을 반대하는 K교사의 주장이 옳다고 보는가? 만약 옳다면 그 이유는 무엇인가?
3. 위 사건의 남학생들이 학교의 선처를 받아서 ○○고등학교에 남는다면, 생활지도 측면에서 위 학생들을 어떻게 지도해야 하는가?

6. 진로 및 상담

1) 진로지도의 개념

　　진로지도란 학생의 삶, 학습, 미래의 일을 생각하고 준비하도록 하는 활동이며, 또한 학생 자신의 이해, 직업 이해, 의사결정, 삶의 변화 이해와 대응 등 다양한 측면을 지원하는 활동이기도 하다. 현대사회를 고도기술화, 정보화 그리고 국제화사회라고 하는데, 단위학교에서는 학생들이 이러한 시대에 잘 적응해 나갈 수 있는 진로 내용들을 지도해야 한다.

2) 진로지도의 실제

초등학생의 진로지도 목적은 학생들이 자신의 가능성, 다양한 일의 세계, 교육의 세계 등을 탐색하여 자신의 꿈을 가꾸어 가도록 돕는 것이다. 이러한 관점에서 초등학생의 진로 프로그램 내용은 ① 자신에 대한 이해(나의 가족, 나의 성격, 나의 흥미, 나의 가치관, 나의 이해 종합 등), ② 직업에 대한 이해(일의 의미, 일의 소중함, 일의 역할, 직업의 가치관, 직업의 다양성, 직업의 편견 등), ③ 교육의 세계 이해(학교의 역할, 학교의 단계와 종류, 공부와 직업의 관계 등) 등으로 구성하면 된다.

중학생의 진로지도 목적은 학생 자신을 객관적으로 이해하고 다양한 직업 세계에 대한 정보를 탐색하여 자신의 진로를 합리적인 방법으로 현명하게 설계하도록 돕는 것이다. 그 프로그램 내용은 ① 자신의 이해(자신과 진로의 이해, 심리검사, 영향을 준 인물 이해, 종합적 자신 이해 등), ② 직업의 세계 이해(직업의 의미, 직업의 종류와 특성, 현장체험, 직업관, 직업윤리 등), ③ 교육의 세계 이해(상급학교 이해, 학습기술, 평생교육 등), 진로에 대한 결정(결정의 유형, 합리적 결정, 자신에 적합한 직업 탐색 등), ④ 자신의 진로계획 및 준비 등으로 구성하면 된다.

고등학생의 진로지도 목적은 학생 자신의 특성을 파악하고, 교육과 직업에 관한 정보를 효과적으로 수집 · 분석하여 합리적으로 자신의 진로를 설계하고 준비하도록 돕는 것이다. 이러한 관점에서 고등학생용의 진로지도 내용은 ① 자신의 이해(자신의 적성, 흥미, 성격, 가치관 그리고 현실적 여건, 종합적 이해 등), ② 직업의 세계 이해(직업 탐색 및 정보 수집, 직업관, 직업윤리, 직업세계의 변화, 직업기초능력 계발 등), ③ 교육의 세계 이해(직업 관련학과 이해, 나의 학습 습관, 효과적인 학습 및 시험전략, 평생학습 등), ④ 진로결정(진로결정 탐색 및 보완, 진로결정 연습 등), ⑤ 진로계획(장 · 단기 진로설계, 이미지 만들기, 자기소개서 작성 등) 등으로 구성하면 된다.

표 11-6 학생 진로개발 지원 기관

대 상	온라인	오프라인
초 · 중등학생	• 한국직업능력개발원 커리어넷 (http://www.careernet.re.kr) • 한국고용정보원 청소년워크넷 (http://youth.work.go.kr) • 한국고용정보원 직업정보시스템 (http://know.work.go.kr/know) • 서울특별시교육청 온라인진로상담센터 (http://www.jinhak.or.kr) • 중소기업청 (http://www.smba.go.kr) • 중소기업중앙회 (http://www.kbiz.or.kr)	• 노동부 고용지원센터 • 지역교육청 진로상담센터 • 시 · 도 청소년상담센터 • 한국대학교육협의회 • 한국전문대학교육협의회

3) 학교상담의 개념

상담이란 영어 'counselling'의 의미로 '조언을 해 준다'는 뜻이다. 학생상담의 내용은 학생생활에 필요한 조언을 해 주는 것뿐만 아니라, 심리치료, 태도 변화, 행동수정, 의사결정, 문제해결, 정보 제공 등의 활동을 포함한다. 학교상담은 일반 상담과 달리 학생문제에 대한 예방과 조기 발견을 중시하고, 학생문제를 한 시점에서 보는 것이 아니라 발달단계의 관점에서 보며, 학생생활의 모든 영역을 포함하는 서비스 활동이고, 특히 교사의 적극적인 도움과 협력이 필요한 특성이 있다.

학교상담의 영역은 ① 학생문제를 예방하고 교육하는 상담활동, ② 상담 시 관련자 간의 의사소통이 원활하게 이루어지도록 중재하는 조정활동, ③ 상담활동이 효과적으로 이루어지도록 관련 당사자들에게 정보를 공유함으로써 학생의 성장과 발달을 촉진하는 자문활동, ④ 학생의 입장을 변호하고 옹호하는 활동 등이다.

학교상담의 접근법으로는 ① 가족 체제의 분석을 통한 접근(가정환경조사서 분석, 심층 가정환경조사서 분석, 운동성 가족화 검사 등 심리적 투사 검사 분석 등), ② 학교 체제의 분석을 통한 접근(학급 내 하위 집단의 역동성 탐색), ③ 또래 환경을 이용한 접근(또래 관계 파악 및 또래 상담자 활용) 등을 들 수 있다.

4) 학교상담의 실제

학교상담을 준비하는 데는 학교교육과정 운영계획의 상담 포함, 학교상담실 확보 등이 필요하고, 학교상담을 홍보하는 데는 신입생 오리엔테이션 활용하기, 안내책자 혹은 팸플릿 배부, 상담게시판 등을 활용한다. 기본적으로, 학교상담에 임할 때는 상담을 받는 학생에 따라 융통성 있는 상담기법을 사용하고, 교사는 피상담자와의 한계를 분명히 하며, 상담 시간은 가능하면 규칙적으로 정확히 하며, 학생의 정도를 넘어선 학생은 전문가에게 의뢰하는 것이 좋다.

초등학교의 경우 주의결핍·과잉행동장애를 나타내는 특수한 학생(attention deficit hyperactivity disorder: ADHD)을 위한 집단상담의 한 예로 다음과 같은 단계로 진행해 볼 수 있다.

- 1회차: 소개하기와 어울리기로, 집단이 이루고자 하는 목표와 활동 집단의 규칙을 이해하고 집단 구성원을 소개하는 시간 등을 가지며, 또래들의 놀이에 참여하여 어울리는 기술을 다루는 내용이다.
- 2회차: 좋은 놀이친구 되기로, 또래들과의 긍정적인 놀이 경험을 위하여 필요한 놀이 기술을 훈련하고, 아동이 놀이의 결과보다는 과정을 더 즐기고 다른 아동의 호감을 얻도록 하는 내용이다.
- 3회차: 대화하기로, 친구들과 나누는 대화의 중요성 및 대화 기술의 필요성을 이해하고 경청하는 기술과 언어적·비언어적 기술 등을 훈련하는 내용이다.
- 4회차: 받아들이기로, 또래 관계나 가족 관계 혹은 자신의 수행과 관련하여 일어나는 좌절 상황에서 적절한 대처방안을 스스로 모색하고, 자기를 통제하는 기술을 훈련하며, 부적절하고 충동적인 행동을 자제하도록 하는 내용이다.
- 5회차: 자기 주장하기로, 다양한 문제와 갈등이 유발되는 상황에서 언어적, 비언어적으로 자신의 의사를 명확하게 표현할 수 있는 기술을 훈련하고, 자기주장과 행동이 대인관계에서 어떠한 장점이 있는지 경험하는 내용이다.
- 6회차: 갈등 다루기로, 교실에서 또래의 놀림이나 괴롭힘의 표적이 되지 않도록 적절하게 대응하는 기술을 훈련하며, 상황 대처법을 훈련하는 내용이다.

- 7회차: 문제 해결하기로, 효과적으로 문제를 해결하는 구조화된 단계들을 사용할 수 있도록 훈련하며, 이 단계들을 자기언어로 내면화하여 상황에 잘 적용할 수 있도록 훈련하는 내용이다.
- 8회차: 감정 다루기로, 대인관계에서 자신의 감정 상태를 정확히 파악하고 표현하는 것과 타인의 감정 상태를 인지하기 위한 구체적인 방법들을 훈련하는 내용이다.

중등학교의 경우 또래 상담제가 일반적으로 운영되고 있는데, 이것은 비슷한 연령과 유사한 생활경험 및 가치관 등을 지닌 사람 중에서 일정한 훈련을 받은 사람이 자신의 경험을 바탕으로 하여 주변의 정상적인 다른 또래들이 발달과정에서 경험할 수 있는 문제의 해결을 도와주어 그들이 성장·발달할 수 있도록 하는 상담활동이다.

학생상담에는 여러 가지 기법이 활용될 수 있다. 첫째, 기적 질문이다. 이 기법은 문제 상황에 너무 빠져 있어 문제해결의 실마리를 찾지 못하는 경우에 기적 상황을 제시하여 문제가 완전히 사라진 상황을 상상하게 함으로써 문제해결의 실마리를 찾는 기법이다. 둘째, 척도 질문이다. 이 기법은 1에서 10점까지의 수치에서 자신의 위치를 파악하도록 돕고, 목표 지점을 정한 후에 현재와 목표의 차이를 탐색하게 함으로써 문제해결의 실마리를 찾는 방법이다. 그 밖에 피상담자의 문제에 따라 다양한 놀이와 게임을 활용한 기법들이 있다.

정리하기

1. 생활지도는 학생들이 건전하게 성장하도록 지도하는 교사의 조력활동이다. 생활지도 내용은 학생 이해를 위한 조사활동과 정보제공활동, 학생생활을 돕는 상담활동과 추후지도활동으로 이루어져 있다.

2. 두발·복장 등 용모, 교육목적상 필요한 소지품 검사, 휴대전화 등 전자기기의 사용 그리고 학생자치활동의 조직 및 운영에 관한 사항은 학칙제정 사항으로 미리 학생,

학부모, 교원의 의견을 듣고 그 의견을 반영하도록 노력해야 한다. 그 밖에 생활지도와 관련된 규정으로서 학생징계, 체벌, 학교폭력 등에 대하여 숙지해야 한다.

3. 인성교육과 교과학습은 통합적으로 이루어져야 하며 교과 외 활동으로 창의적 체험활동을 통해 주로 체험이나 활동, 실천 위주의 인성교육이 수행되어야 한다. 아울러, 학교와 사회가 잠재적 교육과정으로서 인성교육의 밑바탕이 됨을 주지하여야 한다.

4. 안전사고는 학생 또는 학부모의 책임과 교사의 책임이 있으며, 교사는 학생을 교육할 때 안전사고가 발생하지 않도록 해야 한다.

5. 보건교육은 학생들에게 보건 및 건강에 대한 지식을 제공하여 건강한 민주시민으로 육성하는 데 그 목표가 있다.

6. 진로지도는 학생의 삶과 미래의 일을 생각하고 준비하도록 하는 활동이다. 학교상담은 학생문제를 상담하고, 조정하고, 자문하고, 옹호하는 활동이다.

적용하기

1. 생활지도를 흔히 문제아를 대상으로 사후적으로 처벌하는 활동이라고 인식하는데, 이를 비판하고 생활지도의 개념을 정확히 설명해 보자.

2. 교사의 인성교육에 대한 효능감이 낮은 것이 인성교육을 방해하는 요인으로 작용하고 있다. 교사가 학교에서 교과, 교과 외 활동에서 인성교육을 실천할 수 있는 방안을 구체적으로 설명해 보자.

3. 학교에서 흔히 일어나는 안전사고의 유형을 설명하고 이를 미연에 방지하기 위한 방안을 만들어보자.

4. 금연 예방과 성교육에 대한 실질적이고 실효성 있는 프로그램을 각자 찾아서 발표해

보자.

5. 학교급별로 진로교육의 목적을 설명하고 구체적인 프로그램을 찾아서 발표해 보자.

📖 참고문헌

강경석, 김종건, 박재황, 신재철, 이윤식, 장덕삼, 김명수, 노종희, 박태수, 윤종건, 이칭찬(2001).
　　　교육실습의 이론과 실제. 파주: 교육과학사.

김진한(2009). 교사를 위한 교직실무. 서울: 학지사.

박완성(2012). 신세대 교사를 위한 교직실무의 이론과 실제. 서울: 학지사.

박재황, 남상인, 김창대, 김택호(1993). 청소년상담교육과정개발연구. 서울: 청소년대화의광장.

서울특별시 교육연구정보원(2010). 교직실무편람(수정본). 서울: 서울특별시 교육연구정보원.

서울 ○○고등학교(2013). 생활지도 사례집.

송기창, 김민조, 김병주, 김병찬, 김성기(2009). 중등교직실무. 서울: 학지사.

이수정(2007). 학교 성교육 내용 체계와 자료 개발. 2007년 전국 초·중·고 성교육 담당교사 워
　　　크숍 미간행 자료집. 인천: 인천시교육청.

이영덕, 정원식(1984). 교육학개론. 서울: 교육과학사.

이칭찬, 주상덕(2009). 교직실무이론. 서울: 동문사.

인성교육범국민실천연합(2014). 교과와 인성교육. http://lms.education.or.kr/
　　　downcampus21/previewdata/calss_167/index.html에서 2014. 6. 30 인출

정창우, 손경원, 김남준, 신호재, 한혜민(2013). 학교급별 인성교육 실태 및 활성화 방안. 정책연
　　　구개발사업 미간행 보고서. 서울: 교육부.

조동섭, 김왕준, 안병천, 김수미, 김민규, 서석호, 문준영(2014). 한손에 잡히는 학급경영과 교직실
　　　무. 서울: 학지사.

천세영, 김왕준, 성기옥, 정일화, 김수아(2012). 인성교육 비전 수립 및 실천 방안 연구. 인성교육
　　　비전 수립을 위한 정책연구 미간행 보고서. 서울: 교육과학기술부.

서울특별시학교안전공제회: http://www.schoolsafety.or.kr

제12장

수업 장학의 이해와 실제

이 장의 핵심 아이디어

수업 장학은 교수 · 학습 활동의 질을 개선하여 궁극적으로 학생교육의 질을 향상시킬 수 있도록 직접적으로 교사의 교수활동을 돕고 지원하는 활동이다.

▶ 수업 장학은 ① 공식적으로 계획된 조직의 필요와 공식적 권위에 기초하여 이루어지고, ② 직접적으로 교사의 행동에 영향을 미치며, ③ 궁극적인 목적은 학생들의 학습을 촉진시키는 것이라는 점을 특징으로 한다.

▶ 수업 장학의 과정은 학교 개선을 위한 좋은 교육이라는 큰 비전을 장학담당자와 교사가 공유하면서 성취해 나가는 것이 되어야 한다.

▶ 성공적인 수업 장학을 위해서는 장학담당자와 교사가 지속적이며 성숙한 상호 관계성에 기초를 둔 동료 관계를 지향해야 한다.

▶ 수업 장학은 일반적으로 '관찰 전 협의회 → 수업 관찰 및 분석 → 관찰 후 협의회'의 3단계 순환 과정으로 이루어져 있다.

▶ 수업 관찰 기법은 크게 양적 방법과 질적 방법으로 나뉘며 관찰 목적에 따라 적절하게 선택하거나 병행하여 사용할 수 있다.

1. 수업 장학의 이해

1) 수업 장학의 개념

장학의 개념은 ① 장학과 행정의 불분명, ② 장학의 한계와 범위의 유동성, ③ 장학 이념과 현실의 괴리현상 때문에 다의적으로 해석되고 있으나(김종철, 1985), 공통된 개념 정의를 하기 위한 노력들이 경주되어 왔다. 김종철(1992)은 장학을 법규적 측면, 기능적 측면, 이념적 측면으로 나누어 정의하였다. 그에 따르면, 장학은 현행 교육부 직제에 의해 교육활동의 제반 영역에 걸쳐 계선 조직의 장학활동에 대한 전문적 · 기술적 조언을 통한 참모활동(법규적 측면), 교사의 전문적 성장, 교육 운영의 합리화 및 학생의 학습환경 개선을 위한 전문적 · 기술적 보조활동(기능적 측면), 교수의 개선을 위해 제공되는 지도 · 조언활동(이념적 측면)이라고 하였다. 이러한 정의에 대하여 강영삼(1994)은 장학이 행해지는 수준에 따라 참모활동 중심의 중앙 조직이 행하는 장학(문교 장학), 개선 활동 중심의 지방 교육청이 행하는 장학(학무 장학), 수업활동 중심의 단위학교가 행하는 장학(수업 장학), 임상 중심의 학급에서 행해지는 장학(임상 장학)으로 유형화했다. 여기서 문교 장학과 학무 장학은 법규적 측면으로, 수업 장학과 임상 장학은 이념적 측면으로 맥을 같이 한다고 볼 수 있다(김형관, 오영재, 신현석, 2000). 또한 장학에 관한 종합적인 분석을 시도한 Wiles와 Bondi(1980)는 장학을 보는 관점은 여러 가지가 있지만 모든 정의가 장학의 궁극적 목적을 수업 개선에 두고 있다는 점을 밝혔다. 즉, 장학은 ① 행정(administration), ② 경영(management), ③ 인간관계(human relations), ④ 교육과정(curriculum), ⑤ 수업(instruction), ⑥ 지도성(leadership) 등 여러 가지에 초점을 맞춰 정의 할 수 있지만 모든 정의에서 공통적으로 추출할 수 있는 장학의 목적은 교사의 수업 개선이라는 것이다. 위와 같은 여러 가지 정의를 통하여 장학은 그것이 중앙 조직 수준에서 이루어지느냐 단위학교 수준에서 이루어지느냐, 장학사가 행하느냐 동료교사가 하느냐 하는 다양한 수준과 장학담당자가 존재할 뿐, 공통적으로 교사의 '수업 개선'을 목표로 하는 지도 · 조언활동임을 알 수 있다.

장학 중에서도 수업 장학(instructional supervision)은 단위학교가 행하는 수업활동 중심의 장학으로서 보통 일반 장학(general supervision)에 대응되는 장학으로 이해된다. 수업 장학이 교실 수업에 초점을 맞춘 것이라면 일반 장학은 행정적 장학의 이미지다(주삼환, 2003). 일반 장학의 주요 목적과 영역은 ① 교육과정의 개발과 개선, ② 수업의 계획과 준비, ③ 교원의 확보, ④ 학습자료의 확충, ⑤ 교원의 현직 연수, ⑥ 신임 교원의 오리엔테이션, ⑦ 새로운 교육정보의 제공, ⑧ 교원의 평가다(Harris, 1975). 그러나 Cogan(1973)은 학급을 중심으로 한 장학을 일반 장학과 임상 장학으로 나누면서 일반 장학은 ① 교육과정의 제정과 교정, ② 수업 단원과 자료의 준비, ③ 학부모에게 통지하는 과정과 도구의 개발, ④ 교육 프로그램의 평가라고 규정하였다. Cogan의 경우 일반 장학이라는 용어를 사용하였지만 수업 장학을 설명한 것으로 이해하여야 한다. 이러한 현상은 수업 장학의 개념이 모호하여 학자마다 용어 선택을 다르게 한 것으로 보인다. 이러한 용어 선택의 차이는 수업 장학과 일반 장학 모두 수업 개선을 목표로 하는 지도 · 조언활동이라는 점에서 유래하지만, 수업 장학은 학교시설행정, 교원인사행정 등 일반 장학에 속하는 영역을 제외하고 교실 내 교수 · 학습과정에 관련된 활동만을 포함하는 것으로 보아야 할 것이다. 즉, 수업 장학과 일반 장학의 관계는 수업 장학이 더 넓은 일반 장학의 영역에 포함된다고 보아야 한다(변영계, 김경현, 2010; 주삼환, 2003).

수업 장학에 대한 정의를 살펴보면, Harris(1975)는 수업 장학이란 학교의 구성원들이 학생의 학습을 증진시키기 위해 교수 과정에 직접적으로 영향을 주는 방법으로 학교를 운영하거나 변화하는 것이라고 하였다. 또한 강영삼(1994)은 수업 장학을 학교 조직의 핵심인 교수 · 학습활동의 질을 개선하여 궁극적으로 학생교육의 질을 향상시키도록 직접적으로 교사의 교수활동을 돕고 지원하는 활동이라고 하였다. 한편, Wiles와 Lovell(1975)은 학교 조직을 여러 개의 하위체제로 이루어진 개방체제로 보고 그중 수업 장학 행위체제는 교사-학생 체제의 목적 달성을 용이하게 하기 위해 교사 행위체제에 영향을 줄 목적으로 학교 조직에 의해서 공식적으로 제시되는 행위체제라고 보았다. 즉, 수업 장학이란 학생의 학습 촉진과 학교조직의 목표 달성을 위해 교사의 행동에 직접적인 영향을 주는 조직에 의해 공식적으로 계획된 활동이라는 것이다. 이러한 수업 장학의 정의에 기초하여 Alfonso, Firth와

Neville(1975)은 수업 장학의 특징을 다음의 세 가지로 정리하였다.

① 수업 장학은 공식적으로 계획된 조직의 필요와 공식적인 권위에 기초하여 이루어지는 활동이다.
② 수업 장학은 직접적으로 교사의 행동에 영향을 미치는 활동이다.
③ 수업 장학의 궁극적인 목적은 학생들의 학습을 촉진시키는 것이다.

2) 수업 장학의 유형

수업은 학교조직이 수행하는 활동 중 가장 핵심이 되는 활동이다. 모든 학교의 행정적 작용은 궁극적으로 양질의 수업 제공에 목적이 있으며 수업 장학은 이러한 학교의 핵심적 활동을 지원하기 위한 지도 · 조언활동이다. 그러나 이러한 수업 장학이 학교 내의 모든 교사에게 똑같이 적용될 수는 없다. 각 교사의 발달단계와 특성이 다르고 수업 개선에 대한 요구가 개인마다 다를 수 있기 때문이다. 이러한 아이디어를 바탕으로 등장한 것이 Glatthorn(1984)의 선택적 장학(differentiated supervision)이다. 선택적 장학은 교사의 발달단계, 특성, 개인적 요구에 따라 다음의 몇 가지 형태로 선택적으로 적용되는 장학이다. 예를 들면, 학교에 교사가 50명 있다면 교사의 특성에 맞추어 임상 장학(5명), 동료 장학(10명), 자기 장학(5명), 약식 장학(30명)의 형태로 장학을 행하며, 특정의 장학에 희망자가 여러 명 생길 경우를 대비하여 매년 서로 바꾸도록 한다.

(1) 임상 장학

임상 장학이란 실제적인 교수행위를 직접 관찰하여 자료를 수집하고 수업 개선을 위해 장학담당자와 교사의 대면적 상호작용 속에서 교사의 행위와 활동을 분석하는 수업 장학의 한 양상이다(Goldhammer, Anderson, & Krajewski, 1980). 의학에서 사용되는 용어인 임상(clinical)이란 단어가 보통 의사가 환자를 다룬다는 의미로 쓰이는 말이라는 데서 문제가 있는 교사를 다룬다는 부정적인 의미로 해석될 우려가 있으나, 여기서 임상이란 이론이 아닌 실제 병상에서 환자를 관찰하고 치료에 임한다는 의미로 실제 학급에서 수업 상황을 직접 관찰하면서 수업 개선을 한다는 의미로 해석되어야 한다. 즉, 임상 장학이란 장학담당자가 실제 교실 상황에서 수업상의 문제를 직접 확인하여 교사에게 전문적 도움을 줌으로써 수업 개선을 함께 도모하는 것이다. 임상 장학은 초임 교사나 수업에 문제가 있다고 느끼는 교사에게 행하는 것이 좋다.

임상 장학의 최초 제안자인 Cogan은 효과적인 임상 장학의 단계를 다음의 8단계로 구분한다(Cogan, 1973).

① 1단계: 교사와 장학담당자 간의 관계 확립
② 2단계: 교사와의 협의를 통한 수업계획 작성
③ 3단계: 수업 관찰전략 수립
④ 4단계: 수업 관찰
⑤ 5단계: 교수 · 학습과정 분석
⑥ 6단계: 교사와의 협의회 전략 수립
⑦ 7단계: 교사와의 협의회
⑧ 8단계: 새로운 계획의 수립

(2) 동료 장학

동료 장학이란 교사들이 전문성 개발을 위해 서로 협동하는 장학의 형태를 말한다. 일반적으로 교사들은 장학사에 의한 장학보다는 늘 함께 생활하는 동료로부터의 장학을 선호하는 편이다. 이것은 전문직으로서의 교직 특성에도 부합하는 것으로, 교사의 문제에 대하여 가장 잘 알고 도와줄 수 있는 사람이 동료 전문가일 수 있기 때문이다. 동료 장학의 방법은 여러 가지 형태가 있을 수 있는데, 동일 교과 · 동일 학년 교사 또는 관심 분야가 같은 교사들끼리 수업에 대한 아이디어를 공유하고 수업 준비를 돕는 것이 일반적인 형태다. 동료 장학은 중간 정도의 발달단계에 있는 교사, 협동적으로 일하는 것을 선호하는 교사, 그리고 관심 분야가 동일한 교사들에 대하여 행하는 것이 좋다. 주삼환(2003)은 동료 장학의 형태로 다음의 일곱 가지 형태를 제시한다.

① 비공식적 관찰 · 협의: 피관찰 교사의 희망에 따라 수업 관찰을 하고 피드백을 제공
② 초점 관찰 및 자료 제공: 피관찰 교사가 관심을 갖는 내용에 초점을 맞추어 수업 관찰도구로 관찰한 후 관찰 자료를 수업자에게 주어 분석이나 평가를 하도록 도움을 제공
③ 소규모 현직 연수위원회: 교사 3~5명이 집단을 이루어 집단의 요구 분석에 따라 수업 관찰, 분석, 피드백 제공, 관찰 기록 공유 등을 통해 현직 연수의 목표를 달성
④ 팀티칭: 팀티칭을 통해 자연스럽게 수업을 관찰하고 피드백 제공
⑤ 임상 장학에 의한 동료 장학: 훈련받은 동료 교사를 통한 임상 장학
⑥ 동료 코치: 수업 관찰을 통해 자료를 제공하는 자료 제공적 코치, 임상 장학의 전 과정을 거치면서 공동으로 문제해결을 위해 노력하는 협동적 코치, 전문가로서 도움을 주는 전문적 코치의 세 명의 동료 코치로 구성
⑦ 동료 연수회: 유능한 동료 교사의 강연, 실험 및 실기 연수, 수업 촬영 비디오테이프 시청

(3) 자기 장학

자기 장학이란 교사 개인이 자신의 전문적 발달을 위하여 스스로 체계적인 계획을 세우고 실천하는 과정이라고 할 수 있다(김형관, 오영재, 신현석, 2000). 교사는 가르치는 일을 하는 전문가이므로 그 업무를 제대로 수행하기 위해서는 급변하는 사회의 정보와 지식을 끊임없이 충전하는 과정이 필요하다. 또한 전문가로서의 전문성과 자율성은 자신이 필요로 하는 정보와 지식을 선택하여 성장할 수 있는 능력을 충분히 뒷받침한다고 볼 수 있다. 다만, 스스로 성장할 능력을 갖추었다고 보기 어려운 신규 교사보다는 발달단계가 높은 교사, 혼자 일하기를 좋아하는 교사, 경험이 많고

유능한 교사에게 더 적합한 장학의 형태라고 할 수 있다.

자기 장학의 형태는 자신의 수업 비디오 촬영 후 분석, 학생들의 수업평가 분석, 대학원 수강, 수업 관련 워크숍 참여, 수업 관련 전문가의 자문과 조언 획득 등 다양한 유형이 있으며 여러 가지 유형 중 교사 본인이 선택할 수 있도록 재량권이 폭넓게 주어진다. 그러나 자기 장학은 자유방임을 의미하는 것은 아니며 자신이 필요로 하는 장학에 대하여 장학담당자와 의견을 나누고 장학이 끝난 후 결과물을 제출해야만 한다. 장학 결과물은 일지, 수업 기록, 수업 촬영 비디오 테이프, 사진, 학생 과제 제출물 등의 포트폴리오 형태의 자료를 의미한다.

(4) 약식 장학

약식 장학이란 단위 학교의 교장이나 교감이 간헐적으로 짧은 시간 동안 학급 순시나 수업 참관을 통하여 교사들의 수업 및 학급경영 활동을 관찰하고 이에 대해 교사들에게 지도 · 조언을 제공하는 활동을 말한다. 약식 장학은 단위 학교에서 일상적으로 빈번하게 수행되기 때문에 일상 장학이라고도 부른다(강영삼, 1995). 모든 교사에게 가능한 장학의 형태지만 비공식적으로 잠깐 들러 행해지는 이러한 활동이 교사들에게 수업 개선의 측면보다는 감시와 통제라는 관료적 장학으로 비치기도 했다. 그러나 단위학교를 경영하는 교장, 교감이 학교 개선을 위해 교사의 수업을 살펴보고 지도 · 조언하는 것은 교장, 교감의 학교 내 역할 중에서 중요한 임무 중의 하나이며, 단지 수업 개선이라는 장학 본래의 목적을 달성하기 위해서 방법을 바꿀 필요가 있다. 우선, 아무런 계획 없이 불시에 학급을 방문하여 관찰하는 것보다는 수업의 어떤 부분에 초점을 맞추어 관찰할 것인지, 또 어떤 특성이 있는 학급을 방문할 것인지 등 체계적인 계획을 세워서 행할 필요가 있다. 또한 가능하다면 해당 학급의 교사에게 미리 방문 목적과 관찰 대상을 알려 주는 것도 약식 장학에 대해 교사의 협조를 얻어 낼 수 있는 좋은 방법이다. 둘째, 짧은 시간 동안 수업 관찰에 집중하기 위해 기록을 하는 것이 좋다. 해당 수업에 대한 전반적인 인상, 교사와 학생의 상호작용, 학습자의 특성과 수업 모형의 적합성 등 초점을 두어 관찰한 수업의 제 측면을 교실에서 생생하게 기록해 두면 교사에게 피드백하는 데 유용하다. 셋째, 교사에게 해당 수업의 관찰 내용에 대한 피드백을 해 줘야 한다. 교실을 방문한 후 아무런 피드백이 없다면 해당 교사는 수업 개선 목적의 방문이 아닌 단순한 감독으로 받아들이게 될 것이다.

2. 수업 장학의 실제

1) 장학담당자와 교사의 관계

장학이 교사의 수업 개선을 목표로 하는 지도·조언활동임에도 실제 교육현장에서 학생들을 가르치는 교사들은 장학을 부정적이며 소모적인 행정의 일부로 생각하는 경우가 많다. 장학에 대한 이러한 부정적 이미지 대부분은 장학담당자와 교사의 수직적 상하 관계에서 발생한 것으로, 수업에 대한 자세한 관찰과 장학담당자와 교사의 대면적 상호작용, 친밀한 전문적 관계성을 유지하는 데 큰 걸림돌이 된다. 성공적인 수업 장학을 위해서는 장학담당자와 교사 간에 지속적이며 성숙한 상호 관계성에 기초한 동료 관계를 지향해야 하며, 이를 위해서 장학에 대한 관점 자체를 변화시킬 필요가 있다. 즉, 장학의 과정을 더 이상 상위 직위의 우월한 능력을 가진 자가 하위 직위의 교사를 관찰하거나 감시하는 것(Supervision)이 아닌 수퍼비전(SuperVision), 즉 학교 개선을 위한 좋은 교육이라는 큰 비전을 장학담당자와 교사가 공유하면서 성취해 나가는 것으로 바라보아야 한다.

Sergiovani와 Strratt(2008)는 조하리의 창(Johari Window)을 이용하여 장학담당자와 교사의 관계를 설명하였다. 조하리의 창은 자신과 다른 사람들이 알거나 알지 못하는 영역을 조합한 4개의 영역으로 대인관계의 유형을 설명하는 이론이다. 다음 [그림 12-1]에서 첫째, 공적 자아(public self)는 교사가 알고 있는 지식과 장학담당자가 알고 있는 지식이 일치하는 영역으로 의사소통이 가장 효과적으로 일어나며 장학담당자와 교사가 함께 더 많은 일을 할 수 있다. 둘째, 숨겨진 자아(hidden self)는 교사는 장학담당자가 모르는 자신의 교수·학습 측면을 알고 있으며 장학담당자가 이를 이용할지도 모른다는 두려움 때문에 장학담당자에게 숨긴다. 장학담당자는 이 영역의 크기를 줄일 수 있도록 교사와의 관계를 신뢰감 있는 관계로 다져 나가야 한다. 셋째, 눈먼 자아(private self)는 장학담당자가 교사 자신이 알지 못하는 교사의 교수·학습 측면을 알고 있으며, 수업 장학이 진행됨에 따라 이 크기는 점점 줄어드는 것이 바람직하다. 넷째, 미지의 자아(undiscovered self)는 교사의 수업행위에 대하여 장학담당자와 교사 모두 알지 못하는 부분으로 수업 장학을 진행함에 따라 미지의 것을 함께 발견함으로써 이 영역의 크기를 줄여 나가야만 한다. [그림 12-1]은 장학담당자와 교사의 관계가 성숙하고 지속적인 상호 관계성에 기초한 협력 관계가 되지 않으면 성공적인 수업 장학이 될 수 없음을 잘 보여 준다.

	장학담당자가 교사에 대해 알고 있는	장학담당자가 교사에 대해 모르고 있는
교사가 자신에 대해 알고 있는	1. 공적 혹은 개방적 자아	2. 숨겨진 혹은 비밀의 자아
교사가 자신에 대해 모르고 있는	3. 눈먼 자아	4. 미지의 혹은 잠재의식의 자아

그림 12-1 조하리의 창과 장학담당자-교사의 관계

출처: Sergiovanni & Stratt (2008).

2) 수업 장학의 단계

수업 장학은 여러 가지 형태를 띠고 그 과정도 학자마다 다양하게 제시되고 있으나 일반적으로 '관찰 전 협의회 → 수업 관찰 및 분석 → 관찰 후 협의회'의 3단계 순환 과정으로 이루어진다(김형관, 오영재, 신현석, 2000; 변영계, 김경현, 2010). 우선, 관찰 전 협의회는 장학담당자와 교사 간에 상호 신뢰하는 관계를 형성하여 교수 장면의 무엇이 문제이고 무엇에 초점을 맞추어 관찰하며 어떤 결과를 얻을 것인지 합의하는 과정이다. 여기서 가장 중요한 것은 장학담당자와 교사 간의 라포(rapport) 형성이라고 할 수 있다. 교사가 장학담당자를 신뢰하지 못할 경우 수업 개선과 교사의 전문적 발달이라는 소기의 목적을 이룰 수 없게 되기 때문이다. 두 번째, 수업 관찰 및 분석은 실제 수업에 관한 정보를 얻기 위하여 체계적으로 관찰하고 관찰 내용을 이해

가능한 형식을 전환하여 분석하는 것이다. 교사의 수업방법에 따라 다양한 관찰 기법과 분석 방법이 동원된다. 세 번째 단계는 관찰 후 협의회로 수업에 관한 서술적 (descriptive) 정보를 이용하여 교수 장면의 문제점을 해결하기 위한 대안을 장학담당자와 교사가 함께 탐색하는 과정이다. 장학담당자는 교사에게 평가적 정보가 아닌 서술적 정보를 제공하는 데 중점을 두어야 한다. 관찰 후 협의회의 결과는 다음 수업 장학을 위한 출발점이 되어 순환하게 된다.

다음 〈표 12-1〉은 수업 장학의 단계별 주요 기능과 활동내용, 주요 기법 및 유의사항을 정리한 것이다.

표 12-1 수업 장학의 단계

단계	주요 기능과 활동 내용	주요 기법 및 요령	유의 사항
관찰 전 협의회	• 교사와 장학담당자 간에 신뢰하는 관계를 형성 • 교사에게 장학의 필요성을 이해시키고 긍정적으로 생각하게 함 • 수업 장학의 과제 확정 • 관찰할 수업에 대한 수업 관찰자의 이해를 높임 • 수업 관찰을 언제, 무엇을, 어떻게 할 것인가에 대해 합의	• 수업과 관련한 교사의 관심과 문제점을 수시로 확인 • 교사의 관심사항을 관찰 가능한 진술문으로 표현하게 함 • 교사 자신이 개선방법을 선택하여 결정하게 함 • 관찰 대상을 명세화하고 필요한 것만 관찰·기록 • 정보와 자료에 따라 관찰 기록도구 선택	• 대개 20~30분 정도로 하며 서로 부담을 느끼지 않는 장소에서 실시 • 단 한 번의 협의회로 모든 문제를 해결하려 하지 않음 • 처음부터 완벽한 장학을 기대하기보다는 점진적으로 수업 장학의 범위와 수준을 높여 나가도록 함 • 교사와 장학담당자가 일대일 수평관계가 될 때 더욱 효과적임
수업 관찰 및 분석	• 수업에 참관하여 관찰하고 기록 • 수업의 관찰과 기록을 분석하고 정리 • 관찰 후 협의회를 위한 자료를 준비	• 일상적인 수업을 다른 모습의 수업으로 변화시키지 않아야 함 • 관찰 전 협의회에서 합의한 내용에 주요한 관심을 두고 관찰 • 다양한 방법과 기법 고려 • 언어 및 비언어적 수업행동도 관찰 • 가능한 한 수업상황을 그대로 재생시킬 수 있도록 기록	• 일상적 수업 관찰을 위해 관찰 대상 학급의 학생과 친숙하게 지내는 것 중요 • 장학담당자는 수업 분석도구의 사용에 숙달되어야 함 • 양적 관찰법과 질적 관찰법 병행 • 관찰 후 협의회를 위해 가능한 한 객관적이고 사실 중심의 정보와 자료 준비

| 관찰 후 협의회 | • 수업 관찰 및 분석 자료를 활용하여 개선 방안 탐색
• 대안적 방안을 결정
• 차기 수업 장학을 위한 협의
• 수업 장학 자체의 평가와 수업 장학 기법에 대한 평가 | • 장학담당자는 수업 관찰 및 분석 결과를 비판 없이 사실 중심으로 제시
• 수업의 특징은 원인을 분명히 밝혀서 해석
• 관찰결과를 분석하여 교사에게 제시하고 문제의 규명과 대안의 탐색은 교사 자신이 하도록 권장
• 장학담당자는 교사의 입장을 이해하고 교사가 장학 과정에 만족감을 느끼도록 노력
• 장학담당자도 수업 장학 기법을 개선시키기 위해 교사로부터 솔직하고 객관적인 정보를 얻어야 함 | • 대개 30~40분 정도가 적당하며 두 사람만이 이야기할 수 있는 장소가 적당
• 교사가 소감을 먼저 이야기하고 객관적인 자료를 비교
• 장학담당자의 개인적 주장과 선호하는 방법으로 수업을 개선하도록 요구하는 것 지양
• 객관적이고 양적인 변화를 제시했을 때 교사가 자신의 수업 개선에 더 강한 관심을 가짐 |

출처: 변영계, 김경현(2010), pp. 85-89.

3) 수업 관찰 기법

수업 장학에서 수업을 관찰하는 목적은 교수 장면에서의 문제 상황에 대한 객관적 자료를 수집하여 해결 대안에 접근할 수 있게 하는 정보를 얻기 위해서다. 수업을 관찰하는 기법은 여러 가지 방법이 있으나 크게 양적 방법과 질적 방법으로 나뉘며, 관찰 목적에 따라 적절하게 선택하거나 병행하여 사용함으로써 더 정교한 수업 정보를 얻어 낼 수 있다. 예를 들면, 칭찬의 빈도를 결정하기 위해서라면 교육 비평과 자유 기술보다는 범주별 빈도가 적합할 것이고, 모범생의 흥미 유발에 관심이 있다면 범주별 빈도나 수행 지표보다는 초점 질문지 관찰이 더 유용할 것이다. 또한, 장학담당자들은 특정한 관심사를 위하여 맞춤형 관찰을 설계하기도 하며 맞춤형 관찰은 양적 방법과 질적 방법을 모두 사용할 수도 있다. 다음 〈표 12-2〉는 다양한 수업 관찰 기법의 특징을 정리한 것이다.

표 12-2 다양한 수업 관찰 기법

유 형	방 법		관찰자의 역할		목 적
	양적	질적	분리	참여	
범주별 빈도	√		√		관찰 행동의 횟수 파악
수행 지표	√		√		관찰될 행동의 유무 파악
시각적 도표	√		√		언어적 상호작용을 그림으로 묘사
공간 활용	√		√		움직임을 그림으로 묘사
축어 기록		√	√		언어적 상호작용을 글로 기록
분리형 자유기술		√	√		전개되고 있는 사건에 대한 주목
참여형 자유기술		√		√	세밀한 관찰
초점 질문지 관찰		√	√	√	특정한 사건에 초점을 맞춤
교육 비평		√	√	√	참여자들에 대한 의미 파악
맞춤형	√	√	√	√	특정한 관심사에 초점을 맞춤

출처: Glickman, C. D., Gordon, S. P., & Ross-Gordon, J. M. (2004), p. 281.

(1) 양적 방법

양적 방법은 교실 내에서 일어나는 사건이나 행동 등을 측정하는 방법의 하나다. 양적 방법으로 산출된 자료는 정확하게 측정된다면 통계적 자료로도 쓸 수 있다. 양적 방법으로는 범주별 빈도 분석, 수행 지표 분석, 시각적 도표, 공간 활용 분석 등의 관찰 기법이 있다.

① 범주별 빈도(categorical frequency) 분석: 수업 중 일어나는 특정한 사건과 행동들의 빈도와 발생 간격을 체크하는 방법으로 교실에서 일어나는 거의 모든 수업 국면은 빈도로 체크할 수 있다. 예를 들면, 교사의 언어적 행동(정보 부여, 발문, 응답, 칭찬, 꾸중 등)을 15분마다 체크하는 것이다.

② 수행 지표(performance indicator) 분석: 관찰 도구의 목록에 있는 행동이 관찰되는지

그렇지 않는지를 기록하는 것으로, 예를 들면, 협동학습의 기본 요소들(면대면 상호작용, 긍정적 상호의존성, 개인적 책무성 등)이 각각 수업에 나타나는지 안 나타내는지를 체크하는 방법이다. 여기서 주의할 점은 관찰 목적으로 사용되는 수행 지표들은 절대적 기준을 의미하는 것이 아니라는 점을 기억해야만 한다. 장학담당자와 교사가 수업 과정을 둘러싼 환경에 대해 논의한 후에만 관찰 목록의 행동이 문제 상황과 관련이 있다고 해석할 수 있다.

③ 시각적 도표(visual diagramming): 비디오테이프 없이도 교실에서 일어나는 일들을 그림으로 묘사할 수 있는 방법이다. 예를 들면, [그림 12 - 2]는 9시 10분에서 15분까지 5분 동안 일어난 교사와 학생 간의 언어적 상호작용을 그림으로 표현한 것으로 교사와 학생 간의 상호작용이 주로 왼쪽 앞 열의 학생들과만 이루어지고 있음을 알 수 있다.

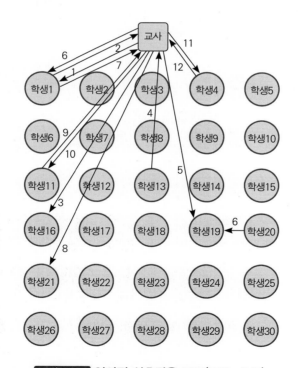

그림 12 - 2 언어적 상호작용 도표(9:10~9:15)

출처: Glickman, C. D., Gordon, S. P., & Ross - Gordon, J. M. (2004), p. 268.

④ 공간 활용(space utilization) 분석: 시각적 도표의 일종으로 교사가 교실 내 특정 공간
에 머무는 시간이나 반복되는 보행 패턴을 순서도로 나타내는 것이다. 예를 들
면, [그림 12-3]은 교사의 행동 하나하나에 시간에 따른 라벨이 붙은 것으로
교실의 왼쪽과 정면 쪽만 활용하고 학습 센터와 교실 중간은 활용하지 못한 것
을 알 수 있다.

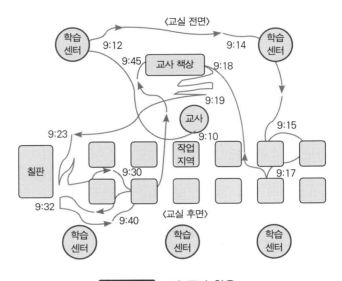

그림 12-3 교사 공간 활용

출처: Glickman, C. D., Gordon, S. P., & Ross-Gordon, J. M. (2004), p. 269.

(2) 질적 방법

질적 방법은 장학담당자에게 교실 수업 장면의 더욱 광범위하고 복잡한 상황에
대한 자료를 제공하기 위해 쓰는 방법이다. 양적 방법으로는 얻을 수 없는 수업 분위
기 등의 질적 자료를 얻을 수 있어 수업에 대한 정교한 이해를 돕는다. 질적 방법으
로는 축어 기록, 분리형 자유 기술, 참여형 자유 기술, 초점 설문지 관찰, 교육 비평
등의 관찰 기법이 있다.

① 축어(verbatim) 기록: 장학담당자가 교실에서 일어나는 모든 언어적 상호작용을
노트에 기록하는 것으로 수업 시간 동안 개인 상호간의 행동 패턴을 확인할 수

있다. 보다 효과적인 기록을 위하여 단어를 축약하거나 의미 없는 말은 생략할 수도 있다. 축어 기록은 기록 시간을 단축시켜 줄 수 있지만 관찰자가 매 순간 노트 기록을 하느라 이외의 수업 상황에는 신경 쓸 겨를이 없는 고된 과정이 될 수 있다. 그러므로 특별한 초점과 관련된 상호작용만 선택적으로 기록하게 할 수도 있다.

② 분리형 자유 기술(detached open-ended narrative): 장학담당자가 교실 내에 들어와 모든 사람, 모든 사건, 관심을 끄는 모든 것을 기록하는 것이다. 장학담당자의 관찰지는 처음에 어떠한 지표나 범주도 없이 비어 있지만 점점 채워진다. 장학담당자는 사건의 흐름에 맞추어 속기가 가능해야 하며, 무엇이 중요한지를 결정하여 교실 전체를 끊임없이 자세히 훑어보아야만 한다.

③ 참여형 자유 기술(participant open-ended narrative): 장학담당자가 수업에 함께 참여하면서 수업행동이 잠시 중단된 사이에 수업 상황을 기록하는 것이다. 분리형 자유 기술에서는 장학담당자가 교사와 학생으로부터 떨어져서 모습을 나타내지 않는 반면, 참여형 자유 기술에서는 장학담당자가 교사, 학생과 이야기를 나누고 움직이고 수업을 지원한다. 수업 중에는 교실 내 상황이 단어와 절 등의 형태로 스케치되었다가 관찰이 종료되고 난 후 더 자세하게 묘사된다.

④ 초점 질문지 관찰(focused questionnaire observation): 질적 관찰은 기록에 사용될 일반적 주제를 가짐으로써 좀 더 분명한 방법으로 수행될 수 있다. 특정한 수업 모형이나 학습 목표가 초점 질문지로 사용될 수 있으며, 장학담당자는 세부적 질문에 관계된 정보를 찾으려고 노력하게 된다. 예를 들면, Harris(1975)는 〈표 12-3〉과 같은 초점 질문지를 사용하여 수업 관찰을 하였다. 여기서 '교사' 주제에 해당하는 질문에 대한 관찰자의 응답은 다음과 같을 수 있다. 3명의 학생이 Y 교사가 얼마나 좋은지 이야기하는 것을 우연히 들었다. Y 교사가 각기 다른 5명의 학생과 이야기하면서 그들의 어깨에 손을 올려놓는 것을 보았다.

표 12-3 초점 질문지

주 제	질 문
1. 교실	교실은 매력적으로 꾸며졌는가?
2. 교사	교사가 학생들과 온화하고 우호적인 관계를 맺고 있다는 것을 보여 주는 지표는 무엇인가?
3. 학생	학생들이 현재 수행하고 있는 것과 그것을 왜 수행하는지 알고 있다는 것을 나타내는 지표는 무엇인가?
4. 학습	수업과 숙제가 지역사회와 학생 실생활 간의 관련성을 고려하고 있다는 것을 어떻게 나타내고 있는가?

출처: Harris, B. H. (1975), pp. 364 –376.

⑤ 교육 비평(educational criticism): Elliott Eisner가 개발한 방법으로 마치 미술 비평가가 그림을 보듯이 장학담당자가 교실을 살펴보는 방법이다. 그는 와인 감식가가 와인의 전체적인 질에 대해 특별한 판단을 하기 위해서 색깔, 냄새, 맛을 볼 수 있듯이 교육 비평가도 구체적인 교실 사건과 전체적인 교실 내 삶의 질에 대해 판단할 수 있는 감식안(connoisseurship)을 지녔다고 보았다. 교육 비평가는 분리된 또는 참여적 관찰자로서 정보를 기록하며 매우 정교하게 교실의 분위기와 느낌을 잡아 낸다. 다른 관찰자들이 기술(description)과 해석(interpretation)을 구분하지 못하는 것에 비해 교육 비평가는 이 둘을 구분하여 참여자의 관점으로부터 이끌어 낸 해석이 섞인 기술을 정교하게 기록한다. 수많은 그림을 감상하고 특정한 예술에 대한 해박한 지식을 축적함으로써 미술 비평가가 되듯이, 교사도 수많은 수업 유형과 교실을 둘러봄으로써 교육 비평가가 될 수 있다고 본다.

NEWS 뉴스 따라잡기

수업 컨설팅 장학, 학교 현장서 인기

　제주특별자치도교육청은 교사 스스로가 자신의 수업방법 개선을 위해 수업을 공개하고 수업 전문가로 구성된 컨설턴트의 자문을 받아 가며 스스로 문제점을 해결해 나가는 수업 컨설팅 장학이 학교현장에서 인기가 높아지고 있다고 31일 밝혔다. 도교육청은 종전의 교육청 중심의 장학에서 지난 2005년부터 중등학교의 장학지도 형태에 학교가 자율적으로 시행하는 컨설팅 장학의 개념을 도입하여 시행하고 있다. 중학교는 지역 교육청별로 2~3개 지구, 고등학교는 5개 지구로 나누어 중심학교별로 수업 컨설팅 장학을 실시하고 있다.

수업 컨설팅은 교사들이 자신의 과목에 대해 컨설팅을 의뢰하면 교수, 교육전문직, 수석교사 등 전문가를 구성, 2~3회 수업공개와 사전협의회를 통해 수업에 따른 환경과 계획, 수업방법 등을 진단하고, 이에 따른 문제점과 그 해결 방안을 제시함으로써 교사 스스로 자신의 문제점을 해결하고 지구별 학교 교사들에게 공개(보고회)하는 절차로 운영되고 있다. 이 밖에도 교사들은 좋은 수업을 위해 수시로 동료교사들과의 멘토링, 교과협의회, 동학년 협의회 등 자신의 수업방법 개선을 위한 자구 노력으로 매우 고무적인 새로운 학교 분위기를 만들어 가고 있는 것으로 진단되고 있다. (뉴시스 기사, 2010년 5월 31일, 강정만 기자)

◎ 생각해 보기

1. 수업 컨설팅 장학의 절차에서 가장 핵심적인 요소는 무엇인가?
2. 학교 현장에서 수업 컨설팅 장학은 실제로 자발적으로 이루어지고 있는가?

📋 정리하기

1. 수업 장학이란 학교조직의 핵심인 교수 · 학습활동의 질을 개선하여 궁극적으로 학생교육의 질을 향상시키도록 직접적으로 교사의 교수 활동을 돕고 지원하는 활동으로, ① 공식적으로 계획된 조직의 필요와 공식적인 권위에 기초하여 이루어지고, ② 직접적으로 교사의 행동에 영향을 미치며, ③ 궁극적인 목적은 학생들의 학습을 촉진시키는 것이라는 점을 특징으로 한다.

2. 선택적 장학은 교사의 발달단계, 특성, 개인적 요구에 따라 임상 장학, 동료 장학, 약식 장학, 자기 장학 등의 몇 가지 형태 중 선택적으로 적용되는 장학이다. 발달단계가 낮은 교사에게는 임상 장학이, 중간 발달단계의 교사에게는 동료 장학이, 발달단계가 높은 교사에게는 자기 장학이 적용되는 것이 바람직하다.

3. 성공적인 수업 장학을 위해서는 장학담당자와 교사 간에 지속적이며 성숙한 상호 관계성에 기초한 동료 관계를 지향해야 한다. 이러한 관계 설정을 위해서 장학의 과정은 상위 직위의 우월한 능력을 가진 자가 하위 직위의 교사를 관찰하거나 감시하는 것(Supervision)이 아닌 수퍼비전(SuperVision), 즉 학교 개선을 위한 좋은 교육이라는 큰 비전을 장학사와 교사가 공유하면서 성취해 나가는 것이 되어야 한다.

4. 수업 장학은 일반적으로 '관찰 전 협의회 → 수업 관찰 및 분석 → 관찰 후 협의회'의 3단계 순환 과정으로 이루어진다. 관찰 전 협의회 단계에서는 장학담당자와 교사 간에 라포를 형성하는 것이 핵심이며, 관찰 후 협의회 단계에서는 장학담당자가 교사에게 평가적 정보보다는 서술적 정보를 제공해야 한다.

5. 수업을 관찰하는 기법은 여러 가지 방법이 있으나 크게 양적 방법과 질적 방법으로 나뉜다. 관찰 목적에 따라 적절하게 선택하거나 병행하여 사용함으로써 더욱 정교한 수업 정보를 얻어 낼 수 있다. 양적 방법으로는 범주별 빈도 분석, 수행 지표 분석, 시각적 도표, 공간 활용 분석의 관찰 기법이 있고, 질적 방법으로는 축어 기록, 분리형 자유 기술, 참여형 자유 기술, 초점 설문지 관찰, 교육 비평의 관찰 기법이 있다.

적용하기

다음은 함께 근무하는 3명의 교사가 가지고 있는 수업 상황에 대한 문제점이다. 자신이 장학담당자로서 3명의 교사에게 적용할 장학 유형을 선택하고, 어떻게 운영할 것인지 구체적으로 계획을 세워 보자.

- A 교사: 올해 대학을 졸업하고 새로 부임한 신임 교사로 학생들에게 인기가 높은 편이나 최근 수업 시간에 학생들을 잘 통제하지 못해 애를 먹고 있다. 학생들이 자신에 대해 관심을 가져 주는 것은 고맙게 생각하지만, 대학에서 공부한 새로운 수업방법을 실전에 꼭 적용해 보고 싶다. 특히 1학년 1반의 김 모 학생은 너무 장난이 심해 수업 시간 내내 그 학생을 상대하다 보면 수업 종이 치고 만다.

- B 교사: 올해 20년 차의 중견 교사로 학생들을 잘 이해하고 수업 국면에서 벌어지는 상황들에 잘 대처할 능력이 있다. 최근에 새로운 교육과정이 도입되면서 수업내용에 예전의 수업방법이 잘 맞지 않는다고 생각하고 있다. 또한 학습 결손이 심한 학생들을 수업에 참여시킬 발문 전략에 관심이 많다.

- C 교사: 정년을 몇 년 앞두고 있는 교사로 교과에 대한 지식수준은 높은 편이나 학생들과 교감을 잘 하지 못하고 있다. 교과 지식보다는 지식의 실천이 중요하다고 생각하며 자유로운 수업 분위기를 중시한다.

📖 참고문헌

강영삼(1994). 장학론. 서울: 세영사.

강영삼(1995). 장학론. 서울: 하우.

김종철(1985). 교육행정학신강. 서울: 세영사.

김종철(1992). 교육행정의 이론과 실제. 파주: 교육과학사.

김형관, 오영재, 신현석(2000). 新장학론. 서울: 학지사.

변영계, 김경현(2010). 수업 장학과 수업 분석. 서울: 학지사.

정태범(1996). 장학론. 파주: 교육과학사.

주삼환(2003). 장학의 이론과 기법. 서울: 학지사.

Alfonso, R. J., Firth, G. R., & Neville, R. F. (1975). *Instructional Supervision: A Behavior System*. Boston, MA: Allyn & Bacon.

Cogan, M. L. (1973). *Clinical Supervision*. Boston, MA: Houghton Mifflin.

Glatthorn, A. A. (1984). *Differentiated Supervision*. Alexandria, VA: Association for Supervision and Curriculum Development.

Glickman, C. D., Gordon, S. P., & Ross-Gordon, J. M. (2004). *Supervision and Instructional Leadership*. Boston, MA: Allyn & Bacon.

Goldhammer, R., Anderson, R. H., & Krajewski, R. (1980). *Clinical Supervision* (2nd ed.). New York: Holt, Rinehart, & Winston.

Harris, B. H. (1975). *Supervision Behavior in Education*. Englewood Cliffs, NJ: Prentice-Hall.

Sergiovani, T. J. & Strratt, R. J. (2008). *Supervision: A Redefinition*. New York: McGraw – Hill.

Wiles, K., & Bondi, J. (1980). *Supervision: A guide to practice*. Columbus, OH: Charles E. Merrill.

Wiles, K., & Lovell, J. T. (1975). *Supervision for Better Schools* (4th ed.) Englewood Cliffs, NJ: Prentice – Hall.

뉴시스(2010. 5. 31.). 수업 컨설팅 장학, 학교 현장서 인기.

학교 행정 실무

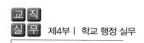

제13장

학사실무

이 장의 핵심 아이디어

학사실무는 학교경영에 필요한 제반업무에 대한 사무 관리다.

▶ 학사실무는 학생의 입학에서 변동, 졸업까지의 전 과정을 아우르는 사무 관리다.

▶ 학사실무는 일반인의 주민등록이나 호적 같은 기능을 하는 학생의 사무 관리다.

▶ 학사실무는 학생의 전학, 편입학, 재입학 등과 같은 학적 변동에 관한 사무 관리다.

▶ 학업성적 관리의 기본은 학생의 성적 평가 및 관리의 객관성, 공정성, 투명성 그리고 신뢰성 등이다.

▶ 학사실무는 학생의 학업평가(성적) 및 학생활동에 관한 사무 관리다.

1. 학사업무관리

1) 입학

초등학교는 취학의무가 있으며, 자녀 또는 아동의 보호자는 그 자녀 또는 아동을 만 6세가 된 날이 속하는 해의 다음 해 3월 1일부터 만 12세가 되는 날이 속하는 해의 다음 해 2월 말까지 초등학교에 취학시켜야 한다. 또한 자녀 또는 아동의 보호자는 그 자녀 또는 아동을 만 5세가 된 날이 속하는 해의 다음 해 또는 만 7세가 된 날이 속하는 해의 다음 해에 입학시킬 수 있다.

읍 · 면 · 동장은 매년 10월 1일 현재 그 관내 거주 아동으로서 다음해 3월 1일 취학할 아동 명부를 10월 31일까지 작성 후 10일 이상의 기간을 정하여 보호자가 열람할 수 있도록 한다. 또한 교육장은 매년도 취학할 아동의 입학 기일과 통학 구역을 결정하고 입학기일이 속한 해의 전해 11월 30일까지 읍 · 면 · 동장에게 통보한다. 읍 · 면 · 동장은 입학할 학교와 입학 기일을 명기하여 입학 기일이 속한 해의 전해 12월 20일까지 보호자에게 통지 후 취학아동명부를 입학할 학교장에게 통보한다.

중학교는 의무교육으로 초등학교를 졸업한 학년의 다음 학년 초부터 만 15세가 되는 날이 속하는 해의 다음해 2월 말까지 그 자녀 또는 아동을 취학시킨다. 중학교 입학 자격은 ① 초등학교를 졸업한 자, ② 중학교입학자격검정고시에 합격한 자, ③ 교육감이 「초 · 중등교육법 시행령」 제98조의2 제1항에 따른 학력심의위원회의 심의를 거쳐 6년 이상의 우리나라 학교교육과정을 수료한 자에 상응한 학력을 가진 것으로 인정한 군사분계선 이북지역 출신자, ④ 「보호소년 등의 처우에 관한 법률」 제29조의 규정에 의하여 초등학교에 상응하는 교육과정을 이수한 자, ⑤ 「대안학교의 설립 · 운영에 관한 규정」 제6조에 따라 초등학교 과정 학력인정을 받은 자, ⑥ 외국에서 6년 이상의 학교교육과정을 수료한 자 등이다.

고등학교의 입학 자격은 ① 중학교를 졸업한 자, ② 고등학교입학자격검정고시에 합격한 자, ③ 중학교에 준하여 교육과정을 운영하는 학교로서 설립자, 학생정원, 수업일수, 학교시설 · 설비 및 수익용 기본 재산을 고려하여 당해 교육과정을 충실히 운영할 수 있다고 인정되는 학교 중 교육감이 지정 · 고시한 학교를 졸업한 자, ④ 교육감이 학력심의위원회의 심의를 거쳐 9년 이상의 우리나라 학교교육과정을 수료한 자에 상응한 학력을 가진 것으로 인정한 북한이탈주민, ⑤ 교육감이 지정한 평생교육시설에서 중학교 교육과정에 상응한 교육과정을 이수한 자, ⑥ 「보호소년 등의 처우에 관한 법률」 제29조의 규정에 의하여 중학교에 상응하는 교육과정을 이수한 자, ⑦ 「대안학교의 설립 · 운영에 관한 규정」 제6조에 따라 중학교 과정 학력인정을 받은 자, ⑧ 외국에서 9년 이상의 학교교육과정을 수료한 자 등이다.

서울시 고등학교 신입생 선발의 경우, 전기학교는 교육감이 승인한 입학 전형방법에 따라 학교장이 결정하고, 후기학교(평준화 적용 및 학교장 전형 일반계고)는 일반 전형자료(중학교 성적)에 의거 남녀동일 합격점으로 합격자를 결정한다. 신입생 배정(후기학교)은 희망하는 학교를 학생이 선지원한 후 추첨하여 배정하고 자율형공립고와 일반계고로 구분하여 배정한다. 자율형공립고는 1단계로 학교 소재 자치구 거주 지원자 중 남녀별 모집 정원의 50%를 추첨 배정하고, 2단계로 1단계 탈락자를 포함하여 타 자치구 거주 지원자 중 남녀별 모집 정원의 50%를 추첨 배정한다.

서울시의 일반계고는 1단계(단일학교군)로 지원자 중에서 지망 순위별로 학교별 모집 정원의 20%(중부 60%)를 추첨 배정하고, 2단계(일반학교군)로는 지망순위 그리고 학교별 지원율을 감안한 학급 수 및 학급당 배정인원 조정, 통학 편의 등과 같은 수용 여건을 고려하여 학교별 모집 정원의 40%를 전산 추첨 배정한다. 단, 추가 추첨 배정은 1, 2단계 배정 과정에서 지원자가 한 단계는 정원을 초과하고, 다른 단계는 정원에 미달된 경우에 3단계 배정 이전에 지원자가 초과된 단계에서 탈락된 학생들로 미달된 단계의 부족 정원만큼 추첨 배정한다. 3단계(통합학교군)로 1, 2단계에서 추첨 배정되지 않은 40%(중부 제외)의 학생들을 대상으로 통학 편의와 1, 2단계 지원 사항, 종교 등을 고려하여 통합학교군 내에서 추첨 배정한다.

그 외에 체육특기자, 지체부자유자, 특수교육대상자는 학교군에 제한 없이 교육감이 학교를 지정하여 배정하고, 국가유공자 자녀 중 교육보호대상자는 학교별 신입생 모집 인원의 3% 범위에서 정원 외 선발 및 배정한다. 또한 통학상 교통이 불편하거나 학교군별 수용 능력상 필요한 경우에 정원의 범위에서 타 학교군 학교에 배정할 수 있다. 당해 연도 고등학교에 배정된 자가 당해 학교의 입학을 포기한 경우 당해 연도에는 다시 다른 학교에 배정받지 못한다. 고입특례 대상자는 학교별 신입생 모집 정원의 2% 범위에서 정원 외 선발 및 배정한다.

2) 전·편입학 및 재입학

초등학교의 전학은 거주지 관할 동사무소에서 관할하며, 대상자는 통학 구역 이외의 지역으로 거주지를 이전한 어린이 또는 학교생활 부적응 또는 가정 사정 등으로 학생의 교육환경을 바꿀 필요가 인정되는 경우의 어린이다. 전학 절차는 거주지 이전 후 동사무소에 전입신고와 동시에 학교를 배정하고, 재학 중인 학교에 거주지 이전 사실을 통보하여, 전학하고자 하는 학교에 주소지 변경을 확인할 수 있는 서류(전입신고서 또는 주민등록등본)를 제출하면, 전입 학교장이 전출 학교장에 학교생활기록부와 건강기록부 송부를 요청한다. 재외국민 또는 외국인이 보호하는 자녀의 경우는 출입국관리사무소장이 발행한 출입국에 관한 사실증명서 또는 외국인등록사실증명서를 제출한다.

중학교의 전학은 주소지 관할 지역 교육청이 업무를 담당하며, 전학 대상자는 ① 중학교에 재학 중인 자로서 전 가족 거주지가 다른 학교군으로 이전된 자, ② 타 시 · 도 중학교 재학자 중 전가족의 거주지가 서울특별시로 이전된 자, ③ 외국의 학교에서 귀국한 자로 중학교 편입학 자격 요건을 갖춘 자 등이다. 전학 절차는 일반 학생은 재적 학교에 거주지가 이전된 주민등록등본을 제출하고 재학증명서를 발급받아 거주지 관할 지역교육청 교육상담민원실에 주민등록등본 1부, 재학증명서 1부를 제출하면 당일 학교가 배정된다. 재적 학교에서 재학증명서와 주민등록등본을 지역교육청으로 모사전송하고, 교육상담실 담당자와 전화상담 후 재적 학교에서 전출 수속을 한다. 해외 귀국자 편입학은 거주지 학교군내 근거리 학교에 직접 방문하여 상담 후 편입학을 신청한다.

지역 교육장은 중학교의 장이 학생의 교육상 교육환경을 바꾸어 줄 필요가 있다고 인정하여 전학을 추천한 자에 대하여는 학교를 지정하여 배정할 수 있고, 중학교의 장은 교육과정 이수에 지장이 없는 범위에서 중학교, 특성화중학교, 학력인정 각종학교 간의 전 · 입학을 허가할 수 있다.

고등학교의 전학은 전기학교는 전학하고자 하는 학교에서 하고, 후기일반계고는 재학학교에서 전 · 편입학 시스템에 직접 입력한다. 그 대상자는 ① 후기 일반계고등학교 재학 중인 자로서 거주지 학교군과 학교가 소속된 학교군 이외의 다른 학교군으로 전 가족의 거주지가 이전된 자, ② 과학고, 국제고, 외국어고, 예술계고, 체육계고 재학생으로서 전 가족이 서울시에 거주하는 자, ③ 전문계고 재학 중인 자로서 학교장의 추천을 받은 자 등이다. 전학절차는 전기학교의 경우에 전학하고자 하는 전기고에서 전입학 동의서를 발급 받고, 재학하는 학교에 전입학 동의서를 제출하고 전출 허가를 받아서 전입 학교에 전출 서류를 제출한다.

전입학 가능 시기는 동일계 전입학은 제3학년 1학기까지 결원의 범위에서 가능하고, 전문계고에서 후기 일반계고교로의 전입학은 제1학년 2학기 초(9월) 및 제2학년 1학기 초(3월)의 정해진 기간 내에서만 가능하며, 과학고, 국제고, 외국어고, 예술계고, 체육계고교에서 후기 일반계고교로의 전입학은 제2학년 1학기까지 가능하다. 배정 방법은 학교군별, 학교별, 학년별, 결원 수 범위에서 접수 순서에 따라 통학여건을 고려하여 수시 배정한다. 또 비평준화지역 고등학교로의 전입학은 전입학 희망 고등학교장으로부터 전입학 동의서를 발급 받아서 재적 학교에 제출하여 전출 수속후, 동의서를 발급 받은 전입학 희망학교에 가서 전입학 수속을 하면 된다.

가정폭력 피해학생은 「가정폭력범죄의 처벌 등에 관한 특례법」 제18조(비밀엄수 등의 의무)에 "피해자의 보호하에 있는 아동이나 피해자인 아동의 교육을 담당하는 학교의 교직원 등은 정당한 사유가 없는 한 해당 아동의 취학, 진학 또는 전학의 사실을 행위자인 친권자를 포함하여 누구에게든지 누설하여서는 안 된다."라고 되어 있는 것을 근거로 전학이 가능하고, 그에 대한 비밀도 유지되어야 한다.

고등학교의 재입학이란 고등학교에서 학업을 중단한 자가 중단 이전의 학교에 재학 당시 학년 이하의 학년으로 다시 입학함(의무교육인 초등학교와 중학교는 불가)을 말한다. 그 절차는 학업 중단 이전의 재적 학교에 재입학원서를 제출하여 학교장이 허가할 경우에 해당 학교에서 재입학 수속을 한다. 재입학 시기는 수시로 가능하며, 고등학교 이하 학생의 재입학은 학업 중단 이전의 재학 당시 학년 이하로 한다.

편입학이란 학업을 중단한 자가 중단 이전의 학교에 재학 당시 학년의 차상급 학년으로 다시 입학하거나, 다른 학교로 다시 입학함을 말한다. 그 절차는 전입학 절차와 동일하고, 편입학 시기는 고등학교 이하 학생의 편입학은 교육과정 이수에 지장이 없는 범위에서 수시로 가능하다.

휴학은 특별한 규정이 없는 한 학칙이 정하는 바에 의하여 학교장이 행하고, 복학은 휴학일자 이전에 신청해야 하며, 휴학 당시의 학년으로 복학 처리한다. 단, 고등학생이 외국 유학을 가는 경우에 자퇴로 처리해야지 휴학으로 처리하면 안 된다.

의무교육 대상자의 학적처리에서 의무교육 대상자는 자퇴를 하거나 퇴학처분을 내릴 수 없고, 사유에 따라 유예(면제) 처리해야 한다. 유예(면제)는 질병 등 부득이한 사유가 있는 경우에 보호자의 신청으로 학교장이 최종 결정한다. 이때 보호자가 행방불명 등 부득이한 사유로 신청할 수 없을 때는 학교장이 사유를 확인한 후 보호자의 신청 없이 결정할 수 있다.

취학의무의 유예는 1년 이내로 하고 특별한 사유가 있을 때는 유예기간을 연장할 수 있다. 단, 인정 유학 때는 면제 처리한다. 입학 이후 유예받은 자나 정당한 사유 없이 3개월 이상 장기결석한 자에 대해서는 정원 외로 학적을 관리할 수 있다. 여기서 정원 외 관리 대상자라 함은 입학 이후 유예자와 3개월 이상 장기 결석자를 말한다.

유예자 · 면제자 또는 장기결석으로 인하여 정원 외로 관리되고 있는 자가 재취학하고자 할 때는 학교장이 교과목별 이수인정평가를 실시하여 해당 학생의 학력을 평가 후 학령에 맞는 학년에 재취학을 허가할 수 있다. 재취학 학생의 수업일수는 다른 학생의 수업일수와 같지 않을 수 있으나, 그 수업일수가 당해 학년 수업일수의 3분의 2 미만이 될 경우에는 당해 학년도 재취학이 불가능하다. 정원 외 학적 관리된 당해 학년도에는 원칙적으로 재취학을 허용할 수 없다. 교과목별 이수인정평가를 통한 학년배정 불가와 당해학년 재취학의 경우에 출석일수 부족으로 진급불가인 경우에는 익년도에 해당학년 재이수가 필요하다. 전 · 편입학 및 재입학생의 수업일수 계산은 다음과 같이 산정한다.

첫째, 전출 · 휴학 · 제적 · 자퇴 · 퇴학일까지를 수업일수에 산입한다.

둘째, 전출 · 휴학 · 제적 · 자퇴 · 퇴학일과 전입 · 복학 · 재입 · 편입일이 동일한 경우는 전입 · 복학 · 재입 · 편입일만 수업일수로 산정한다.

셋째, 재입 · 편입 · 전입 · 복학생의 수업일수는 원적교의 수업일수와 합산하고, 중복되는 재학기간의 수업일수는 제외한다. 예를 들면, 2학년 4월 15일에 자퇴하여 다음 해 2학년 3월 20일에 재입학할 경우 원적교의 3월 20일부터 4월 15일까지의 수업일수는 제외한다.

넷째, 재입학 · 편입학 · 전입학 · 복학생의 수업일수는 다른 학생의 수업일수와 같지 않을 수 있으나, 그 수업일수가 당해학교 당해학년 수업일수의 3분의 2 미만일 경우에는 당해학년도 재입 · 편입 · 전입 · 복학이 불가능하다.

3) 수료 및 졸업

학교의 장은 학생의 교육과정 이수 정도 등을 평가하여 학생의 각 학년 수료 또는 졸업을 인정한다. 예를 들면, 학생의 각 학년 과정의 수료에 필요한 출석일수는 법정 수업일수의 2/3 이상으로 하며, 학교의 장은 당해학교의 교육과정을 이수하였다고 인정하는 자에게 졸업장을 수여한다. 의무교육 대상자들도 진급 또는 졸업을 위해 해당학년 수업일수의 2/3 이상을 출석해야 한다.

학력 인정에서 초등학교 졸업자 및 중학교 졸업자와 동등 이상의 학력이 있다고 인정되는 자의 범위는 각각 중학교 및 고등학교 입학 자격의 인정 범위와 같다.

고등학교 졸업자와 동등의 학력 인정은 ① 고등학교졸업학력검정고시에 합격한 자, ② 고등학교에 준하여 교육과정을 운영하는 학교로서 설립자, 학생정원, 수업일수, 학교시설, 설비 및 수익용 기본 재산을 고려하여 당해 교육과정을 충실히 운영할 수 있다고 인정되는 학교 중 교육감이 지정 고시한 학교를 졸업한 자, ③ 교육감이 학력심의위원회의 심의를 거쳐 12년 이상의 우리나라 학교교육과정을 수료한 자에 상응한 학력을 가진 것으로 인정한 북한이탈주민, ④ 「한국과학기술원 학사규정」 제16조 제1항 제3호에 해당하는 학생으로서 과학기술대학의 입학전형에 합격하여 등록한 학생, ⑤ 「광주과학기술원법 시행령」 제30조 제1항 제3호에 해당하는 학생으로서 광주과학기술원 학사과정의 입학전형에 합격하여 등록한 학생 또는 「대구경북과학기술원법 시행령」 제29조 제1항 제3호에 해당하는 학생으로서 대구경북과학기술원 학사과정의 입학전형에 합격하여 등록한 학생, ⑥ 교육감이 지정한 평생교육시설에서 고등학교 교육과정에 상응한 교육과정을 이수한 자, ⑦ 「소년원법」 「보호소년 등의 처우에 관한 법률」 제29조의 규정에 의하여 고등학교에 상응하는 교육과정을 이수한 자, ⑧ 종전의 「교육법」에 의한 실업고등전문학교에서 3학년 이상을 이수한 자, ⑨ 「대안학교의 설립·운영에 관한 규정」 제6조에 따라 고등학교 과정 학력 인정을 받은 자 등이다.

4) 귀국자의 학적

외국의 학교에서 재학하다 귀국한 자로서 중·고등학교 편입학 요건을 갖춘 해당 자는 학교별 규정이 정하는 바에 따라 결원의 범위에서 학교장이 편입학을 허용한다. 귀국자의 편입학 절차는 거주지 학교군내의 근거리 학교에 구비서류를 제출하여 직접 입학 신청하면 학교의 학칙이 정하는 바에 따라 편입학 학년을 결정하고 결원의 범위에서 학교장이 편입학을 허용한다.

특례입학의 경우, 그 자격은 ① 외국 또는 군사분계선 이북지역에서 9년(중학교는 6년) 이상의 학교교육과정을 수료한 자, ② 외국의 학교에서 국내의 중학교(중학교는 초등학교)에 전학 또는 편입학하여 졸업한 자로서 외국의 학교에서 2년 이상 재학하고 귀국한 학생(외국에서 부모와 함께 2년 이상 거주한 자에 한함)이나, 정부의 초청 또는 추천에 의하여 귀국한 과학기술자 및 교수 요원의 자녀이거나, 외국인 학생(부모 또는 부모 중 1인이 대한민국 국민인 경우에는 외국에서 2년 이상의 중학교 교육과정을 이수한 학생)의 경우에 해당하며, ③ 「북한이탈주민의 보호 및 정착 지원에 관한 법률」 제2조 제2호에 의한 보호대상자로서 군사분계선 이북지역의 학교에서 2년 이상 재학하고 군사분계선 이남지역의 중학교(중학교는 초등학교)에 편입학하여 졸업한 자 등이다.

편입학 허용 범위로서 특례귀국자는 학년별 정원의 2% 범위에서 정원 외로 편입학을 허용하며, 일반귀국자는 일반학생 전·편입학 및 재입학 인원에 포함시켜 학년별 정원의 3% 범위에서 편입학을 허용한다. 단, 정원 내 결원이 있을 경우는 정원 내로 우선 배정하고 정원 내 결원이 없을 경우에는 정원의 3% 범위에서 정원 외 배정이 가능하다.

외국의 학교과정 및 학교인정 범위에서 외국의 학제가 우리나라 학제와 다를 경우에는 우리나라 학제에 따른 학교급별 교육과정상의 교육연한을 기준으로 외국의 학교과정과 학년을 인정한다. 초등학교는 외국의 1~6학년에, 중학교는 외국의 7~9학년에, 고등학교는 외국의 10~12학년에 해당한다. 단, 6개월 이상의 학업 중단이 있는 경우에는 총 수학 기간을 감안하여 전·편입학 학교급 및 학년을 결정한다.

외국과 우리나라의 학제 차이로 국내에서 계속 수학하였을 때의 학년보다 높이거나 낮추어 전·편입학하는 경우는 1학기 범위에서 예외적으로 인정할 수 있다. 또한

9월 학제의 외국에서 귀국한 경우, 학제 차이로 한 학기가 중복될 때는 귀국 후 국내 학교 배정 시 한 학기를 올려 주고, 한 학기 월반 시에는 국내 학교 배정 시 한 학기 내려서 배정한다.

외국에서의 유치원, 어학연수, 개인 학습 등은 학력으로 인정하지 않으며, 외국 학교의 ESL반(어학과정)에서 정규교육과정의 과목과 동일한 과목을 이수하고 성적이 산출된 경우에는 학력 인정이 가능하다. 국내 소재 외국인 학교의 학력은 인정하지 않는다.

귀국 학생의 학교생활기록부 입력은 해외에서 귀국한 학생, 외국인 학생, 북한이탈주민의 자녀 등은 국내 학교에 전 · 편입학한 후 취득한 성적으로 원점수, 성취도, 과목평균, 과목표준편차, 석차, 석차등급을 산출하며, 해외에서 귀국한 학생의 전 · 편입학 이전 성적이 국내에 있는 경우에 이를 인정할 수 있다. 다만, 외국에서 취득한 성적은 학교생활기록부에 입력하지 않으며, 유학 기간의 교과학습발달상황 항목은 공백으로 비워 두고 관련 서류는 별도 관리하다가, 해당 학생 졸업 후 전산출력물에 첨부하여 보관한다.

5) 학교폭력 피해학생 및 가해학생

「학교폭력예방 및 대책에 관한 법률」 제16조(피해학생의 보호)에 의하면 학교자치위원회는 피해학생의 보호를 위하여 필요하다고 인정하는 때는 피해학생에 대하여 심리상담 및 조언, 일시보호, 치료를 위한 요양, 학급교체, 전학권고, 그 밖에 피해학생의 보호를 위하여 필요한 조치 중 어느 하나에 해당하는 조치를 할 것을 학교장에게 요청할 수 있다. 또한 보호가 필요한 학생에 대하여 학교장이 인정하는 경우는 그 조치에 필요한 결석을 출석일수에 산입할 수 있고, 학교장은 성적평가에서 일시보호 등에 따른 조치로 인하여 학생에게 불이익을 주지 않도록 노력해야 한다.

「학교폭력예방 및 대책에 관한 법률」 제17조(가해학생에 대한 조치)에 의해 학교자치위원회는 피해학생의 보호와 가해학생의 선도 · 교육을 위하여 필요하다고 인정할 때에는 가해학생에 대하여 피해학생에 대한 서면사과, 피해학생에 대한 접촉 · 협박 및 보복행위의 금지, 학급교체, 전학, 학교에서의 봉사, 사회봉사, 학내외 전문가에 의한 특별교육 이수 또는 심리치료, 10일 이내의 출석정지, 퇴학처분 중 어느 하나에 해당하는 조치를 할 것을 학교장에게 요청할 수 있다. 단, 의무교육과정에 있는 가해 학생에 대하여는 퇴학처분은 적용하지 아니한다. 학교장의 조치를 가해학생이 거부 하거나 회피하는 때는 「초 · 중등교육법」 제18조에 따라 징계하여야 한다.

출석정지는 가정학습과 동일하게 해석되므로, 그 기간은 무단결석으로 처리하여 야 한다. 「초 · 중등교육법 시행령」 제31조 제5항의 가정학습은 퇴학 직전의 고등학 생에게만 적용시킬 수 있고, 이에 대한 심의는 학교별 학생선도위원회 또는 학생징계 위원회에서 한다. 「학교폭력예방 및 대책에 관한 법률」에 근거한 출석정지는 초 · 중 · 고교생 모두에게 적용시킬 수 있으며, 그 심의는 학교자치위원회에서만 가능하다.

2. 학업성적관리

학업성적관리의 기본적인 지침은 학업성적평가 및 관리의 객관성 · 공정성 · 투명 성과 신뢰도를 높이기 위한 학교별 각 교과협의회와 학업성적관리위원회의 구성 · 운영 및 기능 강화다. 단위학교는 다양한 평가 도구와 방법으로 성취도를 평가하여 학생의 목표도달 정도를 확인하고, 수업의 질 개선을 위한 자료로 활용해야 한다. 선 다형 일변도의 지필 검사에서 서술형 · 논술형 주관식 평가와 표현 및 태도의 관찰 평가가 조화롭게 이루어지도록 하고, 학생이 학교 밖의 교육 수단을 통해서 익힐 수 밖에 없는 내용과 기능은 평가하지 않도록 유의하며, 학업성적평가 및 관리에 관하 여 학업성적관리지침에 규정되어 있지 않은 사항에 대해서는 학교 학업성적관리규 정을 적용하여 공정하고 합리적인 평가 및 성적관리가 되도록 하여야 한다.

1) 학업성적관리위원회

학업성적평가 및 관리의 객관성 · 공정성 · 투명성과 신뢰도를 높이고, 학교생활기 록부의 전산처리 및 관리, 이에 따른 계도 활동과 상담 활동을 강화하기 위한 단위학 교별 학업성적관리위원회를 설치하여 운영한다.

학업성적관리위원회(이하 '학관위')의 구성 및 임무에서 위원장인 학교장은 학관위의 업무를 총괄하고, 부위원장인 교감은 위원장을 보좌하며 위원장 유고 시 위원장을 대행한다. 위원의 수는 학교 규모에 따라 정하며, 교직원 중에서 교무분장업무를 고려하여 학교장이 임명하고, 위원은 당해 학교의 학업성적관리 관련 업무에 대하여 심의한다. 학부모의 의견 수렴과 성적 관리의 투명성을 확보하기 위해 학교장은 약간 명의 학부모 위원을 위촉할 수 있다.

학관위에서 하는 심의 내용은 ① 학교 학업성적관리규정의 제 · 개정, ② 각 교과협의회에서 제출된 지필평가 및 수행평가의 영역 · 방법 · 횟수 · 기준 · 반영 비율 등과 성적처리 방법 및 결과의 활용, ③ 재량활동 상황의 평가 기준 및 방법, ④ 특별활동 상황의 평가 기준 및 방법, ⑤ 독서활동 상황의 평가 기준 및 방법, ⑥ 행동특성 및 종합의견의 평가 덕목 및 방법, ⑦ 학업성적 평가 및 관리의 객관성 · 공정성 · 투명성과 신뢰도 제고 방안(평가의 기준 · 방법 · 결과의 공개 및 홍보 등), ⑧ 학교생활기록부의 기재방법 및 기재내용 등에 관한 사항, ⑨ 기타 학교 학업성적관리 관련 업무 등이다.

그 운영은 학교생활기록의 작성 및 관리에 관한 규칙, 학교생활기록 작성 및 관리 지침, 중학교 · 고등학교학업성적관리시행지침, 교육부 및 서울특별시교육청의 성적관리에 관한 관련 공문이나 지침 등에 준거하여 당해 학교의 '학업성적관리규정'을 단위학교 실정에 맞게 개정 · 보완한다. 또한 학관위를 정기적으로 개최하여 학업성적평가 및 관리의 제반사항을 검토하여 성적에 대한 문제가 발생하지 않도록 예방하고, '학업성적관리규정'에 대한 교직원 연수를 학기별로 실시하여 모든 교직원이 학교 학업성적관리규정 내용을 숙지하도록 하며 학관위의 협의사항은 학교장의 결재를 받은 후 시행한다.

2) 교과학습발달상황

교과학습발달상황의 평가방법은 지필평가와 수행평가로 나누어 실시한다. 전문교과 실기과목과 같은 특수한 경우는 학교 학업성적관리규정으로 정하여 수행평가 만으로 실시할 수 있으나 고등학교에서만 가능하다. 그리고 교과별 지필평가 및 수행평가의 영역 · 방법 · 횟수 · 기준 · 반영 비율 등과 성적 처리 방법 및 결과의 활용 등은 각 학교의 교과지도 형편을 고려하여 교과협의회에서 정한 후, 학관위의 심의를 거쳐 학교장이 최종 결정한다. 학년 초에 학생 및 학부모에게 가정통신, 학부모회의, 학교 홈페이지 등을 통하여 지필평가 및 수행평가의 시기 · 영역 · 기준 · 방법 등을 사전에 공개하고, 학교장은 평가 실시 전에 교직원 연수를 통해 평가의 타당성, 적정성, 투명성, 객관성 등을 확보해야 한다.

수행평가란 평가자가 학습자들의 학습과제 수행과정 및 결과를 직접 관찰하고, 그 관찰 결과를 전문적으로 판단하는 평가방법이며, 그 점수는 점수화가 가능한 영역의 점수만 반영하되 기본 점수의 부여 여부, 부여 점수의 범위 등은 단위학교의 학업성적관리규정으로 정한다. 수행평가결과물은 학생들의 이의 신청 · 처리 · 확인 과정 등 적절한 조치가 완료되었을 경우에 학교장이 학관위의 심의를 거쳐 보관기간을 결정 · 시행한다. 그리고 학교장은 동일과목 담당교사들의 공동평가 또는 상호 교환평가를 권장하며, 실험 · 실습, 실기평가 등의 결과를 학생들에게 공개하여 확인하도록 한다.

수행평가 방법은 획일적인 평가보다 논술형 평가, 역할극, 토론법, 자기평가, 동료평가, 협력학습 등 다양한 평가 방법을 도입하고, 기본 점수를 부여하는 과목의 평가에서 기본 점수를 부여할 수 없는 경우(무단 결과, 불성실한 수업 참여 등)에는 그 사례와 점수 부여 기준을 '수행평가 기준'에 명시하여 학생, 학부모에게 먼저 공개한 후 적용하여야 한다.

특히 연기와 같은 실제 행위나 학생 작품을 평가하는 경우에는 평가 현장의 여러 학생 앞에서 평가결과를 신속히 공개 처리하고, 실험 · 실습, 실기 및 관찰 등에 의한 수행평가 성적 등을 합산할 경우에는 수행평가 성적 일람표 같은 보조자료를 작성하여 결재를 받은 후 반영하며 보조자료는 고사 답안지처럼 학생의 졸업 후 1년 이상 보관하고 이의신청이 있을 때는 면밀히 검토하여 학생 본인에게 공개하는 등 적절한 조치를 취한다. 또, 신체장애 학생이 특정 과목의 수행평가가 불가능한 경우에는 성적 처리 공식을 참고하여 인정점을 부여하되, 대상 학생과 대상 과목(영역) 등은 학관위의 심의를 거쳐 학교장이 결정한다.

정기고사는 연간 학사 일정에 따라 일정 기간을 정해 교과별 지필평가와 수행평가를 실시할 수 있다. 평가문제는 교과협의회를 통하여 과목별 교수목표에 맞는 출제 계획을 수립한 후 출제하고, 타당도, 신뢰도, 객관도 및 변별도가 높은 문항으로 출제하며 평가의 영역·내용 등을 포함한 이원목적분류표를 작성하고, 교사별로 문항수를 분담하여 출제하는 일이 없도록 하며, 동일교과 담당교사 간 협의를 통한 공동출제로 학급 간의 성적차를 최소화한다.

모든 출제 원안에는 문항별 배점을 표시하되, 평가의 변별력을 최대한 높이기 위하여 가능한 한 동점자가 생기지 않도록 되도록 100점 만점으로 출제하고 평가 문항 수 증대, 문항당 배점의 다양화, 수준별 난이도의 배열 등에 유념한다.

정기고사 원안 제출 시에는 정답, 문항별 배점 및 채점기준이 명시된 문항 분석 자료를 함께 제출하여야 하며, 특히 서술형·논술형 등 주관식 문제 채점 기준에는 답안 평가 요소별 배점(유사 정답, 부분 점수 등)을 포함시켜야 한다. 출제 문항 수는 제한시간 내에 풀 수 있는 적정량이어야 한다. 평가 문항 시판되는 참고서의 문제를 전재하거나 일부 변경하여 출제하는 일, 전년도에 출제된 문제를 재출제하는 일, 객관성 부족으로 정답에 대한 논란이 있는 문제나 정답이 없는 문제를 출제하는 일이 없어야 한다. 또, 보조기억매체를 사용하는 경우에는 보안에 철저를 기하여야 한다. 컴퓨터를 이용해 원안을 작성한 경우에는 컴퓨터에 비밀번호를 설정해야 하고, 출제 중 또는 출제 후 고사 원안 파일을 하드 디스크에 그대로 저장해서 관리하거나 네트워크를 이용하여 파일을 공유하는 일이 없어야 한다.

평가문제 인쇄 및 보안 관리에서 출제한 고사 원안은 소정의 결재를 거친 후 인쇄를 의뢰하고, 평가업무 담당 부장교사 및 교사는 고사 원안의 결재, 보관, 인쇄, 문답지 보관 과정에서 보안을 철저하게 관리한다. 고사 시행 및 감독은 감독교사가 부정행위를 미연에 방지할 수 있도록 만전을 기하고, 부정행위를 적발하였을 경우에는 규정에 따라 사후 조치를 엄정하게 하여 이로 인하여 발생할 수 있는 문제를 사전에 차단한다.

채점 및 답안지 처리에서 서술형·논술형 주관식 문제의 답안은 채점 기준의 일관성이 유지되도록 문항별로 채점하며, 두 사람 이상의 공동채점자가 각각 채점하여 그 평균을 점수로 한다. 유사 정답을 인정하거나 부분점수를 부여해야 할 답안이 추가로 있는 경우에는 교과협의회를 통해 채점기준을 수정·보완한 후 채점 기준표를 다시 결재받아 적용하고, 점수는 채점이 끝난 후 이의신청기간 중에 과목담당 교사가 직접 학생 본인에게 그 결과를 공개하여 확인시키며, 이의신청이 있을 때는 면밀히 검토하여 단위 학교에서 정한 절차에 따라 적절히 조치한다.

인정점 부여에서 과목별 지필평가 및 수행평가에 참여하지 못한 결시생의 성적처리는 결시 이전·이후의 성적 또는 기타 성적의 일정비율을 환산한 성적을 부여하되, 인정사유 및 인정점의 비율 등은 단위학교의 학업성적관리규정으로 정한다. 중학교는 인정 사유 및 인정점의 비율 등은 시·도교육청의 학업성적관리시행 지침에 준하며, 지침에 없는 사항은 단위학교의 학업성적관리규정으로 정한다.

성적일람표 및 성취도 평정에서 과목별 성적일람표는 매 학기말 담당과목 지도교사가 작성한다. 지필평가(명칭, 반영비율 등 명기)와 수행평가(영역, 반영비율 등 명기)의 점수를 합산하고, 원점수, 과목평균, 과목표준편차, 석차, 석차등급, 이수자 수를 산출하며, 전산 입력하여 관리함을 원칙으로 한다.

중학교는 체육·음악·미술 교과의 과목은 등급만을 산출하고, 고등학교는 전문교과 중 체육·예술에 관한 교과의 과목을 제외한 체육·음악·미술 교과의 과목은 등급만을 산출한다. 단, 2009학년도에 중학교 1학년까지 적용하고, 2010학년도에 중학교 2학년까지 적용하며, 2011학년도부터는 중학교의 모든 학년에 적용한다. 원점수는 지필평가 및 수행평가의 반영비율 환산 점수 합계를 소수 첫째 자리에서 반올림하여 정수로 기록하고, 과목평균과 과목표준편차는 원점수를 사용하여 계산하고 소수 둘째 자리에서 반올림하여 소수 첫째 자리까지 기록한다. 성취도는 지필평가 및 수행평가의 반영 비율 환산 점수의 합계(성취율)에 따라 다음과 같이 평정한다. 환산점이 89.99일 경우에 성취도는 '우'로 평정한다.

성취율(점수)	성취도
90% 이상	수
80% 이상 ~ 90% 미만	우
70% 이상 ~ 80% 미만	미
60% 이상 ~ 70% 미만	양
60% 미만	가

과목별 석차 등급은 지필평가 및 수행평가의 반영비율 환산 점수의 합계에 의한 석차순에 따라 다음과 같이 평정한다. 단, 등급별 학생 수는 이수자 수와 등급비율을 곱한 값을 반올림하여 계산한다.

등급	비율
1등급	~ 4% 이하
2등급	4% 초과 ~ 11% 이하
3등급	11% 초과 ~ 23% 이하
4등급	23% 초과 ~ 40% 이하
5등급	40% 초과 ~ 60% 이하
6등급	60% 초과 ~ 77% 이하
7등급	77% 초과 ~ 89% 이하
8등급	89% 초과 ~ 96% 이하
9등급	96% 초과 ~ 100% 이하

중학교와 고등학교의 체육·음악·미술 교과의 과목의 등급은 다음과 같이 평정한다. 단, 고등학교의 전문교과 중 예술에 관한 교과목은 제외한다. 그 적용 시기는 2009학년도에 1학년, 2010학년도에 2학년, 2011학년도부터는 모든 학년에 적용한다.

성취율(점수)	등급
80% 이상 ~ 100%	우수
60% 이상 ~ 80% 미만	보통
60% 미만	미흡

석차 산출은 학기별로 과목별 지필평가 및 수행평가의 반영비율 환산점수의 합계를 소수 셋째 자리에서 반올림하여 소수 둘째 자리까지 산출하고, 성적산출을 위한 이수자 수는 해당 과목을 이수한 학생 수로 하고, 해당 과목을 이수한 동 학년 학생

수로 한다. 과목별 동점자가 있을 경우에는 동점자 모두에게 해당 순위의 최상의 석차를 부여하고 ( )안에 본인을 포함한 동점자 수를 병기한다. 단위학교별 학업성적관리규정에 동점자 처리 규정을 두어 되도록 동점자를 발생시키지 않도록 유의하였으나 동점자가 발생하여 등급경계에 있는 경우에는 중간석차를 적용하여 등급을 부여한다. 이때 중간석차 적용은 동점자(동석차)가 등급경계에 있는 경우에 적용하며, 등급 범위에서 생기는 동점자(동석차)에게는 적용하지 않는다.

특수목적고, 전문계고, 특성화고(대안학교), 고등기술학교, 특수학교, 각종학교, 타 법률에 의해 설립된 학교 등에서 필요하다고 인정되면 단위학교의 교육과정 특성에 따라 학과(계열)별 교과목을 이수한 총 학생 수를 재적수로 하여 석차를 산출할 수 있다. 또한, 2.1체제 운영 공업계 고등학교에서의 잔류학생에 대한 석차는 해당학과 잔류학생에 대한 석차를 산출하고, 직업과정 위탁생의 위탁교과와 전문계고 및 기타계 고등학교의 개인별 평가가 곤란한 전문(공), 실기(습) 교과는 원점수 또는 이수 여부만을 기록할 수 있다.

공동 실습소, 일반계고등학교의 직업과정 운영학교, 전문계고등학교 등에서 개설한 교과를 계열이 서로 다른 학교의 학생들이 함께 이수한 경우의 이수자 수는 계열별로 구분하여 산출할 수 있고, 재 · 전 · 편입학생과 퇴학생(자퇴, 제적, 휴학, 유학 등) 및 전출 학생 중 모든 평가가 완료되어 단위학교의 학업성적관리규정에 의거 성적을 처리할 수 있는 학생은 이수자 수에 포함한다. 모든 평가가 완료되기 이전(학기말 최종 성적처리 불가능)의 퇴학생과 재 · 전 · 편입 학생 중 원적교에서 성적(단위수, 성취도, 석차)을 취득해 온 학생은 이수자 수에서 제외한다.

기타 성적처리에서는 모든 평가가 완료되기 이전 퇴학 · 자퇴 · 제적생과 휴학생 등이 이전에 취득한 성적이 있을 경우에는 이 학생의 재 · 전 · 편입학과 복학을 위하여 그 성적을 교육정보시스템에 입력하거나 별도로 보관해야 하고, 재 · 전 · 편입 학생의 성적처리는 재 · 전 · 편입학 일자 이전 원적교의 성적과 재 · 전 · 편입학 이후에 취득한 성적을 합산하여 원점수, 과목, 과목평균, 석차, 석차등급을 산출하고, 원적교의 성적이 없을 경우에는 재 · 전 · 편입학 이후에 취득한 성적만으로 단위학교의 학업성적관리규정에 따라 성취도와 석차를 산출한다. 원적교에서는 전출 학생이 전출 이전에 취득한 성적을 모두 입력하여 전송하여야 하고, 부득이한 사유로 입력하지 못한 자료는 정리하여 원본을 재·전·편입교에 송부하고 원적교에서는 사본을 보관하며 복학생, 유급생, 해외 귀국 학생, 외국인 학생, 북한이탈주민의 자녀, 위탁생 등에게도 이렇게 적용한다.

재·전·편입학 학생의 당해 학기의 원적교 성적이 재·전·편입학한 학교에서 취득한 성적과 중복이 될 경우에는 재·전·편입학한 학교에서 취득한 성적을 인정한다. 복학생, 유급생, 해외 귀국 학생, 외국인 학생, 북한이탈 주민자녀, 위탁생 등에도 이를 적용한다.

평가결과 분석은 과목별, 학급 간 평균점수의 비교, 문항분석을 거쳐 정답률, 내용 타당도 등을 파악하여 교수·학습 방법의 개선 및 차기 평가의 참고 자료로 활용한다. 또 해외 귀국 학생, 외국인 학생, 북한이탈주민의 자녀 등은 국내 학교에 전·편입학한 후 취득한 성적으로 원점수, 과목, 과목평균, 석차, 석차등급 등을 산출한다. 다만 해외 귀국학생의 전·편입학 이전 성적이 국내에 있는 경우에는 이를 인정할 수 있다.

뉴스 따라잡기

2016년까지 '중학교 자유학기제' 전면 도입

교육과학기술부는 꿈과 끼를 살리는 교육과정 운영을 위해 2016년까지 우선 중학생들이 과도한 학업부담에서 벗어나 자신의 적성과 소질을 찾고 미래를 설계할 수 있도록 중학교 과정 중 한 학기를 '자유학기'로 운영한다는 방침이다. 자유학기제는 현행 교육과정의 기본 틀 내에서 조사·발표·토론·실습·프로젝트 수행 등 학생 참여 중심의 수업을 실시하고 다양한 문화·예술·체육·진로 프로그램 운영이 가능하도록 자율성을 확대하는 방식으로 운영될 예정이다. 자유학기제 대상학기, 평가 방식 등 구체적 운영방안은 전문가 등의 의견수렴을 거쳐 올 상반기 중 마련한다.

또 올 하반기부터는 연구학교 37개교를 운영하는 한편 2014~2015년에는 희망하는 학교를 대상으로 확대하고 2016년 전면 도입할 계획이다. 학생들의 시험부담 완화를 위해 중학교 국가수준 학업성취도평가 과목을 현행 5과목(국어, 영어, 수학, 사회, 과학)에서 3과목(국어, 영어, 수학)으로 축소할 계획이다. 초등학교의 경우 학업성취도

평가가 폐지된다. (뉴시스 기사, 2013년 3월 28일, 류난영 기자)

◎ 생각해 보기

1. 자유학기제의 장점과 단점은 무엇인지 토론해 보자.
2. 자유학기제를 효율적으로 운영하기 위한 현실적인 방안(교사의 측면에서)이 무엇인지 토론해 보자.

3) 재량활동 및 특별활동

재량활동의 편성 · 운영 및 영역 · 내용 · 평가 등은 학교장이 교육과정의 기준과 학교 실정에 따라 계획을 수립하여 실시한다. 중학교 선택과목의 평가는 교과학습발달상황 평가 및 관리에 의거 시행하고 교과, 과목, 성취도, 석차(동석차순)/재적수를 산출하여 각 학기말에 입력한다. 고등학교 선택과목과 전문계고등학교에서 교과재량활동을 전문교과로 이수하는 경우의 평가는 교과, 과목, 단위수, 원점수/교과평균(표준편차), 석차등급(이수자수)을 산출하여 각 학기말에 입력한다.

중 · 고등학교 국민공통기본교육과정의 심화 · 보충학습의 이수 여부는 학기말에 '세부능력 및 특기사항'란에 이수단위(시간) 및 이수과목 등을 입력하고, 창의적 재량활동의 평가는 활동영역 또는 주제에 대한 연간 이수시간을 입력하고, 특기사항에 해당사항이 있는 학생은 간략한 문장으로 입력한다. 또 특별활동은 영역별 활동 상황을 균형 있게 평가하고 특별활동의 영역별로 활동내용, 세부적인 평가방법 및 기준은 교육과정을 준거로 하여 단위학교별로 정한다.

교외체험학습상황 평가 및 관리는 교외체험학습의 활동유형, 인정절차, 인정범위, 인정기간 등을 학칙으로 정하여 시행하고, 학교 이외의 기관에서 주관한 체험학습에 참여한 실적은 '교외체험학습상황'란에 실시일자 또는 기간, 장소 또는 주관기관명, 내용(수준) 및 평가, 시간 또는 일수를 실시일자 순으로 입력하며, 개별학교교육과정 운영계획에 의한 행사활동, 수련활동 및 학년 · 학급 단위로 이루어지는 체험활동은 '특별활동상황'란에 입력한다. 개인 교외체험학습의 경우에는 교육적으로 유의미하고 바람직한 것으로 판단되는 경우에만 입력할 수 있다. 영역별 누가 기록은 공정성, 객관성, 투명성, 신뢰도, 타당도 등이 확보되도록 서식을 개발·활용하여 전산에 입력하여 관리한다.

독서활동상황 평가 및 관리에서 2007학년도 입학자부터 중·고등학교의 개인별·교과별 독서활동상황은 독서활동에 특기할 만한 사항이 있는 학생을 대상으로 학기말에 '독서활동상황'란에 입력하되 독서 분야, 독서에 대한 흥미, 이해 수준 등을 종합 서술형으로 정리한다. 이는 교과지도교사가 입력하는 것을 원칙으로 하나, 담임교사도 입력할 수 있다. 독서활동의 내용이 특정 교과에 해당하지 않을 경우에는 인문, 사회, 과학, 예술·체육 등 4개 영역으로 구분하여 입력한다.

4) 출결상황관리

출결상황은 전출·휴학·면제·유예·제적·자퇴·퇴학일까지를 수업일수에 산입하고, 전출·휴학·면제·유예·제적·자퇴·퇴학일과 재입·편입·전입·복학일이 동일한 경우는 재입·편입·전입·복학일만 수업일수로 산정한다. 학적을 새로 부여받은 자의 당해 학년 수업일수는 원적교의 수업일수와 합산하되, 중복되는 재학기간의 수업일수는 제외한다. 예를 들면, 2학년 4월 15일 자퇴, 다음 해 2학년 3월 20일 재입학일 경우에 원적교의 3월 20일부터 4월 15일까지의 수업일수는 제외한다. 결석·지각·조퇴의 횟수 산정도 동일하다.

휴학, 제적, 자퇴, 퇴학, 전출 등 학적변동의 경우는 당일까지를 수업일수에 산입한다. 복학생의 수업일수는 다른 학생의 수업일수와 다를 수 있으나, 그 수업일수가 단위학교 당해 학년 수업일수의 3분의 2 미만이 될 경우에는 당해 학년도 재입학이나 전입학이 불가능하다. 학적변동 전·후에 중복일수가 있는 경우는 새로 학적을 부여받은(재입학, 편입학, 전입학, 복학 등) 일수만 수업일수로 계산한다.

출석으로 처리되는 결석 사유로는 ① 지진, 폭우, 폭설, 폭풍, 해일 등의 천재지변 또는 법정 전염병으로 출석하지 못한 경우, ② 병역관계 등 공적의무 또는 공권력의 행사, ③ 학교장의 허가를 받아 학교를 대표한 경기·경연대회·현장실습·훈련, 교환학습·현장(체험)학습 참가, ④「초·중등교육법 시행령」제31조(학생의 징계 등)

제1항의 규정에 의한 학교 내의 봉사 또는 사회봉사, ⑤ 특별교육 이수 기간, ⑥ 「학교폭력예방 및 대책에 관한 법률」 제15조(가해학생에 대한 조치) 제1항의 규정에 의한 학교에서의 봉사 또는 사회봉사, ⑦ 학내외 전문가에 의한 특별교육 이수 또는 심리치료 기간, ⑧ 「학교폭력예방 및 대책에 관한 법률」 제14조(피해학생의 보호) 제1항의 규정에 의한 결석으로 학교의 장이 인정하는 일시보호, ⑨ 치료를 위한 요양 기간, ⑩ 경조사로 인하여 출석하지 못한 경우(원격지이면 실제 필요한 왕복 소요일수를 학교장 결재 후 가산 가능), ⑪ 소년 분류심사원 선도교육 등으로 인하여 출석하지 못하는 경우, ⑫ 기타 부득이한 사유로 학교장의 허가를 받아 결석하는 경우, ⑬ 「가정폭력방지 및 피해자 보호 등에 관한 법률 시행령」 제2조(임시보호기간 등) 제1항 및 제2항의 규정에 의한 가정폭력 피해학생 임시보호 기간 등이다. 여학생의 경우 생리통이 극심해 출석이 어려운 학생으로 확인된 경우에도 월 1일에 한하여 출석으로 인정한다. 다만, 지각, 조퇴, 결과는 합산하여 3회까지 월 1일과 동일하게 간주한다.

질병 결석에 해당하는 경우는 결석한 날부터 3일 이내에 의사의 진단서를 첨부하여 결석계를 제출한 경우와 부득이한 사정으로 결석한 날부터 3일 이내에 의사의 진단서 또는 의견서를 첨부하지 못했으나 병으로 인한 결석임을 증명할 수 있는 증빙자료(담임교사의 확인 의견서 등)를 첨부한 결석계를 3일 이내에 제출하여 학교장의 승인을 받은 경우다.

무단결석은 태만, 가출, 고의적인 출석 거부, 범법행위에 의한 관련기관 연행, 도피 등으로 무단결석한 경우, 「초·중등교육법 시행령」 제31조(학생의 징계 등) 제5항의 규정에 의한 가정학습 기간, 「학교폭력예방 및 대책에 관한 법률」 제15조(가해학생에 대한 조치) 제1항의 규정에 의한 출석정지 기간 등이다.

기타 결석 처리로는 부모·가족 봉양, 가사 조력, 간병 등 부득이한 개인사정에 의한 결석임을 학교장이 인정하는 경우와 공납금 미납 사유로 결석, 기타 합당한 사유에 의한 결석임을 학교장이 인정하는 경우다.

지각·조퇴·결과 등의 처리에서 같은 날짜에 지각, 조퇴, 결과가 발생된 경우에는 학교장이 판단하여 어느 한 가지 경우로만 처리하고, 같은 날짜에 결과가 1회 이상이라도 1회로 처리한다. 지각은 학교장이 정한 등교시간까지 출석하지 않은 경우이고, 조퇴는 소정의 하교시간 이전에 하교하는 경우이며, 결과는 소정의 수업시간에 불참하거나 교육활동을 고의적으로 방해한 경우 등이다.

5) 생활기록부 작성 예시

　생활기록부는 「초 · 중등교육법」 제25조에 따라 학생의 정보를 기록하고 보관하는 법정 장부다. 생활기록부의 문자는 한글로, 숫자는 아라비아 숫자 표기로 입력하며, 작성에 필요한 보조장부는 단위학교 실정에 맞게 계획을 수립하여 작성한다. 세부항목은 인적사항, 학적사항, 출결사항, 수상경력, 자격증 및 인증취득상황, 진로지도상황, 재량활동상황, 특별활동상황, 교외체험학습상황, 교과학습발달상황, 독서활동상황, 행동특성 및 종합의견 등이다.

　실제 고등학교용 생활기록부 양식 및 작성 예시는 다음과 같다. 여기서는 예시를 제시하는 것으로 작성방법을 대신하며 특이사항만을 기술하기로 한다.

학 교 생 활 기 록 부

1. 인적사항

졸업대장번호						사진
학년 \ 구분		학과	반	번호	담임 성함	
1			6	20	김○○	
2						
3						

학생		성명: 이○○　성별: 남　주민등록번호: 942312 – 1345670
		주소: ○○시 ○○구 ○○동 9 – 250
가족 상황	부모	성명: 이○○　　　　생년월일: 1960년 2월 7일
		성명: 강○○　　　　생년월일: 1965년 4월 4일
특기사항		

* **기입방법**: 위의 예시처럼 기본 사항은 주민등록에 근거하여 학생의 인적사항을 기록한다. 부모님의 인적사항은 가족관계증명서를 기준으로 하여 기록한다. 특기사항란에는 학생이나 학부모에게 부정적인 영향을 줄 수 있는 사항은 입력하지 않을 수 있다. 특히, 개인의 인권을 침해할 소지가 있는 내용은 별도의 교무수첩에 기록하여 활용한다. 또한 학생 개개인의 주민등록등본이나 가족관계증명서는 다른 학생들이 볼 수 없도록 봉투에 넣어 봉합한 후에 수집하도록 유의하는 것이 필요하다.

2. 학적사항

2010년 2월 16일 ○○중학교 제3학년 졸업
2010년 3월 2일 ○○고등학교 제1학년 입학

특기사항	2013년 11월 9일 가정 사정으로 자퇴

* **기입방법**: 위의 예시처럼 입력하되, 전입학, 재입학, 편입학 등의 경우도 기록한다.

3. 출결상황

학년	수업일수	결석일수			지각			조퇴			결과			특기사항
		질병	사고	기타	질병	사고	기타	질병	사고	기타	질병	사고	기타	
1	205				1			1			1			부모간병(1일)
2														
3														

* **기입방법**: 위의 예시처럼 총 수업일수와 해당사항을 기록하고, 특기사항란에는 해당사항에 대한 특이사항을 기록한다. 또한, 초 · 중등의 경우 천재지변이나 주 5일 수업실시, 연구학교 운영 또는 자율학교 운영 등 교육과정의 운영상 필요한 경우에는 총 출석일수의 10분의 1의 범위에서 수업을 감축할 수 있다.

4. 수상경력

구분	수상명	등급(위)	수상연월일	수여기관	참가대상
교내상	교과우수상 (국어, 사회, 수학10 – 가)		2010. 04. 20	○○학교장	1학년
	자연탐구대회 (공동수상, 3명)	금상(1위)	2010. 05. 04	○○학교장	전교생
	과학탐구대회(로켓)	우수상(2위)	2010. 04. 30	○○학교장	1학년

* 기입방법: 학생부의 공신력을 높이고 사교육을 유발하는 입학전형요소 배제의 일환으로 2011년도부터 교내상만 입력하고 교외상은 어떠한 항목에도 입력하지 않는다.

5. 자격증 및 인증 취득상황

구분	명칭 또는 종류	번호 또는 내용	취득연월일	발급기관
자격증	워드프로세서3급	10 – I2 – 031206	2013. 06. 30	대한상공회의소
	정리처리기능사	06404101715c	2013. 10. 17	대한상공회의소
인 증	정보소양인증	컴퓨터반 34시간 이수	2013. 05. 20	○○고등학교

* 기입방법: 2011년부터 사교육을 유발하는 입학전형요소 배제의 일환으로 학생부에 '자격증 및 인증 취득상황'란에 어떠한 사항도 입력하지 않는다. 단, 고등학교 재학 중 취득한 「국가기술자격법」에 의한 국가 기술자격증, 개별 법령에 의한 국가자격증, 「자격기본법」에 의한 국가공인을 받은 민간자격증 중 기술 관련 자격증은 입력하고, 그 외 각종 민간 자격증은 입력할 수 없다.

6. 진로지도상황

학년	특기 또는 흥미	진로희망		특기사항
		학생	학부모	
1	컴퓨터게임	프로게이머	연구원	컴퓨터와 프로그래밍에 흥미와 관심이 많으며 수학 분야에 대한 탐구력이 뛰어나 학생의 적성과 희망이 일치함.
2				
3				

＊기입방법: 충분한 상담 또는 사전조사를 한 후에 입력하되, 추후 정정 사항이 발생하지 않도록 유의한다. 학생들의 진로에 대한 이해가 부족한 경우에는 직업에 대한 홍보자료를 미리 배포하는 것이 바람직하다.

7. 창의적 체험활동상황

학년	활동영역 또는 주제	이수시간	특기사항
1	자율활동	27시간	성과 대중매체의 연관성에 대한 모둠토론에 참여하였고, 토론 결과를 발표(2010. 5. 20.)하여 다른 학생들에게서 많은 지지와 공감을 얻음.
	동아리 활동	34시간	(영어회화반) 영어에 대한 흥미와 관심이 많고, 영어표현에 자신감과 적극적인 태도를 보이며, 특히 말하기와 듣기 부분에 탁월한 능력을 보임.
	봉사활동		월 1회 정기적으로 반 친구들과 아동양육시설인 ○○원에 방문하여 목욕 시키기와 청소 등 봉사활동을 수행함.
	진로활동	34시간	자아이해를 위한 활동과 다양한 직업세계 체험(2010. 4. 21., ○○직업박람회 참가)을 통해 구체적인 자신의 진로계획을 수립함.

＊기입방법: 에듀팟(www.edupot.go.kr)을 활용하고 학생의 창의적 체험활동 포트폴리오 자료를 기초로 하여 학생부에 구체적이고 상세하게 입력함. 각 영역의 내용과 소감 등은 과대하게 기록하기보다는 활동의 지속성과 일관성을 중심으로 연계

하여 활동을 통해 배우고 느낀 점을 솔직담백하게 기록하도록 한다.

8. 봉사활동상황

학년	봉사활동실적				
	일자 또는 기간	장소 또는 주관기관명	활동내용	시간	시간누계
1	2010. 03. 08.	(교내)○○학교	봉사활동 소양교육	2	2
	2010. 03. 16.	(교외)○○양로원	목욕 및 청소	6	8
	2010. 04. 05.	(교내)○○학교	교내 환경정화	2	10
	2010. 08. 12.~2010. 09. 14.	(교외)소망유아원	청소, 빨래 및 일손 돕기	42	52
2					
3					

9. 교외체험학습상황

학년	일자 또는 기간	장소 또는 주관기관명	내 용	시간 또는 일수
1	2010. 07. 22.~ 2010. 08. 02.	○○신문사	국토순례	11박 12일
	2010. 07. 21.~ 2010. 07. 23.	○○을 위한 ○○지역시민연대	시민단체 활동의 문제점에 대한 토론 참여	3일
2				
3				

＊기입방법: 학교장이 수업으로 인정한 당해 학교 이외의 기관 또는 단체에서 주최하거나 주관한 행사에 참여한 체험활동, 개인적으로 실시한 교외체험학습의 내용을 입력한다. 또한 학교장의 사전승인과 사후확인 등 일정한 절차를 걸쳐 실시한 개인적 교외체험은 교육적으로 유의미하고 바람직한 것으로 판단되는 경우에 입력할 수 있다.

10. 교과학습발달상황

[1학년]

교과	과목	1학기			2학기			비고
		단위수	원점수/과목평균 (표준편차)	석차등급 (이수자수)	단위수	원점수/과목평균 (표준편차)	석차등급 (이수자수)	
… 수학 …	… 수학10 - 2가 …	… 4 …	… 82/75(7.9) …	… 3(240) …	… 4 …	… 77/72(7.3) …	… 4(240) …	
이수단위 합계								

과목	세부능력 및 특기사항
국어	수필에 대한 이해가 깊고, 관찰력이 예리하여 기발한 아이디어가 돋보이며, 수필의 구성을 잘 파악하여 수필 창작력이 있음.
수학	

11. 독서활동상황

학년	과목 또는 영역	독서활동 상황
1	국어	(1학기) 문학 · 인문과학 분야 서적에 관심이 많고, 독서활동 시간을 활용하여 한 달에 한 권 정도 책을 꾸준히 읽고 있으며, 저자가 의도하는 주제의 핵심을 정리하여 독서활동 시간에 구체적이고 체계적으로 발표함. 『내 영혼이 따뜻했던 날들』을 감명 깊게 읽고, 스토리의 전개방식과 저자의 인생관을 배움.
	수학	
2		
3		

*기입방법: 학기별로 기입하고 교과 담당교사나 담임교사가 입력한다. 기록할 때는 도서명, 저자, 독서활동(독서 분야, 흥미, 이해수준, 독서 후 활동 등)을 구체적으로 입력한다.

12. 행동특성 및 종합의견

학년	행동특성 및 종합의견
1	다른 학생을 먼저 배려하고 이해심이 많아 친구들과 어울려 공부하기를 좋아하며, 어려운 학생을 도와주는 행동을 여러 번 하여 교내 모범학생 표창을 수상했음. 풍물반 동아리 반장으로서 행사기획과 운영의 능력이 뛰어난 지도력이 있는 학생임. 학업 면에서는 학력평가와 내신 성적이 우수한 편이어서 앞으로 크게 발전할 가능성이 있는 학생임.
2	
3	

*기입방법: 학생을 총체적으로 이해할 수 있는 문장으로 입력하여 학생에 대한 추천서 또는 지도 자료가 되도록 입력한다. 기술할 때는 추상적이 아닌 구체적으로 표현해야 한다. 또한 학생의 장점 위주로 입력을 권장하나 단점이나 개선이 요망되는 점도 변화 가능성과 함께 입력한다.

6) 장부관리

법정 장부는 법령이나 자치법규에 따라 반드시 작성·관리·보존하여야 할 문서다. 법정 장부의 종류는 다음과 같다.

표 13-1 법정 장부 및 학교장 장부

연번	장부명	구분	비고
1	학교생활기록부	법정 장부	- 재학생은 전자문서로 관리 - 졸업생은 졸업과 동시에 출력하여 이중 관리
2	학교생활기록부정정대장(재학생)	〃	- 학기 중에는 전자문서로 관리하고 학년도 종료시점에 출력하여 보관
3	졸업대장/수료대장	〃	- 전자문서로 처리 후 출력하여 보관
4	학교생활기록부정정대장(졸업생)	〃	- 학기 중에는 전자문서로 관리하고 학년도 종료시점에 출력하여 보관
5	결보강일지	학교장 장부	- 전자문서로 보관

6	학교교육과정 편제 및 시간배당표	〃	– 전자문서로 보관
7	지필평가일람표(과목별)	〃	– 전자문서로 보관
8	수상대장	〃	– 전자문서로 보관
9	수행평가일람표(과목별)	〃	– 전자문서로 보관
10	진급반편성일람표	〃	– 전자문서로 보관
11	월말출결통계표	〃	– 전자문서로 보관
12	학교일지	〃	– 전자문서로 보관
13	학기말성적일람표(과목별)	〃	– 전자문서로 보관
14	학생 이동부	전입/편입/재입/복학	〃	– 전자문서로 보관
		전출		
		자퇴/퇴학/제적/휴학		
		추가입학/입력누락자		
		계열/학과/반 변경		
15	전체 가정통신문	〃	– 전자문서로 보관

단위학교에서는 학교운영의 자율성·창의성 신장과 교직원의 업무부담 경감을 위해 단위학교에서 의무적으로 기록하고 비치해 온 각종 장부를 학교장이 자율적으로 정할 수 있으나, 상위 법령의 규정에 의한 장부는 반드시 비치하여야 한다.

정리하기

1. 학사실무는 학생활동에 대한 제반업무의 사무 관리다.

2. 학생의 학적변동(전학, 편입학, 재입학 등)은 학교학업활동의 변화를 의미한다.

3. 학업성적관리위원회의 역할은 다음과 같이 정리할 수 있다.
   – 학업성적평가 및 관리의 객관성, 공정성, 투명성, 신뢰도 등의 제고
   – 학업성적의 평가, 성적 기록 등의 관리 규정에 대한 제반 사항을 심의

　－ 학업성적관리에 대한 제반 문제점 해결

4. 학사실무는 학생들의 학교활동의 범위, 내용, 평가 등을 관리하는 하나의 운영체계라고 할 수 있다.

적용하기

• 탈북 학생의 학력 인정 문제

　－현재 탈북 학생이 남한의 공교육에 참여하고자 할 때 학력인정 기준이 무엇인지 알고 싶습니다. 특히 초등학교의 경우는 어떻게 반영되는지요? 나이가 기준인지 혹은 북한에서 받은 학년(예: 소학교 4학년+고등중학교 1학년까지 다닌 경우는 남한에서 중학교 1학년까지 인정되는지요?)이 기준이 되는지요?

쟁점 1: 외국에서 한국으로 편입학할 때에 우리의 학력인정 기준은 무엇인가? 또한, 초등학교, 중학교, 고등학교의 학력인정 기준은 무엇인가?

쟁점 2: 남한의 교육과정과 북한의 교육과정이 다른데, 어떤 학력인정 기준이 적용되어야 옳은가?

쟁점 3: 외국과 한국의 교육과정의 차이를 한국의 학력인정 기준에 적용하는 데는 어떤 문제점이 있는가?

* 참고법규: 「초 · 중등교육법 시행령」 제50조와 제92조(서울시교육청 2006년 질의 · 회신 사례집 중에서)

📖 **참고문헌** ────────────────────────

교육인적자원부(2007). 2007 학생 생활기록부 기재 길라잡이. 서울: 교육인적자원부.

김진한(2009). 교사를 위한 교직실무. 서울: 학지사

서울특별시 교육연구정보원(2010). 교직실무편람(수정본).

송기창, 김민조, 김병주, 김병찬, 김성기(2009). 중등교직실무. 서울: 학지사.

한국교원교육학회(2006). 교육실습의 이론과 실제. 파주: 교육과학사.

뉴시스(2013. 3. 28), 2016년까지 '중학교 자유학기제' 전면 도입

서울시교육청 2006년 질의 · 회신 사례집

제14장

인사실무

이 장의 핵심 아이디어

교원의 임용과 복무에 대한 이해가 필요하다.

▶ 신규 교사 임용은 교사를 대상으로 하는 인사 행정의 가장 중요한 요소 가운데 하나이
  자 교육의 성패와 직결되는 중요한 과제다.

▶ 승진은 동일 직렬 내에서의 수직 이동, 즉 직위 상승을 말한다.

▶ 전보는 동일 직렬 · 직위 내에서의 수평적인 이동을, 전직은 종별과 자격을 달리하는
  임용을 의미한다.

▶ 휴직은 공무원으로서의 신분을 보유하면서 일정 기간 그 직무에 종사하지 않는 것을
  말한다.

▶ 공무원의 휴가는 연가, 병가, 공가 및 특별휴가로 구분된다.

▶ 공무원의 보수는 공무원보수규정과 공무원수당규정에 근거하여 지급되고 있으며, 기본
  급여인 봉급과 직무 · 생활 여건 등에 따라 지급되는 부가급여인 수당으로 구성된다.

1. 교육공무원의 임용

임용이란 신분의 발생, 신분의 변경 및 신분의 소멸 등 크게 세 가지 영역으로 이루어진다. 이를 좀 더 세분화하면, 신규채용 및 특별채용은 신분의 발생에 해당하고, 승진, 승급, 전직, 전보, 겸임, 강임, 휴직, 복직, 직위해제 및 정직은 신분의 변경에 해당하며, 면직, 해임 및 파면 등은 신분의 소멸에 해당한다. 즉, 임용이란 신규채용, 승진, 승급, 전직, 전보, 겸임, 강임, 휴직, 직위해제, 정직, 복직, 해임 및 파면 등을 포함하는 매우 포괄적인 개념이라고 할 수 있다. 그러나 일반적으로 임용이라고 하면 조직의 결원을 조직 외부로부터 보충하는 신규채용과 동일한 개념으로 사용하는 경향이 있다. 따라서 교사의 신규채용이란 교육조직에서 부족한 교사를 교육조직 외부로부터 일정한 절차를 거쳐서 보충하는 좁은 의미의 임용활동으로 정의된다(이윤식, 1994).

1) 신규 교사 임용

우수한 자질과 능력을 갖춘 교사를 어떠한 방법과 절차를 통하여 필요한 수만큼 확보할 수 있는가 하는 신규 교사 임용은 교사를 대상으로 하는 인사 행정의 가장 중요한 요소 가운데 하나이자 교육의 성패와 직결되는 중요한 과제다(이재봉, 1998). 교육의 성패는 교사의 자질과 의지에 달려 있어 우수한 교원을 양성하는 일도 중요하지만, 임용시험을 통해 적격자, 즉 우수한 교사를 확보하는 일이 무엇보다 중요하며 교육개혁 과제의 성공적 시행을 위해서도 교사의 질적 수준을 확보하는 것이 일차적인 과제라고 할 수 있기 때문이다(신현석, 이경호, 2007; 박경묵, 2000).

우리나라 교사의 신규임용제도는 공개경쟁제도가 도입되기 전에는 교원양성기관을 통한 자격증 수요와 자격증 소지자에 대한 자동 임용방식을 근간으로 해 왔기 때문에 그 변천과정은 양성제도의 변천과 밀접히 관련되어 있었다(서정화 외, 1995). 그러나 1991년 헌법재판소가 직업선택의 자유보장이라는 이유를 들어 국공립대학교 졸업생의 우선임용을 위헌이라고 판결을 내린 이후에는 공개 전형에 의한 임용후보 선정경쟁 시험이 본격적으로 실시되고 있다.[1]

기존의 신규 교사 임용 제도는 우수한 교사 확보를 위한 방안이라는 그 중요성에도 불구하고 ① 적정 인원을 선발하는 양적 기능만 수행할 뿐 구체적으로 교육현장에서 필요한 자질을 갖춘 교사를 선발하는 질적인 기능 취약, ② 전문성, 교직관과 자질 등의 질적 측면을 충분히 평가하지 못하는 등 적격자를 선별하는 변별력 취약, ③ 논술 및 면접고사의 기준 미공개로 인한 객관성과 신뢰성 상실, ④ 교원양성기관과 학교현장의 공식적인 참여가 없는 가운데 교육청의 단독 진행(상호유기적인 협력체제 부재), ⑤ 짧은 시간 동안 진행되기 때문에 논술 및 면접을 통한 자질, 인성 및 전문성 평가 부족, ⑥ 방법과 내용이 체계화되지 못한 수업 실기 능력 평가, ⑦ 대학에서 이수한 관련 교과목의 유무나 성적을 배려하지 않은 가산점 제도 등의 문제점이 있다는 비판을 받아 왔다(최희선, 2000).

이러한 문제점들을 해결하기 위해 그동안 지적되어 온 임용고사의 일부 미비점을 개선·보완하여 교원으로서의 자질과 품성, 그리고 전문성을 갖춘 우수한 교직적격자와 수업능력이 우수한 교원을 선발하기 위하여 기존의 2단계 전형방식을 1차 선택형 필기시험, 2차 논술형 필기시험, 3차 교직적성 심층면접과 수업능력 평가 방식으로 개편되어 2009학년도(2008년 하반기 시행) 임용시험부터 시행되었다.

그러나 교직과정 운영의 부실 등 예비 교사의 교직 소양 및 인성 함양에 대한 관심이 부족하고, 객관식·암기 위주의 시험 출제 방식으로 시험의 타당성이 낮으며 수험생의 부담을 가중시킨다는 비판이 제기됨에 따라 기존 3단계의 전형 방식을 2단계로 줄이고, 객관식 교육학 시험을 폐지하는 등 2013학년도부터는 새로운 임용시험이 시행되었다. 변화를 살펴보면, 첫째, 대학의 교직과목 이수를 위한 성적 기준을 높이는 등 교직에 적합한 인재를 양성할 수 있도록 교직과정 운영을 내실화하고,

---

1) 기득권 보장을 위하여 1993학년도까지는 교육대 졸업생들과 일반 전형자들을 분리하여 공개 전형을 실시했다. 구체적으로 교육대 졸업생과 일반전형자의 비율을 9:1 정도로 하여 1부와 2부로 나누어 별도의 전형이 실시되었다. 1부 교육대 졸업생들의 전형은 1차 전형인 필기고사를 교육대학의 성적으로 대체하고 2차 전형에서 실시한 면접과 논술고사 성적을 합산하여 임용후보자 명부를 작성하였고, 일반 전형자들은 1차 전형에서 교육학과 초등학교 교육과정 분야의 필기시험을 실시한 후 1차 합격자들을 대상으로 면접과 논술을 실시하고 각 점수를 합산하여 합격자를 결정하였다(신광호, 2001). 1994학년도부터는 1차 전형에서 교육학과 교육과정, 2차 전형에서는 면접과 논술고사가 실시되었으며, 그 후 실시상의 문제점을 부분적으로나마 수정·보완해 오며 오늘날에 이르고 있다.

교사 양성에 대한 대학의 책무성을 확보하는 것을 목적으로 한다. 둘째, 지나치게 지엽적인 문항 출제와 학원 의존도 심화, 이로 인한 대학교육의 부실화 초래 등 많은 지적을 받아 온 객관식 시험을 폐지하고, 시험단계를 간소화함으로써 수험생의 수험 부담을 완화하고자 했다(교육과학기술부, 2012. 2. 14.).

시험의 방법은 초등의 경우 1차 시험에서는 '교직'과 '교육과정' 과목을 각각 논술형과 서답형(완성형, 서술형, 논술형 등 혼합형)으로 평가하고, 2차 시험에서는 수업실연, 교직적성 심층면접 등을 실시한다. 중등의 경우 1차의 객관식 시험과목을 폐지하여 기존의 3단계 전형을 2단계로 축소하고, 객관식 과목 폐지로 교육학적 소양 평가 약화 등 우려되는 부분을 해소하기 위하여 교육학 논술을 신설하고, 논술형 전공 과목도 서답형으로 출제방식이 변경되었다.

이러한 과정을 거쳐 공개 전형에 합격한 자에 대하여 임용권자는 교육부령이 정하는 바에 따라 임용후보자명부를 작성·비치하고, 작성된 임용후보자명부의 고순위자순으로 그 채용예정인원의 3배수의 범위에서 임용 또는 임용제청하여야 한다. 임용후보자명부의 유효기간은 그 명부를 작성한 날로부터 1년이며, 임용권자 또는 임용제청권자는 필요하다고 인정할 때에는 교사임용후보자명부의 유효기간을 2년의 범위에서 연장할 수 있다.

뉴스 따라잡기

남교사 증원대책 시급하다

왕따 폭력으로 얼룩진 학교 붕괴의 현실을 어느 한 원인의 탓으로 돌릴 수는 없을 것이다. 그것은 온갖 사회문제가 얽히고설킨 복합 현상이다. 다만, 자식을 초·중·고 12년간 학교에 맡겨야 하는 교육소비자로선 절박한 심정으로 이렇게 묻고 싶다. 선생님들은 왜 그렇게 무기력한가. 제자의 생명이 희생되고 인격이 말살되는 현실에 어쩌면 그토록 속수무책이냐고 말이다.

현장 교사들이 말하는 진단 중에 우리 사회가 눈감는 '민감한 진실'이 있다. 학생 지도에 애먹기는 남녀 교사 모두 마찬가지이나, 그중에서도 "여교사가 더 어려움을 겪는다"(한국교총 안양옥 회장)는 것이다. 교총이 교사 549명에게 "교사 성비(性比) 불균형이 학생 지도에 지장을 주는가?" 하고 물었더니(2009년 7월), '그렇다'는 대답이 90%였다. 놀랍게도 여교사도 73%가 동의한다고 응답했다. 여교사들은 "남교사 비율이 30% 이상 되도록 교육감에게 조정 권한을 주자"는 방안에도 78%가 찬성했다. 교사들은 교단의 '여초(女超)' 현상을 학교 붕괴의 한 원인으로 지목하고 있었다.

이런 지적에 모두가 동의하는 것은 아니다. 개별 교사의 자질과 의지 문제이지, 여교사 문제는 아니라는 반론도 적지 않다. 특히 여성계는 '마초(남성 우월) 논리'라며 반발하고 있다. 일부에선 교사 여초가 선진국 공통의 현상이라고 한다. 하지만 세계에서 우리만큼 학교 폭력에 시달리는 나라는 없다. 어느 쪽이 옳은지 과학적으로 검증할 방법은 없다. 모든 문제아가 남교사 앞에서 겁먹는 것은 아닐 테고, 여교사 중에서도 생활지도에 능한 사람이 있을 것이다. 다만 우리로선 현장 교사들의 말을 경청하지 않을 수 없다. 매일같이 학생과 접하는 교사들이 문제의 본질에 가장 근접해 있을 것이기 때문이다.

남자 교사는 갈수록 희귀한 존재가 되고 있다. 초·중·고교 교사의 76%가 여자이고, 중학교도 여교사 비율이 67%에 달한다. 교장들이 생활지도를 맡길 남교사를 못 구해 교육청에 로비한다는 얘기까지 나온다. 남교사만 늘린다고 모든 게 해결되는 것은 아닐 것이다. 하지만 지금 같은 극단적인 성비 불균형은 분명히 정상적 상황이 아니다. 특히 교육소비자인 학부모가 대책을 원한다. 서울시교육청 조사(2008년)에 따르면, 여성 학부모의 83%가 "남교사 증원을 바란다."라고 응답했다.

문제는 남교사 증원 대책이 여성의 교사 취업을 제약하게 된다는 점이다. 여성에게 교직(敎職)은 몇 안 되는 괜찮은 일자리 중 하나다. 교사의 성비 불균형은 개선돼야 하지만, 여성에게 일방적 불이익을 주어선 곤란하다. 이런 정책 조합을 생각해 볼 수 있지 않을까. 교사 채용 때 남성 쿼터제를 도입하되, 교장·교감 승진 땐 여교사를 우대하는 것이다. 평교사는 여성이 많지만, 여성 교장·교감 비율은 20%에도 못 미친다. 평교사는 남성을 더 뽑고, 교장·교감은 여성을 더 승진시키면 어느 정도 이익의 균형을 맞출 수 있다.

나아가 하급 공무원 선발 때 여성을 우대하는 방안도 생각해 볼 수 있다. 6급 이하 공무원의 여성 비율은 현재 33%다. 이것을 예컨대 40% 정도로 끌어올린다면 사회적 합의를 얻을 수 있을 것이다.

학교 붕괴라는 절체절명의 문제와 대면한 우리는 누구나 남교사 증원 필요성을 인정한다. 그러면서도 눈치 보는 것은 '마초 꼴통'으로 찍히는 걸 겁내기 때문일 것이다. 하지만 그냥 모른 척하고 있기엔 너무도 시급한 상황까지 와 있다. (조선일보 기사, 2012년 2월 8일, 박정현 기자)

◎ **생각해 보기**

1. 남교사 할당제가 필요한지 생각해 보자.
2. 어떻게 하면 남교사의 수를 늘릴 수 있을지 생각해 보자.

2) 학교장

학교장은 교육부 장관의 제청으로 대통령이 임용하며[2], 그 임기는 4년이다. 그러나 1차에 한하여 중임할 수 있고, 이때 초빙교장으로 재직하는 횟수는 이에 산입되지 않는다. 교장으로 1차 임기를 마친 자에 대하여는 정년 잔여기간이 4년 미만인 경우에도 특별한 결격사유가 없는 한 교장으로 다시 임용할 수 있다.

교장의 임기가 학기 도중에 만료되는 때에는 임기가 만료되는 날이 3월에서 8월 사이에 있는 경우에는 8월 31일을, 9월부터 다음 해 2월 사이에 있는 경우에는 다음 해 2월 말일을 임기의 만료일로 정하며, 정년 전에 임기가 만료되는 교장으로서 교사로 근무할 것을 희망하는 자(교원자격증을 가진 자에 한한다)에 대하여는 수업담당 능력 및 건강 등을 참작하여 특별한 결격사유가 없는 한 교사로 임용할 수 있다. 학교장의 임용 절차는 다음의 [그림 14-1]과 같다.

교장 충원계획 수립 → 학교경영제안서 작성 및 제출(대상자) → 교장 임용대상자 면접심사(교장 임용심사위원회) → 교장 임용대상자 적부 판단(인사위원회) → 교장 임용대상자 임용 추천(교육 감이 장관에게) → 교장 임용(장관의 제청으로 대통령이 임용)

그림 14-1 **학교장 임용 절차**

---

2) 2008년 4월 발표된 학교자율화 추진계획에서는 관련 법 개정(「교육공무원임용령」 제3조의 제1항 제4호)을 통해 교장의 임용권을 교육감에게 위임하는 형태로 추진하고자 하였으나, 아직 법 개정은 이루어지고 있지 않다.

3) 기간제 교원

고등학교 이하 각급 학교 교원의 임용권자는 아래에 해당하는 경우에 예산의 범위에서 교원 자격증을 가진 자 중에서 기간을 정하여 교원을 임용할 수 있다.

① 교원이 휴직하게 되어 후임자의 보충이 불가피한 때
② 교원이 파견·연수·정직·직위해제 등 대통령령이 정하는 사유로 직무를 이탈하게 되어 후임자의 보충이 불가피한 때
  - 교원이 파견·연수·강등·정직·직위해제·휴가로 인하여 1개월 이상 직무에 종사할 수 없어 후임자의 보충이 불가피한 경우
  - 교원이 퇴직하여 신규채용하여야 할 사유가 발생하였음에도 교사임용후보자명부에 임용대상자가 없어 신규채용을 할 수 없을 경우
  - 파면·해임 또는 면직처분을 받은 교원이 「교원 지위 향상을 위한 특별법」 제9조의 규정에 의하여 교원소청심사위원회에 소청심사를 청구하여 후임자의 보충발령을 하지 못하게 된 경우
③ 특정교과를 한시적으로 담당하도록 할 필요가 있을 때
④ 교육공무원이었던 자의 지식이나 경험을 활용할 필요가 있을 때

특정 교과를 한시적으로 담당하거나 교육공무원이었던 자의 지식이나 경험을 활용하기 위해 기간제 교원으로 임용하는 경우 1주당 근무 시간을 6시간 이상 35시간 이하의 범위에서 시간제로 근무하게 하는 기간제 교원을 임용할 수 있으며, 휴직에 의한 충원을 위한 기간제 교원의 임용기간은 1년 이내로 하되, 필요한 경우 3년의 범위에서 연장할 수 있다.

4) 임용의 결격 사유

신규 임용의 경우 아래의 각 항목에 해당하는 사람은 공무원으로 임용될 수 없다 (「국가공무원법」 제33조).

1. 금치산자 또는 한정치산자
2. 파산선고를 받고 복권되지 아니한 자
3. 금고 이상의 실형을 선고받고 그 집행이 종료되거나 집행을 받지 아니하기로 확정된 후 5년이 지나지 아니한 자
4. 금고 이상의 형을 선고받고 그 집행유예 기간이 끝난 날부터 2년이 지나지 아니한 자
5. 금고 이상의 형의 선고유예를 받은 경우에 그 선고유예 기간 중에 있는 자
6. 법원의 판결 또는 다른 법률에 따라 자격이 상실되거나 정지된 자
7. 공무원으로 재직기간 중 직무와 관련하여 「형법」 제355조 및 제356조에 규정된 죄를 범한 자로서 300만 원 이상의 벌금형을 선고받고 그 형이 확정된 후 2년이 지나지 아니한 자
8. 징계로 파면처분을 받은 때부터 5년이 지나지 아니한 자
9. 징계로 해임처분을 받은 때부터 3년이 지나지 아니한 자

이와 함께, 미성년자에 대한 「성폭력범죄의 처벌 등에 관한 특례법」 제2조에 따른 성폭력범죄 행위로 파면·해임되거나 100만 원 이상의 벌금형이나 그 이상의 형을 선고받아 형이 확정된 사람은 교육공무원으로 임용될 수 없다(「교육공무원법」 제10조의4).

또한 교원으로 재직 중 다음의 어느 하나에 해당하는 사유로 파면·해임된 자는 고등학교 이하 각급 학교의 교원으로 신규채용 또는 특별채용할 수 없다(「교육공무원법」 10조의3).

1. 미성년자에 대한 「성폭력범죄의 처벌 등에 관한 특례법」 제2조에 따른 성폭력범죄 행위
2. 금품수수 행위
3. 시험문제 유출 및 성적조작 등 학생성적 관련 비위 행위
4. 학생에 대한 신체적 폭력 행위

그러나 교육공무원징계위원회에서 해당 교원의 반성 정도 등을 고려하여 교원으

로서 직무를 수행할 수 있다고 의결한 경우에는(재적위원 3분의 2 이상의 출석과 출석
위원 과반수의 찬성) 채용할 수 있다.

2. 교육공무원의 복무

1) 승진

승진은 동일 직렬 내에서의 수직 이동, 즉 직위 상승을 말한다. 승진에는 권한과
책임의 증대뿐만 아니라 위신의 증대, 급여나 보수의 증가 등이 뒤따르며, 종업원에
게 동기를 부여하여 근로의욕을 증진시키고, 종업원의 잠재능력을 발휘하는 기회를
제공하는 중요한 수단이 된다. 학교의 경우 교사가 교감으로, 교감이 교장으로 임용
되는 것이 여기에 해당하며, ① 보상수단 내지 욕구충족수단, ② 인적자원의 배치 및
활용을 통한 조직의 목표 달성, ③ 직무수행을 위해 필요한 지식과 능력의 향상을 가
져오는 능력개발 수단으로서의 역할을 한다.

승진의 기준은 크게 연공서열주의(seniority system)와 실적주의(merit system)로 나누어 설
명할 수 있다. 연공서열주의는 근무연수, 연령, 경력 등의 기준을 강조하며 적용이
용이하고 승진관리의 안정성을 기할 수 있는 장점이 있으며, 실적주의는 직무수행능
력과 업적 등을 중시하며 과학적이고 합리적이라는 장점이 있다. 어느 입장을 더 중
시할 것인가 하는 문제는 이해자 집단뿐만 아니라 사회문화적인 배경에 따라 달라
질 수 있다(서정화, 1994).

이러한 점들을 반영하여 현재 우리나라는 경력평정, 근무성적평정, 연수성적평정
및 가산점제도 등을 기준으로 사용하고 있으며, 여기서는 교감 승진 기준을 중심으
로 승진 제도를 간략히 살펴본다.

(1) 경력평정

경력평정은 매년 12월 31일을 기준으로 하여 정기적으로 실시하며, 기본경력 및

초과경력으로 나뉜다. 기본경력은 평정대상경력으로서 평정시기로부터 15년을 평정기간으로 하고, 초과경력은 기본경력 전 5년을 평정기간으로 한다. 경력평정 점수는 70점 만점이며(기본경력 64점, 초과경력 6점), 기본경력 15년, 초과경력 5년인 경우에는 각각 평정만점으로 평정한다.

표 14-1 경력의 등급별 평정점

구분	등급	평점만점	근무기간 1월에 대한 평정점	근무기간 1일에 대한 평정점
기본경력	가 경력	64.00	0.3555	0.0118
	나 경력	60.00	0.3333	0.0111
	다 경력	56.00	0.3111	0.0103
초과경력	가 경력	6.00	0.1000	0.0033
	나 경력	5.00	0.0833	0.0027
	다 경력	4.00	0.0666	0.0022

경력평정의 평정기간 중에 휴직·직위해제 또는 정직기간이 있는 때에는 그 기간을 평정에서 제외하지만, 「공무원연금법」에 의한 공무상 질병 또는 부상으로 인한 휴직, 병역 또는 기타 법률의 규정에 의한 의무를 수행하기 위하여 직무를 이탈하게 된 때, 국제기구, 외국기관, 국내외의 대학·연구기관, 다른 국가기관, 재외교육기관 또는 대통령령으로 정하는 민간단체에 임시로 고용될 때(상근 근무), 노동조합 전임자로 종사하게 된 때는 해당 기간을 재직기간으로 간주한다. 학위취득을 목적으로 해외유학을 하거나 외국에서 1년 이상 연구 또는 연수하거나 비상근으로 국제기구, 외국기관, 국내외의 대학·연구기관, 다른 국가기관, 재외교육기관 또는 대통령령으로 정하는 민간단체에 임시로 고용될 때, 그리고 교육부 장관이 지정하는 국내의 연구기관이나 교육기관 등에서 연수하게 된 때는 그 기간의 5할에 해당하는 기간을 평정에 반영하며, 육아 휴직(만 8세 이하, 초등학교 2학년 이하의 자녀) 및 여자 교육공무원의 임신 또는 출산을 위한 휴직 기간은 재직기간으로 평정한다.

(2) 근무성적평정

매년 12월 31일을 기준으로 하여 근무실적·근무수행능력 및 근무수행태도에 관한 근무성적평정과 다면평가가 정기적으로 이루어진다. 교사의 근무성적평정은 자질 및 태도에 대한 평정과 근무실적 및 근무수행능력에 대한 평정으로 구분된다. 자질 및 태도(20점)는 교육자로서의 품성(10점)과 공직자로서의 자세(10점)로 구분되고, 근무실적 및 근무수행능력(80점)은 학습지도(40점), 생활지도(20점), 교육연구 및 담당업무(20점)로 구분된다. 「교육공무원승진규정」에 따른 교사의 근무성적표는 〈표 14-2〉와 같다. 근무성적의 평정자 및 확인자는 승진후보자명부 작성권자가 정한다. 다면평가는 근무성적의 확인자가 구성하되, 평가대상자의 근무실적·근무수행능력 및 근무수행태도를 잘 아는 동료교사 중에서 3인 이상으로 구성되며, 평가 항목은 근무성적평정과 동일하다.

근무성적의 평정점은 평정자가 100점 만점으로 평정한 점수를 30%로, 확인자가 100점 만점으로 평정한 점수를 40%로 환산한 후 그 환산된 점수를 합산하여 70점 만점으로 산출한다. 다면평가점은 다면평가자가 100점 만점으로 평정한 점수를 30%로 환산하여 30점 만점으로 산출한다. 근무성적평정과 다면평가결과의 합산은 근무성적의 평정자와 확인자가 행하는데, 합산점은 근무성적평정점과 다면평가점을 합산하여 100점 만점으로 산출한다.

근무성적평정점과 다면평가점을 합산한 결과는 수(95점 이상) 30%, 우(90점 이상 95점 미만) 40%, 미(85점 이상 90점 미만) 20%, 양(85점 미만) 10%의 분포비율에 맞도록 하여야 하며, 합산점이 '양'에 해당하는 자가 없거나 그 비율 이하일 때에는 '미'에 가산할 수 있다. 한편, 평정대상자의 요구가 있는 때에는 특별한 사정이 없는 한 본인의 최종 근무성적평정점을 알려 주어야 한다.

표 14-2 교사 근무성적평정표

교사근무성적평정표

① 평정기간		② 확인자		③ 평정자	
. . . 부터 . . . 까지		직위 성명　　　　　(인)		직위 성명　　　　　(인)	

평정사항			자질 및 태도		근무실적 및 근무수행능력			⑨ 평 정 점	⑩ 환 산 점	⑪ 총 점
평정 대상자 소속	평정 대상자 성명	평정요소	④ 교육자로서의 품성 (10점)	⑤ 공직자로서의 자세 (10점)	⑥ 학습 지도 (40점)	⑦ 생활 지도 (20점)	⑧ 교육연구 및 담당업무 (20점)			
		평정자								
		확인자								
		평정자								
		확인자								
		평정자								
		확인자								
		평정자								
		확인자								
		평정자								
		확인자								
		평정자								
		확인자								
		평정자								
		확인자								

비 고

1. 평정자의 환산점 = 평정점 × 30/100, 확인자의 환산점 = 평정점 × 40/100
2. 평정자와 확인자는 다음 각 목의 분포비율에 맞도록 평정하여야 하며, 평정점은 특별한 사정이 없으면 동점을 주지 않도록 하여야 한다. 다만, 라목의 평정점에 해당하는 사람이 없거나 라목의 평정점에 해당하는 사람의 비율이 10% 이하일 때에는 라목의 비율을 적용하지 않고 다목에 가산할 수 있다.
   가. 수(95점 이상)　　　　30%
   나. 우(90점 이상 95점 미만) 40%

다. 수(95점 이상)   30%
라. 우(90점 이상 95점 미만) 40%

출처: 교육공무원 승진규정 [서식 3].

(3) 연수성적평정

연수성적의 평정은 교육성적평정과 연구실적평정으로 나뉘며, 연수성적의 평정자와 확인자는 승진후보자명부 작성권자가 정한다. 연수성적의 평정은 매년 12월 31일을 기준으로 하여 실시하거나 또는 승진후보자명부의 조정 시기에 실시된다.

교육성적평정은 직무연수성적(18점)과 자격연수성적(9점)으로 나뉘는데, 직무연수성적의 평정은 당해 직위에서 '교원 등의 연수에 관한 규정'에 의한 연수기관 또는 교육부 장관이 지정한 연수기관에서 10년 이내에 이수한 60시간 이상의 직무연수성적을 환산한 직무연수환산성적(95점 초과: 100점, 90점 초과~95점 이하: 95점, 85점 초과~90점 이하: 90점, 85점 이하: 85점) 및 직무연수이수실적을 대상으로 평정한다(6점×직무연수환산성적/직무연수성적만점+6점×직무연수 횟수−2회에 한함). 자격연수성적 평정은 당해 직위 또는 교원의 직위에서 받은 자격연수성적 중 최근에 이수한 자격연수성적을 대상으로 하며, 「9점−(연수성적만점−연수성적)×0.05」의 계산방식에 따라 평정한다. 또한 자격연수성적을 평정할 때 하나의 자격연수가 분할 실시되어 그 성적이 두 가지 이상인 때에는 이 성적들을 합산 평균하여 자격연수성적으로 평정하며, 성적이 평어로 평가되어 있거나 석사학위 취득자에 대한 자격연수성적은 최상위 등급의 평어(A)−만점의 90%, 차상위 등급의 평어(B)−만점의 85%, 제3등급 이하의 평어(C)−만점의 80%로 평정한다.

연구실적평정(3점)은 연구대회입상실적과 학위취득실적으로 나누어 평정한 후 이를 합산하여 계산한다. 연구대회입상실적은 국가·공공기관 또는 공공단체가 개최하는 교육에 관한 연구대회로서 교육부 장관이 인정하는 전국 규모의 연구대회에서 입상한 연구실적과 특별시·광역시 또는 도의 교육청·지방공공기관 및 공공단체 등이 개최하는 교육에 관한 연구대회로서 시·도교육감이 인정하는 시·도규모의 연구대회에서 입상한 연구실적이 해당하며, 연구대회입상실적이 2인 공동작인 경우에는 각각 입상실적의 7할로 평정하고, 3인 공동작인 경우에는 각각 그 입상실적의 5할로 평정하며, 4인 이상 공동작인 경우에는 그 입상실적의 3할로 평정한다. 또한 연구대회입상실적은 1년에 1회의 연구대회입상실적에 한하여 평정한다. 학위취득실적은 교육공무원이 당해 직위에서 석사 또는 박사학위를 취득하였을 경우 그 취득학위 중 하나를 평정의 대상으로 하며, 자격연수성적으로 평정된 석사학위취득실적은 평정대상에서 제외한다. 연구실적평정점은 다음의 〈표 14-3〉와 같다.

표 14-3 **연구실적평정점**

연구대회입상실적			학위취득실적			
입상 등급	전국 규모 연구대회	시·도 규모 연구대회	박사		석사	
			직무와 관련 있는 학위	그 밖의 학위	직무와 관련 있는 학위	그 밖의 학위
1등급 2등급 3등급	1.50점 1.25점 1.00점	1.00점 0.75점 0.50점	3점	1.5점	1.5점	1점

(4) 가산점평정

가산점은 구성원들의 직무수행에 대한 동기부여와 능력향상을 유인하고자 하는 것으로서 특정한 보상을 받거나 특별한 자격을 획득하거나 특히 어려운 특정 직무를 수행했을 경우에 그 대가로 인사행정에 실적을 반영하여 주는 제도다(서정화, 1994). 현재 가산점은 공통가산점과 선택가산점으로 구분되며, 공통가산점은 다음과 같다.

- 교육부 장관이 지정한 연구학교(시범·실험학교를 포함)의 교원으로 근무한 경력은 월 0.021점(1개월 미만인 경우에는 일 0.0007점). 이 경우 가산점의 총합계는 1.25점을 초과할 수 없음.
- 교육공무원으로 재외국민교육기관에 파견 근무한 경력은 월 0.021점(1개월 미만인 경우에는 일 0.0007점). 이 경우 가산점의 총합계는 0.75점을 초과할 수 없음.

- 「교원 등의 연수에 관한 규정」 제6조 제1항의 규정에 의한 직무연수 중 동 규정 제8조의2의 규정에 의하여 연수이수실적이 학점으로 기록·관리되는 경우에는 1학점당 0.02점. 이 경우 명부작성권자는 0.12점의 범위에서 연도별 상한점을 정할 수 있고, 1점의 범위에서 가산점의 총합계를 정할 수 있음.
- 학교폭력의 예방 및 대응 관련 실적이 있는 경우(학교폭력 예방을 위한 교육·홍보·상담, 학교폭력 발생 점검 및 실태조사, 학교폭력 대응 조치 및 사후관리)「학교폭력예방 및 대책에 관한 법률」 제11조 제11항에 의거 교육감이나 그 밖의 명부작성권자가 부여하는 가산점 0.1점. 이 경우 가산점의 총합계는 2점을 초과할 수 없음.

선택가산점은 도서벽지에 있는 교육기관 또는 교육행정기관에 근무한 경력이 있는 경우, 읍·면·동지역의 농어촌 중 명부작성권자가 농어촌교육의 진흥을 위하여 특별히 지정한 지역의 학교에 근무한 경력이 있는 경우, 그리고 그 밖의 교육발전 또는 교육공무원의 전문성 신장 등을 위해 명부작성권자가 필요하다고 인정하는 경력이나 실적이 있는 경우 명부작성권자가 항목 및 점수의 기준을 정하여 산정할 수 있는 것으로 총합계는 10점을 초과할 수 없고, 그 기준은 평정기간이 시작되기 6개월 전에 공개하여야 한다.

도서벽지 근무 경력을 제외하고는 명부작성권자가 항목 및 점수의 기준을 정하여 산정할 수 있기 때문에 선택가산점은 시·도교육청에 따라 다양하게 나타나고 있으며, 대체로 보직교사 근무경력, 전문직 근무경력, 한센병 환자 자녀 학교 근무 또는 학급담당 경력, 농어촌 지정학교 근무 경력, 특수학교 근무 또는 특수학급 담당 경력, 교육감 지정 연구학교 근무 경력 등이 포함된다(조동섭 외, 2009).

(5) 승진의 제한
이와 같은 항목들에 대한 평정을 통해 승진임용이 이루어지지만, 승진임용이 제한되는 경우도 있다. 승진임용이 제한되는 경우는 아래와 같다.

- 징계의결요구·징계처분·직위해제 또는 휴직 중에 있는 경우

- 징계처분의 집행이 종료된 날부터 정해진 기간이 경과하지 아니한 경우(강등 및 정직: 18개월, 감봉: 12개월, 견책: 6개월)
- 종전의 신분에서 강등처분을 받은 때에는 그 처분의 집행이 종료된 날부터 18개월, 근신·영창, 그 밖에 이와 유사한 징계처분을 받은 때에는 그 처분의 집행이 종료된 날부터 6개월

그러나 교육공무원이 징계처분을 받은 이후 당해 직위에서 훈장·포장·모범공무원포상·국무총리 이상의 표창 또는 제안의 채택·시행으로 포상을 받은 경우에는 가장 중한 징계처분에 한하여 승진임용 제한기간의 2분의 1을 단축할 수 있다.

뉴스 따라잡기

전교조 시국선언, 학교를 정치투쟁장으로 만들어

대법원 전원합의체 "공무원·교사 표현의 자유 영역 넘어… 형사처벌해야" 판결
"교육정책과 무관한 국토개발·대북정책을 편향적 입장서 공격"

2009년 전교조의 이른바 '교사 시국선언'은 표현의 자유 범위를 넘어 공무원의 정치적 중립 의무를 위반한 것이어서 형사처벌해야 한다고 대법원이 19일 전원합의체 판결로 밝혔다. 전원합의체는 대법원장이 재판장을 맡고, 대법관 전원(12명, 법원행정처장만 제외)이 다수결로 판결을 내리는 대법원의 최고 재판부다.
. 대법원 전원합의체는 이날 전교조 대전지부 간부인 이찬현(54) 씨 등 3명의 「국가공무원법」·「집시법」 위반 사건에서 "이 씨 등이 다른 전교조 간부들과 공모해 2009년 6~7월 1·2차 시국선언 및 규탄대회를 기획하고 적극 주도한 것은 공무원인 교사의 정치적 중립성을 침해할 정도의 정치적 편향성 또는 당파성을 드러낸 행위"라며 이 씨 등에게 벌금 200만~70만 원을 선고했다.

• "시국선언은 정치적 의도로 이뤄진 불법 집단행동"
이날 판결은 공무원·교사의 정치적 표현의 자유에 관한 사회적 논란과 하급심의

엇갈린 판결이 빚은 법해석의 혼선을 대법원이 최종 정리했다는 점에서 의미를 갖는다. 1심에서 "표현의 자유여서 무죄"라는 판결과 "공무원 정치개입이어서 유죄"라는 판결이 마치 운동경기 스코어처럼 엇갈리면서 비판을 받았다. 양승태 대법원장도 "(재판은) 운동하듯 3판 양승(兩勝), 이렇게 하는 것이 아니다"라고 말했을 정도다.

대법원은 전교조의 시국선언이 2009년 10월 재보선과 2010년 지방선거를 앞두고 '반(反)이명박 전선 구축'이라는 정치적인 목적에서 벌인 사실상의 정치투쟁이라고 규정했다.

대법원은 "시국선언문에 교육정책의 문제점을 비판하는 내용이 포함돼 있으나, (교육정책과 무관한) 국토개발사업과 대북정책 등을 편향적인 입장에서 일방적으로 공격하고 있다"며 "공무원이 특정 정치세력에 대한 반대의사를 표출한 불법 집단행동을 한 것"이라고 밝혔다. 대법원은 또 "전교조의 시국선언과 서명운동 주도는 교사의 공무수행에 지장을 초래하고 학교를 정치공론장으로 변질시켜 학생들의 교육환경에 영향을 줄 위험성을 내포하고 있다"고도 밝혔다.

다수의견에 반대의견(소수의견)을 낸 박일환, 전수안, 이인복, 이상훈, 박보영 대법관 등 5명은 "시국선언에 참여한 교사들이 자신의 이익을 대변한 게 아니어서 공익에 반하는 행위를 한 것으로 볼 수 없다"며 "정치적 표현의 자유여서 무죄"라고 밝혔다. 신영철 대법관은 1차 시국선언은 다수의견과 같이 유죄로 봤으나, 2차 시국선언은 "당국의 징계에 반발한 것"이라며 무죄 쪽에 섰다.

• 사회 현안에 목소리 내는 '양승태 대법원'

법조계에선 이번 판결로 대법원이 대선을 앞두고 '표현의 자유'의 기준을 일정 부분 제시했다는 해석이 나온다. 대법원 관계자는 "대법원은 정책법원을 지향해야 한다는 게 사법부 구성원들의 공감대"라며 "앞으로도 중요한 사회적 현안에 대해 대법원이 판결을 통해서 적극적으로 목소리를 내게 될 것"이라고 말했다.

아울러 작년 9월 '양승태 대법원 시대'의 출범과 함께 안정적인 법해석을 추구하는 대법원의 판결 경향을 보여 줬다는 관측도 있다. 양 대법원장은 그간 "예측 가능한 사회를 만드는 게 사법부(司法府)의 사명" "급격한 변화는 사법부의 속성과 맞지 않는다."고 말해 왔다. 오는 7월엔 박일환, 김능환, 안대희, 전수안 대법관 등 대법관 4명이 임기 만료로 교체된다. 양 대법원장은 보수·진보의 틀로 대법관 구성을 다양화하기보다는, 비(非)서울대 출신, 여성, 외부인사 등 소수의 목소리를 대변할 수 있는 다양성 제고 방안을 찾겠다고 해 왔다. (조선일보 기사, 2012년 4월 20일, 이명진 기자)

2) 전보와 전직

직무순환 내지 인사이동은 조직기능의 활성화를 꾀하고 개인의 모든 욕구를 충족시킬 수 있도록 함으로써 구성원의 직무만족과 사기를 높일 수 있는 조건을 마련해 줄 수 있다. 예를 들어, 보직에 대한 부적응의 해결, 업무량과 조직개편 및 인적자원의 변동에 따른 재배치 및 조정의 필요, 인사적체의 방지, 권태로움에서 벗어나기 위한 업무수행 쇄신의 계기 마련 등이 그것이다(서정화, 1994). 교육계에서 직무순환내지 인사이동에 해당하는 것이 전보와 전직이다.

전보는 동일 직렬·직위 내에서의 수평적인 이동을 의미하는 것으로, 동일 직위 및 자격 내에서의 근무기관이나 부서를 달리하는 임용행위를 말한다. 예를 들면, 교장, 교감, 교사가 승진 없이 근무학교를 이동하거나 장학사 등 교육전문직원이 행정기관 간에 이동하는 것이 여기에 해당한다. 조직의 입장에서 볼 때, 전보는 부서 간의 인원수, 필요의 변동이나 조직기능의 변화로 인한 자질요건의 변화에 대응하기 위하여 부서의 기능과 업무의 양에 적절한 사람을 배속·배치시켜 조직의 목적달성을 촉진하는 방법이다. 또한 개인적인 측면에서는 직무에 대한 구성원 개인의 흥미 변동, 주거지의 변동, 동료와의 인간관계 변화 등을 배려하여 줌으로써 생활안정과 직무만족을 도모해 주려는 것이라고 할 수 있다(서정화, 1994).

또한 이는 교사가 한 학교에 머무르지 않고 주기적으로 학교를 옮김으로써 한 학교의 지배구조에 종속되지 않고, 국가 차원의 지배라는 큰 틀에서 자유와 소신을 펼칠 수 있는 틀을 보장하기 때문에 교사 신분의 안정성과 전문직으로서 지위의 독립성을 나타내는 상징이며, 최소한 전국 어느 학교든 교사의 질이나 수준의 차이를 보이지 않는다는 점에서 지역 간 교육 격차를 줄이는 데 기여한다는 평도 받고 있다(좋은 교사운동, 2005).

이와 달리 전직은 종별과 자격을 달리하는 임용, 즉 직급은 동일하나 직렬이 달라지는 횡적 이동을 의미한다. 예를 들면, 교장, 교감, 교사의 교육전문직 이동이나 반대로 교육전문직의 교장, 교감, 교사로의 이동, 교육전문직 간의 이동(장학관 ↔ 교육연구관, 장학사 ↔ 교육연구사) 그리고 최근에는 찾아보기 어렵지만 초등학교 교원 ↔ 중등학교 교원, 유치원 교원 ↔ 초등학교 교원으로의 이동이 여기에 해당한다.

장학관/교육연구관으로의 전직임용에 관한 사항은 임용권자가 정하며, 장학사/교육연구사로의 전직임용은 교육기관ㆍ교육행정기관 또는 교육연구기관의 추천을 받아 공개 전형을 거쳐 이루어지며, 전형기준ㆍ방법 및 절차 등은 임용권자가 정하도록 되어 있다. 교육부와 그 소속기관에 근무하는 교육전문직으로의 전직임용은 교사 근무경력 10년 이상, 만 40세 이하인 자를 대상으로 공개경쟁시험을 통해 임용하고 있다.

교육전문직에서 교원으로 전직하는 경우에는 교원에서 교육전문직으로 전직할 당시의 직위로 전직하여야 하며, 교육전문직으로 2년 이상 근속한 경우에는 임용권자가 정하는 기준에 따라 교장 또는 교감으로 전직할 수 있다.

3) 휴직과 복직

휴직은 공무원으로서의 신분을 보유하면서 일정 기간 그 직무에 종사하지 않는 것을 말한다. 휴직은 임명권자의 일방적 휴직 명령에 의해 이루어지는 직권 휴직과 본인의 요청에 의해 이루어지는 청원 휴직으로 크게 나뉜다. 직권 휴직과 청원 휴직의 구체적인 요건 및 내용은 다음의 〈표 14-4〉, 〈표 14-5〉와 같다.

이러한 휴직 기간 중 그 사유가 없어지면 30일 이내에 임용권자 또는 임용제청권자에게 신고하여야 하며, 임용권자는 지체 없이 복직을 명하여야 한다. 휴직 기간이 끝난 공무원이 30일 이내에 복귀 신고를 하면 당연히 복직된다.

표 14-4 직권 휴직의 요건 및 내용

종류	질병 휴직	병역 휴직	생사 불명	법정의무 수행	노조 전임자
근거	「교육공무원법」 제44조 제1항 제1호	「교육공무원법」 제44조 제1항 제2호	「교육공무원법」 제44조 제1항 제3호	「교육공무원법」 제44조 제1항 제4호	「교육공무원법」 제44조 제1항 제11호
요건	신체 · 정신상의 장애로 장기요양을 요할 때	병역의 복무를 위하여 징집 · 소집된 때	천재지변 · 전시 · 사변 · 기타의 사유로 생사 · 소재가 불명할 때	기타 법률에 의한 의무를 수행하기 위하여 직무를 이탈할 때	노동조합 전임자로 종사할 때
기간	1년 이내	복무 기간	3월 이내	복무 기간	전임 기간
경력 인정	경력 미산입, 승급 제한(단, 공무상 질병인 경우는 포함)	경력 산입, 승급 인정	경력 제외, 승급 제한	경력 산입, 승급 인정	경력 산입, 승급 인정
결원 보충	결원 보충 불가	6개월 이상 휴직 시 결원 보충	결원 보충 불가	6개월 이상 휴직 시 결원 보충	6개월 이상 휴직 시 결원 보충
봉급	봉급 7할 지급(공무상 질병인 경우는 전액 지급)	지급 안 함	지급 안 함	지급 안 함	지급 안 함
수당	공통수당 7할/기타 수당은 차등 지급	지급 안 함	지급 안 함	지급 안 함	지급 안 함

표 14-5 청원 휴직의 요건 및 내용

종류	유학 휴직	고용 휴직	육아 휴직	입양 휴직	연수 휴직	간병 휴직	동반 휴직
근거	제5호	제6호	제7호	제7호의2	제8호	제9호	제10호
요건	학위취득 목적 해외유학/외국에서 1년 이상 연구 · 연수	국제 기구 · 외국기관 · 국가기관 · 재외교육기관 · 대통령령으로 정하는 민간단체에 임시로 고용	만 8세 이하(취학 중인 경우에는 초등학교 2학년 이하)의 자녀양육, 여자 교육공무원의 임신 · 출산	만 19세 미만의 아동을 입양하는 경우	교육부 장관이 지정하는 국내 연구기관이나 교육기관 등에서 연수	부모, 배우자, 자녀 또는 배우자의 부모의 간호	배우자의 국외근무 · 유학
기간	3년 이내(학위취득 시 3년 연장 가능)	고용 기간	자녀 1인에 대하여 1년 이내(여교원은 3년 연장 가능)	입양자녀 1명에 대해 6개월 이내	3년 이내	1년 이내(재직기간 중 총 3년을 초과 못 함)	3년 이내(3년 연장 가능)

경력인정	경력 5할 승급 인정	경력 산입, 승급 인정	경력 인정	경력 인정	경력 5할, 학위취득 시에만 승급인정	경력 제외, 승급 제한	경력 제외, 승급 제한
결원보충	6개월 이상시 결원 보충	6개월 이상시 결원 보충	6개월 이상시 결원 보충		6개월 이상시 결원 보충	6개월 이상시 결원 보충	6개월 이상시 결원 보충
봉급	봉급 5할 지급 (3년까지만)	지급 안 함	지급 안 함		지급 안 함	지급 안 함	지급 안 함
수당	공통 수당 5할 지급 (3년까지만)	지급 안 함	월 봉급액의 40% 지급(50~100만 원. 최초 1년까지만)		지급 안 함	지급 안 함	지급 안 함

* 현행 교육공무원법은 "자녀 1명에 대하여 1년(여성 교육공무원은 3년) 이내로 하되 분할하여 휴직할 수 있다"고 규정하고 있으나, 상위 법인 국가공무원법의 해당 조항은 "자녀 1명에 대하여 3년 이내로 한다."로 개정되었다(2015년 5월 18일). 따라서 교육공무원법의 관련 조항도 국가공무원법에 따라 개정될 것으로 예상된다.

4) 휴가

공무원의 휴가는 연가·병가·공가 및 특별휴가로 구분된다. 학교의 장은 휴가를 허가할 때 소속 교원이 원하는 시기에 법정 휴가 일수가 보장되도록 하되, 부모생신일, 기일 등을 제외하고는 특별한 사유가 없는 한 방학 중에 실시하고 휴가로 인한 수업 결손 등이 발생하지 않도록 필요한 조치를 취해야 한다. 또한 휴가를 실시할 때는 수업 및 담당 업무 등을 학교장이 정한 자에게 인계하여 업무의 연속성을 유지할 수 있도록 해야 한다.

(1) 연가

연가는 재직기간을 기준으로 매년 1월 1일부터 12월 31일까지의 단위로 실시되며, 재직기간별 연가 일수는 다음 〈표 14-6〉과 같다.

표 14-6 재직기간별 연가일수

재직기간	연가일수	재직기간	연가일수
3월 이상 6월 미만	3	3년 이상 4년 미만	14
6월 이상 1년 미만	6	4년 이상 5년 미만	17
1년 이상 2년 미만	9	5년 이상 6년 미만	20
2년 이상 3년 미만	12	6년 이상	21

행정기관의 장은 공무원의 연가가 특정한 계절에 편중되지 아니하고 공무원 및 그 배우자의 부모 생신일 또는 기일이 포함되도록 연가계획을 수립하여 실시하여야 한다. 그러나 교원의 경우에는 학생 수업 등을 고려하여 하기 · 동기 및 학기말 휴업일에 실시함을 원칙으로 한다.

연가는 공무 외의 국외여행, 병가기간 만료 후 계속 요양을 요할 때 등을 제외하고는 1회 6일 이내로 허가하며, 연가일수가 7일을 초과하는 자에 대하여는 연 2회 이상으로 분할하여 허가한다. 또한 연가는 오전 또는 오후의 반일 단위로 허가할 수 있으며, 반일연가 2회는 연가 1일로 계산한다. 행정기관의 장은 연가원의 제출이 있을 때에는 공무수행상 특별한 지장이 없는 한 이를 허가하여야 한다. 행정기관의 장은 공무원에게 당해연도의 잔여 연가일수를 초과하는 휴가 사유가 발생한 경우에는 다음 연도 연가일수의 2분의 1의 범위에서 다음 연도의 연가일수를 당해 연도에 미리 사용하게 할 수도 있으며, 결근일수 · 정직일수 · 직위해제일수 및 강등처분에 따라 직무에 종사하지 못하는 일수는 연가일수에서 공제한다.

(2) 병가

병가는 일반 병가와 공무상 병가로 나눌 수 있다. 일반 병가는 연 60일 이내로, 질병이나 부상으로 인한 지각 · 조퇴 및 외출은 누계 8시간을 병가 1일로 계산한다. 병가 중 연간 6일을 초과하는 병가일수는 연가일수에서 공제하며, 의사의 진단서가 첨부된 병가일수는 연가일수에서 공제하지 않는다.

공무상 병가는 공무상 질병 또는 부상으로 직무를 수행할 수 없거나 요양을 요할 경우에 해당하며, 그 기간은 연 180일 이내다. 공무상 병가는 일반 병가 사용 일수와 별도로 계산되며(공무상 병가기간 만료 후 일반 병가를 신청할 수 있음), 180일이 만료된 후에는 동일한 사유로 재차 공무상 병가를 신청할 수 없다.

병가일수가 7일 이상인 경우에는 의사의 진단서가 필요하며, 참고로 교육공무원 신분을 유지하면서 요양할 수 있는 최대 기간은 1년 8개월 21일간(공무상 병가 180일 + 일반 병가 60일 + 연가 21일 + 질병 휴직 1년)이다.

(3) 공가

공가는 공무에 따른 휴가를 말하며 「국가공무원 복무규정」에 명시된 공가의 내용은 다음과 같다. 공가의 기간은 공가 사유에 따라 직접 필요한 기간이다.

- 「병역법」 기타 다른 법령에 의한 징병검사·소집 검열점호 등에 응하거나 동원 또는 훈련에 참가할 때
- 공무에 관하여 국회·법원·검찰 기타 국가기관에 소환된 때
- 법률의 규정에 의하여 투표에 참가할 때
- 승진·전직시험에 응시할 때
- 원격지 간의 전보 발령을 받고 부임할 때
- 「국민건강보험법 시행령」 제26조의 규정에 의한 건강검진을 받을 때
- 「산업안전보건법」 제43조에 따른 건강진단, 「국민건강보험법」 제47조에 따른 건강검진을 받을 때 또는 「혈액관리법」에 따른 헌혈에 참가할 때
- 「공무원교육훈련법 시행령」 제32조의 규정에 의한 외국어능력시험에 응시할 때
- 올림픽·전국체전 등 국가적인 행사에 참가할 때
- 천재·지변·교통차단 기타의 사유로 출근이 불가능할 때
- 「교원의 노동조합 설립 및 운영 등에 관한 법률 시행령」에 의한 단체교섭위원으로 참석할 때와 교섭관련협의를 위하여 지명된 자로 참석할 때
- 「교원 지위 향상을 위한 특별법」에 의한 교섭·협의위원으로 단체교섭 및 협약 체결을 위해 참석할 때

(4) 특별휴가

특별휴가는 경조사 휴가와 기타 휴가로 나눌 수 있으며, 경조사 휴가의 구체적인 내용은 〈표 14 – 7〉 과 같다. 경조사 휴가가 2일 이상인 경우에는 그 사유가 발생한 날을 포함하여 전후에 연속하여 실시해야 하며, 휴가기간 중에 포함된 공휴일은 휴가일수에 포함된다.

기타 휴가에는 출산휴가, 여성보건휴가, 육아시간, 수업휴가, 포상휴가, 재해구호 휴가 등이 있다. 먼저 출산휴가는 출산 전후 90일이며, 출산 후에 45일 이상이 되어야 한다. 여자공무원은 매 생리기와 임신한 경우 검진을 위하여 매월 1일의 여성보건휴가를 얻을 수 있으며(여성보건휴가는 무급), 생후 1년 미만의 유아가 있는 여자공무원은 1일 1시간의 육아시간을 얻을 수 있다. 또한 임신 중인 여성공무원으로서 임신 후 12주 이내이거나 임신 후 36주 이상에 해당하는 공무원은 1일 2시간의 범위에서 휴식이나 병원 진료 등을 위한 모성보호시간을 받을 수 있다. 한국방송통신대학교에 재학 중인 공무원은 「한국방송통신대학교 설치령」에 의한 출석수업에 참석하기 위하여 연가일수를 초과하는 출석수업 기간에 대한 수업휴가를 얻을 수 있으

표 14 - 7 경조사 휴가

구 분	대 상	일 수
결 혼	본인	5
	자녀	1
출 산	배우자	5
입 양	본인	20
사 망	배우자, 본인 및 배우자의 부모	5
	본인 및 배우자의 조부모 · 외조부모	2
	본인 및 배우자의 형제 · 자매	1
	자녀 및 그 자녀의 배우자	2

* 주: 입양은 「입양촉진 및 절차에 관한 특례법」에 따른 입양에 한정하며, 입양 외의 경조사 휴가를 실시할 때 원격지일 경우에는 실제 필요한 왕복소요일수를 가산할 수 있음.

며, 풍해 · 수해 · 화재 등 재해로 인하여 피해를 입은 공무원과 재해지역에서 자원봉사활동을 하고자 하는 공무원은 5일 이내의 재해구호휴가를 얻을 수 있다.

또한 임신 중인 공무원이 임신 16주 이후 유산(「모자보건법」 제14조 제1항에 따라 허용되는 경우 외의 인공임신중절에 의한 유산을 제외) 또는 사산한 경우에는 다음과 같이 유산 · 사산휴가를 주어야 한다.

- 유산 또는 사산한 공무원의 임신기간(이하 '임신기간'이라 한다)이 11주 이내인 경우: 유산 또는 사산한 날부터 5일까지
- 임신기간이 12주 이상 15주 이내인 경우: 유산 또는 사산한 날부터 10일까지
- 임신기간이 16주 이상 21주 이내인 경우: 유산 또는 사산한 날부터 30일까지
- 임신기간이 22주 이상 27주 이내인 경우: 유산 또는 사산한 날부터 60일까지
- 임신기간이 28주 이상인 경우: 유산 또는 사산한 날부터 90일까지

이와 함께, 인공수정 또는 체외수정 등 불임치료 시술을 받는 공무원은 시술 당일에 1일의 휴가를 받을 수 있으며, 체외수정 시술의 경우에는 난자 채취일에 1일의 휴가를 추가로 받을 수 있다.

휴가기간 중의 토요일 또는 공휴일은 그 휴가일수에 산입되지 않지만, 휴가일수가 30일 이상 계속되는 경우는 예외로 하며, 휴가일수를 초과한 휴가는 결근으로 본다.

3. 보수체계

보수는 개인과 조직 간 거래를 나타내는 것으로, 개인이 조직의 목적 달성을 위한 서비스를 제공한 대가로 조직으로부터 주어지는 제반 금전적, 비금전적 보상을 말한다. 그 보수체계에는 학력, 자격, 연령 등을 기준으로 근속연수에 따라 보수수준을 결정하는 속인급 보수체계인 연공급, 직무의 양과 질에 따라 보수를 결정하는 직무급, 연공급과 직무급을 절충한 절충급 등이 있다.

공무원의 보수는 공무원보수규정과 공무원수당규정에 근거하여 지급되며, 기본

급여인 봉급과 직무·생활 여건 등에 따라 지급되는 부가급여인 수당으로 구성된다. 우리나라의 경우 교원은 고도의 전문성을 갖는 직업이기 때문에 직위별로 직무와 능률이 다르다고 볼 수 없다는 관점에서 학력과 자격, 경력에 의한 보수 지급을 원칙으로 하는 단일호봉제를 채택하여 동일 학력, 자격, 경력이면 동일한 호봉에 의한 보수를 지급받는다. 교원의 호봉은 1호봉부터 40호봉까지 있으며, 한 호봉의 단위는 1년이다. 초임 호봉의 획정은 학령, 임용 전 경력, 기산호봉을 합산하여 이루어지며, 구체적인 방법은 다음과 같다.

$$호봉획정 = 기산호봉 + (학령 - 16) + 기산연수 + 환산경력연수$$

2급 정교사 자격증을 받고 대학을 졸업할 경우, 기산호봉은 8이며, 기산연수(수학연한 2년 이상인 사범계 학교를 졸업한 경우)는 1이 된다. 환산경력연수에는 군복무 기간 및 기간제 교원 근무 경력 등이 반영된다(자세한 경력 반영 정도는 〈표 14-8〉 참고). 따라서 대학을 졸업하면서 바로 임용이 되는 경우 9호봉을 받게 된다. 교원의 호봉별 봉급표는 다음의 〈표 14-9〉와 같다.

표 14-8 교육공무원의 경력환산율표

구분	경력	환산율
1. 교원 경력	가.「유아교육법」제22조,「초·중등교육법」제21조 및「고등교육법」제16조에 따른 자격을 갖추고「교육공무원법」제1조 제1항에 따른 교육공무원(「교육공무원법」제32조에 따른 기간제 교원 및「유아교육법」제23조에 따른 기간제 교사를 포함한다)으로「교육공무원법」제2조 제2항 제1호에 따른 교육기관	100%. 다만, 교원자격증의 종류와 근무한 학교가 일치하지 않는 기간제 교원 경력은 50%, 관할청에 보고되지 않은 사립학교 교원 경력은 50%의 환산율을 적용한다.
	나.「유아교육법」제22조,「초·중등교육법」제21조 및「고등교육법」제16조에 따른 자격을 갖추고「사립학교법」제53조 및 제53조의2에 따라 임면되어「사립학교법」제54조에 따라 관할청에 보고된 교원(「사립학교법」제54조의4에 따른 기간제 교원을 포함한다)으로「교육공무원법」제2조 제2항 제1호에 따른 교육기관에서 근무한 경력	

	다. 「초·중등교육법」 제21조에 따른 자격을 갖추고 「평생교육법」 제31조 제2항에 따라 학력이 인정되는 학교형태의 평생교육시설에서 교원으로 근무한 경력	100%
	라. 「초·중등교육법」 제21조에 따른 자격을 갖추고 「재외국민의 교육지원 등에 관한 법률」 제21조에 따라 임면된 교원으로 같은 법 제5조에 따라 설립된 한국 학교에서 근무한 경력	100%
	마. 「유아교육법」 제22조에 따른 자격을 갖추고 「영유아보육법」 제19조 제2항에 따라 시장·군수·구청장에게 임면이 보고된 보육교직원으로 「영유아보육법」 제10조에 따른 어린이집에서 근무한 경력	100%
2. 교원 외의 공무원 경력	가. 국가공무원 또는 지방공무원으로 근무한 경력(군복무 경력을 포함한다). 다만, 「병역법」에 따른 무관후보생 경력, 법령에 따른 봉급을 받지 아니하는 공무원 경력, 「국가공무원법」 제26조의2 및 「지방공무원법」 제25조의3에 따라 통상적인 근무 시간보다 짧게 근무한 공무원 경력 외의 비상근 공무원 경력은 제외한다.	100%
	나. 고용직공무원(대통령령 제12705호 고용직공무원규정 시행일 전의 경노무고용직 외의 고용직공무원과 같은 영 부칙 제2항에 따른 1종 및 2종 고용직은 제외한다) 또는 기능직공무원으로 근무한 경력	80%
3. 유사 경력	가. 강사 등 경력 1) 「유아교육법」 제22조에 따른 자격을 갖추고 같은 법 제23조에 따른 강사 등(기간제 교사는 제외한다)으로 같은 법 제2조 제2호에 따른 유치원에서 근무한 경력 2) 「초·중등교육법」 제21조에 따른 자격을 갖추고 같은 법 제22조에 따른 산학겸임교사 등으로 같은 법 제2조에 따른 학교에서 근무한 경력 3) 「고등교육법」 제17조에 따른 시간강사로 같은 법 제2조에 따른 학교에서 근무한 경력	교육부 장관이 정하는 바에 따라 30% 이상 100% 이하의 환산율을 적용한다.
	나. 연구경력 1) 대학(전문대학을 포함한다) 또는 대학원에서 임용권자의 임명을 받아 연구원으로 상근한 경력 2) 「정부출연연구기관 등의 설립·운영 및 육성에 관한 법률」에 따라 설립된 연구기관, 「특정연구기관 육성법」 및 같은 법 시행령에 따라 지정된 연구기관 등 교육부 장관이 정하는 연구기관에서 연구원으로 상근한 경력 3) 「고등교육법」 제2조에 따른 학교 및 같은 법 제29조의2에 따른 대학원에서 연구전담 조교로 근로계약을 체결하고 정기적인 보수를 지급받으며 상근으로 근무한 경력 4) 대학원에서 석사학위 또는 박사학위를 취득한 경우로서 「고등교육법」 제31조에 따른 수업연한에 따라 각 대학에서 학칙으로 정한 최저 수업연한. 다만, 박사학위의 수업연한은 최대 3년의 범위에서 인정한다.	100%

다. 국가 또는 지방자치단체 등에서의 근무경력 　1) 대통령령 제7265호 잡급직원규정 및 대통령령 제7976호 지방잡급직원규정에 따른 잡급으로 근무한 경력과 대통령령 제7265호 잡급직원규정 및 대통령령 제7976호 지방잡급직원규정 시행일 전의 임시직, 촉탁, 잡급 등 국가기관 또는 지방자치단체의 기관에서 상근으로 근무한 경력 　2) 국가 또는 지방자치단체 등의 기관에서 임시직, 촉탁, 잡급 등으로 근무한 경력 중 1) 외의 경력으로서 교육부 장관이 안전행정부 장관과 협의하여 정하는 경력	80% (다만, 2)의 경력 중 업무분야와 동일한 교원자격증 취득 후의 경력 외의 경력은 50%의 환산율을 적용한다.)
라. 그 밖의 경력 　1) 변호사 또는 법무사의 자격을 갖추고 국가, 지방자치단체, 공공기관 및 그 밖의 법인 또는 개인사무소에서 법률에 관한 사무에 상근으로 종사한 경력 　2) 「교육기본법」 제15조 제1항에 따른 교원단체 또는 「교원의 노동조합 설립 및 운영 등에 관한 법률」 시행 이후 같은 법 제4조에 따라 설립된 노동조합에서 상근으로 근무한 경력 　3) 「민법」 제32조에 따라 설립된 비영리 종교법인에서 교육활동과 관련된 직무에 상근으로 근무한 경력으로서 교육부 장관이 안전행정부 장관과 협의하여 정하는 경력 　4) 「공공기관의 운영에 관한 법률」 또는 개별법에 따른 공공법인으로서 안전행정부 장관이 정하는 법인 또는 교육부 장관이 정하는 법인의 행정 · 경영 · 연구 · 기술 분야에서 상근으로 근무한 경력 　5) 「재외국민의 교육지원 등에 관한 법률」 제30조에 따라 등록된 재외교육기관(한국 학교 또는 교육원은 제외한다) 및 재외교육단체에서 상근으로 근무한 경력 　6) 「학원의 설립 · 운영 및 과외교습에 관한 법률」 제6조에 따라 교육감에게 등록된 학원 또는 같은 법 제14조에 따라 교육감에게 신고된 교습소에서 상근으로 근무한 경력 　7) 「상법」 제169조 및 제170조에 따른 회사(외국회사를 포함한다)에서 상근으로 근무한 경력 　8) 그 밖의 직업에 종사한 경력으로 교육부 장관이 안전행정부 장관과 협의하여 정하는 경력	70% 70% 60% 50% 50% 50% (다만, 강사 또는 교습자로 교육감에게 등록 또는 신고되지 않은 경우에는 30%의 환산율을 적용한다.) 40% 30%

〈비고〉
1. 위 표 중 제1호, 제2호, 제3호 가목 · 나목에 해당하지 않는 사람이라도 과거 경력이 채용될 직종과 상통하는 분야의 경력인 경우에는 교육부 장관이 안전행정부 장관과 협의하여 100%까지의 비율을 적용할 수 있다.
2. 같은 수준의 2개 이상의 학교를 졸업한 경우에는 한 개 학교 외의 수학연수는 80%의 비율을 적용한다.
3. 학력과 경력이 중복되는 경우에는 그중 하나만 산입한다.
4. 교육공무원 등의 경력환산율표의 해석 및 적용에 관한 구체적인 사항은 교육부 장관이 안전행정부 장관과 협의하여 정하는 바에 따른다.

출처: 공무원보수규정 [별표 22].

표 14-9 교원의 봉급표(2015년 기준)

(단위: 원)

호봉	봉급	호봉	봉급	호봉	봉급	호봉	봉급
1	1,425,300	11	1,869,600	21	2,716,500	31	3,750,800
2	1,468,600	12	1,917,600	22	2,816,800	32	3,859,300
3	1,512,400	13	2,005,000	23	2,916,300	33	3,969,700
4	1,556,000	14	2,092,700	24	3,016,000	34	4,079,800
5	1,600,000	15	2,180,300	25	3,115,700	35	4,190,000
6	1,643,900	16	2,268,000	26	3,215,600	36	4,299,800
7	1,687,200	17	2,354,800	27	3,319,800	37	4,395,400
8	1,730,600	18	2,445,600	28	3,423,900	38	4,491,100
9	1,774,600	19	2,536,100	29	3,532,700	39	4,586,900
10	1,822,500	20	2,626,300	30	3,641,900	40	4,682,100

* 기간제교원의 봉급은 14호봉을 넘지 못하며, 시간제로 근무하는 기간제교원으로 임용된 사람에게 지급하는 월봉급액은 해당 교원이 정상근무 시 받을 봉급월액을 기준으로 하여 근무시간에 비례하여 지급.

출처: 공무원보수규정 [별표 11].

봉급 외의 부가급여인 수당에는 전체 공무원이 받는 정근수당, 관리업무수당, 정근수당가산금, 가족수당, 자녀학비보조수당, 육아휴직수당, 특수지근무수당, 시간외근무수당, 모범공무원수당이 있다. 교원에게만 해당하는 수당에는 교직수당, 원로교사가산금, 보직교사가산금, 교원특별가산금, 담임교사가산금, 실과교원가산금, 보건활동수당가산금, 보전수당이 있다. 이외에 가계지원비, 명절휴가비, 정액급식비, 직급보조비가 있다. 수당의 구체적인 내용은 다음의 〈표 14-10〉과 같다.

표 14-10 수당의 종류

수 당	대 상
정근수당	모든 교원 연 2회(1 & 7월). 1년 미만은 0%에서 10년 이상인 경우 봉급액의 50%(1년에 5%씩 증가)
정근수당가산금	5년 이상 근속 교원. 5~10년 미만은 50,000원. 10~15년 미만 60,000원. 15~20년 미만은 80,000원. 20년 이상은 100,000원. 단, 20~25년 미만인 경우는 10,000원을, 25년 이상인 경우는 30,000원을 가산하여 지급

관리업무수당	학교장. 월봉급액의 9%
가족수당	부양가족(4인 이내)이 있는 교원. 배우자 40,000원, 그 외 부양가족 20,000원. 셋째 이후 자녀(2011년 이전 출생한 셋째 이후 자녀는 월 3만 원)부터는 월 8만 원을 가산하여 지급. 부부 공무원인 경우 1인에게만 지급
자녀학비보조수당	학생 자녀를 둔 공무원. 수업료, 육성회비 및 학교운영지원비(입학금은 제외)
육아휴직수당	육아휴직 개시일을 기준으로 월봉급액의 40%에 해당하는 금액으로 하한액 월 50만 원, 상한액 월 100만 원. 산정한 육아휴직수당의 15%를 제외한 금액을 지급하고(50만 원 미만인 경우는 50만 원 지급), 15%에 해당하는 금액은 복직하여 6개월 이상 근무한 경우 합산하여 일시불로 지급
특수지근무수당	도서 · 벽지 근무자. 지역 등급(가, 나, 다, 라)에 따라 6, 5, 4, 3만 원
시간외근무수당	정규 근무 외 근무 교원
모범공무원수당	모범공무원으로 선정된 교원. 3년간 5만 원
교직수당	교원(대학은 제외). 25만 원
원로교사가산금	30년 이상 근무자. 월 5만 원
보직교사가산금	월 7만 원
교원특별가산금	월 5만 원
담임교사가산금	학급 담당 교원. 월 11만 원
실과교원가산금	호봉에 따라 25,000원 ~ 50,000원
보건활동수당가산금	월 3만 원
보전수당	8,000원~23,000원. 초등학교의 경우 교장 67,000원, 교감 57,000원, 보직교사 52,000원, 교사 47,000원 가산
가계지원비	전체 교원. 월봉급액의 16.7%
명절휴가비	설 및 추석에 봉급액의 60%
정액급식비	130,000원
교통보조비	교장(20만 원), 교감(14만 원), 교사(13만 원)
직급보조비	교장(400,000원), 교감(250,000원), 장학사(155,000원), 장학관(250,000원)

교총 "교사급여 세계최고 아니다" 반박

한국교원단체총연합회는 최근 한국개발연구원(KDI)이 발간한 연구보고서에서 우리나라 교사의 급여가 세계 최고 수준이라고 적시한 것은 사실이 아니라고 반박하며 KDI에 공식 사과를 요구했다. 교총은 24일 논평을 통해 "최근 KDI의 '교육시장에서의 정부역할 개선방향'(한양대 이영 교수) 연구보고서 내용 중 우리나라 교사 월급이 세계 최고 수준이라는 부분은 외국과 우리나라의 보수체계 비교 및 물가 등의 현실을 제대로 반영하지 않았다"고 지적했다. 교총은 "KDI 보고서는 'OECD 교육지표'를 인용하면서도 교원의 연간 급여에 대한 국가 간 비교 해석에 있어 단순 수치만 발표하는 학문적 오류를 범했다"며 "국내총생산(GDP) 대비 교원 임금을 비교함으로써 우리나라 교원의 임금이 상대적으로 과대 추정됐다"고 주장했다. 교총은 "OECD 국가들의 경우 교원 보수체계가 기본급 외에 수당, 성과급에 높은 비중을 두고 있으나 자료 제출 시 기본급만 제출하는 경우가 많지만 우리나라는 기본급과 수당을 모두 포함하고 있어 상대적으로 보수가 높게 나타나는 경향이 있다"고 설명했다.

교총은 "GDP 대비 연봉비교와 구매력지수(PPP)에 의한 기준이라면 우리나라 교원뿐만 아니라 다른 공무원, 다른 직종도 세계 최고가 되는 현상이 나타날 수밖에 없다"며 "유독 교원만 세계 최고라는 식은 접근 방식에 심각한 문제가 있는 것"이라고 반박했다. 교총은 "KDI가 충분한 단서와 전제조건 없이 단순 수치만 비교해 '우리나라 교원이 세계 최고의 보수를 받으니 그에 따른 사회적 책임을 져야 한다'는 식의 무책임한 연구보고서를 작성·배포한 만큼 국책연구기관으로서 책임지고 50만 교원에게 사과해야 한다"고 말했다(연합뉴스 기사, 2008년 3월 24일, 박상돈 기자).

공무원 보수 민간기업의 84% 수준

공무원들의 보수가 민간기업의 84% 수준이라는 조사 결과가 나왔다. 6일 행정안전부가 ㈜한국갤럽조사연구소에 용역을 의뢰해 받은 '2012년 민·관 보수 수준 실태조사' 보고서에 따르면 지난해 일반직·경찰직·교원직 등 전체 공무원의 보수는 민간기업의 83.7% 수준인 것으로 나타났다. 대표적인 고소득업종인 금융통신업계와 비교해 보면 민간보수 접근율이 70.4%(제조업 85.0%)에 불과했다. 직렬별로는 일반직이 76.6%로 민간기업과의 보수격차가 가장 컸다. 경찰직은 88.4%, 교원직은 85.8%로 조사뵀다. 특히 공무원의 보수는 학력이 높아질수록 민간기업과의 차이가 더 벌어졌다. 실제로 고졸 이하 공무원은 민간보수 접근율이 107.3%, 전문대를 졸업한 공무원은 101.3% 수준이었다. 반면 대졸 이상 공무원은 민간기업의 대졸 이상 근로자의 78.8% 수준에 그쳤다. 행안부 관계자는 "매년 공무원 보수를 책정하기 전에 기초 자료로 활용해 온 것"이라고 설명했다. (머니투데이 기사, 2013년 2월 6일, 최석환 기자)

구 분		일반직	경찰직	교원직	전체
산업	전산업	76.6	88.4	85.8	83.7
	제조업	77.8	88.2	88.6	85.0
	금융통신업	64.3	74.0	72.9	70.4
규모	300인 이상	70.6	80.9	80.7	77.5
	500인 이상	69.0	78.3	78.9	75.6
학력	고졸 이하	104.8	110.6	–	107.3
	전문대졸	99.3	105.6	–	101.3
	대졸 이상	69.3	77.5	85.8	78.8

생각해 보기

1. 다른 나라들과 비교해 볼 때 우리나라 교원들의 보수 수준은 어떠한가?
2. 우리나라 교원의 보수는 적당한가?
3. 보수 제도상에 변화가 필요한가?

정리하기

1. 임용이란 신규채용, 승진, 승급, 전직, 전보, 겸임, 강임, 휴직, 직위해제, 정직, 복직, 해임 및 파면 등을 포함하는 매우 포괄적인 개념이라고 할 수 있다. 그러나 일반적으로 임용이라고 하면 조직의 결원을 조직 외부로부터 보충하는 신규채용과 동일한 개념으로 사용하는 경향이 있다.

2. 승진 시 우리나라에서는 경력평정, 근무성적평정, 연수성적평정 및 가산점제도 등

을 기준으로 사용하고 있다.

3. 전보는 동일 직렬·직위 내에서의 수평적인 이동을 의미하는 것으로, 동일 직위 및 자격 내에서의 근무기관이나 부서를 달리하는 임용행위를 말하며, 전직은 종별과 자격을 달리하는 임용, 즉 직급은 동일하나 직렬이 달라지는 횡적 이동을 의미한다.

4. 휴직은 공무원으로서의 신분을 보유하면서 일정 기간 그 직무에 종사하지 않는 것을 말하며, 임명권자의 일방적 휴직 명령에 의해 이루어지는 직권 휴직과 본인의 요청에 의해 이루어지는 청원 휴직으로 크게 나뉜다. 휴직 기간 중 그 사유가 없어지면 30일 이내에 임용권자 또는 임용제청권자에게 신고하여야 하며, 임용권자는 지체 없이 복직을 명하여야 한다. 휴직 기간이 끝난 공무원이 30일 이내에 복귀 신고를 하면 당연히 복직된다.

5. 공무원의 휴가는 연가·병가·공가 및 특별휴가로 구분된다. 연가는 재직기간에 따라 사용 가능 기간이 다르며, 병가는 일반병가의 경우 60일, 공무상 병가는 180일 이내에서 사용 가능하다. 공가는 공무에 따른 휴가를 말하며 기간은 공가 사유에 따라 직접 필요한 기간이다. 특별휴가는 결혼, 사망 등 경조사 휴가와 육아휴직, 여성보건휴가 및 육아시간 등의 기타 휴가로 나뉜다.

6. 공무원의 보수는 기본급여인 봉급과 직무·생활 여건 등에 따라 지급되는 부가급여인 수당으로 구성된다. 봉급은 학력과 자격, 경력에 의한 보수 지급을 원칙으로 하는 단일호봉제가 사용되고 있으며, 수당에는 모든 공무원에게 적용되는 정근수당, 관리업무수당, 정근수당가산금, 가족수당, 자녀학비보조수당, 육아휴직수당, 특수지근무수당, 시간외근무수당, 모범공무원수당이 있다. 교원에게만 해당하는 수당에는 교직수당, 원로교사가산금, 보직교사가산금, 교원특별가산금, 담임교사가산금, 실과교원가산금, 보건활동수당가산금, 보전수당이 있다. 이외에 가계지원비, 명절휴가비, 정액급식비, 교통보조비, 직급보조비가 있다.

적용하기

1. 교원임용제도(특히, 신규임용제도)의 문제점을 생각해 보고, 개선 방향에 대해 논의해 보자.

2. 임용 후 자신이 활용할 수 있는 휴직 및 휴가의 종류를 확인해 보자.

3. 자신이 신규 임용될 경우 받게 될 호봉과 연봉을 알아보자. 다른 직종의 연봉과 비교해 보고, 보수상의 형평성에 대해 논의해 보자.

4. 평생을 평교사로 재직하는 것도 가치가 있지만, 행정가로 진출하여 자신의 교육적 가치를 학교 전체에 적용하는 것도 의미 있는 일이다. 행정직으로 진출하기 위해서는 무엇을, 어떻게 준비해야 할지 살펴보고, 이를 위한 현행 기준은 타당한지 논의해 보자.

📖 참고문헌

교육과학기술부(2012. 2. 14.). 임용시험 제도 선진화로 교직적성과 인성을 갖춘 교사를 선발한다. 보도자료.

교육부(2013). 교육공무원 승진규정.

교육부(2013). 공무원보수규정.

박경묵(2000). 초등교원 신규임용시험의 현황과 과제. 학생생활연구, 제9집, 59-95.

서울대학교교육행정연수원(2009). 학교장 학교경영 편람. 서울: 하우.

서정화(1994). 교육인사행정. 서울: 세영사

서정화, 박세훈, 박영숙, 전제상, 조동섭, 황준성(1995). 교육인사행정론. 서울: 교육과학사.

신광호(2001). 초등교원 신규채용 정책의 개선방안 탐색. 계명대학교 대학원 박사학위 논문

신현석, 이경호(2007). 신규교원 임용의 쟁점과 과제. 인력개발연구, 9(2), 61-81.

이윤식(1994). 교사양성체제 개선 방안 연구. 서울: 한국교육개발원.

이재봉(1998). 초등 교사 양성 및 임용 체제에 관한 연구. 춘천: 춘천교육대학교 학생지원상담소.

조동섭, 김도기, 김민조, 김민희, 김병주, 김성기, 김용, 남수경, 박상완, 송기창, 오범호, 윤홍주, 이정미, 이희숙, 정수현, 정제영, 조석훈, 주현준(2009). 초등 교직실무. 서울: 학지사.

좋은교사운동(2005). 교사순환근무를 다시 생각한다. 좋은교사, 4(2).

최희선(2000). 신규교원 임용시험 평가기준 및 척도개발 연구: 수업실기능력 및 교직적성평가를
　　중심으로. 정책연구개발사업 미간행 보고서. 서울: 교육부.

머니투데이(2013. 2. 6.). 공무원 보수 민간기업의 84% 수준.

연합뉴스(2008. 8. 24.). 교총 "교사급여 세계최고 아니다" 반박.

조선일보(2012. 2. 8.). 남교사 증원대책 시급하다.

조선일보(2012. 4. 20.). 전교조 시국선언, 학교를 정치투쟁장으로 만들어.

제15장

사무관리와 학교회계

이 장의 핵심 아이디어

사무관리 및 학교회계제도에 대한 이해는 학교업무처리의 효율화를 촉진한다.

▶ 사무관리는 교육목적 달성에 필요한 정보처리과정이 효율적이고 합리적으로 이루어지
   도록 행하는 제반 관리활동이다.

▶ 기안은 기관의 의사결정을 위해 문서로 구체적인 원안을 준비하는 과정이다.

▶ 결재는 법령에 의해 기관의 의사를 결정할 수 있는 자가 직접 그 의사를 결정하는 행
   위다.

▶ 학교회계제도는 단위학교를 중심으로 예산의 편성, 심의, 집행, 결산 처리하는 제도다.

▶ 학교회계는 세입 구조와 세출 구조로 이루어져 있다.

1. 사무관리

　학교경영에서 학교관리자와 교사에게는 교육활동뿐만 아니라 교육의 목적을 성
공적으로 달성하기 위한 교무활동 능력이 요구된다. 교무란 학교경영상 필요한 사무
나 일을 지칭하는 것으로 사무관리가 주요한 영역을 차지한다. 사무는 서류의 생산

·유통·보존 등 서류에 관한 작업(paper work)뿐만 아니라 오늘날 정보의 가치가 점점 커지고 전자문서가 보편화됨에 따라 정보의 수집·가공·저장·활동 등 일련의 정보처리과정도 포함한다. 따라서 사무관리는 교육목적 달성에 필요한 정보처리과정이 효율적이고 합리적으로 이루어지도록 행하는 제반 관리활동이라고 할 수 있다.

1) 공문서에 대한 이해

(1) 공문서의 개념과 효력

공문서란 행정기관이나 공무원이 직무상 작성하고 처리한 문서 및 행정기관이 접수한 문서를 말한다. 「행정업무의 효율적 운영에 관한 규정」 제3조 제1호에 "공문서란 행정기관에서 공무상 작성하거나 시행하는 문서와 행정기관이 접수한 모든 문서를 말한다."라고 규정하고 있으며, 여기에서 문서는 도면·사진·디스크·테이프·필름·슬라이드·전자문서 등의 특수매체기록을 포함한다. 또한 전자문서란 컴퓨터 등 정보처리능력을 가진 장치에 의하여 전자적인 형태로 작성되거나 송신·수신 또는 저장된 문서를 일컫는다(동규정 제3조 제2호).

이러한 공문서는 해당 공무원이 직무의 범위에서 공무상 작성하고 결재권자의 서명에 의한 결재가 이루어짐으로써 성립한다. 그리고 일반문서는 수신자에게 도달된 때, 공고문서의 경우는 일반적으로 고시 또는 공고가 있은 후 5일이 경과한 날 그리고 전자문서는 수신자의 컴퓨터에 파일로 기록된 때부터 효력이 발생한다.

(2) 공문서 처리의 원칙

공문서는 즉일처리, 책임처리, 적법처리, 전자처리의 네 가지 원칙에 따라 처리되어야 한다. 즉일처리의 원칙은 문서는 내용 또는 성질에 따라 그 처리기간이나 방법이 다를 수 있으나, 효율적인 업무수행을 위하여 그날로 처리하는 것이 바람직하다는 것을 의미한다. 책임처리의 원칙은 문서는 정해진 사무분장에 따라 각자가 직무의 범위에서 책임을 지고 관계규정에 따라 신속·정확하게 처리하여야 한다는 것이다. 적법처리의 원칙은 문서는 법령의 규정에 따라 일정한 형식 및 요건을 갖추어야 함은 물론 권한이 있는 자에 의하여 작성·처리되어야 한다는 것이다. 전자처리의 원칙은 기안·검토·협조·결재·등록·시행·분류·편철 등 문서의 모든 처리절차가 전자문서시스템에서 전자적으로 처리되어야 한다는 것이다.

(3) 공문서의 종류

공문서는 그 분류기준에 따라 여러 가지로 분류된다. 공문서의 종류를 유통대상과 문서의 성질에 따라 구분하면 다음과 같다. 우선 유통대상에 따라 당내 기관 내부에서 유통되는 문서인 내부문서, 국민이나 단체 또는 다른 행정기관 간에 수발되는 대외문서, 그리고 정보처리능력을 가진 장치에 의하여 전자적인 형태로 처리되는 전자문서로 구분된다.

문서의 성질에 따라서는 공고문서, 지시문서, 법규문서, 비치문서, 민원문서, 일반문서 등으로 구분된다. 공고문서는 행정기관이 일정한 사항을 일반에게 알리기 위한 문서로 고시·공고 등이 있으며, 지시문서는 행정기관이 그 하급기관 또는 소속 공무원에게 일정한 사항을 지시하는 문서로 훈령·지시·예규 및 일일명령 등이 있다. 법규문서는 주로 법규사항을 규정하는 문서로 헌법·법률·대통령령·총리령·부령·조례 및 규칙 등이 있고, 비치문서는 행정기관이 일정한 사항을 기록하여 행정기관 내부에 비치하면서 업무에 활용하는 비치대장·비치카드 등이 있다. 민원문서는 민원인이 행정기관에 허가·인가·기타 처분 등 특정한 행위를 요구하는 문서 및 그에 대한 처리문서이며, 일반문서는 위의 각 문서에 속하지 않는 일반적으로 처리되는 문서다.

(4) 기안의 개념과 종류

기관의 의사결정을 위해 문서로 구체적인 원안을 준비하는 과정을 기안이라고 한다. 기안의 종류에는 일반기안, 수정기안, 일괄기안, 그리고 공동기안 등이 있다. 한 개의 안건을 처리하기 위해 일정한 기안용지에 작성하는 것을 일반기안이라고 하며,

수신한 문서 그 자체에 간단한 수정을 하거나 필요한 사항을 추가하여 기안을 갈음하는 것을 수정기안이라고 한다. 그리고 일괄기안은 내용이 서로 관련성이 있는 경우 각 안을 동시에 일괄하여 기안하는 것이며, 공동기안은 둘 이상의 행정기관의 결재를 받아 공동의 명의로 시행하는 문서를 말한다.

2) 공문서의 작성 및 관리

(1) 공문서 작성 요령 및 구성체제

문서는 「국어기본법」 제11조에 따른 어문규범에 맞게 한글로 작성하되, 쉽고 간명하게 표현해야 한다. 뜻을 정확하게 전달하기 위해 필요한 경우 괄호 안에 한자 및 외국어를 넣어 쓸 수 있으며, 특별한 사유가 있는 경우를 제외하고는 가로로 쓴다. 공문서에 쓰는 숫자는 일반적으로 아라비아 숫자로 작성하며, 날짜의 표기는 숫자로 하되, 연 · 월 · 일의 글자는 생략하고 그 자리에 온점을 찍어 표시한다(예: 2010. 3. 15.). 시간의 표기는 시 · 분이라는 글자는 생략하고 그 사이에 쌍점을 찍어 구분하고(예: 18:30), 금액의 경우는 아라비아 숫자로 표기하되, 변조 위험을 방지하기 위해 괄호 안에 한글로 기재한다.

공문서 작성에 사용되는 용지는 흰색의 A4 규격(가로 210mm, 세로 297mm)으로 하며, 여백은 위로부터 3cm, 왼쪽으로부터 2cm, 오른쪽으로부터 1.5cm, 아래로부터 1.5cm이나 문서의 편철 위치나 용도에 따라 각 여백을 달리할 수 있다. 글의 색체는 일반적으로 검은색 또는 파란색을 사용하되, 도표의 작성이나 수정 · 주의환기 등 특별한 표시를 할 때에는 다른 색을 사용할 수 있다.

문서의 일부분을 삭제 또는 수정하는 경우, 원안의 글자를 알 수 있도록 삭제 또는 수정하는 글자의 중앙에 가로로 두 선을 그어 삭제 또는 수정하고, 삭제 또는 수정한 자가 그곳에 서명 또는 날인하여야 하며, 문서의 중요한 내용을 삭제 또는 수정하는 경우 문서의 여백에 삭제 또는 수정한 글자 수를 표시하고 서명 또는 날인한다[예: 기안문 3자 삭제(서명 또는 날인)]. 그리고 시행문을 정정한 경우 문서의 여백에 정정한 글자 수를 표시하고 관인으로 날인하며, 전자문서일 경우에는 수정한 내용대로 재작성하여 시행하되, 수정 전의 문서는 기안자·검토자 또는 결재권자가 보존할 필요가 있다고 인정하는 경우에는 보존하도록 한다.

문서의 내용을 둘 이상의 항목으로 작성할 경우에는 1.→가.→1)→가)→(1)→(가)→①→㉮ 의 여덟 가지 항목으로 구분하여 작성하되, 부분적으로 □, ○, −, · 등 특수기호의 사용도 가능하다. 문서의 내용이 한 항목만 있을 경우에는 항목번호를 생략할 수 있다. 그리고 첫째 항목은 제목의 첫 글자와 같은 위치에서 시작하고, 다음 항목부터는 바로 앞 항목의 위치로부터 2타(한글 1글자)씩 오른쪽으로 들어가서 시작한다. 그리고 항목 부호와 그 항목의 내용 사이에는 1타를 띄워야 한다.

문서의 본문이 끝났으면 1자(2타)를 띄우고 '끝' 자를 쓴다. 첨부(붙임)물이 있을 경우에는 본문이 끝난 다음 줄에 붙임을 표시하되, 첨부물이 두 가지 이상일 때는 항목을 구분하여 표시하고, 붙임의 표시문 끝에 1자(2타)를 띄우고 '끝' 표시를 하여야 한다. 본문의 내용이나 붙임의 표시문이 오른쪽 한계선에서 끝난 경우에는 다음 줄의 왼쪽 기본선에서 1글자(2타) 띄우고 '끝' 표시를 한다.

공문서의 구성체제를 살펴보면, 기안문 및 시행문은 두문, 본문, 결문으로 구성된다. 두문은 행정기관명, 수신자, 경유로 하며, 본문은 제목, 내용, 붙임으로 한다. 그리고 결문은 발신명의, 기안자·검토자·협조자·결재권자의 서명, 생산등록번호와 시행일자, 접수등록번호와 접수일자, 행정기관의 우편번호·주소·홈페이지 주소·전화번호·모사전송번호, 공무원의 공식 전자우편 주소, 공개 구분으로 한다.

(2) 공문서 관리 및 결재의 종류

문서처리는 일반적으로 문서의 접수, 기안, 시행, 결재, 발송, 편철, 보존 등의 처리 절차를 거치며 그 과정을 살펴보면 다음과 같다. 먼저 문서는 문서접수 대장에 기입함으로써 접수되고, 접수된 문서는 해당 부서별로 배부되어 결재권자의 선결을 받은 다음 공람을 거친다. 기안자는 분장받은 업무에 대하여 기안한다. 다음으로 내부적으로 성립한 행정기관의 의사를 외부에 표시하는 문서 시행 단계를 거치는데, 원칙적으로 이 단계는 정보통신망에 의해 전자적으로 발송함으로써 문서의 효력이 발생한다. 그리고 당해 사안에 대해 기관의 의사를 결정하는 행위인 결재가 이루어진 후 문서를 발송하며, 문서처리가 끝난 문서는 기능 및 보존기간에 따라 분류하여 기록물 철을 만드는 편철 과정을 거친다. 문서는 문서과의 문서보존실 또는 정부기록보존소에 보존되며, 보존 연한에 따라 영구·준영구·20년·10년·5년·3년·1년 등으로 분류된다.

한편, 결재는 광의적으로 당해 사안에 대하여 행정기관의 의사를 결정할 권한이 있는 자가 그 의사를 결정하는 행위로서 결재, 위임전결, 대결 등이 있다. 결재는 법령의 규정에 의하여 소관사항에 대한 행정기관의 의사를 결정할 권한을 가진 자가 직접 그 의사를 결정하는 행위다. 위임전결은 행정기관의 장으로부터 사전에 결재권을 위임받은 자가 행하는 결재를 말하며, 위임전결사항은 해당 기관의 장이 훈령이나 지방자치단체의 규칙으로 정한다. 대결은 결재권자가 휴가, 출장, 그 밖의 사유로 결재할 수 없을 때 그 직무를 대리할 수 있는 자가 행하는 결재를 말한다. 이 경우 내용이 중요한 문서에 대하여는 사후에 결재권자에게 보고해야 한다.

실력과 인성을 갖춘 창의적 인재 육성

서울 ○○고등학교

수신자: 수신자 참조

(경유)

제 목: 지구별 자율장학협의회 개최

　　(문서 제목에는 특수문자 사용을 금함)

---

1. 기획예산담당관 − ○○○(2013. 5. 10.)호의 관련입니다.
   (관련 공문 하단 좌측의 처리과명, 문서번호, 시행일자를 기재함)
2. 아래의 유의사항을 각 업무 담당자(기안자)에게 전달하시기 바랍니다.
   가. 다음 특수기호는 본문에 사용 금지
   　　1) 전각기호(일반) 중 사용금지 기호: ∼「」『』
   　　2) 전각기호(로마자) 중 사용금지 기호: Ⅰ Ⅱ ⅢⅣ Ⅴ…

3. 본문 내용에 서식이나 그림 파일은 가능한한 첨부물로 작성

　　가. 본문에 부득이하게 표를 작성하는 경우 반드시 표를 선택하고 오른쪽 마우스를 눌러 고치기 → '일반글자처럼 취급'에 체크

붙임: 1. 서식 승인 목록 1부.
　　　 2. 승인 서식 2부.　끝.

| 교사 | 교감 | 교장 | 결재일 5/11 |

협조자

시행 처리과명 – 일련번호(시행일자)　　접수 처리과명 – 일련번호(접수일자)

우편번호　　주소　　　/홈페이지 주소

전화　　　전송(fax)　　/기안자의 개인 전자우편 주소　　/공개 구분

그림 15-1 **기안문 · 시행문 서식(예시)**

3) 전자문서시스템을 활용한 공문서 처리

단위학교 전자문서시스템은 기존의 대면결재 방식에서 벗어나 기안, 결재, 발송, 접수, 공람 등의 공문서 관련 업무를 컴퓨터를 이용하여 전자적으로 처리하는 시스템이다. 각종 공문서 처리를 전자적으로 처리함으로써 결재시간 단축, 종이문서 인쇄 감소, 문서 보관 및 검색의 용이성 등에 따른 교원 업무경감 및 예산절감 효과를 얻고 있다. 전자문서시스템은 일반적으로 시스템 접속과 로그인, 문서의 기본정보 입력, 본문 작성, 첨부물 등록, 그리고 결재상신 등의 순으로 이루어지는데 구체적으로 살펴보면 다음과 같다.

(1) 전자문서시스템 접속과 로그인

전자문서시스템을 이용하여 문서를 작성하기 위해 먼저 웹브라우저에서 해당 교육청의 전자문서시스템 사이트를 방문한다(예: 서울특별시교육청 http://neis.sen.go.kr). 해당 화면이 나타나면 아이디와 비밀번호를 입력한다. 시스템에 로그인하기 위해서는 공인인증서가 필요한데, 인증서가 없을 경우 학교의 시스템 담당자에게 문의하여 발급받아야 한다. 사용자 아이디와 비밀번호를 입력하면 공인인증서 선택 창이 나타나며, 본인의 공인인증서를 선택해 인증서 암호를 입력 후 [확인] 메뉴를 누르면 시스템에 접속된다.

그림 15-2 서울특별시교육청 전자문서시스템(업무포털) 로그인 화면

(2) 문서정보 입력 및 결재선 지정

전자문서시스템에 로그인한 후 먼저 화면 왼쪽의 [기안] 메뉴를 선택하고 기안서식 목록창에서 필요한 양식을 선택한다. 기안문 작성 양식이 화면에 나타나면 기안문의 기본정보 입력창이 나타난다. 여기에 기안문의 기본정보, 즉 제목, 결재선, 수신

자, 편철, 공개 여부, 보존기간 등에 대한 내용을 선택하거나 입력한다.

결재선 지정의 경우, 결재는 최종 결재자를 가리키는 것이며 검토는 최종 결재자를 제외한 모든 중간 결재자를 가리킨다. 기안하는 교사는 일반적으로 결재선 지정을 담당 부장교사 검토, 교감 검토, 교장 결재의 순으로 지정하며, 결재 경로 영역에 나타나는 순서대로 검토자가 결재를 진행하게 되므로 검토자의 순서에 유의하도록 한다. 결재를 마친 후 다른 부서나 외부 기관으로 발송할 경우, 수신자/참조자 영역에서 조직도 탭을 활용하여 수신자를 지정해야 한다.

그림 15-3 전자문서시스템 메뉴 화면

(3) 본문 작성과 결재상신

기안문의 기본정보 입력이 완료되면, 기안문의 제목 밑에 나타나는 누름틀(『』) 안에 본문 내용을 입력한다. 기안문에 첨부물이 있는 경우에는, 화면 상단에 보이는 [첨부]라는 메뉴를 클릭한 후 나타나는 창에 첨부파일을 선택, 등록한다. 끝으로, 기안문 작성이 완료되면 화면 상단의 [결재올림]이라는 메뉴를 눌러 결재를 상신한다.

결재 진행상황을 확인하고 싶을 때는 화면 왼쪽에 있는 [결재]라는 메뉴를 선택하여 확인할 수 있다. 결재 진행 중인 문서는 [결재진행], 결재가 완료된 문서는 [결재완료] 그리고 기안 취소 및 반려된 문서 현황은 [결재반려]라는 메뉴에서 확인할 수 있다.

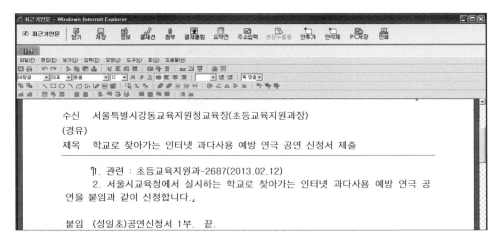

그림 15-4 전자문서시스템의 기안문 작성 화면

4) 교육행정정보시스템

교육행정정보시스템(national education information system: NEIS)은 교육행정정보를 생산 · 수집 · 가공 · 저장 · 검색 · 제공 · 송신 · 수신 및 활용하기 위한 하드웨어 · 소프트웨어 · 데이터베이스와 처리절차 등을 통합한 시스템이다. 이 시스템은 교육행정업무의 간소화, 효율화, 합리화를 통한 교원의 업무경감 및 교육행정서비스의 신속 · 정확한 처리를 목적으로 도입되었다. 교직원들은 이 시스템을 이용하여 자신의 인사기록 사항을 확인하고 수정할 수 있으며, 출장, 병가 신청 등과 같은 복무사항을 관리할 수 있다. 그리고 교육과정, 학적, 학생생활, 성적, 학생부 등의 메뉴가 있어 교육과정 운영 및 학생생활에 대해 기록할 수 있다. 이 시스템의 메뉴 및 사용법을 간단히 살펴보면 다음과 같다.

- 인사기록 확인하기
  - 개인 기록사항, 학력, 가족사항, 연수, 경력, 호봉 등 개인의 인사와 관련한

기록을 조회할 수 있는 메뉴
- 경로: NEIS 접속 → 나의 메뉴 → 인사기록 → 기본사항

● 인사기록 수정하기
- 개인의 인사기록 사항 중 가족, 학력, 자격 취득, 연수, 연구실적 등에 변화가 있을 때 수정할 수 있는 메뉴
- 경로: NEIS 접속 → 나의 메뉴 → 인사기록 → 개인정보 변경 신청

● 복무사항 관리하기
- 개인의 연가, 병가, 공가, 특별휴가, 출장, 조퇴, 외출 현황 등을 조회, 신청할 수 있는 메뉴
- 경로: NEIS 접속 → 나의 메뉴 → 복무 → 개인근무상황 신청

● 성적 관리하기
- 성적 관리를 위한 선행작업, 학생평가, 성적조회, 학업성취도를 기록할 수 있는 메뉴
- 경로: NEIS 접속 → 성적 → 학생평가 → 교과평가/학기말 종합 의견

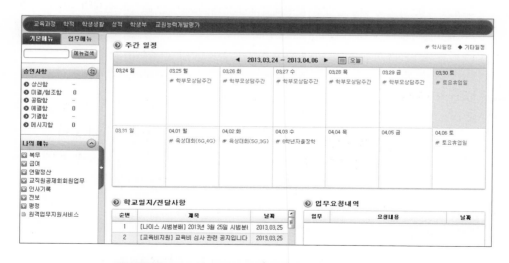

그림 15-5 교육행정정보시스템(나이스) [나의 메뉴] 화면

그림 15-6 교육행정정보시스템(나이스) [학생평가] 화면

뉴스 따라잡기

교사 교원업무경감 만족 71%

교원업무경감에 대한 일선 교사들의 만족도가 71.5%에 이르는 것으로 나타났다. 서울시교육청은 교원업무정상화 추진계획에 대한 2차 교사 만족도 조사를 실시한 결과 지난해 7월 실시한 1차 조사보다 만족도가 2.8% 올랐다고 16일 밝혔다. 지난해 12월 10~16일 인터넷을 통해 실시한 이번 조사에는 초·중·고·특수학교 교사 총 7만 794명 중 21.5%인 1만 5,189명이 응답했다. 학교급별로 보면 초등학교 교사 만족도가 74.84%로 가장 높았다. 이어 특수학교 67.91%, 중학교 65.89%, 유치원 65.46%, 고등학교 65.05%순으로 나타났다. 학교규모가 클수록, 응답한 교사의 연령이 높을수록 만족도는 높은 경향을 보였다. 정책별로는 교무행정지원사 배치·지원이 77.0%로 가장 높았다. 내부결재 축소와 업무경감을 위한 학교 관리자의 의지는 각각 76.8%와 74.3%로 높게 나타났다. 반면 지역교육청 공문서 감축 노력 66.8%, 본청의 공문서 감축 노력 67.2%, 외부공문 처리절차 간소화 68.4% 등 공문서 감축과 관련한 만족도는 상대적으로 낮았다.

시교육청 관계자는 "조사 결과를 정책개선에 적극 반영할 것"이라며 "만족도가 높은 교무행정지원사 배치 학교를 1,004개교에서 1,157개교로 확대하고 교무행정지원사의 처우도 개선할 계획"이라고 밝혔다. (서울경제 기사, 2013년 1월 16일, 박윤선 기자)

🎯 생각해 보기

1. 교원업무경감을 통한 교원업무정상화 정책들에 대해 함께 이야기해 보자.

2. 교육력 제고를 위한 교원의 업무 범위에 대해 함께 이야기해 보자.

3. 교원업무를 줄일 수 있는 방안들에 대해 함께 이야기해 보자.

2. 학교회계

1) 학교회계의 의미

학교회계는 학교에서 교육활동을 수행하기 위해 제반 경비를 확보·조달하고 합목적적으로 집행하는 데 관련된 일련의 행정과정이다. 학교회계는 2000년까지 일상경비와 도급경비 그리고 학교운영비 등 여러 가지 회계로 관리·운영되어 예산운영, 회계업무 처리 등 학교운영에 많은 어려움이 있었다. 이러한 점을 보완하기 위해 2001년 1월 1일부터 단위학교에 학교회계제도가 설치·운영되고 있다.

학교회계제도란 단위학교 중심의 자율적이고 효율적인 재정운영으로 다양한 교육활동을 효과적으로 지원하여 학교교육의 질적 수준을 높이기 위해 마련되었다. 하나로 통합된 세입재원을 학교장 책임하에 교직원 등의 예산요구를 반영한 단위학교의 우선순위에 따라 자율적으로 세입예산을 편성하고 학교운영위원회의 심의를 거쳐 집행하는 제도다(교육인적자원부 교육자치지원국, 2003). 단위학교를 중심으로 예산의 편성, 심의, 집행, 결산과 같은 예산과정을 처리하는 학교단위 예산제도는 학교재정운영의 자율성과 책무성을 증대시킬 수 있고, 특성 있는 학교경영을 통해 경영의 효율화를 기할 수 있으며, 또한 예산편성 과정에 학교구성원들의 참여를 증대시킬 수 있는 등의 장점이 있다.

학교에 설치된 회계는 학교회계, 세입세출 외 현금, 교육비특별회계 전입금, 학교발전기금회계가 있다. 학교회계는 학교장이 예산안을 편성하고 학교운영위원회의 심의를 거쳐 학교장이 예산안을 확정·집행하는 회계이며, 예산총계주의에 따라 모든 수입과 경비를 학교회계 세입세출예산에 계상하여 집행해야 한다. 세입세출 외 현금은 학교에서 일시적으로 보관하였다가 반환하는 보관금, 보증금, 잡종금을 지칭

한다(예: 불우이웃돕기성금, 보험료 등). 교육비특별회계 세입금은 병설유치원이 있는 초등학교 및 고등학교에서 학교장이 분임징수관이 되어 학생들의 입학금, 수업료 등을 징수 결정하고, 수입금출납원이 수납 처리하여 해당교육청에 제출하는 회계다. 한편, 학교발전기금은 「초·중등교육법」 제31조에 의거해 학교운영위원회의 운영위원장이 운영계획 수립, 조성, 접수, 집행, 결산하는 회계로 학교회계와는 독립적으로 운용된다.

표 15-1 우리나라 학교회계제도의 특징

구 분	학교회계제도
회계연도	매년 3월 1일부터 다음해 2월 말일까지
예산배부시기	학교회계년도 개시 이전에 일괄배부
예산배분방식	표준교육비 기준으로 총액 배분
세출예산편성	학교실정에 따라 자율적으로 세출을 편성
회계장부처리	학교예산에 편성된 여러 자금을 학교회계로 통합하여 관리
잔액처리	집행 후 잔액 발생 시 다음 회계연도로 이월 가능

2) 학교회계 예산의 종류와 구조

학교예산은 그 범위 및 예산편성의 시기 등을 기준으로 여러 가지로 분류될 수 있다. 학교예산의 종류를 살펴보면, 다음의 〈표 15-2〉와 같이 일반회계예산, 특별회계예산, 본예산, 추가경정예산, 준예산, 수정예산, 실행예산 등이 있다(성삼제, 2002).

표 15-2 학교회계예산의 종류

종 류	내 용
일반회계예산	일반적인 교육활동에 관한 세입과 세출을 총합하여 관리하는 예산을 말함
특별회계예산	특정한 세입을 관리하거나 세출재원을 충당하기 위해 일반회계와 구분하여 경리하는 예산을 말함

본예산	본래의 예산이란 의미로 한 회계연도에서 단위학교의 교육과정과 학교운영에 소요되는 수요를 파악하여 편성되고 학교운영위원회의 심의를 거쳐 확정·성립된 매 회계연도 개시 전 최초의 예산을 말함. 회계연도 개시 5일 전까지 확정하여야 함(「초·중등교육법」 제30조의3 제2항, 제3항)
준예산	회계연도가 시작되었음에도 불구하고 예산이 성립되지 않은 상태가 일어날 수 있는데, 이런 경우 전년도에 준하여 집행하는 예산을 말함. 전년도에 준하여 집행된 예산은 당해연도 예산이 확정되면 그 확정된 예산에 의하여 집행된 것으로 봄(「초·중등교육법」 제30조 제4항)
추가경정예산	예산 성립 후에 생긴 사유로 인하여 이미 성립된 예산을 변경한 예산을 말함(「공립학교회계교육규칙」 제15조)
수정예산	예산안을 학교운영위원회에 제출한 이후라도 부득이한 사유로 인하여 예산안을 수정·제출할 경우가 있는데 이때의 예산을 수정예산이라고 말함(「공립학교회계 교육규칙」 제12조 제3항)
실행예산	이미 확정된 예산의 범위에서 임시로 편성하여 운영하는 예산을 말함

다음으로, 학교회계의 세입과 세출 구조를 살펴보면 다음의 〈표 15-3〉과 같다. 학교회계의 세입은 국가의 일반회계 또는 지방자치단체의 교육비특별회계 전입금, 학교운영지원비, 학교발전기금 전입금, 학교운영위원회 심의를 거쳐 학부모가 부담하는 경비, 국가 또는 지방자치단체의 보조금 및 지원금, 사용료 및 수수료, 이월금, 물품매각대금, 기타 수입 등으로 구성된다.

표 15-3 학교회계 세입의 구성

구 분	종 류
관할청 부담 수입	국가의 일반회계 또는 지방자치단체의 교육비특별회계로부터의 전입금
학부모 부담 수입	학교운영지원비, 학교발전기금으로부터의 전입금, 수익자부담경비(학교운영위원회의 심의를 거쳐 학부모가 부담하는 경비)
일반회계 부담 수입	국고보조금, 기초자치단체의 보조금 및 지원금
학교회계 자체 수입	사용료, 수수료, 예금이자, 불용물품 매각대금 등

학교회계는 학교운영 및 시설 설치 등을 위하여 필요한 일체의 경비를 세출로 하는데, 세입과 달리 경비의 구분이 명확하지 않다. 따라서 매년 학교로 시달되는 학교

예산편성지침에 제시되어 있는 예산과목으로 구분하여 운영하며, 인건비, 학교운영
비, 수익자부담교육비, 예비비 등으로 구성된다.

표 15-4 학교회계 세출의 구성

구 분	종 류
인건비	교직원 인건비, 학교회계직원 인건비, 강사 초빙예산 등
학교운영비	학생복리비, 교수 · 학습활동비, 일반운영비
수익자부담교육비	교육활동과 관련하여 학부모가 부담하는 경비로 지출되는 교육비
예비비	예측할 수 없는 예산 외의 지출을 충당하기 위해 용도를 결정하지 않고 미리 예산에 계상해 두는 지출항목

3) 학교회계 예산의 편성과 집행

학교회계 예산의 편성, 심의, 집행, 결산 등은 단위학교를 관할하는 교육청이 학교
장에게 예선편성지침을 통보하면 이를 바탕으로 학교장이 자율적으로 편성 · 집행한
다. 학교회계의 회계연도는 매년 3월 1일에 시작하여 다음 해 2월 말일에 종료된다.
편성된 예산안은 학교운영위원회에 제출되고 이를 운영위원회가 심의하며, 학교장
은 심의를 마친 예산안을 공개 · 집행한다. 그리고 회계연도마다 결산서가 학교운영
위원회에 제출되어야 한다. 예산편성 과정에서 교사들은 교육과정 운영에 필요한 여
러 교육활동과 이에 필요한 경비를 기재한 예산요구서를 작성하며, 학교장은 관할청
의 예산편성지침과 학교구성원들의 의견을 바탕으로 학교예산을 편성한다.

표 15-5 학교회계의 과정

과 정	내 용
예산편성	학교장이 관할청의 예산편성지침을 바탕으로 학교구성원들의 의견을 수렴하여 세입세출예산안을 편성하고 회계연도 개시 30일전까지 학교운영위원회에 제출함
예산심의	학교운영위원회는 학교회계 세입세출예산안을 회계연도 개시 5일전까지 심의함

예산공개	학교장은 학교운영위원회의 심의를 거친 예산안을 확정하고 이를 공개함
예산집행	학교장은 확정된 세입·세출예산에 따라 집행함 새로운 회계연도가 개시될 때까지 예산안이 확정되지 않으면 학교장은 전년도 예산에 준하여 예산을 집행할 수 있음
예산결산	학교장은 회계연도마다 결산서를 작성하여 회계연도 종료 후 2개월 이내에 학교운영위원회에 제출함

4) 학교회계 예산의 편성 방법

합리적이고 효율적인 편성 및 집행을 위해서는 일반적으로 활용되는 예산제도의 다양한 기법에 대한 이해가 필요하다. 다양한 기법 중 품목별예산제도, 성과주의예산제도, 기획예산제도, 영기준예산제도 등과 같은 주요 기법들을 살펴보면 다음과 같다.

● **품목별예산제도**(Line-Item Budgeting System)

품목별예산제도는 부정과 재정손실이 발생하지 않도록 확인하고 감독하는 통제지향적인 제도다. 즉, 예산항목을 경비의 성격과 위계에 따라 관항목, 세목 등으로 제도화함으로써 지출의 구체적인 항목을 기준으로 예산이 편성되고 운영되는 제도를 말한다. 이 제도는 한정된 재정규모 내에서 효율적인 배분을 강조하기 때문에 능률적이라는 장점이 있는 반면, 사업의 효과나 효율보다는 지출의 경비에 초점을 맞춤으로써 사업의 성과 측정에는 소홀하게 되는 단점이 있다.

● **성과주의예산제도**(Performance Budgeting System)

성과주의예산제도는 예산의 기능을 품목별예산제도와 같은 통제중심에서 관리중심으로 전환시키면서 예산집행의 효율성을 제고시키려는 제도다. 이 제도에서는 예산과목을 사업계획별, 활동별로 분류한 다음 세부사업별로 단위원가에 업무량을 곱하여 예산액을 표시하고, 그 집행의 성과를 측정, 분석, 평가하여 재정을 통제한다. 이 제도는 달성하려는 목표와 사업이 무엇인가를 표시하고 이를 달성하는 데 필요한 소요비용을 명시해 주는 장점이 있는 반면, 예산관리에 치중한 나머지 너무 회계적인 측면을 강조하거나 계획을 소홀히 할 수 있다는 단점이 있다.

- **기획예산제도(Planning Programming Budgeting System)**

기획예산제도는 합리적인 조직목표를 설정하고 이를 성취하기 위한 계획과 행동과정 그리고 자원배분을 과학적으로 수립하고 설계함으로써 조직목표를 효율적으로 달성하려는 제도다. 즉, 프로그램을 통하여 장기적인 계획수립과 단기적인 예산편성을 유기적으로 결합시킴으로써 정부의 자원을 합리적이고 과학적으로 배분하는 것을 목적으로 한다. 이 제도는 여러 가지 대안을 서로 비교하여 가장 효율적인 대안을 선택하고 그에 상응하는 예산을 결정함으로써 예산지출의 효율성을 향상시킬 수 있는 반면, 합리성을 지나치게 강조함으로써 정치적 과정을 소홀히 할 수 있다는 단점이 있다.

- **영기준예산제도(Zero Based Budgeting System)**

영기준예산제도는 주로 전년도를 기준으로 가감하는 방식을 지향하는 종래의 예산편성 방식에서 탈피하여, 전년도 사업은 전혀 고려하지 않고 학교목표에 따라 신년도 사업을 재평가하여 우선순위를 정하고 한정된 예산을 우선순위별 사업에 배분하는 제도다. 이 제도는 학교경영에 전 교직원이 참여하도록 유도하여 창의적이고 자발적인 사업구상과 실행을 유인할 수 있다는 장점이 있는 반면, 의사결정의 전문성 부족으로 인한 비용과 인원 절감 실패, 사업 기각 및 평가절하로 인한 구성원들의 비협조적 풍토를 야기하는 문제점 등이 있다.

5) 학교회계시스템을 활용한 예산집행

(1) 학교회계시스템의 개요

지방교육 행정 · 재정 통합시스템은 사업별 예산제도와 발생주의 · 복식부기 회계제도 도입을 위해 구축된 것으로 예산 요구와 편성 및 배정의 체계적 관리가 가능하다. 지출에서 결산까지 ONE - STOP 처리와 자동분개를 통한 재무보고서 작성과 맞춤형 재정분석이 가능한 통합시스템으로 예산 요구, 지출 품의, 강사료 및 수당 품의, 교구 관리 등에 활용된다. 이 시스템에 구축된 학교회계시스템(에듀파인시스템, EDUFINE)은 2009년 시범운영을 거쳐 2010년부터 학교회계에 전면 도입되어 시행되고 있다. 에듀파인시스템에서 이루어지는 업무는 대부분 학교행정직원과 관련된 업무이나 사업기본정보관리, 사업예산 요구 및 신청, 지출 품의, 계약검사 및 검수 등은 교사와 관련된 업무이므로 이에 대한 이해가 요구된다.

(2) 에듀파인시스템의 주요 특징

에듀파인시스템의 주요 특징을 살펴보면 다음과 같다. 첫째, 관련업무 간 연계를 통해 예산편성, 품의 요구, 지출, 각종 대장 등재, 결산 등을 ONE-STOP으로 처리함으로써 이중 작업을 최소화하여 업무처리 절차를 단축하였다. 둘째, 사업별 예산제도와 발생주의·복식부기 회계제도를 기반으로 하여 학교회계 업무를 처리할 수 있도록 구축되어 있으며, 복식부기회계 처리를 시스템화(자동분개)하여 회계에 대한 전문지식이 없어도 회계처리가 가능하도록 하였다. 셋째, 업무 전산화를 통한 자료 축적 관리로 각종 교육 관련자료의 활용률을 높여 단순·반복 작업을 줄였다. 넷째, 교원업무정보화 관련 타 시스템(NEIS 등)과의 연계로 자료의 정확성과 편리성을 확보하고, 대면결재 방식에서 전자결재 방식으로 전환하여 교직원의 업무를 경감하였다.

(3) 에듀파인시스템 주요 메뉴 살펴보기

에듀파인시스템에 대한 접속은 직접 주소를 입력하거나 업무포털에 접속한 후 에듀파인시스템 메뉴를 선택하는 방법 등이 있다. 로그인은 업무포털 인증 방식과 동일하며 업무포털 인증번호와 비밀번호를 사용한다. 에듀파인시스템의 주요 메뉴에는 품의작성, 검사검수, 그리고 사업현황이 있다.

그림 15-7 에듀파인시스템 로그인 화면

그림 15-8 에듀파인시스템 메뉴 화면

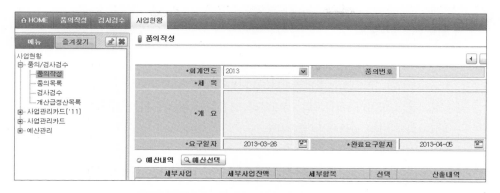

그림 15-9 에듀파인시스템 [품의작성] 화면

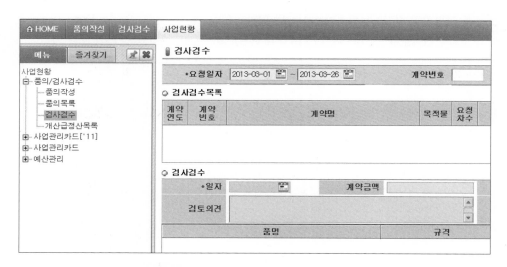

그림 15-10 에듀파인시스템 [검사검수] 화면

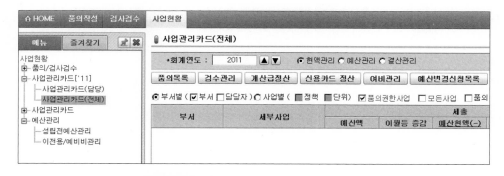

그림 15-11 에듀파인시스템 [사업현황] 화면

 **정리하기**

1. 학교행정에서 문서란 행정기관이나 공무원이 직무상 작성하는 공문서를 말하며, 공문서는 즉일처리, 책임처리, 적법처리, 전자처리 원칙에 따라 처리되어야 한다. 공문서의 기안의 종류에는 일반기안, 수정기안, 일괄기안, 공동기안 등이 있으며, 기안문 및 시행문은 두문, 본문, 결문으로 구성된다. 그리고 공문서 결재의 종류에는 정규의 결재, 전결, 대결 등이 있다. 공문서는 일반적으로 문서의 접수, 기안, 시행, 결재, 발송, 편철, 보존 등의 처리절차를 거친다.

2. 단위학교 전자문서시스템은 문서의 기안 · 검토 · 협조 · 결재 · 등록 · 시행 · 분류 · 편철 · 보관 · 보존 · 이관 · 접수 · 배부 · 공람 · 검색 · 활동 등 문서의 모든 처리절차가 전자적으로 처리되는 시스템이며, 교육행정정보시스템(NEIS)은 교육행정정보를 생산 · 수집 · 가공 · 저장 · 검색 · 제공 · 송신 · 수신 및 활용하기 위한 하드웨어 · 소프트웨어 · 데이터베이스와 처리절차 등을 통합한 시스템이다.

3. 학교회계는 학교에서 교육활동을 수행하기 위해 제반 경비를 확보 · 조달하고 합목적적으로 집행하는 데 관련된 일련의 행정과정을 말한다. 학교에 설치된 회계는 학교회계, 세입세출 외 현금, 교육비특별회계 전입금, 학교발전기금회계가 있다.

4. 학교예산에는 일반회계예산, 특별회계예산, 본예산, 추가경정예산, 준예산, 수정예산, 실행예산 등이 있으며, 학교예산편성 기법에는 품목별예산제도, 성과주의예산제도, 기획예산제도, 영기준예산제도 등이 있다.

5. 학교회계시스템(에듀파인시스템)은 사업별 예산제도와 발생주의 · 복식부기 회계제도의 도입을 위해 구축된 것으로 예산 요구와 편성 및 배정의 체계적 관리가 가능한 시스템이다.

적용하기

1. 기관의 의사결정을 위해 구체적인 원안을 준비하는 과정을 기안이라고 한다. 이러한 기안문과 시행문은 두문, 본문, 결문으로 구성되며, 일정한 공문서 작성요령에 따라 작성해야 한다. 앞에서 학습한 공문서 및 기안문 작성 요령을 바탕으로 직접 기안문을 작성해 보자.

2. 학교회계시스템(에듀파인시스템)에서 이루어지는 업무는 대부분 학교행정직원과 관련된 업무이나 사업기본정보관리, 사업예산 요구 및 신청, 지출 품의, 계약검사 및 검수 등은 교사와 관련된 업무이므로 이에 대한 이해가 필요하다. 특히 물품을 구매할 때 이용하는 지출 품의 및 검사 · 검수에 대한 사항은 잘 알고 있어야 한다. 학교회계시스템 활용법을 잘 익힌 후 이 시스템을 이용하여 필요한 물품에 대한 지출 품의를 하고 검사 · 검수를 해 보자.

참고문헌

교육인적자원부 교육자치지원국(2003). 2003년 지방교육재정운용편람. 서울: 교육인적자원부.

박세훈, 권인탁, 고명성, 유평수, 정재균(2008). 교육행정 및 교육경영. 서울: 학지사.

서울특별시교육연수원(2010). 2010년 중등 교직실무과정 직무연수 교재. 서울: 서울특별시교육
연수원.

성삼제(2002). 학교예산회계제도의 이해. 파주: 교육과학사.

송기창, 김민조, 김병주, 김병찬, 김성기(2009). 중등교직실무. 서울: 학지사.

윤정일(2000). 교육재정의 이론과 실제. 서울: 세영사.

이경호(2010). 학교정보공시제 정책분석과 합리적 운영방안 탐색. 교육정치학연구, 17(2).

이경호, 김경회(2011). 대학정보공시제 정책분석 및 효율적 운영방안 탐색. 한국교원교육 연구,
28(2).

천세영(2001). 한국교육과 교육재정연구. 서울: 학지사.

한국교육신문사(2007). 학교행정실무백과. 서울: 한국교육신문사.

한국교육재정경제학회(2001). 교육재정경제학 백과사전. 서울: 하우동성.

교육행정정보시스템(NEIS): http://neis.sen.go.kr
지방교육 행 · 재정 통합시스템(EDUFINE): http://lefedu.sen.go.kr

서울경제(2013. 1. 16.). 교사교원업무경감 만족 71%.

찾아보기

내용

저자 소개

● **대표 저자**

신현석(申鉉奭) Shin, Hyun – Seok
hsshin01@korea.ac.kr
위스콘신대학교 철학 박사
한국교원교육학회 회장 역임
현 고려대학교 교육학과 교수

이경호(李京浩) Lee, Kyoung – Ho
nlboman@hanmail.net
고려대학교 교육학 박사
고려대학교 연구교수 역임
현 고려대학교 교육대학원 겸임교수

● **공저자**

가신현(賈信鉉) Ka, Shin – Hyun
edinfo@gmail.com
텍사스대학교 교육행정학 박사
현 고려대학교 연구교수

김병모(金秉模) Kim, Byoung – Mo
mo6503@hanmail.net
고려대학교 교육학 박사
고려대학교 겸임교수 역임
현 고려대학교 강사

김재덕(金載德) Kim, Jae – Deok
jdkim13@hotmail.com
고려대학교 교육학 박사
현 고려대학교 연구교수

김희규(金熙圭) Kim, Hee - Kyu
khk546@silla.ac.kr
고려대학교 교육학 박사
한국교육과정평가원 연구위원 역임
현 신라대학교 사범대학 교육학과 교수

박균열(朴均烈) Park, Kyun - Yeal
pk724@kedi.re.kr
고려대학교 교육학 박사
고려대학교 연구교수 역임
현 한국교육개발원 연구위원

박정주(朴俎姝) Park, Jung - Joo
imp0406@hanmail.net
고려대학교 교육학 박사
고려대학교 강사 역임
현 서울시 교육청 장학사

박종필(朴鍾弼) Park, Jong - Pil
parkjp@jnue.kr
텍사스대학교 교육행정학 박사
제주대학교 교수 역임
현 전주교육대학교 교수

박호근(朴浩根) Park, Ho - Keun
hoohoo386@knsu.ac.kr
고려대학교 교육학 박사
중부대학교 교수 역임
현 한국체육대학교 교수

안선회(安善會) An, Sun‐Hoi
goright21@naver.com
고려대학교 교육학 박사
대통령자문 교육혁신위원회 상임전문위원 역임
현 중부대학교 교수

이 강(李剛) Lee, Ghang
klee@chodang.ac.kr
고려대학교 교육학 박사
초당대학교 교직과정지원센터장 역임
현 초당대학교 교수

이일권(李一權) Lee, Il‐Kweon
dregon9696@hanmail.net
고려대학교 교육학 박사
한국교총 교육정책연구소 연구교수
현 고려대학교 강사

이준희(李俊熙) Lee, Jun‐Hee
babaudu@hanmail.net
고려대학교 교육학 박사
고려대학교 연구교수 역임
현 영동대학교 교수

전상훈(全相薰) Jeon, Sang‐Hoon
krfinger@hanmail.net
고려대학교 교육학 박사
한국교총 정책전문위원 역임
현 고려대학교 강사

교직실무
Teaching Practice

2014년 9월 15일 1판 1쇄 발행
2017년 4월 20일 1판 3쇄 발행

지은이 • 신현석 · 이경호 외
펴낸이 • 김 진 환
펴낸곳 • (주) **학지사**

04031 서울특별시 마포구 양화로 15길 20 마인드월드빌딩 5층
대표전화 • 02) 330-5114   팩스 • 02) 324-2345
등록번호 • 제313-2006-000265호
홈페이지 • http://www.hakjisa.co.kr
페이스북 • https://www.facebook.com/hakjisabook

ISBN 978-89-997-0477-2 93370

정가 20,000원

이 도서의 국립중앙도서관 출판시도서목록(CIP)은 서지정보유통지원시스템
홈페이지(http://seoji.nl.go.kr)와 국가자료공동목록시스템(http://www.nl.go.kr/kolisnet)
에서 이용하실 수 있습니다.
(CIP제어번호: CIP2014024516)

교육문화출판미디어그룹 **학지사**

학술논문서비스 **뉴논문** www.newnonmun.com
심리검사연구소 **인싸이트** www.inpsyt.co.kr
원격교육연수원 **카운피아** www.counpia.com